Diogenes Taschenbuch 21085

W0095203

T2190

3.99
350g

Ludwig Marcuse

Richard Wagner

*Ein denkwürdiges
Leben*

Diogenes

Die Erstausgabe erschien 1963 im
Szczesny Verlag, München
Umschlagbild: Nationalarchiv der
Richard-Wagner-Stiftung / Richard-Wagner-Gedenkstätte,
Bayreuth

Veröffentlicht als Diogenes Taschenbuch, 1973
Alle Rechte vorbehalten
Copyright © 1973
Diogenes Verlag AG Zürich
30/93/24/2
ISBN 3 257 21085 X

Inhalt

Ein Kind des Theaters

Seine Geburtsstadt

Die zwölf Holztore, die in die Vorstädte von Leipzig führten, waren noch keine strenge Grenze zwischen dem platten Land und der Stadt. Aber dann kam man an das Grimmaische oder an das Peterstor, das Ranstädter oder das Hallesche – und hier wurde es ernst: in langen, gewölbten Durchgängen bewachten die Soldaten der Stadt, blau-grau melierte Röcke über ziegelroten Beinkleidern, den Frieden der Städter und strickten nebenbei noch Strümpfe.

Wenn der Tag begann, schlug Leipzigs Garnison die Reveille – die ›Rebelle‹, wie man hierzulande sagte. Die Tore wurden geöffnet und bald danach auch Türen und Fenster. Die Nacht hingegen – erhellt von Laternen, die gerade genug Licht verbreiteten, um den Weg und die wandelnden Menschen genauer zu erkennen – wurde leise eingeläutet: ein feines Glöckchen meldete vom Rathaus her, daß man nun das große Leipziger Haus wieder schloß.

Es gab keinen Schlüssel für nächtliche Schwärmer vor den Toren. Wer zu spät kam, mußte ans äußere Gatter klopfen. Die Schildwache holte den Korporal. Der prüfte den späten Wanderer auf Herz und Nieren. Dreißigtausend Leipziger verließen sich auf den Pförtner am Eingang des Orts und auf den Nachtwächter am Ausgang des Tages. Der mahnte, Abend für Abend:

> »Hört, Ihr Herrn, und laßt Euch sagen,
> Die Glock' hat zehne geschlagen.
> Bewahrt das Feuer und auch das Licht,
> Damit der Stadt kein Schaden g'schicht,
> Und lobet Gott, den Herrn.«

Am Eingang des Städtchens war auch der Steuer-Einnehmer auf der Wacht. Wer immer zu Wagen oder zu Fuß ankam, dem stellte er seine Fragen. Quis? Wer sind Sie? Quid? Was haben Sie? Unde? Woher des Wegs? Cur? In welchen Angelegenheiten? Dann wurde der Paß revidiert und das Torgeld erhoben. Es brachte eine hübsche Summe; denn der Verkehr mit dem Ausland war recht rege. Man tauschte Manufakturen gegen Waren von draußen. Und der Transit-Handel blühte.

Die Stadt stand im Flor. Und die Städter hatten einen großen Ruf als Leute von Welt. Der englische Schnitt des Anzugs erhöhte das Ansehen des Mannes. Konnte er gar noch französisch parlieren, so ließ er sich auf der Promenade deutlich vernehmen. Man liebäugelte, machte dem Nachbarn einen bösen Leumund und ging nach Haus in der süßen Gewißheit, dabeigewesen zu sein. Fremden Beobachtern fiel vor allem die Verwandtschaft im Charakter der Leipziger und der Welschen auf: derselbe Leichtsinn und dieselbe Neugier.

Auch gab sich das Völkchen recht höflich. Aber da waren böse Zungen in Bewegung und verbreiteten ringsum: die Leipziger Höflichkeit entspringe der Gewinnsucht. Wer auch nur eine Frucht bei der Obstfrau kaufe, könne zehnmal in einem Atem hören: Mein Herrchen! mein Gutester! mein liebes gutestes Herrchen! Ja, will man dem ›Handbuch alles unumgänglich Wissensnötigen‹ Glauben schenken, so entschied über die Geltung des Leipziger Mannes die Antwort auf die Frage: was hat er?

Was sie hatten, stellten sie stolz zur Schau – vor allem auf den großen Paraden ihrer Herrlichkeit, den Gewandhaus-Konzerten. Ein Zeitgenosse hat sie dort mit bösem Blick unvergeßlich böse abgemalt. Da traf sich ihre Elite: geputzt, geschmückt und ausstaffiert gleich heidnischen Schlachttieren. Die Damen, wandelnde Marien-Bilder, schleppten ganze Lasten von edlen Juwelen in den Haaren und an den Händen mit sich herum. Die Kavaliere, kerzengerade wie steinerne Statuen, glichen kanonisierten Jacobus-Männern. Was sie hatten, beschwerte sie so, daß sie in spanischer Steifheit erstarrten. Gravitätisch stumm schritten sie einher im abgemessenen Takt des Leichenbitters vor der Totenbahre. In ihrer Miene düstere Verschwiegenheit wie Grabesnacht. Aus ihren Blicken loderte ein heiliger Schauder. Das alles nannten sie Würde.

Es gab auch Veranstaltungen, auf denen Marien-Bilder und Jacobus-Männer nicht unter sich waren; zum Beispiel die Konzerte im Boseschen Garten. Aber da war Vorsorge getroffen, daß wenigstens das Äußerste vermieden würde. Man erließ vorher eine öffentliche Mahnung. Daß auch jedermann in anständiger Kleidung erscheine, keinesfalls in alltäglicher oder gar werkstättischer Handwerkstracht! Ein maßvoller Spaß sei erlaubt! Sollten jedoch Personen so ungesittet sein, in Spott und Beleidigung auszuarten, so werden sie unbarmherzig von der im Garten herumstreifenden Militär-Patrouille angehalten und ausgewiesen werden. Kein Dienstbote möge sich auf seine Herrschaft berufen, um Einlaß zu finden. Bringen Damen und Herren ihr Personal mit, so kann ihnen dies in bescheidenem Umfang gestattet sein. Doch darf das Gesinde nicht frei im Park herumspazieren; neben der Kegelbahn ist der Platz, den es nicht zu verlassen hat ... Von welcher Seite man dieses deutsche Gehege besieht, es wurde von einer weisen Ordnung durchherrscht.

Doch da gab es die drei Leipziger Messen im Jahr – und das sonst so vorzüglich regulierte Gemeinwesen glich einer Menschen-Überschwemmung. Zwar lief die Flut auch wieder ab. Aber, meinten besorgte Zeitgenossen, bleibt nicht immer etwas zurück? Zumal nicht nur Engländer und Franzosen, sondern auch polnische und russische Juden herzupilgern pflegten? Selbst diesen Gefahren begegneten die Stadtväter mit größter Umsicht.

Wer den Wunsch hatte, zur Messe zu kommen, den bereitete schon zu Hause ein ›Handbuch für Reisende, die ihren Aufenthalt in Leipzig sich angenehm und nützlich machen wollen‹ geziemend vor. Liebe Gäste! Wir müssen jeden einzelnen streng prüfen, bevor wir ihm Einlaß gewähren können. Wer bürgt wohl sonst für die künftige Stunde? Deshalb bitten wir dringend: macht euch keine Ungelegenheiten dadurch, daß ihr am Tor Name und Adresse nicht richtig angebt. Ihr werdet unserer Wachsamkeit doch nicht entgehn. Und merkt euch im besonderen eins: sobald die hohe Obrigkeit ihre Diener aussendet, Aufläufe junger, unbedachter Menschen zu zerstreuen – versteckt euch schnell in euren Quartieren. Man kann sich bei derlei Auftritten ganz unschuldig sehr unliebsamen Zufällen aussetzen.

Alles war so gut geordnet. Die Ordnung war so gut bewacht. Da brach in diese wohlgefügte Siedlung die große Unruhe ein.

Am Leipziger Stadttor wird jedes verdächtige Individuum immer noch mit Strenge abgewiesen. Wie aber nun das verdächtigste herannaht, der böse Napoleon selbst, müssen die Pforten sich öffnen – sperrangelweit. Denn es ist besser, sie gastlich aufzutun als einschlagen zu lassen. Der Unerwünschte dringt sanfter ein, wenn er mit dem ganzen Zeremoniell hoffnungsvoller Erwartung empfangen wird.

So befreundete man sich denn auch mit diesem starken Mann, dem man den Eingang nicht wehren konnte. Und die ›Leipziger Zeitung‹ rühmte Napoleon als Wundertäter, den man lange nicht begriffen habe. Jetzt begriff man ihn und bewies dem großen Verbündeten des Königs von Sachsen dieselbe Ergebenheit wie dem angestammten Herrscherhaus. Dann zog der mächtige Gast weiter nach Osten, die Preußen zu unterwerfen.

Als der Glorreiche, zwei Jahre später, auf der Rückreise nach Paris, in Dresden weilte, erwartete man ihn wieder in Leipzig. Fünfzig uniformierte Kaufleute brannten darauf, dem Imperator entgegenzusprengen. Auch die Universität wollte von nun ab den Namen ›Astre de Napoléon‹ führen. Also harrten der Student, die weißgekleidete Jungfrau und eine ganze Stadt von Jacobus-Männern, Marien-Bildern und Dienstboten Seiner Majestät. Sie warteten vom frühen Morgen bis in die späte Nacht, einen Tag, zwei Tage lang. Am Abend des dritten meldete eine Abteilung Kaiserlicher Mamelucken Napoleon. Das Militär trat unter die Waffen. Die Behörden eilten auf ihre Posten. Fenster und Dächer waren dicht besetzt. Vergebens. Spät in der Nacht gingen sie enttäuscht nach Haus. In der Frühe des nächsten Morgens fielen drei Schüsse. Alles sprang aus dem Bett. Der Kaiser? Er war soeben im großen Bogen um die würdige Stadt Leipzig herumgefahren.

Europa wurde jedes Jahr neu verteilt. Was nützte es noch den wackeren Leipzigern, nachts die Tore fest zu verschließen? Es kam doch, bei Tag und bei Nacht, wer die Macht dazu hatte. Nachdem Napoleon in Rußland geschlagen worden war, rückte der ganze Osten nach: Kosaken, Kalmücken und Baschkiren. Alle russischen Völker zogen in Leipzig ein. Und die Leipziger verfertigten, in neuer Freundschaft, Abbildungen jener Heiligen, die in der griechisch-katholischen Kirche besonders hoch geehrt wurden. Man hatte sich vorgestellt, diese Baschkiren trügen nur ein Auge auf der Stirn, hätten Schnäbel und statt der Zähne unermeßliche Hauer, auch könne man sie nie anders als in Ketten durch die Lande ziehen lassen, weil sie kleine Kinder fräßen. Nun war man sehr eingenommen von den lieben Kerlen, die geradezu wie Menschen aussahen. Und die ›Leipziger Zeitung‹ plauderte gefühlvoll ein süßes Geheimnis aus. Die dunkelhäutigen, engstirnigen Mongolen mit dem vorgeschobenen Kinn und der kleinen platten Nase seien gekommen, ihre Lorbeeren, die sie sich im Kampf gegen Napoleon geholt hatten, von den Tränen dankbarer Sachsen netzen zu lassen.

Auf dem Marktplatz zu Leipzig feierten die willkommenen östlichen Gäste ihr Osterfest. Es schuf zwischen den sächsischen Bürgern und den Soldaten vom Ural eine Brüderlichkeit, welche die ganze Stadt mit Jubel füllte. Jeder Leipziger setzte seinen Stolz darein, mit einem »Christos woskress« (Christ ist erstanden) zu grüßen oder diesen Gruß mit einem »Wo istinno woskress« (Er ist wahrhaftig erstanden) zu danken. Man schenkte einander Ostereier, man trank gemeinsam ein Gläschen nach dem anderen – bis, nach den Launen des Kriegsgotts, die Franzosen wieder in die Stadt einmarschierten. Auch das Théâtre Français kam an und der große Schauspieler Talma ... In diesem Mai des Jahres 1813 brachte auf dem Brühl im Hause des ›Rot und weißen Löwen‹, zwei enge und dunkle Stiegen hoch, die Frau des Polizei-Aktuarius Friedrich Wagner ihr neuntes Kind zur Welt. Das Neugeborene wurde in Johann Sebastian Bachs Thomas-Kirche auf den Namen Richard getauft. Seine Wiege stand auf einem Schlachtfeld.

Auf einem sehr pompösen Schlachtfeld. Drei Kaiser, zwei Könige, mehrere Kron- und Erb-Prinzen waren zugegen. Es gab einen kleinen Weltkrieg: mit Schweden, Russen und Baschkiren, mit Kalmücken, Sachsen und Italienern, mit Franzosen, Engländern und Polen, mit Portugiesen, Preußen, Magyaren und Tschechen. Am zehnten Oktober wurde Leipzig mit Palisaden und Spanischen Reitern wie zum Schlachtfest bekränzt. Die Haupt-Tore erhielten Schutzwehren. Die Neben-Tore verrammelte man. Die Soldaten legten das Strickzeug beiseite. Am Vierzehnten traf Napoleon ein – was hätten seine Leipziger jetzt darum gegeben, wenn er wieder im Bogen um ihre Stadt herumkutschiert wäre! Er aber fuhr vor das Grimmaische Tor – wo man ihn einst so sehnsüchtig und vergeblich erwartet hatte –, ließ sich auf der Chaussee in der Nähe des Galgens das Feldstühlchen aufstellen und studierte die Karten. Dann trat er ans Wacht-Feuer, hielt die Hände darüber, rieb sie und legte sie auf den Rücken, ein Scheit nach dem andern, Bretter und Balken der umliegenden Häuser, mit dem Fuß in die Flamme stoßend. Dann und wann schnupfte er. Die goldene Tabatière hatte nur einen kleinen Vorrat noch. Sorgfältig schob er die Reste mit dem Finger zusammen und schüttete das dünne Häufchen auf den Rücken der Hand. Als nichts mehr da war, roch er zum Abschied noch einmal hinein. Dreihunderttausend standen gegen seine Hundertsiebzigtausend. Aus den umliegenden Dörfern wälzte sich ein Strom des Jammers in die Stadt. Vor den Bäckereien mußten Posten aufgestellt werden. Als das Brennholz knapp wurde, fielen Bäume, Zäune, Wände und Treppen. Die Erde der einst so würdigen Stadt zitterte. An den Toren, an denen man das Herein und Hinaus so ordentlich verbucht hatte, war das Gedränge unkontrollierbar. Versunken die Tage, da das Leben der Stadt endgültig geregelt schien. Jetzt standen sogar, gegen alle Vorschrift, die Mühlen an der Pleiße still, von Leichen verstopft. Als die Nacht des Neunzehnten das Elend von Siegern und Besiegten zuzudecken suchte, störten zwölf brennende Dörfer, zwölf lodernde Toten-Fackeln, die gnädige Dunkelheit. Napoleons geschlagenes Heer flutete durch die Tore in die Stadt zurück. Die Straßen waren überschwemmt von Munitions-Wagen, Marketendern, Gendarmen, Kanonen, Kühen, Grenadieren, Schafen, Weibern, Reise-Chaisen und Sterbenden. Der Kaiser der Franzosen sprengte ein letztes Mal den Brühl entlang, vorbei an dem Haus, über dessen Eingang ein mächtiger steinerner Löwe lag. Frau Wagner sah aus dem Fenster. Ein Schwarm von Generälen jagte vorüber, zwischen ihnen ein dicklicher Mann ohne Kopfbedeckung. Sein Dreispitz war in der Hast verlorengegangen.

Blessierte, zerlumpte, verhöhnte Überbleibsel der Großen Armee wankten durch alle Gassen, schlichen an alle Fenster, kratzten an allen Türen, stöberten in den Kehrichthaufen, benagten tausend angenagte Knochen, verzehrten Apfelschalen, Kohlstrünke, Obstkerne, krochen zu gefallenen Pferden heran und schnitten Stücke von Menschen-Leichen ab, um sie über dem

Feuer zu braten. Sie kampierten in den Grüften des Johannis-Kirchhofs. Aufgebrochene Särge dienten als Betten; die Kadaver, die vorher in ihnen gelegen hatten, konnten schließlich auch im Freien nächtigen.

Vierzehn Tage dauerte die Bestattung der Gefallenen. Sie kamen nur eine Elle tief zu liegen und wurden im Frühjahr wieder herausgepflügt. Die Verwesung dicht unter der Erdhaut verpestete die Stadt. Auch Friedrich Wagner, Chef der neuerrichteten Städtischen Sicherheits-Polizei, starb, dreiundvierzig Jahre alt, an den stinkigen Folgen der weltberühmten Schlacht. Sein Jüngster, Richard, gerade ein halbes Jahr alt, war nun vaterlos, Erbe eines Code Napoléon, Bürger einer geschundenen Stadt und Untertan eines von Preußen unterworfenen, zu einem Schandfrieden gezwungenen Sachsen. Sein König hatte drei Fünftel des Landes verloren.

Richard war noch zu jung, um den Verlust schwer zu nehmen.

Blut und Boden

Es dauert lange (wenn nicht zu lange), bis ein Mensch anfängt, als Mensch zu leben. Zunächst einmal wird er auf seine Umgebung dressiert.

Vater und Mutter, Onkel und Tante, der große Schwarm ihrer Freunde und Freundinnen verstellen dem Kind den Weg. Es fragt – und sie antworten. Sie antworten auch ungefragt. Der erste Lebens-Tag ist der erste Drill-Tag.

Die Lehrer vollenden nur das Begonnene. Im Einklang mit Vater und Mutter, mit Onkel und Tante, mit dem großen Schwarm ihrer Freunde und Freundinnen, im Einklang mit dem Schuldirektor, dem Schulrat, dem Kultusminister und dem obersten Herrn des Himmels und der Erde rammen sie in die junge Seele, was zu Haus vielleicht nur flüchtig gesät worden ist. Das ist das eherne Schicksal jeder Jugend. Es nimmt sich vor den bunten und süßen Erinnerungen der Erwachsenen nicht sehr großartig aus.

Aus dieser Jugend können die Biographen nicht viel mitteilen; denn, wie ein junges Wesen zugeritten wurde, um später einmal im Trott der Alten zu traben, das meldet keine Chronik. Statt dessen pflegen auf den ersten Blättern der Lebensgeschichte viele

Heldentaten zu figurieren: die lange, anekdotenreiche Historie der Jugend-Streiche – wobei es von rührendster Bedeutung wird, daß irgendein Richard bei irgendeinem Konditor Orlandini Schillers Gedichte gegen Windbeutel umgetauscht haben soll.

Bevor der Leser diese Frühlingswiesen betreten darf, hat er in der Regel noch einen sehr monumentalen Eingang zu durchschreiten: die Ahnengalerie. Da hängen sie säuberlich nebeneinander – im Geschlechter-Saal, den die Verehrer des Meisters aus den knappen Notizen der Archive errichtet haben: Richards Vorfahren. Allen voran ein Samuel, geboren im Dreißigjährigen Krieg. Folgt ein Emanuel und dann wieder ein Samuel. Den alttestamentarischen Namen liebten die frommen Protestanten sehr; es gab Zeiten, in denen drei Samuels vom Stamme Wagner zu gleicher Zeit auf der Erde weilten. Diese Samuels und Emanuels blühten und verblühten als bescheidene Schulmeister in kleinen sächsischen Flecken: Kantoren, Organisten und Kirchendiener in einem – Vermittler zwischen ländlichem Volk und städtischem Geist, eherne Wälle gegen die Zerstörung christlich-bodenständigen Herkommens. Sie erwiesen ihren Mitbürgern den Dienst, die junge Brut für ein frommes, und, was das gleiche ist, für ein gehorsames und fleißiges Leben herzurichten. Ein guter Dorf-Schulmeister, schrieb der deutsche Drillmeister Ludwig Jahn, ist ein wichtiger Mann; ein Staat, der damit hinreichend versehen ist, braucht ein paar Regimenter weniger.

Urgroßvater Samuel wurde Adjunkt, nachdem er am Johannistag 1727 zur Befriedigung des Herrn Pfarrers und sämtlicher Kirchfahrt Probe gesungen hatte. Im Anstellungs-Dekret verpflichtete man ihn: solange der Emeritus am Leben, als dessen Substitut, nach seinem Absterben aber gänzlich und völlig den Gottesdienst mit Singen, Lesen, Beten und Orgelschlagen treulich zu verrichten, auch die Schuljugend zur Gottesfurcht in der unverfälschten Religion und sonderlich im Katechismo Lutheri anzuleiten. Dann ging es mit den Wagners weiter aufwärts – nicht gerade in Richtung auf den Himmel, aber doch auf die zu Gottes Statthaltern eingesetzten Herrn. Großvater Gottlob Friedrich wurde ein Studierter. Was die Vorfahren in Einfalt gelernt und lehrend weitergegeben hatten, wurde ihm zur Gottesgelehrtheit. Bald jedoch bog er von

diesem Wege ab, um schneller emporzuklimmen. Als Steuer-
Einnehmer erhob er am Rahnstädter Tor Kontribution von allen rohen und verarbeiteten Produkten. Das war ein Aufstieg!
Der arme Theolog hatte, noch zur Zeit, da sein Erster unehe-
lich geboren wurde, zu Taufzeugen niemand besseres gehabt
als die Tochter eines Maurergesellen, einen Markthelfer und
einen Seidenwirker. Im Hause des wohlbestallten städtischen
Beamten verkehrte schon ein Ober-Einnehmer der Land-Accise.
Aber auch Großvater Steuer-Einnehmer blieb noch im Bezirk
der Vorfahren. Auch er wurde ein zuverlässiger Wächter der
herrschenden Ordnung. Sohn Friedrich, Richards Vater, tat es
ihm nach. Er war der einzige Beamte bei seiner Polizei-Direk-
tion, der Französisch sprechen konnte, und wurde so Ver-
trauensmann des französischen Gouverneurs von Leipzig.

Der kleine Richard kam nicht aus einem Herrenstamm. Aber
auch nicht aus einem jener Geschlechter, denen die schwersten
Lasten aufgebürdet sind. Samuel, Emanuel und der jüngere
Samuel – auch schon Aufgestiegene, auf Katheder und Kanzel Hinaufgestiegene, waren wohl noch so angesiedelt, daß sie
den Schweiß der Unteren riechen mußten. Vom Großvater an
traf die Wagners schon etwas der Glanz von oben.

Aber der Stammbaum ist der wackligste aller Throne, auf
dem ein Mensch sich niederlassen kann. Ist dieser Friedrich
Wagner, Königlicher Stadtgerichts-Aktuarius zu Leipzig und
Mitglied einer Freimaurer-Loge, geboren im Geburtsjahr Beethovens, gestorben an der Völkerschlacht, wirklich der Vater
des neunten Kinds, das Frau Johanna Wagner im großen Jahr
zur Welt brachte? Man erzählt, daß Friedrich Wagner hinter
den Kulissen des Thoma-Theaters viele schöne Freundinnen
besaß – und daß, während seiner Abwesenheit, sein bester
Freund, der Schauspieler und Maler Geyer, Frau Johanna
tröstete, unterhielt und in Öl malte. Es war noch kein Jahr
seit dem Tode Friedrich Wagners vergangen, als die Witwe
Freund Geyer heiratete. Und als einziges von den neun Wag-
ner-Kindern gab Richard den Namen Wagner auf und nahm
den Namen Geyer an. Aus Freundlichkeit für den Stiefvater,
der Klein-Richard besonders gern mochte? Mit neun Jahren
kam der Junge in die Dresdner Kreuzschule. Inzwischen war
auch Geyer gestorben. In den Schul-Akten findet man unter Nummer 588 des fortlaufenden Schüler-Verzeichnisses die

Eintragung: »Wilhelm Richard Geyer, Sohn des verstorbenen Hofschauspielers Geyer.« Weshalb trug Richard damals nicht den Namen des toten Wagner, sondern den Namen des ebenfalls toten Geyer – wenn nicht aus dem schlichten Grund, weil er ein Geyer gewesen ist?

Es wäre nicht notwendig, der Herkunft des kleinen Richard so detektivisch nachzuspüren, wenn nicht der große Wagner, ein intimer Freund des französischen Rasse-Forschers Gobineau, der Welt mit Pauken und Trompeten die Wichtigkeit des Ursprungs verkündet hätte. Von wo kam er? Von den Wagners oder von den Geyers? Er selbst hat Freund Nietzsche versichert, er sei ein Geyer. Um seine Autobiographie zu schmükken, suchte er das Bild eines Geyers. Und sogar sein Hofbiograph, Herr Glasenapp, teilt mit, daß Wagner in Geyer seinen Vater sah.

Und wenn dieser andere nun wirklich sein Vater gewesen ist: welcher Rasse entstammt dann der kleine Richard? Der jüdischen, wie der eingeweihte Nietzsche später meinte? Geyers Vater ist Aktuar beim Aufseheramt in Eisleben gewesen. Unter seinen Vorfahren gab es auch protestantische Pfarrer. Aber wen es da noch gab, das wissen wir nicht. Wußte Nietzsche es? Wußte Wagner es?

> »Wohl dem, der seiner Väter gern gedenkt
> und still sich freuend
> ans Ende dieser stillen Reihe sich geschlossen sieht.«

Vielleicht konnte Richard nie, wie Goethes Iphigenie, still sich freuen; denn die zeitgenössischen Karikaturisten zogen ihn später, als er ein großer Antisemit geworden war, gern an seiner jüdischen Nase. Vielleicht konnte Wagner nur des Anfangs dieser stillen Reihe gern gedenken, des Urvaters Adam – und dann auch noch eines kleinen, schmächtigen, gutgelaunten und drolligen Mädchens, der Johanna Rosine, seiner Mutter, geboren zu Weißenfels an der Saale.

Doch mit dem Vater seiner Mutter, dem Großvater also, hat es schon wieder eine besondere Bewandtnis. Denn dieser Großvater war höchstwahrscheinlich nicht der Bäcker aus Weißenfels, J. G. Paetz, sondern – der Prinz Friedrich Ferdinand Konstantin von Weimar. Dieser Prinz, ein Bruder des regierenden Großfürsten Karl August, war vierzehneinhalb Jahre alt, als er sich mit der Bäckersfrau von Weißenfels einließ, und starb zu früh, um seiner Tochter Johanna Rosine, Richard Wagners Mutter, auf prinzliche Weise den Weg zu ebnen. Viele Opernhelden des Sohns bekamen kein einwandfreies Geburtszertifikat.

Aber Wagner-Sproß oder Geyer-Sproß, aus ›arischem‹ oder Mischmaschsamen erwachsen, aus fürstlichem oder kleinbürgerlichem Geblüt: im Mittelpunkt des Lebens der Vorfahren standen Katheder und Kanzel – und dazu vielleicht noch die Talmud-Schule. Das Allerheiligste der Familie, in welcher er groß wurde, war die Bühne.

Sie ist sein Blut und sein Boden geworden.

Ein Kind des Theaters

Es ist schon eine Weile her, daß die frommen Eltern des jungen Lessing im sächsischen Örtchen Kamenz die erschütternde Nachricht erhielten: ihr Junge sei in Leipzig Komödien-Schreiber geworden und gehe mit Komödianten um. Die Mutter weinte. Der erzürnte Vater beorderte den verlorenen Sohn mit strengen Worten zurück.

Fünfzig Jahre nach diesem Vorfall durfte der wohlbestallte Beamte Friedrich Wagner, ohne sein Ansehen zu schädigen, Schauspieler in sein Haus laden und sich selbst auf einer Liebhaber-Bühne betätigen. Die Komödianten waren Schauspieler geworden. Die hohe Dichtung hatte sie geadelt. Im ersten Jahr des Neunzehnten Jahrhunderts erblickte Schillers ›Jungfrau von Orleans‹ zu Leipzig das Licht der Welt. Als der Vorhang fiel, brach das verzückte Publikum in stürmischen Beifall aus. Es lebe Friedrich Schiller! Pauken und Trompeten mischten sich jubelnd ein. Nach der Vorstellung erwartete eine ehrfürchtige Gemeinde, zu beiden Seiten des Wegs Spalier bildend, den priesterlichen Poeten. Väter und Mütter hoben ihre Kinder empor: der ist es! da ist er! Um den Stücke-Schreiber war der Weihrauch des Gottesmanns. Die Bühne wurde die neue Kultstätte, die üppige Erbin der mager gewordenen Kirche.

Nicht alle Bürger wurden Gläubige des neuen Gotts. Viele klagten: nicht Lessing und Schiller und Goethe sind die Lieblinge des Volks, sondern Iffland und Kotzebue. ›Die Hussiten von Naumburg‹ stellten den ›Wallenstein‹ in den Schatten, ›Das Donauweibchen‹ die ›Zauberflöte‹. Wenn Hannchen unter dem Jubel des Parterres sang:

> » Als ich auf meiner Bleiche
> ein Stückchen Garn begoß,
> da kam aus dem Gesträuche
> ein Mädchen atemlos«

erinnerte das Theater an weniger feine Zeiten; da war es kein Heiligtum gewesen, sondern eine Stätte kräftiger Volksbelustigung. Wie der Leipziger Tempel Thalias schon aussah! Er scheint, grollte man höhnisch, zu jenen heiligen Gebäuden zu gehören, bei denen es, wie bei alten Kirchen und Rathäusern, offenbar ein Verbrechen ist, auch nur einen einzigen Stein zu verrücken oder die verwitterte Farbe aufzufrischen. Und der Hausherr, Franz Seconda, ein kleiner gebückter Alter mit entsetzlich dickem Kopf und vorstehenden Glasaugen, paßte sehr genau in dies verwunschene Schloß. Der servile und grobe Theater-Direktor sah aus wie der Häuptling einer Bande von Faxenmachern.

Nein, Onkel Adolph, Friedrich Wagners Bruder, fühlte sich nicht wohl in diesem neuen Gotteshaus. Seine Liebe gehörte der Antike, den italienischen Klassikern und den deutschen Philosophen. In Jena hatte er Fichte kennengelernt und von Schiller Komplimente über schlechte Verse entgegengenommen. In Dresden war er Tieck nahegetreten. Mit Jean Paul stand er in ständigem Briefwechsel. Als Brockhaus 1812 sein Konversations-Lexikon herauszugeben begann, gehörte Adolph Wagner zu den ersten Mitarbeitern. Was hat dieser Träger einer gediegenen Bildung bei Gauklern und Spaßmachern zu suchen? Sollen sie lieber wieder, wie einst, in ihrer Bude vor dem Tor dem Volk ihre Kunststückchen zeigen! Sollen sie lieber wieder, wie einst, mit ihren Theater-Friseuren, Säuglingen, Papageien und Meerschweinchen über die Landstraßen rumpeln!

Als Adolph Wagner jung gewesen war, unterstand der Chef solch einer Bande dem ›Directeur de plaisir‹; er hatte aufzupassen, daß dies Plaisir auch keinen Schaden anrichtete. In der Nähe von Universitäten waren Schauspiel-Gesellschaften nicht geduldet; eine weise Obrigkeit wußte ihre Herde vor den Zigeunern zu schützen. Dann aber drangen sie vor, bis in die Herzen der Städte. Zum Unglück! Denn wie wenig haben sie sich geändert. Wo sie sind, ist Zuchtlosigkeit und Roheit. Kann man nicht jeden Abend noch erleben, wie das Parterre außer Rand und Band gerät? Da klopft sich mancher junge Fant den Bast von den Händen. Das gleicht einem Flegel-Convent. Immer wieder muß man sie ermahnen: enthaltet euch allen Lärmens! Übernehmt euch nicht beim Applaudieren! Bringt keine kleinen Kinder mit! Wird die Gardine aufgezogen, so hat äußerste Ruhe zu herrschen! Hat jemand das Bedürfnis, während des Spiels hinauszugehen, so knalle er nicht die Türen zu! Auch ist es streng verboten, die Garderoben der Schauspielerinnen zu betreten.

Was muß ein stiller Privat-Gelehrter wie Adolph Wagner, der ›König Ödipus‹ übersetzt und Cäsars Schriften eingeleitet hat, am Altar der Thalia nicht alles erleben. Noch ist der Vorhang nicht auseinandergegangen, die melancholischen Töne einer sanft dahinschmelzenden Musik wehen schon im voraus die Ahnung künftiger trauriger Szenen ins fühlende Herz – da wird es plötzlich im Zuschauerraum ungewöhnlich lebhaft. Die Köpfe drehen sich. Ein Scharren, Kratzen, Pochen und Pfeifen überlärmt den sanften Schwung der göttlichen Melodie. Aus einer Loge dringen blendende Strahlen ins Dunkel. Sonne hinaus! gröhlt es. Die Sonne gehorcht. Die stadtbekannte Dame, deren glitzernder Kopfputz, vom Licht der Bühne getroffen, so grell erstrahlte, verschwindet. Das derbe Gelächter der Leipziger prasselt dröhnend hinterdrein.

Nein! Onkel Adolph kann in dieser jüngsten Weihestätte nur eine Marktbude sehen, in der sich Gecken und wenig schamhafte Weiber zur Schau stellen. Diese eitlen Fratzenschneider können ihre große Nummer nicht oft genug anbringen, so daß man auf den Opernzetteln ein geneigtes Publikum um gütige Verschonung wegen der ungebührlichen Wiederholung von Arien bitten muß. Nein! Thalia ist keine himmlische Muse. Es bleibt eine unüberbrückbare Kluft zwischen den Menschen vom Theater und den Gebildeten, zwischen dem Schein der Szenen und dem Sein echten bürgerlichen Strebens ... Wenn diese Kluft nur bliebe! Aber ist nicht die eigene Familie schon den Komödianten verfallen? Das begann mit Friedrichs Vorliebe für Theaterstücke und Schauspielerinnen. Das wuchert jetzt fort mit der zweiten Ehe, die Friedrichs Witwe eingegangen ist. Ein Komödiant ist Vater der Neffen und Nichten Onkel Adolphs geworden. Wo will das enden?

Die gelbe Postkutsche setzte im August 1814 die verwitwete Wagner, neununddreißig Jahre alt, wiederverehelicht mit dem vierunddreißigjährigen Geyer, in Dresden ab. Hier war es, als hätte es nie einen Napoleon und eine Völkerschlacht und einen verlorenen Krieg und das Lazarett-Fieber gegeben. Rotröckige Garde-Grenadiere hängen ihre langen Beine aus den Fenstern der Schloß-Gasse heraus, ein Strickzeug auf dem Schoß. Der Posten am Tor schmökert in einem Roman der Leihbibliothek; friedlich lehnt das Gewehr an der Wand. Eine Kolonie von Hofräten erster bis vierter Klasse ziert die Residenz. Vom Hof-Marschall bis zum Hof-Bratenwender und zur Hof-Silberwäschersfrau kreist alles um die königliche Sonne, die drei Fünftel ihres Reichs verloren hatte.

Das Theater lag breit im Strahlenkranz des königlichen Gestirns. Ein tüchtiger Musikus wurde sehr geschätzt, weil sein Bruder Kammerdiener war. Ein Tenor wurde nicht engagiert, weil der König eine Ähnlichkeit mit jenem Geheimen Rat von Anstetten herausfand, der ihm nach der Schlacht von Leipzig die Gefangenschaft angekündigt hatte. Das Theater war ein Hof-Park, in dem auch Bürgerliche sich bescheiden ergehen durften. Am Sonntag war es den Dresdnern erlaubt, ihrem Wohlgefallen am Spiel ungehemmten Ausdruck zu verleihen. An den Wochentagen, wenn der Hof zugegen war, hatte man Rücksicht zu nehmen auf den königlichen Widerwillen gegen alle Ausbrüche des Gefühls.

In dieser Welt siedelte der Königlich Sächsische Hofschauspieler Ludwig Geyer seine Wagners an. Als die verwitwete Frau Aktuar, Mutter vieler Wagner-Kinder, dem Hofschauspieler auch noch ein Geyer-Kind bescherte, erhielt die kleine Cäcilie Taufpaten, deren keins seiner Stiefbrüder und Stiefschwestern sich rühmen konnte: einen Hofrat, einen Hofmaler und einen Hofschauspieler. Geyer hatte tausend Taler im Jahr und das Nest mehr als voll. Deshalb mußte auch seine zweite Muse mitverdienen, die Malerei. So verwandelte er sich zu Zeiten in einen Hofmaler und schuf in dieser Eigenschaft ein würdig angeordnetes, lebensgroßes Bild der Königin von Sachsen. Hier konnten die Dresdner ihre teure Landesmutter mit dem ihr so eigenen Ausdruck von Majestät und Milde wiedererkennen; auf dem Tisch, im Halbdunkel, war die Büste des Königs zu sehen. Die hohe Dame war sehr zufrieden und gab dem Porträtisten den Auftrag, auch ihren Bruder, den König von Bayern, abzukonterfeien. In München pinselte sich dann der Maler-Komödiant erfolgreich durch die ganze Hofgesellschaft. Binnen sechs Wochen entstanden dreißig Hof-Gesichter. Dieser Geyer war ein Allerweltskerl: Darsteller von Liebhabern und Bonvivants, Charakter-Spieler und Komiker, ein geschätzter Tenor, ein Maler allerhöchster Personen – und dazu noch ein Dichter. Im Maler Klaus, der Hauptfigur seines Stücks ›Der Bethlehemitische Kindermord‹, schuf er sich das poetische Selbst-Porträt: einen gottbegnadeten Künstler, der, gleichgültig gegen das alltägliche Treiben alltäglicher Menschen, nur dem Schönen und Hehren lebt. Und es spricht der hehre Klaus, Lohengrins Ahnherr, in gereimten Alexandrinern zu seinem weniger hehren Weib:

»Vom Himmel ziehst Du mich beständig doch herunter,
Erschlaffst die Phantasie mit lauter Alltagsplunder.
Der liebe Ehestand – ach ja! es ist wohl wahr,
Ist stets ein Feind der Kunst – das zeigt sich offenbar.
Du schlägst mit Prosa tot, was ich begeistert fühle.
Sprech ich von meiner Kunst, drehst Du die Kaffeemühle.
Liegt mir ein großer Plan zu einem Bild im Kopf,
So klagest Du und zeigst den leeren Buttertopf.«

Dann geht doch noch alles gut aus. Der reiche Graf kommt. Klaus: »Sie sind – darf ich es glauben . . .« Frau Sophie: »Der Retter in der Not« . . . Zwar war der Hofschauspieler, Hofmaler und Hofdichter Joseph Geyer nur der kleine Satellit einer großen Sonne, glänzend im fremden Licht. In seinen Träumen aber war er selbst ein Stern erster Ordnung. Eine Leuchte, welche die weniger begnadeten Mitmenschen zum tiefen Born altdeutscher Weisheit zurückführte: »Die Juden haben uns noch niemals Glück gebracht.«

Die Kulissenluft um den Stiefvater wirkte auf den kleinen Stamm stärker als das ferne Grollen des Onkel Adolph, der jeden Tag klarer erkannte, wohin der Geyer die Jungen des Wagner-Nestes verschleppt hatte. In den Thalien-Stall! Rosalie betrat mit sechzehn die Bühne, Klara mit dreizehn, Louise schon mit zehn. Onkel Adolph gratulierte zum Debut seiner ältesten

Nichte nicht gerade stürmisch. Sie möge sich nicht von diesem Schein- und Lügen-Leben um ihr wahres Sein betrügen lassen: ein reines, demütiges Herz voll Liebe und Frömmigkeit. Schließlich wurde auch noch Albert, der Älteste, verlockt. Er gab das Medizinstudium auf und ließ sich als Sänger ausbilden. Stiefvater Geyer warf ihm vor, nur Bequemlichkeit habe ihn zur Wahl dieses Berufs getrieben. Aber das Vorbild war stärker als die Predigt.

Ein rasender Strom riß sie alle los vom sicheren Boden. Und wie so ein Wagner-Sproß nach dem andern das Sein dem Schein opferte, hielt Onkel Adolph die Bitterkeit nicht mehr zurück. »Ich kann einmal«, schrieb er, »wie ich diesen Stand mit tieferem Blick durchschaue, nicht anders, als ein Leben, das daran hingegeben wird, für weggeworfen erkennen. Es bedarf für den, der das Schauspielerwesen kennt, keiner größeren Erörtertung darüber, wie sehr es den Menschen ausbrennt, aushöhlt und verflacht.« Onkel Adolph saß in seiner Studierstube, eine hohe, spitze Filzmütze auf dem Kopf, Berge von Büchern drumherum und sandte fürchterliche Verwünschungen hinaus. »Die wilden Wirbel und Strudel äußeren Lebens«, schrieb er, »und das lügenhafte Gaukeln des inneren sind ein zu greller Gegensatz, eine zu arge Spannung, als daß ein weibliches Wesen zumal davon nicht auseinandergerissen und zerstört werden sollte.« Ohne Echo verhallte das ferne Grollen des unerbittlichen Manns.

Der kleine Richard atmete im Schoße der Seinen nichts als Theater. Es war in den Gesprächen am Alltag. Es war im Mittelpunkt aller häuslichen Feste, die der Familienvater – Schauspieler, Sänger, Regisseur und Dichter – mit Aufführungen eigener Werke beging. Auch nahm Vater Geyer den Knaben zu Proben ins Theater. Er hatte einen Stuhl in der Schauspieler-Loge, die mit der Bühne in Verbindung war. Er spielte sogar einmal, ganz in Trikots eingenäht, einen Engel mit lieblichen Flügeln. Ihm trat das Spiel nicht als geheimnisvoll-lockender Schein entgegen. Dort, wo Wirklichkeit und Schein sich mischen, im Bezirk der Kronen aus Pappe und der Gräfinnen aus Schminke wuchs er auf. Im Boden aus Brettern schlug er Wurzeln. Aus ihm zog er alle Elemente zum Aufbau seiner Existenz. Und als er, achtjährig, auch den zweiten Vater verlor, nahm Schwester Rosalie, seit einem Jahr Königlich Sächsische Hofschauspielerin, den Jungen an die Hand – auf denselben Weg.

Die Mutter steckte ihn in die Schule. Aber der Unterricht war nicht viel mehr als eine peinliche Unterbrechung des Lebens in den Kulissen. Der kleine, melancholisch-reizbare Bursche saß mit böse aufgestemmten Armen vor seinen Heften und rechnete nach: jetzt ist diese Szene dran, jetzt jener Auftritt. Schon konnte er aus der Fülle seiner Bühnen-Erfahrungen der Mutter ein kleines Virtuosen-Stückchen hinlegen, um aus der unwirklichen Wirklichkeit der Schularbeiten in die wirkliche Wirklichkeit der Bühne zu gelangen. Ein prachtvolles Theater-Schluchzen rührte Frau Johanna. Und die Witwe zweier Komödianten, eines Amateurs und eines Hofschauspielers, gab dem Sohn der beiden die Bahn zum Glück frei. Der kleine Bruder der Hofschauspielerin Rosalie strolchte selig durch die Welt aus buntem Nichts. Die Freunde und Freundinnen der Schwester wurden seine Verwandtschaft.

In dieser großen Theaterfamilie war einer, der ihn besonders anzog: ein kleines, hageres, krummbeiniges, wackliges Männlein mit einer mächtigen Brille auf der großen Nase. Bisweilen trat es, aus der Probe kommend, ins Haus am Judenhof ein, um mit der verwitweten Geyer zu plaudern. Dann flüsterte der erregte Knabe dem Schwesterchen Cäcilie ins Ohr: »Du, der da ist der größte Mann, der lebt. Wie groß der ist, kannst du garnicht begreifen.« Richard begriff es. Als er zum ersten Mal die steifen Finger hatte über die Tasten stolpern lassen, kam ›Wir winden dir den Jungfernkranz‹. Tausend Richards im ganzen Land plätscherten selig in der süßen Musik des ›Freischütz‹. Es lallte der Berliner Philosoph ›Wir winden dir den Jungfernkranz‹. Der Polizeidirektor sang mit Begeisterung ›Durch die Wälder, durch die Auen‹. Der Hoflakai krächzte heiser ›Was gleicht wohl auf Erden‹. Der österreichische Grenadier grölte den Jäger-Chor. Fürst von Metternich tanzte nach dem Ländler der Böhmischen Bauern. Und die Jenaer Studenten sangen ihren Professoren den Spott-Chor vor. Der kleine Richard studierte auf einen recht diabolischen Ausdruck in Gebärde und Stimme für einen gehörig rauhen Vortrag des ›Hier im ird'schen Jammerthale‹. Auch baute er mit Kameraden die Wolfsschlucht auf. Greuliches Getier wurde fabriziert, vor allem ein großer Eber, der mit gewaltigen weißen Hauern furchtbar daherschnurrte.

Als Carl Maria von Weber, am Ende seines Lebens, in den

Jahren, da die Tage der Postkutsche gezählt waren, dem romantisch verklärten Postillon-Deutschland seine wehmütige Liebe nachsang, wurde auch der kleine Sachse Richard von diesem Heimweh ergriffen. Außerdem bewunderte er diesen Mann, wie er, vor seinem Orchester, mit zartem Zepter die gewaltigen Tonmassen lenkte. Die süßen Klänge folgten brausend dem Zauberstab. Und der Junge fühlte: »Nicht Kaiser und nicht König, aber dastehen und so dirigieren.«

Der Herrschaftstraum eines Lebens.

Revolutiönchen

Er wurde zehn, zwölf, vierzehn, sechzehn ... und konnte sich an keine Schule gewöhnen. Er war nicht faul; so nebenher machte er aus dem ›Hamlet‹ und ›Macbeth‹ und ›König Lear‹ und ›Götz‹ eine Monster-Schau eigener Produktion zurecht. Aber er war nicht bereit, sich die staatlich vorgeschriebene Bürde, wie sie alle Schuljungens tragen, aufpacken zu lassen. Er wollte erfreut, er wollte angesprochen werden.

Der kleine Mann wurde angesprochen bei der Zillmannschen Stadtmusik im Dresdner Großen Garten. Wenn die Instrumente gestimmt wurden, fühlte er, daß er lebte. Das Anstreichen der Quinten auf der Violine machte ihn besonders glücklich. Man gab ihm einen Geigen-Lehrer und dann noch einen für Kontrapunktik – aber er wollte keine Magister und keine Finger-Akrobatik und kein Exerzieren mit Noten; er wollte sich sowas Himmlisches wie Beethovens A-Dur-Symphonie machen.

Da ihm ihre Methoden, zu seinem Ziel zu kommen, nicht gefielen, fand er einen eigenen Weg. Er schrieb Symphonien und Quartette Beethovens Note für Note ab und wurde ein zierlicher Kopist. Er lud sich eine ungeheure Arbeitslast auf und trug sie mit Vergnügen. Auf sein erstes Notenpapier hatte er ›Lützows wilde, verwegene Jagd‹ geschrieben. In zehn Knabenjahren brachte er es soweit, einen Klavier-Auszug aus der ›Neunten‹ herzustellen.

Als er siebzehn war, im Jahre 1830, trat Schwester Rosalie in einer seltsam stürmischen Oper auf. Sie hieß ›Die Stumme von Portici‹. Wie Blitze wetterten die Rezitative daher. Im

Sturm ging es zu den Chor-Ensembles über. Selbst der solideste Bürger geriet in einen Aufruhr, der sich auch am Ausgang des Theaters noch nicht recht legen wollte. Die Rebellion brauste über die Szene und den jungen Zuschauer Richard Wagner – und bald auch über die Straßen von Leipzig.

Es war eine aufgeregte Zeit. Schon wagte sich ein Sachse bis zu der Frage vor, ob nicht diese modernen parlamentarischen Einrichtungen auch für sein Land gut wären. Dem Neugierigen antwortete der greise Bürgermeister von Freiberg: er könne sich keinen Vorteil davon versprechen; wo es Landesvertretungen mit öffentlichen Verhandlungen gäbe, bildeten sich auch sofort verschiedene Parteien, und daraus entstände wiederum Streit und Haß, während in Sachsen alles einig und zufrieden sei ... Aber es war eben in Sachsen alles uneinig und unzufrieden.

Wer war unzufrieden? Jedermann. Und was wollte jedermann? Der eine dies und der andere das. Die Beschwerdeliste war lang und bunt. Die Herren Räte bilden eine Gesellschaft, die hermetisch abgeschlossen ist, klagten die einen. Der Baumeister Erkel bestellt eiserne Bettstellen für das erweiterte Johannis-Spital außerhalb Sachsens, klagten die anderen. Vom Buchhändler Brockhaus ist eine neue, teuflische Erfindung eingeführt worden: die Schnellpresse, murrten die Betroffenen. Das ging so endlos weiter. Die Lohnkutscher hatten eine Wut auf den Post-Stall am Roßmarkt mit seinen gewaltigen Wagenmassen. Und viele haßten die korrupte Polizei. Sie dulde die Installierung jener ›ripots‹, jener ›Ratten‹, in denen leichtsinnige Leipziger gutes Geld verspielten. Und weshalb unternahm sie nichts gegen Magistratspersonen, die in den Freudenhäusern auf dem Klitschergäßchen ihre stadtbekannten Absteige-Quartiere hatten? Die Leipziger gehörten zu einem Stamm, der nicht leicht gegen die Obrigkeit aufbegehrte; am ehesten noch, wenn die Sexualmoral im Spiel war.

Da kam noch zu allem hinzu: die Behörden verboten, mit Rücksicht auf den katholischen Hof, den Aufmarsch zur Feier eines protestantischen Erinnerungstags. Man zog auf die Klostergasse und warf dem Polizeidirektor das Straßenpflaster ins Fenster. Patrouillen durchquerten die Stadt. Am Brunnen vor der Tuchhalle erschlugen sie einen Kommis. Tausende pilgerten zu seinem Begräbnis. Die Polizei durfte sich nicht blicken lassen. Das geschah im Juni des Jahres 1830.

Am letzten Julitag läuteten die Pariser Sturmglocken. Der alte Lafayette verkündete: »Die Freiheit wird siegen, oder wir werden alle zusammen sterben.« Wer keine Flinte hatte, nahm einen Degen. Wer keinen Degen hatte, nahm einen Stock. Mit den Fäusten eroberten sie die Kanonen. Unter dem Feuer der Gewehre kletterten Schüler der École Polytechnique, die Waffe in den Zähnen, zur Galerie des Louvre hinauf und stürzten die Schweizer hinab. Die Bäume der Boulevards wurden gefällt und zu Barrikaden geschichtet. Straßen wurden aufgerissen, Steinblöcke mannshoch getürmt, Bretter, Balken, Schilder, Bettstellen, Fässer, Buden, Karren, Cabriolets aufeinandergehäuft. Auf Notre Dame, auf dem Louvre, auf den Tuilerien ging die dreifarbige Fahne hoch. Die Pariser hatten sich einige gestohlene Freiheiten zurückgeholt ... Den Sachsen waren keine gestohlen worden, weil sie gar keine besessen hatten. Aber der Sturm, der vom Westen kam, schmiß auch in Leipzig einiges um.

Auf dem Brühl fand ein Polterabend statt. Freunde, Nachbarn und krachlustige Straßenjungen zerschlugen, nach alter Sitte, vor dem Haus des Brautpaars Töpfe und Teller. Polizei griff ein. Ein Schneiderlehrling, der im Tor stand, wurde verhaftet. Der Meister trat für seinen Jungen ein. Die Menge jagte die Polizisten davon. Wieder wurden dem Polizei-Direktor von Ende die Scheiben zertrümmert. Studenten riefen: »Burschen heraus!« Franzosen-Freunde jubelten: »Vivat Lafayette.« Alles schrie: »Es lebe die Freiheit.« Sechsundzwanzig Laternen wurden unter Mitwirkung handfester Schlossergesellen umgeworfen. Am Abend einer totalen Mondfinsternis.

Der Magistrat von Leipzig dekretierte: Lehrlinge und Gesellen sind ab neun zu Haus zu halten, die Häuser sind um zehn zu schließen. Die Bürger wurden wohlmeinend ermahnt. Der Rektor packte seine Studenten beim point d'honneur. Das Volk aber wiederholte die Kraftprobe gegen brennende Lampen und frisch eingesetzte Fensterscheiben. In dieser Nacht jedoch schien der Mond sehr hell. Um halb zehn fegte ein Reiter-Piquet durchs Grimmaische Tor und veranstaltete ein Trab-Reiten, die Gassen entlang.

Die Herren gaben etwas nach. Der Magistrat sagte öffentliche Rechnungslegung zu. Der Herr von Ende stellte seine

Abdankung in Aussicht. Der Rektor Krug entließ die eingekerkerten Studenten. Und der Buchhändler Brockhaus, der vergeblich darauf hingewiesen hatte, daß seine Druckerei in der Querstraße hundertzwanzig Menschen ernähre, versprach, diese jungen Ungeheuer, die man Schnellpressen nannte, in den nächsten vier Wochen nicht loszulassen. Inzwischen zog die Menge in die Häuser mißliebiger Amtspersonen, zertrümmerte ihre Habe und warf auf die Straße, was auf schnellerem Weg nicht zu zerstören war. Der Schüler Richard Wagner machte begeistert mit. Er erbeutete den Fetzen eines roten Vorhangs und kam sich schon fast wie ein Student vor. Die verehrten Herrn Studenten marschierten an der Spitze.

Wenn die Polizei machtlos wird, pflegt die gefährdete Ordnung einen neuen Beschützer herbeizuzaubern, aus der Mitte der Aufrührer selbst. Sie spaltet die Gruppe der Rebellen in gute und böse, indem sie also zu ihnen spricht: Ihr habt viel gegen uns, mit Recht; und es soll anders werden. Aber paßt nur auf, daß Euch der Pöbel nicht frißt. Das Gemeinwesen ist in Gefahr. Alle Wohlgesinnten sind zu seiner Rettung aufgerufen – zeigt, daß ihr Wohlgesinnte seid! Dann erkennen die Guten, daß ihr Platz auf Seiten der Ordnung ist, mit der sie unzufrieden sind, nicht auf Seiten der Unzufriedenen, deren Hunger erschreckend ist. Nach dieser Erkenntnis werden die guten Rebellen mit einer weißen Armbinde versehen und dürfen auf die bösen schießen.

Zu den Aufrührern, die auf diese Weise zum Guten bekehrt wurden, gehörten vor allem die Studenten. Professor Krug, der einst Kants Nachfolger in Königsberg gewesen war, sprach also zu ihnen: »Wirkt tatkräftig mit an der Erhaltung von Ruhe und Ordnung!« Nach dieser Ermahnung zogen sechs bewaffnete Abteilungen mit der Losung ›Gesetz und Ordnung‹ durch die aufgeregte Stadt. Das Wort Polizei lag noch immer in Acht und Bann; man sagte jetzt lieber ›Sicherheitsdeputation‹. Sie wachte nun an der Stadtgrenze mit Säbel und Schläger. Gestern noch war man ein Ruhestörer gewesen. Jetzt hält man von Amtswegen Wanderburschen an, revidiert Pässe, stellt Bons aus und trinkt unmäßig viel Bier, auf Kosten der Stadt. Das Haupt-Quartier der akademischen Retter war das Grundstück des Buchhändlers Brockhaus, der seine Druckmaschinen nicht besser schützen konnte. Sein kleiner Schwager,

Richard Wagner, hatte auf diese Weise viel Gelegenheit, den bewunderten Studenten näherzukommen.

Ein protestantischer Gedenktag war der Auftakt des Revolutiönchens gewesen. Ein anderer wurde zum Regenbogen nach dem Gewitter. Der Friede war wiederhergestellt. Die Garnison ging ohne Waffen im Zuge mit; denn ein altes Recht, an das man sich erinnerte, verbriefte den Bürgern, daß kein Bewaffneter die innere Stadt betrat. Archidiakonus Goldhorn, einen Kelch in der Hand, führte die Gruppe der Geistlichen, welcher sich auch der katholische Klerus, der griechische Archimandrit und der jüdische Rabbiner anschlossen. Die Innungen erfreuten die Zuschauer mit den Insignien ihres Berufs: Maurer und Zimmerleute zeigten Hämmer, Äxte und Winkelmaße, die Bäcker ihre alte Schwedenfahne. Voran schritten Greise und Kinder, Sinnbilder der Vergangenheit und Zukunft. Die Bürgerschaft ließ dem Rektor einen silbernen Pokal und der Studentenschaft eine von Leipziger Jungfrauen gestickte Fahne überreichen.

Ist das Revolutiönchen nicht aus demselben bunten Stoff gewesen wie Rosalies stürmische Oper zuvor? Wie wirksam kamen die Chöre der Lehrjungen und Gesellen! Und danach, wie graziös abgesetzt, die besonneneren, aber nicht weniger effektvollen Soli der Meister. Der Mond leuchtete nicht, die Laternen wurden gelöscht – und aus dem Dunkel hervor brach der Ruf: »Es lebe die Freiheit!« Dieser leckere Klang mit den zwei schnell aufeinander folgenden, heiter-vorbrechenden Ei's! Er ging dem Siebzehnjährigen süß ein. Seinen Leuten wird diese Freiheit nicht ganz so köstlich gemundet haben. Schwester Louises Mann, der Buchhändler Brockhaus, hatte die Aufrührer aus sehr bedrohlicher Nähe kennengelernt. Die verwitwete Frau Hofschauspieler Geyer lebte von einer königlichen Pension. Und Schwester Rosalie bezog eine königliche Gage. Den Brockhaus und Geyers und Wagners kann also nicht sehr wohl zumute gewesen sein, als die Schlossergesellen begannen, einige Riegel zu sprengen. Nur Onkel Adolph, der Ideen-selige Schwärmer, hatte sich des ›Gemeingeistes‹ erfreut; so sei doch nun manches Heilsame zur Sprache gekommen und habe den sträflich übermütigen, selbstgenügsamen Materialismus der kaufmännischen Welt verjagt. Von oben, vom Thron her, meinte der Onkel, sei der Wille gut und rechtschaffen; und wenn noch

Dissonanzen des alten aristokratischen Kolbenregimentes mit durchdrängen, so seien sie bestimmt, wie in der Musik kontrapunktisch aufgelöst zu werden.

Diese Operation hatten die freiheitlichen Retter mit der weißen Binde schnell vollführt. Dem Siebzehnjährigen fiel wohl nichts weiter auf. Er sah in Schwager Brockhaus, der inzwischen zum Vize-Kommandanten der Kommunal-Garde befördert worden war, einen sächsischen Lafayette und in den Studenten, die immer an der Spitze marschierten, hin und zurück, die großen Vorbilder. Scharfe Beobachter erkannten, daß in den jungen aufsässigen Sachsen die künftigen Philister juckten und heraus wollten. Vor den Augen des Theaterkindes Richard erstrahlte die bunte Hoffnung der Nation im Glanze eines Fessel-Sprengers, der zugleich ein Ordnungs-Hüter ist.

O schöne Burschen-Herrlichkeit! Fast noch schöner als das Theater! Kein Vorhang geht herab nach einem kurzen Traum. Das ist ein ewiges Promenieren und Paradieren und Poussieren und Politisieren und Kostümieren. Hohe Gestalten stolzieren in altdeutschen Röcken herum, mit klirrenden Sporen und Feder-Barett, den treuen Schläger zur Seite, ein derbes deutsches Wort im derben deutschen Maul, jederzeit bereit, aus dem sächsischen Athen ein sächsisches Sparta zu machen. Der Schuljunge Richard strolchte auf ihren Kneipen herum, in der ›Grünen Linde‹ am Peterssteinweg. Hier verkehrte, von gleich zu gleich mit Karl Alwill Graf zu Solms-Tecklenburg auf Schloß Sachsenfeld, mit Bernhard von Bismarck-Schönhausen (der einen Bruder Otto hatte), mit Karl Maximilian Ehregott Edler von Planitz, mit Karl Louis von Beust – der ganz bürgerliche Richard, ein Pennäler im Begriff, der Schule endgültig zu entlaufen. Mit dem Studenten-Jargon war er bereits vertraut wie ein Alter Herr. Es lebe die Saxonia: blau-weiß!

Und eines Tages hatte er sogar den tollen Mut, dem Senior dieser ›Saxonia‹, einem Sieger im Kampf gegen Finken, neupreußische Hünen und lusatische Recken, gegen Märker, Burschenschaftler, Markomannen und Hallische Thüringer, ein vertrauliches Schmollis anzubieten. Der Herr von Schönfeld nahm den kleinen Bürgerbengel aufs Korn, prüfte ihn und stellte ihm zur Bedingung: binnen heute und vier Wochen zeigst du mir Deine Matrikel – oder ich erkläre dich in

Verruf. Acht Tage später wies der angehende ›Fuchs‹ sein Papier vor. Adolf von Schönfeld, Königlich-Preußischer Landrat in spe, las: studiosus musicae – und lachte schallend. Wer macht eigentlich Musik? Nur ein verliebter Zierling!

Der angehende Musikstudent hätte seinem Senior das Studium seiner Wahl kaum plausibler gemacht, wenn er ihm die Phantasien, Sonaten und Ouvertüren des jungen Komponisten Richard Wagner, die sich inzwischen zu einem kleinen Berg gehäuft hatten, vorgezeigt hätte. Was zählte das vor Kerlen, die eine im Trab vorbeifahrende Droschke durch einen einzigen Griff in die Speichen anhalten konnten! Das Füchschen wußte, was er seinen Kameraden schuldig war, und hing bald nach seinem Eintritt in fünf schweren Affären mit den furchtbarsten Schlägern.

Der Freiheitskampf war nicht überall so gemütlich ausgegangen wie in Leipzig. Warschau war von den Russen genommen worden. Einundzwanzigtausend Polen hatten die preußische Grenze überschritten. Die Heimatlosen waren auf dem Weg nach Frankreich. Schon eine Stunde vor Leipzig wurden die Freiheitshelden mit Jubel begrüßt. Der Professor Krug zog sich den Unwillen seiner Mitbürger zu, als er erklärte, Polen sei nicht fähig zu staatlicher Selbständigkeit. Polen war der sichtbarste Märtyrer der neuen Freiheit. Richard war entzückt von den stolzen und schönen Gestalten. Sie kräftigten seinen Glauben an die Freiheit, der in Kintschys Konditorei bei Schokolade und Kuchen, unter dem Vorsitz des Dichters Laube, gut genährt wurde.

Auf einem Ball im Hôtel Pologne fragte der literarische Herold des ›Jungen Europa‹ seine Tänzerin, ob sie nicht auch der Ansicht sei, daß unser jetziges Ehegesetz geändert werden müsse. Richards Schwester antwortete: muß es gleich sein?

Nektar und Ambrosia in Magdeburg

Richards Vaterstadt ist kräftig in die Breite gegangen. Die alten Mauern, viel zu eng für das Leben, das zwischen ihnen herangewachsen ist, sind nicht mehr. Wo einst der strenge Wall sich erhob, locken jetzt Pappel-Alleen zum Ausflug in die Weite.

Sie ist garnicht mehr so weit. Wie lange dauert die Fahrt von Leipzig nach Dresden? Mit der gelben Kutsche drei Tage, erinnern sich die Älteren. Jetzt brauchen Reisende, die es eilig haben, nicht mehr als elf Stunden. Und da gibt es einen Mann, namens List, dem selbst diese Eile noch viel zu langsam ist.

Er bringt einen eisernen Schnell-Läufer nach Leipzig. Das Monstrum heißt Komet und will den Wettlauf mit den hurtigsten Pferden aufnehmen. Die Leipziger staunen. Aber schließlich ist dieser Komet nicht das erste jener neuen Ungeheuer, die den Ahnen nicht einmal im verrücktesten Traume erschienen. Die ganze Stadt ist seltsam verwandelt. Wo einmal Bäume und Blumen wuchsen, sind jetzt Kammgarn-Spinnereien emporgeschossen. In ländlichen Vorstädten qualmen die hohen Essen der Eisengießereien.

Auch die Wälle der Moral hat man geschleift; eine Bastion nach der anderen ist niedergelegt worden. In tosenden Büchern brüllt eine neue Zeit. Die lauten Schreiber schießen üppig ins Kraut; denn Leipzig, der berühmte Messe-Platz, der mit ganz Europa in Verbindung steht, die blühende Universität, die das gebildete Bürgertum empfänglich macht für neue Ideen, die Stadt der Buchhändler, die (Österreich und Preußen zum Verdruß) den mildesten Zensor hat, ist eine fette Weide für diese schreibenden Monstra. Im ganzen übrigen Sachsen herrscht Friedhofsruhe. Die deutschen Emigranten in Paris spotten schon: die Folgen, welche die Juli-Revolution für Deutschland gehabt hat, liegen darin, daß die Sachsen statt eines Fürsten jetzt zweie haben. In Leipzig aber ist eine poetische Drachensaat aufgegangen.

Sind denn das noch echte Dichter, Künder ewiger Schönheit? Das treibt sich ganz ungeniert auf dem Markt herum. Die reinste Phantasie begattet sich mit dem gemeinsten Alltag. Und die Kinder dieser Verbindung, alle diese tollen lärmenden Romane, machen Stadt und Land unsicher. In vielen Winkeln des Landes saßen viele alte Herren und schimpften über die unverschämte neue Zeit.

Irgendwo in Preußisch-Thüringen lebte der Patriot Ludwig Jahn, Veteran von anno Dreizehn. Vor zwanzig Jahren, beim Einzug in Paris, hatte der kolossale Kerl mit dem mächtigen blanken Schädel und dem gewaltigen wallenden Bart seine

große Stunde gehabt. Damals prangten auf dem Triumphbo-
gen vor den Tuilerien, angeschirrt an den Wagen der Göttin
des Siegs, jene vier antiken Rosse aus vergoldeter Bronze, die
zwanzig Jahre zuvor aus Venedig gekommen waren. Der Rek-
ke Jahn ergriff einen Hammer, kletterte hinauf, sprang in
den Wagen, stellte sich neben die Göttin und fauchte sie also
an: »Du hast mit deinen Lügenbulletins den Mund immer
sehr voll genommen – nun soll er dir für alle Zeit geklopft
und gestopft werden.« Dann schloß er mit zwei kräftigen
Schlägen die göttlichen Lippen, riß der welschen Dame die Tuba aus der Hand und entkleidete ihr Gefährt seiner Zier: der
Lorbeern, des großen vergoldeten N, des schweren Adlers an
der Deichsel. Danach ließ er sich befriedigt in der also eroberten Karosse nieder und schaute grimmig hinab auf die große
Hure Babylon.

Nun, nach zwanzig Jahren, hat Babylon gesiegt. Jahn grollte
selbstverfertigte deutsche Worte in seinen langen Propheten-
bart hinein. O, über dies Deutsch-Schofel in Paris, das seine
eklen Liebeslieder auf die ›Pariser Hundswochen‹ herüberzwit-
schert! Die Mauern der Städte sind gefallen – so sind wir
nun grabenlos, wallos, torlos, mauerlos, nackt und bloß. So
sind wir nun ausgesetzt jedem windigen Gedanken, der vom
Westen her, dem Ursprung aller Stürme, herüberrast. Es gibt
nur eine Rettung noch: in altdeutscher Tracht, mit altdeut-
schem Herzen und altdeutsch-derbem Wort rückwärts – in
die Urwälder des Arminius ... Und hat der Alte im Bart
nicht recht? Ist der Böse nicht schon mitten unter ihnen, ver-
kleidet als irgendein rauchendes Ungeheuer, das sich Komet
nennt oder so ähnlich? Das Bayrische Ober-Medizinal-Kolle-
gium prophezeite dem König Ludwig: die Beförderung mit
der Dampfmaschine werde nicht nur den Reisenden das Gehirn verderben, sondern auch den Zuschauern. Daß man
wenigstens sie schütze und den Bahnkörper mit Bretterzäunen
umstelle! Es ist eine gefährliche Zeit.

Richard Wagner ist sehr jung und deshalb für das ›Junge
Europa‹. Eine Gefahr spürt er nicht, nur einen göttlichen fri-
schen Hauch. Er ist gerade sehr ermüdet von der ermattenden
Schau nach innen, in deutsche Innerlichkeit. Nun blitzt ihn das
Außen ermunternd an. Ein Zweiundzwanzigjähriger schaut mit
ungeheurem Appetit auf den Überfluß der Früchte vor seinen

Augen. Wie schön das alles ist! Wie die Materie strahlt! Wie einen die Gärung ringsum in die süßeste Unruhe zieht! Ade, Beethoven, Verzauberer meiner Jugend! Deine letzte Symphonie ist ein Gipfel. Es geht nur weiter, wenn man neu beginnt. Und neu ist heute französischer Geist und italienische Schönheit. Wie quälend ist dies deutsche Orchester-Gewühl, das sich abstrapaziert, ja recht hoch hinauszukommen. Man soll keine Oratorien schreiben, wenn niemand mehr an sie glaubt. Was bei Bach und Händel noch wahr gewesen, ist heute lächerlich. Ach, dieses Deutschland ist doch nur eine kleine Provinz im großen All – und dazu noch herzlich zurückgeblieben. Die Gegenwart muß man packen. Die Gegenwart aber lebt nicht in Deutschland.

Wo denn? Zum Beispiel in jenen Sätzen, die der deutsche Dichter Heinrich Heine aus Paris herüberjubelt: »Wir stiften eine Demokratie gleich herrlicher, gleich heiliger, gleich beseligter Götter. Ihr verlangt einfache Trachten, enthaltsame Sitten und ungewürzte Genüsse, wir hingegen verlangen Nektar und Ambrosia, Purpurmäntel, kostbare Wohlgerüche, Wollust und Pracht, lachenden Nymphentanz, Musik und Komödien.« Blondgelockte Deutschtümler rümpften die Nase über den fremden Zauberer. Der vaterländische Seher nebenan, Herr Ludwig Jahn, lugte ins Land und gewahrte voll Zorn eine deutsche Jugend, die der Fremde verfallen war: Affen exotischer Sitten. Aber jene gescholtene Fremde – sie ist das Leben!

Richard Wagner lebt noch nicht ganz wie ein beseligter Gott. Als Chor-Leiter in Würzburg hatte er nicht allzuviel Nektar und Ambrosia zu verzehren. Und als Kapellmeister in Magdeburg hat er es jetzt nicht viel üppiger. Aber das Dirigieren der französischen Mode-Opern mit ihren leichten Gedanken und pfiffigprotzigen Orchester-Effekten macht ihm einen Heidenspaß. In fünf Tagen studiert er Bellinis ›Romeo und Julia‹ ein. Wie schön, wenn er vom Dirigenten-Pult her rechts und links das tolle Zeug loslassen darf, mit einem Taktstock, der, nicht zu groß und besonders nicht zu dick, sondern hübsch lang und zierlich, seinen Sängerinnen sehr gefällt. Was hat er, ein lebensfroher Jüngling, mit diesem deutschen Spuk zu tun: mit überirdischen Wesen und ewigen Formen, mit zauberischen Geistern und dem ätherisch-dünnen Riesen-Mausoleum ihnen zu Ehren? Zerstreuung sucht er. Den tausendfachen Genuß irdischer Seligkeiten sucht er. Ihn wird er befriedigen in einer Sprüh prickelnd-unruhiger Klänge. Und nur nicht zu ängstlich, Herr Künstler, wenn man gefallen will. Nur keine Scheu vor französischen und italienischen Anklängen. Das Leben ist leicht; und nur das leichte Leben ist süß.

Viele Sorgen drückten die Landsleute des jungen Kapellmeisters. Lohnkutscher und Gastwirte von Städtchen, die zu klein für einen Bahnhof waren, ängstigten sich sehr vor der Konkurrenz des Dampfrosses. Ein Windmüller prozessierte vorsorglich, da die Eisenbahn ihm gewiß den Wind abfangen werde. Und die Handwerker erfuhren mit Entsetzen, daß es nach unwandelbaren Gesetzen immer tiefer ins Elend hinab gehen müsse. Als aber nun der junge Musikus eine Oper auf die Bühne brachte, schilderte er ganz andere Nöte. Sein Tyrann ist ein Zelot, der die Stätten der Lust schließen läßt. Sein Rebell ist ein Heißsporn, der zur Verteidigung eines lustigen Karnevals den Degen zieht. ›Enthüllung des Fleisches‹ hieß die laute Parole, die von jenseits des Rheins herüberkam und diesseits bei jungen, zukunftsfreudigen Bürgern ein gewaltiges Echo fand. Als der junge deutsche Bürger Richard Wagner das erste Mal auf der Kanzel stand, predigte er seinem nüchternen Vaterland Nektar und Ambrosia und Nymphentanz:

> »Ihr junges Volk macht Euch heran,
> die Alltagskleider abgetan.«

Onkel Adolph hatte gewarnt: »Wähne nicht, daß Freiheit das willkürliche Greifen und Fassen nach dem ausgelegten Reichtum der Außenwelt ist.« Doch, Onkel Adolph! »Genieße und sei froh!« Meine unbegrenzte Welt ist nicht mehr deine Enge, die von sechzehn Toren bewacht wurde. Du mußtest noch aus einem eintönigen Pferch in das Reich ewiger Formen entweichen; die zeitlichen waren wirklich nicht zu verlockend. Ich aber bin berauscht von dem, was mir vor Augen liegt. Wieviel ärmer würde ich werden, wenn ich in deine stillen Bezirke ginge. Deshalb will ich vollkommener Epikuräer sein. Nichts für die Nachwelt, alles für den Augenblick! Mein Leben, Onkel Adolph, ist nicht in den erhabenen Grübeleien Bachs. Auber und Bellini rühren mich an ... Bis zur Glut steigerte sich die feurige Erregtheit in dem kecken Karnevalslied seiner Oper,

das mit den herausfordernden Trillern von Triangel, Kasta-
gnette und Tamburin beginnt:

> »Wer sich nicht freut bei unserer Lust,
> dem stößt das Messer in die Brust.«

Achtzehnhundertundsechsunddreißig. Ein deutsches Jahr, das
unvergeßlich ist! Die Dampfbahn braucht für die Meile von
Nürnberg nach Fürth nur noch fünfzehn Minuten, während die
schnellsten Pferde nicht vor fünfundzwanzig ankommen. Der
junge Physiker Weber verbindet die Göttinger Sternwarte mit
dem physikalischen Kabinett durch einen dreitausend Fuß langen Draht, der die Verständigung im Nu gestattet. Ein protestantischer Pfarrer, namens Strauss, erzählt ›Das Leben Jesu‹
wie das Dasein irgendeines vom Weibe Geborenen. Und der
Magdeburger Kapellmeister Richard Wagner, Nachkomme von
Lehrern und Pastoren, läßt das Volk zu einem sehr neuen,
sehr irdischen Gott aufblicken.

Aber dies deutsche Jahr ging nicht zu Ende, ohne daß sich
nicht auch das sterbende Deutschland gerührt hätte. Die Obrigkeit belegte die »schlechte, antichristliche, gotteslästerliche
und alle Sitte, Scham und Ehrbarkeit absichtlich mit Füßen
tretende Literatur«, Heine und Börne voran, mit dem großen
Bann. Der Magdeburger Kapellmeister war zu unbekannt, um
von der Acht mitbetroffen zu sein.

So konnte in der ›Magdeburgischen Zeitung‹ folgende Anzeige erscheinen:

> »Ein verehrtes Publikum gebe ich hiermit die Ehre zu
> benachrichtigen, daß heute, am 30sten März, die von mir
> komponierte Oper: ›Die Novice von Palermo‹ zu mei-
> nem Benefiz und zugleich als letzte Darstellung unserer
> Oper aufgeführt wird, und bitte daher ein hochzuver-
> ehrendes Publikum um eine gütige Teilnahme, wozu ganz
> ergebenst einladet: *Richard Wagner*
> *Musikdirektor des Magdeburger Stadttheaters.*«

Das hochzuverehrende und sehr phlegmatische Publikum der
Garnison- und Handels-Stadt Magdeburg, die Crème der 60 000
königlich-preußischen Einwohner, war so sehr in Anspruch genommen von Thé dansants, den Bällen der ›Harmonie‹ und
den Veranstaltungen der Freimaurer-Loge ›Ferdinand zur

Glückseligkeit‹, daß Direktor Bethmann schwor, er wäre lieber Berliner Droschkengaul als Magdeburger Theaterdirektor. Im Frühjahr 1836 ging es denn auch nicht mehr weiter.

Aber sollte man nicht wenigstens noch dem netten Kapellmeister, der in blauem Frack und weißen Hosen auf Freiersfüßen ging und mit unbezahlten Weinrechnungen und Schneiderschulden schwer in der Patsche saß, zur Aufführung seiner Oper verhelfen? Er war ein guter Trinker und ein lustiger Schnurrenerzähler; also schnell noch mit dem Sud, den er da zusammengebraut hatte, auf die Szene, bevor man in alle Windrichtungen auseinander stob. Nur zehn Tage blieben für die Proben. Der feurige Komponist heizte den Seinen nicht schlecht ein. Er spielte jede Gebärde, sprach jedes Wort und gab jedem seinen Satz. So riß er alle mit und zuletzt noch sich selbst. Der Magistratsperson, die darauf hinwies, daß in der Woche vor Ostern frivole Stücke verboten seien, opferte er den Titel ›Das Liebesverbot‹ und wählte den keuscheren: ›Die Novize von Palermo‹. Auch beruhigte er das amtliche Gemüt durch die Mitteilung, die Geschichte sei einem sehr ernsten Shakespeare-Stück entnommen. Aber wie waren die bösen Ahnungen zu beruhigen?

Wenn er doch auch am Abend der Aufführung seine Leute hätte anfeuern können. Aber nur mit Taktstock und Mienenspiel war das Unglück nicht aufzuhalten. Das schwächste Gedächtnis hatte der Tenor Freimüller. Er drückte den lebhaften Charakter seiner Rolle lediglich durch einen unmäßig dikken, bunten und flatternden Federbusch aus. Und da auch die Text-Bücher nicht fertig geworden waren, ahnte kein Zuschauer, welche Sätze unter den übertrieben lauten Geräuschen des Orchesters verschüttet lagen . . . Die Einnahmen aus der zweiten Aufführung sollten ihm gehören. Nach der gut besuchten Premiere hatte er auch für sein Benefiz volle Preise angesetzt. Als er kurz vor Beginn der Vorstellung durch das Loch im Vorhang sah, bestand das hochzuverehrende Publikum aus der Wirtin des Komponisten und einem polnischen Juden in vollem Kostüm.

Inzwischen war hinter den Kulissen ein Liebesverbot eigener Fassung gespielt worden. Der Gatte einer Sängerin hatte es gegen den jungen, hübschen zweiten Tenor erlassen und den Jünger der freien Liebe blutig in die Flucht geschlagen. Der Geschlagene saß nun in seiner Garderobe und ließ sich seine Wunden verbinden, während die sündige Gattin, die sich dem rasenden Ehemann entgegengestellt hatte und mit Püffen empfangen worden war, in Krämpfen daniederlag. Jetzt hielt jeder die Stunde für gekommen, mit jedem abzurechnen. Es ging ganz ohne den Taktstock des Kapellmeisters. Der Regisseur des Abends trat vor den Vorhang und meldete dem hochzuverehrenden Publikum, das nicht erschienen war: die Vorstellung könne wegen eingetretener Hindernisse wegen nicht stattfinden ... Vom Himmel hoch sah Onkel Adolph auf das Eintreffen seiner schlimmsten Prophezeiungen herab.

Was aber hätten die Magdeburger Offiziere und Kaufleute gesagt, wenn ihnen ›Das Liebesverbot‹ nicht verborgen geblieben wäre? Der Theater-Direktor in Leipzig, dessen Tochter eine Rolle angeboten wurde, um den Vater zur Aufführung zu bewegen, antwortete wohl auch für die Magdeburger. Dieser Leipziger pflegte Ifflandsche und Kotzebuesche Väter darzustellen und wußte daher, was man einer Tochter schuldig ist. Seine Antwort lautete: Erstens zweifle er – und zwar aus Hochachtung für den hohen Magistrat, daß man ›Das Liebesverbot‹ (alias ›Die Novize von Palermo‹) in Leipzig überhaupt akzeptieren würde; zweitens aber sei er ein zu gewissenhafter Vater, um seiner Tochter die Mitwirkung an einem solchen Unternehmen zu gestatten. An die ›Emanzipation des Fleisches‹ wollten die wackren deutschen Bürger noch nicht heran, obwohl sie sich schon von der Pferdebahn, vom optischen Telegraphen und sogar von der Bibel emanzipiert hatten. Richard Wagner hatte allen Grund, dem tyrannischen Puritaner seiner Oper den deutschen Namen Friedrich zu geben.

Fort vom Alltag

Zu beiden Seiten des breiten Düna-Flusses liegt die Stadt Riga. An dem einen Ufer ragt ein bunt bewimpelter Wald von Masten in den Himmel. Am andern liegen die russischen Strusen, flache, uranfängliche Flöße aus rohen Balken.

In der Petersburger Vorstadt, außerhalb des doppelten Gürtels von Festungswällen und Gräben, steht das Haus des russischen Kaufmanns Michael Iwan Bodrow. Wer am Tage vorübergeht, kann hinter einem offenen Fenster einen jungen Herrn im Schlafrock, Fes auf dem Kopf, lange Porzellan-Pfeife im Mund, erblicken. Sonst gibt es nichts Auffallendes hier. In der Nacht aber dringt ein Höllenlärm heraus. Entsetzt bleiben die Passanten stehen.

In der oberen Etage des mysteriösen Hauses trätiert ein handfester Klavierspieler, eben dieser Mann mit Fes und Pfeife, ganz furchtbar den Bergmannschen Flügel. In kleinem Knall zerspringen die Saiten. Wie Spreu vor dem Wind fliegen sie durch die Luft. Das Holzgerassel von Dreschflegeln verschmilzt mit der Janitscharen-Musik von Metall-Schlangen, die klirrend über den Resonanz-Boden hüpfen. Die Töne vergehen unter tiefem Ächzen. Die Freunde des Pianisten singen, was ihre Kehlen nur hergeben. Und die gute Minna, sein Weib, trocknet dem Meister die nasse Stirn. Ist das eine Geister-Beschwörung? Nur die Himmelfahrt des Rigaschen Musikdirektors Richard Wagner. Unter heiligem Schweiß und bacchantischem Lärm stößt er sich ab vom Felsen des Alltags.

Nur fort von ihm! Zuerst hieß er Magdeburg; da war er fast noch ein Feiertag. Im vorigen Jahr hieß er Königsberg. In ›Preußisch-Sibirien‹ vermerkte man es wohl, daß der Musikdirektor Wagner nicht mit beiden Armen dirigierte wie sein Vorgänger, der Musikdirektor Schubert. Aber was ist das Lob dieser Theatergänger wert? Sie sind gewohnt, nur Werke zu sehen, die auswärts bereits akkreditiert sind. Neues darf man nicht vorbringen, um das Publikum nicht zu verwirren.

Ist es in Riga anders? Man hat zur Thronbesteigung des Zaren eine Hymne komponiert. Man hat eitle Tenöre gezähmt. Man hat empfindlichen Choristinnen spöttische Briefe geschrieben. Man hat immer wieder den Theater-Rekruten Aubersche, Adamsche und Bellinische Opern eingedrillt. Kulissen-Klatsch und nüchterner Applaus, das ist das Leben. Ist das ein Leben? Karl von Holtei, der Chef, hat seinen Spaß an diesen Komödianten-Banden. Auch weiß er, was er seiner Bürgerschaft schuldig ist, die 15 000 Rubel nur für den holden Schein aufgebracht hat. Er präsentiert ihr Damen, die polizeiwidrig hübsch sind, und Schauspieler, die, wie Alois Bosard, es fertigbringen, in derselben Vorstellung den Karl und den Franz Moor zu machen. Der Musikdirektor Wagner hingegen hat einen höheren Ehrgeiz; es war zu fürchten, daß er mit endlosen Proben die Sänger noch kaputtmachen würde. Er fand dann schließlich doch noch einen unblutigeren Ausweg aus diesem Jammer. Fuhr mit seiner Minna nach Bolderaa, warf einen Blick auf den öden, mit schmutzigem Eis bedeckten Meerbusen, wurde angeweht von der furchtbaren Kälte des Meers, fröstelte noch stärker ob seiner armseligen Zeit — und verließ dieses Land und dieses Jahr und diese Hoffnungslosigkeit so erhitzt und laut, wie es zu nächtlicher Stunde Ecke Mühlen- und Alexander Straße vor dem Hause des Kaufmanns Bodrow zu vernehmen war.

Nur fort aus dieser Wüste voll eitler Mimen, die noch Mumien Beifall abzupressen suchen. Nur nicht in kleinen Erfolgen erblühen, und immer tiefer einwurzeln in diesem dürren Boden. Endlich einmal sich spannen nach einem fernen, leuchtenden Ziel. Etwas Erhabenes beginnen, auch wenn es sich nicht einfügt in den Rahmen der Bühnen von Magdeburg, Königsberg und Riga. Aber wo findest du den großen Plan, der ein Gefäß sein kann für die mächtigen Kräfte? Die kleine Welt ringsum gibt nichts her für solch einen gewaltigen Wurf. Wie matt dies Leben wegsickert! Da ist keine Größe, an der man sich entzünden kann. Das ist alles zu spröde für den Zauber der Kunst. Nur fort, aber in welchen Traum? Hinauf, aber auf welche Leiter?

Es tauchte ein Schatten vor ihm auf, der ihm nicht zum ersten Mal alle Nerven erzittern ließ. Er hieß Cola di Rienzi und riß ihn los aus dem Bann der Kleinstadt. Welche Macht hatte der alte Römer über den jungen Sachsen? Richard Wagner hockte übelgelaunt im Gesellschaftshaus der Ressource, spielte Whist, aß Düna-Lachs, und nährte mit seinen Melodien eine lockende Romanfigur. Von jenem Rienzi aber, der einmal lebte und starb und in unserem Zeitalter dem Demagogen ein vertrauter Zeitgenosse geworden ist, ahnte der Komponist des ›Rienzi‹ nichts.

In einer ärmlichen Taverne Roms, vor fünfhundert Jahren, kam Cola di Rienzi zur Welt, am Ufer des Tiber, der im Sommer von sumpfigen Dünsten und im Winter von kalten Nebelschwaden bedeckt war. Der Vater hatte eine Kneipe für Tagelöhner und Schiffer. Der Gastwirt Lorenzo nahm so wenig ein, daß seine Frau einen Nebenverdienst als Wasserträgerin suchen mußte. Als der Junge herangewachsen war, verdiente er sich sein Geld als Rechtsberater armer Leute; als Winkel-Konsulent, der nicht studiert hatte, aber eingeweiht war in das Zeremoniell des Gerichts – und so jenen Menschen zur Seite stehen konnte, die mit ihren Pfennig-Angelegenheiten nicht zu teuren Studierten zu gehen pflegten. Schnell erwarb er sich Vertrauen und nannte sich »Consul der Witwen, Waisen und Armen« ... Dieser Volkstribun wurde – nach dem revolutionären Lorenzo, dem Streiter für den Karneval – die zweite Figur, welche die Sehnsüchte des jungen Bürgers Richard Wagner über die deutsche Bühne tragen sollte.

Die italienischen Barone waren verarmt und halfen sich mit Plünderungen weiter. Kein Herr war mächtig genug, den Frieden zu schützen. In dieser Stunde fiel der junge Cola den regierenden Bürgern auf. Kann man diesen wortgewandten, beim Volk beliebten Armen-Advokaten nicht verwenden zur Niederhaltung des arbeitslosen Adels, der bürgerliches Eigentum gefährdet? Also wurde der »Römische Consul und einzige Volksgesandte für die Waisen, Witwen und Armen« (wie Dionys von Syrakus zuvor, wie der deutsche Führer später) der Retter des herrschenden Bürgertums ... Der junge Bürger Richard Wagner, dem der Held nur aus einem Roman bekannt war, erbaute sich an dem streitbaren Kämpfer gegen den gierigen Adel. Und dachte gewiß an die deutschen Orsinis und Colonnas, mit denen die deutschen Bürger nicht fertig wurden, als er seinen Cola deklamieren ließ:

> »Als zarte Knaben würgt ihr unsre Brüder,
> und unsre Schwestern möchtet ihr entehren!«

Wie prächtig jener Italiener aussah! In selbsterfundener Tracht, einem Gewande aus Weiß und Gold, trat er auf. Aus eigener Machtvollkommenheit hatte er sich ein Wappen verliehen: eine goldene Sonne auf blauem Grunde, deren sieben Strahlen in sieben silbernen Sternen ausliefen. Sein Zepter war aus Stahl. Wenn er Dokumente zu signieren hatte, bediente er sich einer silbernen Feder, um durch dies edle Werkzeug die Größe der staatlichen Würde zu bezeugen. Er unterzeichnete mit der Formel: »Gegeben auf dem Kapitol, wo wir unter der Regierung der Gerechtigkeit in rechter Gesinnung leben.« Bei einer Rede in der Kirche Santa Maria Maggiore verglich er sich mit Jesus Christus, der, im dreiunddreißigsten Jahr seines Lebens, die höllischen Tyrannen gebändigt habe. Und während der Schlacht an der Porta Lorenzo, der er nur als Zuschauer beiwohnte, verschmolz er mit seinem Heiland in den Worten: »Mein Gott, mein Gott, warum hast Du mich verlassen!« ... Weder auf den Straßen von Leipzig noch in Würzburg, Magdeburg, Königsberg oder Riga hatte der schönheitsdurstige Sachse solch einen blendenden Menschen getroffen.

Rienzi hatte gelernt, die Rede meisterhaft zu gestalten. Sein kühner Register-Wechsel verfehlte nie den Eindruck. Lyrisch-melancholisch säuselte er von lange vergangenen Zeiten des Friedens und des Glücks, um dann mit donnerndem Pathos Verwünschungen auszustoßen gegen die Feinde des Volks. Nach dem Vorbild der Propheten häufte er Bilder und Allegorien und geißelte die Mißstände des gestürzten Systems. Eine besondere Wirkung soll von einem wehmütigen, fast somnambulen Lächeln ausgegangen sein, das bisweilen seine Lippen kräuselte. Mit Tränen in den Augen drängten sie sich an ihn heran. Männer und Frauen lächelten selig, weil sie dies Wunder noch hatten erleben dürfen. Das römische Volk — verarmte kleine Handwerker und Kaufleute, die von Cola zu direkten Nachfolgern der berühmtesten Römer ernannt worden waren — hatte im Lächeln des Führers seinen Reichtum ... Und der nachgeborene Leipziger fühlte wie sie. Was für Zeiten, als es noch solche Männer gab: bunte und wohlklingende Zauberer! Als Leben und Phantasie noch nicht einander entfremdet waren! Wie grau die Menschen jetzt gekleidet sind! Wie kleine Ziele sie haben! Und Richard Wagner sehnte sich, ein Rienzi zu werden und mit unbekanntem Glanz das ärmliche Zeitalter zum Glitzern zu bringen.

Als Rienzi vierzig war, schlugen seine Römer ihn tot. Der Kapellmeister aus Leipzig erkannte nicht den gescheiterten Volksverführer, weil er den Helden »durch die Brille der großen Oper sah« — als Vorwand für Introduktionen, Hymnen, Chöre, Arien, Duette und Terzette; und weil er selbst ein Rienzi war. So sah Wagner nur den großen Regisseur, dessen Leben bereits eine komplette Glanz-Inszenierung gewesen ist; und ahnte nichts von jenem zwielichtigen Mann des Volkes, der ein schimmernder Prolet geworden war, dessen Frau sich wie eine Fürstin mit einem Hofstaat von adligen Pagen und Damen umgeben hatte.

Im Jahre 1354 scheiterte nicht ›der letzte Römer‹ an der Dummheit und Launenhaftigkeit der Masse; auch verzehrten nicht glühende Flammen einen Halbgott auf dem hohen Balkon des Kapitols. Es war ein wenig anders als in der Wagner-Oper. Einen päpstlichen Polizei-Präfekten, der die Abgabe auf Salz und Wein bedeutend erhöht hatte, einen dicken, schwerfälligen, trübe blickenden, fahrigen, bald niedergeschlagenen, bald nervös-ausgelassenen neurasthenischen Blut-Tyrannen, der unter Aphasie litt und von der Nachteule vor seinem Fenster beunruhigt wurde, erschlug man mit den Worten: »Tod dem Verräter, der die Steuern eingeführt hat!« Ein Römer rannte ihm den Degen durch den Leib. Ein anderer spaltete ihm den Schädel mit dem Dolch. Die blutige Masse wurde in der Nähe des Colonna-Palastes aufgehängt, zwei Tage und eine Nacht; und dann ins ehemalige Augustus-Mausoleum gebracht. Hier versammelten sich, wie berichtet wird, die Juden in großer Zahl und machten ein Feuer von trockenen Disteln. Die fette Leiche brannte gut ... Der Rigaer Kapellmeister hatte aus dem dicken Satrapen, der als rattenfängerischer Trommler begonnen hatte, eine heilige Flamme auf bürgerlichen Altären gemacht. Veroperte Geschichte kann echte Gegenwart sein. Historien-Dichtungen sagen meist wenig aus über die Vergangenheit und viel über den Tag, der sie verschleiert. An solch einem Tag sehnte sich der deutsche Bürger Richard Wagner nach einem schönen und glänzenden Führer und setzte seine Sehnsucht in Musik.

Es war noch nicht genug, fünfhundert Jahre in die Zeit zurückzufliegen. Man mußte auch noch tausend Kilometer im Raum nach Westen fahren, zu jener Quelle des Glanzes, der die Provinz-Theater von Magdeburg, Königsberg und Riga nur in dünnen Strählchen erreichte. Welches deutsche Theater sollte sich an diese Monster-Schau mit fünf glänzenden Finales und viel musikalischem Waffengeräusch wagen? Allein Paris war imstande, der glänzenden Ausgeburt des glanzlosen Untertanen den gebührenden Rahmen zu geben. So zog Rienzi, der Sachse, mit Frau Minna, einer kleinen Börse, einem großen und gefräßigen Neufundländer und einem noch mächtigeren Vertrauen in die Stadt der Großen Oper ein.

An ihrem Himmel wollte er als Stern aufgehen, um der armen grauen Erde etwas Licht zu schenken.

Herr Freudenfeuer

Achtzigtausend Deutsche in Paris!

Seit zehn Jahren pilgern sie über den Rhein in das Land ihrer Hoffnung: Handwerker und Bankiers; Arme, die nichts zu verlieren haben, und Reiche, die noch gewinnen wollen. Auch viele deutsche Gelehrte und Künstler leben in der Stadt der Städte, teils, um sich vor dem Sünden-Babel zu bekreuzigen, teils, um die süße gallische Freiheit an das sehnsüchtige deutsche Herz zu pressen.

Es kam nach Paris Herr Friedrich von Raumer. Er sichtete in der Bibliothek alte Papiere über die Hohenstaufen, nahm mit Wohlwollen davon Kenntnis, daß, laut Anschlag am Palais Royal, die losen Mädels sich nicht mehr auf den Straßen blicken lassen durften, und legte den strammen Denk-Finger bekümmert an die deutsche Nase, als die Sieger der Juli-Revolution auf der Spitze einer Stange einen Kalbskopf herumtrugen, der den gestürzten Minister darstellen sollte. »Herr, sei uns armen Sündern gnädig!« betete der königlich-preußische Professor und stellte sich die schwerwiegende Frage: »Woher kommt es, daß ich bei aller Teilnahme doch nicht mit voller Seele und allen Sinnen in den Pariser Jubel einstimmen kann?«

Es kam nach Paris der deutsche Schriftsteller Ludwig Börne. Er war einige wenige Wochen lang so glücklich, daß er Lust verspürte, selbst den Hegel zu einem Walzer aufzufordern. Es kam nach Paris, einige Monate später und schon mit gedämpfterem Trommelklang, von Hamburg her, wo die Ankunft der Liberté mit einem Hinausschmiß der Juden aus dem Alster-Pavillon gefeiert worden war, der melancholische Liederdichter Heinrich Heine. Auch er fiel der jungen Göttin Freiheit zu Füßen; nebenbei war er auch noch verliebt in den Manessischen Kodex der Minnesänger, der in der Bibliothèque Royale zu sehen war, und in die Zoen, Aglaen, Desiréen, Clarissen und Amalien, die in der Passage des Panoramas, Boulevard Montmartre, an dem blondgelockten, rundlich-vollen germanischen Apoll bunt und leicht vorübersegelten. Und es kam nach Paris ein Baron von Eckstein; Jahr für Jahr warnte er den wohlbehüteten Leser in Deutschland vor dem Lande der Robespierre und Lafayette. Die deutschen Pariser segelten auf dem wilden gallischen Meer richtungslos umher.

Der heimatliche Kompaß zeigte hier nicht mehr den Weg. Und da sie alle gerne Briefe für deutsche Zeitungen schrieben, nahm ganz Deutschland an der Verwirrung teil. Die armen Landsleute zwischen Köln und Königsberg konnten sich kaum einen Vers machen auf diese wilde Fahrt. Da lasen sie in dem einen Brief: Nie wird in Frankreich an die Stelle des Leichtsinns und der Oberflächlichkeit Ernst und würdiger Eifer treten — und schon in dem nächsten wurde dies leichtsinnige Völkchen als Gottes Erstgeborenes besungen. Nur die eine völkerpsychologische Einsicht schien über jedem Zweifel erhaben: der National-Charakter des Franzosen ist die schnelle Bewegung des Cancan, dem Deutschen hingegen ist das Tabakrauchen und das stille Denken eigentümlich. So wurde das schlafende Vaterland täglich verglichen mit dem kochenden Pariser Vulkan. Die einen verspotteten die österreichisch-preußisch-bayerisch-sächsischen Schlafmützen. Die anderen stellten den welschen Virtuosen des Kehlkopfs die Gemütstiefe des ›Jungfernkranzes‹ entgegen; da wurde dann deutsche Schlafmützigkeit zur edlen Ruhe der Seele und französische Lebensfreude zum Feuerwerk.

Aber alle miteinander, Französlinge und deutsche Patrioten, bestaunten mit den weitaufgerissenen Augen der Provinzler den Trubel auf den sonnigen Champs-Elysées. Wie liebevoll sie dies Schauspiel malten! Schaut hin! Auf der einen Straßenseite fährt man zum Étoile hinauf. Auf der andern kommt eine unabsehbare Reihe von Wagen herunter. Dazwischen sieht man die Gefährte der Vornehmen, die das Privileg des Mittelwegs haben. Jockeys reiten voran. Links und rechts Kavaliere und Amazonen zu Pferd. Hinter niedergelassenen Jalousien, auf samtene Polster hingegossen, einen Arm auf die seidenen Kissen gestützt, ruhen die zartesten Schönen mit den kältesten Augen.

In den beiden Wagenreihen zur Seite wechselt es zwischen der duftigsten Poesie und der grausten Prosa. Glänzende Kutschen schweben vorbei. Dann wieder rollen sehr wacklige Karren an, mit gemalten Anpreisungen neuer Erfindungen. Ein Reiter mit bunter Fahne kündet dem Volk von Paris, daß es in der Straße Poissonnière Stiefel für 10 Francs gibt. Eine Reklame auf Rädern empfiehlt englische Witze. Ein ambulanter großer Ofen spricht für sich selbst. Und wieder die verführerischsten Blicke. Der Gaffer am Straßenrand kann ihnen nicht lange nachhängen. Schon wird das Blickfeld neu besetzt, von einer kategorischen Aufforderung, Stiefelwichse zu kaufen. Auch dabei kann man nicht verweilen. Dort hinten lockt eine Taschenspieler-Familie mit kläglich-dünnen Weisen. Die Kinder sind geschminkt, frösteln und blasen auf dem Waldhorn lustige Lieder, deren schmächtige Töne in der eisigen Luft schnell erfrieren.

Die Abonnenten von Augsburg und Leipzig und Königsberg mußten dann weiter wandern durch jenen Dschungel, der aus den üppigsten Renten und dem bittersten Elend erwachsen war. Das nächste Ziel war das Palais Royal mit den zierlich geschnittenen Bäumen, frischen Rasen und duftenden Blumenbeeten; der zwölfstrahlige Brunnen warf eine mächtige Wassergarbe empor – in das glitzernde Sonnenlicht und in das milde Gelb des Monds. Man flanierte unter den schwungvollsten Arkaden die glänzendsten Läden entlang, trank den besten Wein bei den Frères Provance, aß bei Madame Chevet alles Getier des Himmels und der Erde und machte eine Korso-Fahrt nach Longchamps. Nach der Rückkehr küßte man in ›Notre Dame‹ einen bronzenen Christus, dem fünf Sous gespendet wurden, damit der Chorknabe den Kuß nicht wegwische, und tanzte am Abend mit Schneidern und Dienstmädchen auf dem Ball Montesquieu, mit Studenten und Grisetten im Prado, mit den Elegants in der Salle Saint-Georges und mit tout Paris auf dem Opernball, wo Diener des Hofs auf Silbergeschirr des Königs servierten.

Und ohne Gnade mußte der deutsche Leser Abend für Abend in eins der zweiundzwanzig Pariser Theater, um irgendein Vaudeville zu sehen: bald über den Aigle français, bald über die Soleil d'Austerlitz; denn die Deutschen, welche Pariser Briefe in die Zeitungen gaben, waren entweder Dramatiker oder Theaterkritiker, oder sie langweilten sich auch nur und gingen ins Theater, weil die Franzosen sie nicht an ihrem Familienleben teilnehmen ließen. Da stellte man denn fest, mit einem hörbaren Seufzer nach der Heimat hin, daß das Pariser Publikum das mildeste sei und nie frage, ob mit ›Amour et Amourette‹ eine neue Epoche der Literatur beginne. Und sind französische Rezensionen nicht eher Liebeserklärungen, die in die Boudoirs hübscher Schauspielerinnen führen, als

Hinrichtungen – Sprossen zum Thron eines gefürchteten deutschen Diktators?

Der deutsche Kapellmeister, der jetzt, neun Jahre nach den heißen Juli-Tagen, in Paris einzieht, ist nicht vor Metternich geflohen, sondern vor den Gläubigern in Riga, Königsberg und Magdeburg. Er ist nicht nach Paris gekommen wie diese Börne und Heine und Gutzkow und Laube, um von dem mächtigsten Ziffernblatt die Stunde Europas abzulesen. Ihn kümmert recht wenig, ob Louis Philippe, König der Bürger, sein Parlament besiegt oder besiegt wird. Er hat kein Interesse für die glanzlosen Zwerge, die hinter der hohen Mauer des Hôtel des Capucines im Schatten von Linden und Pappeln als königlich-republikanische Minister fungieren. Vierundfünfzig wenig großartige Namen haben in immer neuen Variationen siebzehn Kabinette gebildet: was sind sie alle vor seinem Cola di Rienzi, dem einen glänzenden Mann aus Rom? Die Hausrock-Politik dieser alltäglichen Zeit ist kein Stoff für einen Wagner, der eine Fata Morgana in die Wüste des farblosen Daseins hineinzuzaubern sucht. Für ihn ist das Laboratorium des Erdteils – die Große Oper; der schnellste Umweg zum Herzen der deutschen Theater-Herren, deren armselige Häuser er eines Tages mit Pariser Glanz füllen wird. Hätte er die Chance gehabt, in Leipzig Musikdirektor zu werden, so wäre er nie auf den ausschweifenden Plan verfallen, Paris zu erobern.

Auf den weiten Boulevards des Glücks standen die prächtigsten Paläste. An sie dachten die deutschen Provinzler, wenn sie mit ihren Paris-Seglern vor dem glänzenden Panorama kreuzten, zwischen Oper und Étoile. Die deutschen Erzähler von tausendundeiner Pariser Nacht hausten allerdings nicht ganz so märchenhaft. Zwar teilten sie bisweilen mit, daß sie sich in einem delphischen Weihkessel wuschen, und vor einem Spiegel, der ein Altar der Venus sei, das Halstuch knüpften. Aber die liebe Sonne konnte sich höchstens einmal für wenige Minuten in ihre schmalen Gäßchen zwängen, der Steinboden verbreitete eine beleidigende Kälte, der Ofen rauchte, obwohl er ständig bei den ›Fumistes‹ in Behandlung war, und das Fenster ging auf eine Garküche hinaus, deren Düfte einem das Essen verleiden konnten. In einem jener armseligen Schläuche, welche die Rue St. Honoré mit den Hallen verbanden, installierte sich der junge Musikant.

Schöne Kaleschen verirrten sich nie in diese dunkle, von Abfällen verdreckte Gasse. Dagegen polterten von Mitternacht an die Gärtner der Umgebung mit dumpfem Kollern über das unfreundliche Pflaster. Die kleinen, düsteren Budiken und die schmierigen, sechsstöckigen Wohnkästen waren fast verdeckt von Kohlköpfen, die, bis zur zweiten Etage hinauf, zu mächtigen grünen Pyramiden geschichtet waren. Es roch in der Rue de la Tonnellerie durchaus nicht nach der Rue Royale. Wie weit war es bis zur Großen Oper!

Sehr weit! Denn die deutschen Bankiers hatten nicht viel Neigung, in ihren Salons arme Landsleute zu protegieren. Der Herr von Rothschild zum Beispiel schätzte, nach einem Ausspruch Heinrich Heines, viel mehr als die zeitgenössischen Poeten den toten Homer und den toten Shakespeare, die beide keine Nord-Aktien von ihm wollten. Durch eigene Kraft mußte man vordringen aus dem von Kohlköpfen umrankten Hôtel garni zur Ruhmeshalle Meyerbeers. Das sollte schwer sein? Der deutsche Hinterwäldler war siegesgewiß. Schon geht es voran. Meyerbeer hat den ›Rienzi‹ durchgesehen und einigen Großwürdenträgern im Reiche der Töne empfohlen. Der Direktor der Großen Oper öffnet die Arme. Der einflußreiche Verleger bietet seine Dienste an. Es ist nichts weiter nötig, als seine reichen Gaben niederzulegen auf den großen Pariser Tisch.

Da hemmen rätselhafte Hindernisse den Aufstieg. Sobald der junge Komponist von seiner Oper spricht, steigert der freundliche Mann, der sie aufführen soll, seinen Liebreiz – um kein Versprechen abgeben zu müssen. Gibt es denn keine Hilfe? Meyerbeer oder Berlioz oder Halévy, die ihn doch kennen? Ach, in Paris hat keiner Zeit, sich mit einem andern zu befreunden; und die, welche Zeit haben, sind zu erschöpft vom harten Weg hinauf. Sie sind angelangt, nachdem sie ihre besten Jahre in Nöten und Demütigungen verbrauchten; nun haben sie sich ermattet zur Ruhe gesetzt, wollen sie Geld, so schneiden sie etwas von dem allgemein akkreditierten Staatspapier ihres Renommés ab. Nicht die Talente ringen miteinander, sondern die Renommés. Diese traurige Entdeckung machte der arme deutsche Musiker in der lustigen Stadt Paris. Und da die freudlose Bilanz ihn sehr bitter machte, unterzeichnete er sich mit dem Pseudonym ›Freudenfeuer‹.

Die deutschen Schwärmer, die über den Rhein gekommen

waren, um leichter zu atmen, erhielten in Paris eine kräftige Lektion. Ludwig Börne hatte sich in dem Glauben gewiegt, der Sieg des Bürgers sei der Anbruch des Paradieses. Und Richard Wagner hatte an jenem Septembermorgen, als er mit Betten, Wäsche, Tischzeug und Leuchter durch die Zollschranken von St. Denis in die Stadt der Großen Oper einzog, nicht daran gezweifelt, daß der Mensch seinen Platz erhält nach Maßgabe seines Wertes; nur einige törichte deutsche Provinzdirektoren hätten bisher das glatte Funktionieren dieses Naturgesetzes verhindert. Paris öffnete den deutschen Träumern die Augen. »Unser Schicksal wird durch äußere Verhältnisse regiert«, notierte der kleinlaut gewordene Rienzi. Er hatte einen Blick hinter die Kulissen getan.

Wie viele Deutsche vor ihm schrieb auch er Pariser Briefchen. Er mußte sie dem Herausgeber der ›Dresdner Abendzeitung‹ unentgeltlich überlassen; denn der Hofrat Winkler war nicht ohne Einfluß auf jenes deutsche Theater, an das der junge Musiker nun immer häufiger dachte. Aber was kann man Wissenswertes melden? Man ist ein armer Teufel, der vom Morgen bis zum Abend in Vorzimmern wartet, auf Bänken von Samt und auf Bänken von Holz, in geheizten und in kalten Räumen, immer in Angst, den Theaterdiener nicht respektvoll genug gegrüßt zu haben. Man verbringt seine glanzlosen Tage fern von jenen glänzenden Orten, wo bunte und elegante Nornen das grelle Gewand der Geschichte weben. Man hat keine neuen Informationen aus den Couloirs des Senats. Man verkehrt nicht in jenen intimen Zirkeln, in denen glückliche Briefschreiber, beiseite gezogen, in die frischesten Geheimnisse eingeweiht werden. Was ihm die Freunde anschleppen, Früchte der Morgenlektüre, Abfälle aus den Konversationen an der Table d'Hôte: das macht er für die ›Dresdner Abendzeitung‹ à la Heine zurecht ... Und nie wieder schrieb Richard Wagner so gut wie damals, als er den Meister der deutschen Sprache erfolgreich kopierte.

Herr Freudenfeuer erzählte mit sehnsüchtiger Ironie von den schlankesten Tänzerinnen, die in der Loge des Jockey-Club die schmalsten Füße zeigten. Er erzählte noch mehr. Die Geschichte von dem armen deutschen Musikus, der auszog, das mächtige Paris zu erobern, und nichts heimbrachte als die nicht sehr lustige Erkenntnis: es kommt garnicht auf dich an, nicht auf deine Sehnsucht und nicht auf dein Genie. Es kommt auch nicht auf dein Ringen an. Wer immer strebend sich bemüht, der kann noch lange nicht erlöst werden. Wer wird erlöst? Dort lebt solch ein Erlöster. Und der unerlöste Wagner schaute ihm tief in die Augen. Schon von Königsberg her hatte er mit Eugen Scribe korrespondiert. Seit Jahren hat er sich den berühmten Librettisten, der 15 000 Francs für einen Operntext erhält, zur Beatrice durch alle Pariser Himmel und Höllen erwählt. Aber der Verfasser der ›Hugenotten‹ hat nicht einmal Zeit, um zehn Uhr morgens seine Schokolade in Ruhe auszulöffeln. In allen Regionen des weiten Salons – auf Stühlen und Divans – hockten Klienten. Mit dem dort bebrütet er den Plan zu einem Vaudeville. Einen Augenblick später erfindet er, in einem andern Winkel, die nagelneueste Intrige. In einem dritten wird er schnell über eine Doppel-Heirat einig. Scribe ist die Quelle aller Musik-Texte, deren Sammlung schließlich sechsundsiebzig Bände füllte. Ist aber einer wirklich so gottverlassen, die Sätze eines andern Stückeschreibers zu vertonen, so wird Meister Scribe wenigstens gebeten, an die Spitze der Autorenreihe seinen Namen zu setzen, gegen gütige Entgegennahme einer Hälfte der Autorenrechte. So ist ganz Paris an jedem Abend sein Gast, in den vielen Provinzen seines weiten Reiches. Die große Dame sitzt in seiner Großen Oper, der Diplomat in seinem Théâtre-Français, der anspruchsvolle Bürger in seiner Opéra Comique, der geschwätzige Épicier in seinem Vaudeville, Gamin und Grisette in seinem Ambigu-Comique. Neben Dekorationsmaler und Maschinist ist Eugen Scribe der dritte Gott des glänzend ausgestatteten, herrlich funktionierenden Pariser Theaterfrühlings, die renommierteste Marke seiner Branche.

Ein Markenartikel zu werden ist das große Ziel. Da ist das Heer jener langhaarigen Virtuosen, die zerschmelzen und zerbrausen in den Läufen und Sprüngen ihrer ›Airs variés‹ und ›Polacca guerriers‹. Was treibt die Menge Abend für Abend in ihre Säle? Die Spezialität eines Renommés, auf dem Konzert-Podium oder in der Deputierten-Kammer. Im Parlament heißt der bekannteste Virtuose Thiers, ein quicker Kleiner mit katarrhalisch belegter Fistelstimme. Geduldig läßt er die Schwätzer zu Ende schwatzen. Schließlich wirft er mit heiserem Diskant sein »Monsieur« ins lauschende Parkett. Wünschen die

Députés seine Rede zu unterbrechen, aus Freude oder aus Ärger, so schenkt er ihnen die ersehnte Pause, schlägt die Hände übereinander, spaziert nach rechts, spaziert nach links, trinkt ein Glas Zuckerwasser, lächelt und wartet. ›Unsere Kammer‹, denkt der Kleine, ›will unterhalten sein; es sind nur solche Leute da, die sich nicht entschließen können, zum allgemeinen Besten sich zu langweilen.‹ So amüsiert er seine Pariser mit spritziger Nonchalance im Palais Bourbon, wie Demoiselle Rachel mit niedergeschlagenen Augen und zusammengegurgelten Sätzen im Théâtre-Français.

Und wie Herr Rubini in der Oper. Auch er hat seine besondere Note – was wäre ohne sie der ganze Mann? Man gibt den ›Don Juan‹. Die Sänger sind zurückhaltend. Das Publikum ist gelangweilt. Da tut sich von ungefähr eine kleine Brise von Interesse auf: Unruhe, Rücken, Winken, Fächer-Spiel. Ottavio ist allein zurückgeblieben und tritt hart an den Souffleurkasten. Wird er eine Sensation annoncieren? Stumm und bewegungslos hört Rubini dem Vorspiel vor seiner B-Dur-Arie zu. Die ersten zehn Takte singt er fast lautlos. Im elften läßt er plötzlich das F so mächtig anschwellen, daß die kleine zurückgleitende Passage wie ein Donnerkeil herausfährt, um sofort wieder zu verschwinden. Vom siebzehnten Takt an gibt es eine Weile lang nichts als ein F. Wie nun der Trampolin-Springer zur Vorbereitung auf dem Sprungbrett sich wiegt, so schwillt Rubini zwei Takte lang vorsichtig, doch unwiderstehlich an, nimmt im dritten den Violinen ihren A-Triller, schlägt ihn dann selbst mit wachsender Vehemenz, sitzt mit dem vierten hoch oben auf dem B, als ob es garnichts wäre – und stürzt sich mit einer brillanten Roulade in die Lautlosigkeit hinab.

Jede eingeführte Marke hat ihre Nachahmer. So folgt auch dem Rubini eine stattliche Suite. Alle verfahren sie nach des Meisters Rezept: sei eine Weile unhörbar und erschrecke dann die Zuhörer durch die aufgesparte Explosion. Demgemäß singen sie fleißig à la Rubini, voran Monsieur Duprez, der über drei Fuß hoch ist, eine Kehle von neun Tönen Umfang hat und außer seiner Rubini-Note auch noch ein apartes Duprez-Nötchen besitzt. Er drückt die Augen zu, läßt rein garnichts von sich hören und schenkt den Zuhörern die Wollust des Abends.

Am Altar dieser wohlinstallierten Götter, die Freudenfeuer

so böse abmalte, zelebrierten drei Orden. Da waren erstens die Chevaliers de lustre, die das Applaudieren und die Chatouilleurs, die das Vorlachen erlernt hatten. Neben ihnen fungierten die Hüter der öffentlichen Meinung, die mehrmals am Tag Lobes-Psalmen auf ihre Herren absangen. Und da kniete schließlich, versunken im nie endenden Gebet, das andächtige Publikum, dem alles eher in der Welt eingefallen wäre, als daß der Gebenedeite einmal nicht ganz in Form war. Aber wie diese Gemeinde ihren Gott tyrannisierte! Zwar opferten sie dem Wundermann Franz Liszt 10 000 Francs für ein einziges Konzert; dafür aber hatte er auch ganz folgsam zu sein. Er spielte zugunsten des Beethoven-Denkmals einen ganzen Abend lang nichts als Beethoven. Das Publikum aber wollte seinen Liszt: die Phantasie aus ›Robert, der Teufel‹. Und da der Allmächtige wußte, daß er nur solange über den Wolken auf goldenem Stuhle thronte, wie sie ihn anbetete, beugte er sich tief vor dem Gotte des Gottes: »Je suis le serviteur du publique, çela va sans dire« ... Herr Freudenfeuer machte seine Beobachtungen mit freudlosem Feuer. Die Erfolglosigkeit hatte ihn sehr hellsichtig gemacht.

Ein Enttäuschter mehr, in der Stadt zerstörter Illusionen. Allen war der Kopf verdreht worden von den schwindelerregenden Sprüngen der Eisenbahn-Aktien und ähnlicher neumodischer Lebewesen. Auch den Poeten, die das stürmische Wachstum besangen; auch dem Volksbeglückern, die das Paradies sehr billig einzukaufen gedachten. Fourier (zum Beispiel) hatte dem Fürsten versprochen, daß er seinen Komfort – und dem Bauern, daß er sein Schwarzbrot im Staate der Zukunft haben würde; schnell und schmerzlos wollte er beide in den Himmel auf Erden transportieren. Als nun aber das Paradies keine Anstalten machte, anzubrechen, kroch aus allen Ecken die Unzufriedenheit hervor.

Wo viel Hoffnung gewesen ist, wuchert die Enttäuschung am üppigsten. Aber wie hatte man nicht hoffen sollen, wenn man die 100 Dukaten, die Mozart für seinen ›Figaro‹ erhalten, und die 40 Friedrichsdor, die Lortzing in acht Jahren mit ›Zar und Zimmermann‹ verdient hatte, mit den Einnahmen von Meyerbeer und Halévy verglich? Mit einem Zauberschlag wird man also haben, was früher bestenfalls die Frucht eines langen, mühereichen, glanzlosen Lebens gewesen ist. Die Rechnung stellte sich als falsch heraus, und der enttäuschte deutsche Siegfried rächte sich mit dem Satz, von dem er ein Leben lang nicht mehr los kam: »Geld ist das Fluchwort, das alles Edle vernichtet.«

Er gab dem Teufel noch individuellere Züge. Der Böse hat einen »geräuschlosen Musiker aus dem fünften Stock einer deutschen Provinzgasse« für den Verleger Moritz Schlesinger Klavier-Auszüge aus Donizettis Mode-Opern machen lassen. Hat einen Märtyrer des Glaubens an Mozart und Beethoven unter ein Volk fallen lassen, dessen Lieblingskomponist, Herr Adam, sich rühmt: »Ich habe bei meiner Theatermusik keinen anderen Ehrgeiz, als sie klar, leichtverständlich und amüsant für das Publikum zu schreiben. Ich schreibe die Einfälle nieder, die mir kommen, und sie kommen immer, die netten kleinen Mädel!« Aber kommen wird das Jüngste Gericht. Furchtbar wird es alle richten, die es wagten, Wucher zu treiben mit der hohen, keuschen Kunst. Und der arme »geräuschlose Musiker aus dem fünften Stock einer deutschen Provinzgasse« wird in voller Glorie erscheinen.

Hat er vergessen, daß dieser ›geräuschlose Musiker‹ in dem lauten und mondänen Leipzig begann – mit einer Symphonie, die vor allem ein sehr geräuschvoller Paukenschlag auszeichnete, der im Allegro alle vier Takte unbarmherzig lärmend wiederkehrte? Hat er vergessen, daß er nicht nach Paris gezogen war, um heilige Geheimnisse seines Innern keusch zu bewahren? Wurde der flimmernde Rienzi niedergeschrieben zu stiller Andacht? In seltenen Stunden gestand sich Freudenfeuer den rasenden Ehrgeiz, der ihn in die Dschungel der Eitelkeiten verschleppt hatte. Aber schnell übermalte er die unschöne Wahrheit mit dem schönen Bild vom genialen Künstler, den »der göttliche Trieb zur Mitteilung der eigenen inneren Beseligung« zwingt, aus dem »Heiligtum« herauszutreten auf »die kotigen Straßen der Hauptstadt«. Seht ihn nur an: er, der Selige, der Überglückliche, der Überreiche geht betteln! Er bettelt um eure Gunst, ihr Gelangweilten, ihr Vergnügungssüchtigen, ihr Eitlen, ihr Eingebildeten ... Richard Wagner pinselte heroische Fresken rings um seine Noten. Und da er ein Rebell war, fragte er: wer ist schuld? Das Geld, ist seine erste Antwort gewesen. Frankreich, wurde seine zweite.

Bisher hatte er keine große Sympathie für die Deutschen verspürt. »Nie und nimmer werde ich unserm Deutschtum huldigen!« hatte er geschworen. Diese deutschen Puritaner! Dieses deutsch-gelehrte Holz! Diese lächerlichen Verächter des Fremden! In zwei Pariser Jahren hat er jetzt das deutsche Gemüt lieben gelernt – jene verschämte Schüchternheit, »die dem Deutschen verwehrt, mit seiner Kunst, diesem seinem inneren Heiligtum, zu prunken«. Vor dem ›Pariser Intrigen- und Schwindel-System‹ erhob sich plötzlich in schneeweißer Magerkeit das deutsche Arm-aber-gemütvoll. In jedem deutschen Herzen ist »ein so wunderbar rührender, einfach kindlicher Zug tiefer Religiosität, daß der Klang einer Orgel ihm die süßesten Träume ablocken kann«. Dagegen nun diese Grisetten, zusammengemischt aus männlichem Verstand und tierischer Sinnlichkeit. Auf den großen Boulevards des Glücks, auf denen er nicht wohnen durfte, entdeckte er die süße Muttersprache und vergaß darüber, Französisch zu lernen, das ihm ›instinktmäßig zuwider‹ war. Sein schwacher Patriotismus wurde erheblich gekräftigt durch die Niederlage auf fremder Erde.

Er hatte dem Land seiner Väter viel weniger vorzuwerfen als der kriegerische deutsche Liberale, der in Paris sein Hauptquartier im Kampf gegen Deutschland hatte. Der geräuschlose Musiker wollte doch nur, daß die Heimat ein bißchen lieb zu ihm sei; und versuchte nun, diese Liebe mit einem Gesuch »An seinen angebeteten Landesvater« etwas anzuregen. Auch versicherte er dem Herrn von Lüttichau, Generaldirektor der Dresdner Hofoper, schriftlich: nichts, selbst nicht der glänzendste Pariser Erfolg könnte ihn so beglücken, als wenn ›Rienzi‹, seiner ursprünglichen Bestimmung gemäß, auf dem Boden der Heimat ins Leben träte. Gerade dieses Werk eines Sachsen, der redlich bemüht sei, die besten und gereiftesten künstlerischen Kräfte dem Vaterland zu widmen, müßte sich im Repertoire des Hoftheaters gut ausnehmen. Das fand das Hoftheater auch. Und der Demagoge von Rom wurde akzeptiert für die Königlichen Bretter von Dresden.

Das Vaterland war lieb zu Wagner – und Wagner begann, das Vaterland zu lieben. Er sah in der Annahme seines Werks »einen freundlichen Gruß aus Deutschland«, der ihn um so mehr wärmte, als die Pariser Luft ihn immer eisiger anwehte. Ein empfindsamer Patriotismus stellte sich ein; so naturgewachsen, so blutmäßig begann Richard Wagners Liebe zur deutschen Heimat. Flugs wurde er der Liberté untreu und vermählte sich der heimatlichen Schwermut. Und der Dichter Heinrich Heine war es, der ihm die Braut Melancholia zuführte.

Der Oper gegenüber, in dem italienischen Restaurant Brocci, das mit Deutschen vollgestopft war, trafen sie einander: der berühmte Poet und der namenlose Musikant. Heine glich in seiner feisten Wohlbeleibtheit und munteren Geistesstimmung, die von einer blasierten Gleichgültigkeit nur leicht verhüllt war, einem Abbé des achtzehnten Jahrhunderts. Wenn das flüchtige Gewölk, das seine Stirn umlagerte, zerging, stiegen die farbigsten Raketen empor. Grell beleuchteten sie den vaterländischen Himmel, bis dem großen Emigranten einfiel, man sollte bei solch hochverräterischen Gesprächen doch etwas auf die Nachbarn achten. Der junge Musikant, der erst kürzlich, als die altdeutschen Rüden wieder einmal den verhaßten Vaterlandslosen anzukläffen suchten, für den Dichter eingetreten war, sah mit den Augen Heines, schrieb mit seiner spitzen Feder – und wußte wohl noch nicht, wie fremd er dem großen Humoristen war. Der rühmte sich nämlich, vor der Wahl zwischen einem bösen Gewissen und einem bösen Zahn, sich ganz undeutsch zu entscheiden.

Noch gefiel Richard Wagner das Heinesche, und die Beschreibung der Sage vom Fliegenden Holländer hat es ihm vor allem angetan. Heine hatte sie angeblich auf einer Amsterdamer Bühne dargestellt gesehen und folgendes berichtet. Als der arme, auf den Meeren abgetriebene Holländer die Frage stellte: »Katharina, willst du mir treu sein?«, und Katharina ihm antwortete: »Treu bis in den Tod« – da habe er, der Zuhörer, das glockenhellste Lachen vernommen. Er schaute hinauf und erblickte auf dem höchsten Rang eine wunderschöne Eva, die ihn mit großen blauen Augen verheißungsvoll ansah. Und während Frau Fliegende Holländer ins kalte Wasser sprang, um ihrem unglückseligen Liebsten die Zuverlässigkeit eines wackren Weibs vor Augen zu führen, stellte der verliebte Heine sich vor: Frau Eva würde, vom Olymp herab, in seine sehnsüchtigen Arme gleiten. Als er dann wieder zu sich kam, vielmehr zum Mißgeschick des Holländers, zog er die Moral von der Geschicht': Wir Männer ersehen aus diesem Stück, wie wir durch die Weiber im günstigsten Fall zugrunde gehen. Heine liebte es sehr, der blauen Blume eine kleine heitere Krone aufzusetzen.

Heines junger Verehrer hörte kein Lachen, als die Frage nach der ewigen Treue ins Spiel kam, nur schwermütige, klagend gezogene Klänge. Weil er an seine Minna dachte? Vor fünf Jahren hatte sich der junge Dirigent in Magdeburgs erste Liebhaberin verknallt, weil sie hübsch war und weil er sie einem jungen Aristokraten nicht gönnte. Dann war er auf einen jüdischen Kaufmann neidisch geworden und hatte ihr gedroht, sich dem Trunk und dem Teufel zu ergeben. Schließlich hatte er sie, um ein Recht auf Eifersucht zu haben, geheiratet. Das war in der Tragheimer Kirche zu Königsberg. Der Bräutigam war dreiundzwanzig Jahre und sechs Monate alt gewesen, die Braut vier Jahre älter. Vor der Türe des Geistlichen hatte sich das Paar so heftig gestritten, daß man gerade auseinandergehen wollte, als der Pfarrer herauskam, um die jungen Leute in die Sakristei zu führen.

Die ordentliche, sparsame, vorsichtige und nicht sehr leidenschaftliche Tochter eines sächsischen Mechanikus, die sich ihr Geld als jugendliche Liebhaberin brav verdiente, hatte ihn nicht heiraten wollen. Mit siebzehn hatte sie ein uneheliches Kind bekommen, von irgendeinem Herrn von Einsiedel; das war für ihr bescheidenes Leben Verwirrung genug gewesen. Minna liebte die Ruhe. Sie träumte von einem soliden, bürgerlich-anständigen Leben, da tauchte dieser quicke, blauäugige Kapellmeister mit dem großen Kopf und den kleinen Beinen auf und nannte sie so lange seine süße Braut, bis sie sich dem Schicksal ergab, ihm eine gute Ehefrau zu werden. Wenn das nur möglich gewesen wäre.

Schon bald nach der Heirat war die selbstsichere Minna von den Schulden und Explosionen des turbulenten Gatten so erschüttert, daß sie mit irgendeinem Herrn Dietrich durchging. Dann hatte man von neuem begonnen, in Riga. Aber die Schulden wurden nicht kleiner und der Vehemente nicht zahmer. In Paris trug sie mehr als ihrer leicht ermatteten Seele zuzumuten war. Ach, er dachte an keine verführerische Eva, wie der Dichter Heine, und an kein glockenhelles Lachen. Er dachte an ein Mädchen, das sich in alle Höllen stürzt, um ihren Richard zu erlösen, und nannte dies heroische Weib: Senta. War man nun einmal an ein Wesen gekettet, dem das Feuer nicht eingeboren war, das sich täglich schwerer neben einem herschleppte, so dichtete man sich wenigstens das Weib, das die Schwere des Daseins verwandelte in die Süße des Vergehens durch einen liebestollen Exzeß.

Er war nicht mehr der junge hoffnungsvolle Freier aus Magdeburg. Er war auch nicht mehr verliebt in Auber und die Große Oper. Er war ein unfreundlicher, ungeselliger Herr, der auf alles und alle schimpfte, die französische Sprache miserabel behandelte und eine düstere deutsche Metaphysik in sich trug. Nicht mehr Genuß, sondern Verzicht! Konnte er kein Rienzi werden, so sollte wenigstens die Resignation überlebensgroß erstrahlen. Als die Bahnlinien nach Orleans und Rouen eröffnet wurden, jubelte Heine: »Durch die Eisenbahn wird der Raum getötet.« Er hoffte, allgegenwärtig zu sein, um alle Schönheiten der Erde zu gleicher Zeit zu genießen. Richard Wagner fuhr nicht mit Dampf, sondern mit schwarzen Segeln in die Zukunft. Er war ein Kapitän, verurteilt, über die wilden Wasserwüsten zu fahren, ohne je anzukommen.

Seit einem Jahr ist sein ›Rienzi‹ in Dresden angenommen: weshalb wird er nicht auf die Bühne gebracht? Man muß Brief auf Brief nach Dresden jagen: an die Exzellenz, an den Hofrat, an den Kapellmeister, an den Chordirektor, an den Regisseur, an den Tenor. Wann führt ihr mein Werk auf? Wann darf ich endlich landen? Mein Gott, kritzelte er auf ein Papier: warum sind wir nur so unerhört unglücklich? Heinrich Heine überspielte das Zucken eines wehen Herzens mit kleinen, bunten, flatternden Kadenzen. Der Musikant hingegen begann, seine Trauer mit Pauken und Trompeten zu orchestrieren. Der Fliegende Sachse fuhr mit einem ironischen Heine-Thema als Vorspann tausendpferdig in den Himmel deutscher Empfindsamkeit ein.

Neunundzwanzig Jahre alt verließ er Paris: die »große Mördergrube«, in der man einen »naiven und einfältigen deutschen Musiker« fast zu Tode gehetzt hatte. Als der arme Gehetzte den Rhein erblickte, schwor er, Tränen in den Augen, dem deutschen Vaterland ewige Treue. Das Vaterland hingegen beschwor nichts.

Ein Rebell

Der stürmische Beamte

Ein Märchen, das alltäglichste und lockendste, will er ins Leben setzen: den plötzlichen Wechsel vom Elend zum Glück. Sieht er sich um in jenem fiebrigen Bezirk, in dem er haust, so entdeckt er, daß die Welt ein Treibhaus ist. Heute steckt da in irgendeinem abgelegenen Winkel ein wenig ansehnlicher Schößling – und morgen schon ist er ein leuchtendes, betäubendes Gewächs, das die Schmetterlinge der ganzen Welt anzieht. Es gibt auch noch Menschen, die im langsamen, steten Aufstieg nur ein paar Sprossen erklimmen. Die Armen! Sie müssen ein ganzes Leben darangeben, um sich ein Stückchen jenem Gipfel zu nähern, auf dem allein das Leben lohnt.

Dort oben darf man genießen, wonach einen gelüstet. Von dort oben her kann er die Welt nach seinem Sinn und für seine Sinne modeln. Aber wie kommt man hinauf? Wer nicht dort oben geboren ist, wird vielleicht von der Göttin des Glücks gepackt und mit einem einzigen Ruck aus der Niederung emporgerissen. Noch ist man Niemand. Noch muß man leben, wie es die andern wollen. Täglich verbiegt Richard Wagner seinen eigenwilligen Wuchs. Aber wird nicht an jedem Tag das Märchen zur Wirklichkeit, daß ein Neuer Platz nimmt an der Göttertafel? Er hat schon viele Narben erhalten im Kampf um diesen Platz. Jetzt ist er dem Ziel näher als je.

Doch ist es keine Stunde des Behagens. Wer das Große Los will, lebt nicht sehr ruhig. Der Glücksjäger arbeitet besonders hart; denn das Glück kommt selten von selbst, man muß ihm Beine machen. Man kann nicht einmal ruhig nach Teplitz zur Erholung fahren und dort abwarten, bis die Dresdner endlich den ›Rienzi‹ auf die Bühne gebracht haben. Tausend Gehilfen auf dem Wege zum Ruhm wollen stündlich angefeuert sein. Der Chordirektor Wilhelm Fischer muß eine freundliche Mahnung erhalten. Weshalb antwortet er nicht? Der Kostüm-Zeichner Ferdinand Heine wird pünktlicher schreiben. Auch von ihm kommt nichts. Denken sie nicht daran, daß ein unbekannter sächsischer Tonsetzer auf seine Stunde wartet? Es ist schon sicherer, nach Dresden zurückzukehren und höchst persönlich das Ungetüm Theater zu überwachen, das heute nach dieser Richtung torkelt und morgen nach jener. Er selbst wird dafür sorgen, daß es seinen Weg geht.

Immer wieder reißen die geknüpften Fäden. Dann muß man sie von neuem zusammenknippern, in unerschöpflicher Geduld. In Berlin hatte man den ›Fliegenden Holländer‹ angenommen. Jetzt ist dort ein anderer Intendant. Der neue Mann ist von neuem zu überzeugen, daß für seine Bühne nichts wichtiger ist als die schnelle Aufführung der Oper des unbekannten Komponisten. Man muß in wohlgesetzten Episteln sehr viel Liebenswürdigkeit entfalten, auch etwas Demut, eine Spur Geist und eine angemessene Portion Humor; der aufdringliche Bittsteller wirkt so etwas gewinnender. Er muß sich die Menschen sehr verpflichten, ehe sie bereit sind, seinen Karren vorwärtszuschieben. Würde er sich nicht dafür verwenden, daß der Hofrat Winkler das Übersetzungsrecht des neuen Stücks von Scribe erhält, so würde der Mann gewiß nicht den ›Rienzi‹ in seinem Blättchen »auf das erbärmlichste« besingen. Wieviel Erbärmlichkeiten müssen den Boden düngen, bevor das ersehnte Märchen in die Höhe schießen kann! Es ist eine Herkules-Arbeit, dem Glück nachzulaufen. Eine Oper ist schnell gemacht. Die Schwierigkeit beginnt erst, wenn das Werk, das niemand gewollt hat, den Intendanten und den Sängern und den Rezensenten und dem Publikum eingeredet werden muß.

Plötzlich sind alle Schwierigkeiten überwunden. Triumph! Triumph! Das ist eine Erregung gewesen. Noch nie hatte man das Dresdner Publikum herausgefordert, über eine wichtige dramatische Neu-Erscheinung ein Urteil abgeben zu müssen. So stand zu befürchten, daß die Leute nicht recht wagen würden, Stellung zu beziehen; wer die Qualität nicht erkennen kann, muß sich an die Marke halten – und der arme Musiker war noch nicht abgestempelt. Aber die Dresdner waren keine Dresdner mehr! Freundliche Gerüchte hatten sie schon vorbereitet. Sänger und Musiker hatten viel Neugierde gesät. Wird wirklich im Finale die Schröder-Devrient als Mann zu Pferd hereinsprengen? »Das wird ein schönes Hallo machen!!!« hatte der geräuschlose Musiker aus dem fünften Stock einer deutschen Provinzgasse frohlockt. Und es gab ein Hallo. Viermal wurde der Autor stürmisch gerufen. Minna streute Lorbeerblätter auf sein Lager, damit er sich auf seinen Lorbeern ausruhen könne. Die Sänger widersetzten sich jeder Kürzung. Die Preise wurden erhöht. Der König und die Prinzessinnen waren begeistert. Meyerbeers ›Hugenotten‹ waren in den Schatten gestellt.

Das also ist der Mensch: ein Nichts oder ein Gott, ein namenloses Splitterchen oder ein Genie. Erst der Erfolg macht den Niedriggeborenen zum Jemand: einem Wesen mit Namen, einem Geschöpf mit Kredit. Wer oder was schafft diesen Erfolg? Nach einer frommen Legende: die Leistung. Doch schon taucht die Frage auf: »Wie man in unserem Zeitalter berühmt sein kann, ohne es zu verdienen.« Richard Wagner, der sich bisher immer nur gewundert hatte, wie man unberühmt sein kann, ohne es zu verdienen, ist angelangt. Gestern noch ist er ein Nichts gewesen, ein Hausierer mit Noten, einer aus dem unübersehbaren Menschengewimmel, dessen Verschwinden niemand bemerkt hätte. Heute stattet selbst die magere Phantasie der königlich-sächsischen Residenzler den neuen Mann üppig aus. Er ist eine Persönlichkeit, ein Wesen, das Vergangenheit, Gegenwart und Zukunft hat.

Wer ist er? fragen sie jetzt. »Noch größer als der göttliche Donizetti», antwortet der dicke Graf Solms. Nie hat man etwas von ihm gehört – plötzlich ist er mit einem Werk da, das Auber und die anderen zeitgenössischen Notabilitäten überflügelt? Ist ›Rienzi‹ die Arbeit eines Anfängers? Unmöglich! Unter welchem Namen hat der Mann bisher Opern gemacht? Da steht er vor ihnen und verbeugt sich. Wahrhaftig ein ganz junger Mensch steckt dahinter. Wie in aller Welt kommt ein Namenloser dazu, sich einen Namen zu machen? Und noch dazu ein Leipziger! Zuletzt soll er in Paris gewesen sein, ein Schüler Meyerbeers. Das allerdings erklärt schon viel. Der reiche Brockhaus hatte nämlich – wissen Sie schon? – seinen kleinen Schwager Richard für drei Jahre nach Paris geschickt, um dort auf Oper zu studieren und den ›Rienzi‹ anzufertigen. Hundert Taler preußisch Kurant sandte der wohlhabende Mann Monat für Monat dem hoffnungsvollen Jüngling. Aha! Dann hat also auch der mächtige Buchhändler die Dresdner Aufführung durchgesetzt. So ist endlich der dunkle Fall ein wenig geklärt ... Den kleinen Schwager Richard aber wurmte es sehr – dachte er an die Rue de la Tonnellerie zurück: daß nun der reiche Verwandte, der jede Hilfe verweigert hatte, auch noch den Rahm des Ruhms abschöpfte.

Aber darauf kam es schon nicht mehr an. Der Name Richard Wagner trug Zinsen wie nur irgendein Kapital. Er bewilligte dem Militär-Musikdirektor das Arrangement mehrerer ›Rienzi‹-Stücke für seine Kapelle; sie wurden Glanznummern der Garten-Konzerte auf der Brühlschen Terrasse. Ein Dresdner wählte ein Thema als Virtuosenstück. Weshalb gerade diese unbedeutende Passage? Sie war die einzige Stelle im Sechs-Achtel-Takt. Das aufgehende Gestirn machte mit seinen jungen Strahlen die Welt lieblicher; so schien es ihm, als lächle sie ihm lieblich zu.

Und das tat sie wirklich. Selbst das eherne Schicksal benahm sich nicht so ehern wie bisher. Zwei Kapellmeister der Dresdner Oper starben innerhalb von drei Wochen, um dem kommenden Mann Platz zu machen. Der arme deutsche Musiker erhielt eine lebenslängliche Anstellung als Königlich-Sächsischer Hofkapellmeister. Und das war bereits eine Gnade, welche der berühmte Komponist dem Dresdner Opernhaus erwies. Er durfte die Bedingungen diktieren. Eine untergeordnete Stellung, wie sie der jüngst verstorbene Kollege Rastrelli inne gehabt hatte, kam nicht in Frage. Auch nicht das übliche Probejahr mit zwölfhundert Talern, auf das noch Carl Maria von Weber hatte eingehen müssen. Der junge Gott kannte seinen Kurs und erhielt seinen Preis. Er bekam sofort fünfzehnhundert.

In dieses Theater hatte ihn einst der Hofschauspieler Geyer mitgenommen und, nach seinem Tode, die Hofopernsängerin Rosalie Wagner. Aber nicht die Hausmacht einer Familie hatte ihn emporgetragen, sondern eine zauberische Kraft: der Erfolg. So ist er denn auch nicht irgendein königlich-sächsischer Kapellmeister geworden, sondern eine Persönlichkeit. Kein Hahn hatte nach ihm gekräht, als er vor kurzem in diese Stadt eingezogen war; schließlich kommen täglich viele Menschen an. Jetzt aber würde eine Lücke entstehen, ginge er wieder fort. In zwei Dresdner Monaten erhielt er mehr Briefe, als er in drei Pariser Jahren empfangen hatte. Theater, die bisher nicht geantwortet hatten, schrieben nun als Bittsteller. Er war kein anderer geworden und doch ein anderer. Er wurde geliebt, bewundert, mit Erstaunen betrachtet. Und fühlte sich, wie die andern ihn fühlten. Ein freudiger Stolz erwachte in ihm. Endlich war er so weit, sich mitteilen zu dürfen. Seine besten Kräfte wird er verschwenden. Er kann dichten und komponieren, inszenieren, taktieren, reflektieren und reformieren. Nun wird er sich entfalten. Was steckt in diesen Falten? Was kommt da heraus? Das Lob des Lebensgenusses, den das ›Liebesverbot‹ gepredigt hat? Der Schlachtgesang für die Freiheit des Volks, den ›Rienzi‹ erschallen ließ? Der Verzicht des ›Fliegenden Holländers‹?

Das ist wohl eine seltsame Veränderung, die mit dem Mann jetzt vor sich geht. Noch im April hat er gejammert: »Nie ist uns ein Abschied schwerer geworden als der von Paris«, und schon am Ende des Jahres erinnert er sich weniger an die Trauer der Abfahrt von Frankreich als an das Glück der Ankunft in Deutschland. Noch im April war er lau in der Betreibung seiner Dresdner Angelegenheiten gewesen, sein ganzes Sinnen galt Paris, und schon ein Jahr später haßt er jene »große, ungeheure Fremde für unsre deutschen Herzen«. Noch im Juni bekannte er: »Ich habe keine Vorliebe in geographischer Hinsicht und mein Vaterland, seine schönen Hügelketten, Täler und Wälder beiseite gestellt, ist mir sogar zuwider. Das ist ein verfluchtes Volk, diese Sachsen – schmierig, dähnig, plump, faul und grob – was habe ich mit ihnen zu tun?« Und schon wenige Monate später, bald nach der Versetzung aus der Hölle des armen unbekannten deutschen Musikers in das Paradies des Königlich-Sächsischen Kapellmeisters, hat der Mann sehr viel mit seinen Sachsen zu tun. Er wird ihre Zier. Er wird ein Patriot. »Wir Komponisten«, schrieb er, »können keine Europäer sein; wir müssen wählen: deutsch oder französisch.« Mit Schrecken entdeckt er, »wie schlecht es steht um unser nationales Ehrgefühl«. So schnell, in einem halben Jahr, wächst die Liebe zur Heimat, wenn ihr Boden sich als fruchtbar erweist. So haltlos segelt diese Seele im Winde des wechselnden Glücks.

Es war auch in diesem ersten Winter seiner Wohlbestalltheit, daß er begann, in einer Hof-Uniform, Preis hundert Taler, sich für seinen König zu begeistern: für den ehrlichen Mann, der es ohne Wichtigtuerei mit der Sache von Herzen meine, und der eine wahre gemütliche Freude an seinem heimgekehrten Sohn Richard Wagner habe. Der lebte nun allerdings ein ganz anderes Leben als jene deutsche Idylle, nach welcher der geräuschlose Musiker aus dem fünften Stock einer deutschen Provinzgasse sich in der welschen Hölle gesehnt hatte. Ein Jahr nach jenem Juni, in dem er die sächsischen Hühner den sächsischen Hofräten vorgezogen hatte, erhielt er durch den Oberhofmeister vom Minkwitz den königlichen Befehl, schleunigst ein kleines Hof-Konzert zu arrangieren. Wunderbarerweise glückte alles. In drei Wagen fuhr man ab. Aber in Pillnitz waren die Türen zugenagelt. Kein Diener wollte etwas wissen. Der Oberhofmarschall, der schnell herbeigerufen wurde, brachte die Musikanten in ein Zimmer und eröffnete ihnen, was sich inzwischen zugetragen hatte. Die Einladung, ins Königliche Lustschloß zu kommen, war von der russischen Großfürstin Helene abgelehnt worden; da hatte der Hof es vorgezogen, auf den Weinberg zu gehen. Die Sängerin Gentiluomo fuhr ohne jedes Zeremoniell wütend auf den Marschall los. Die Männer hingegen amüsierten sich göttlich im nächsten Gasthof. War dies das Leben, zu dessen höherem Ruhm der arme deutsche Musiker tausend Flüche auf die Sündenstadt Paris hatte niedergehen lassen?

Noch lustiger als die mißglückten Paraden waren die geglückten. Der Märchen-Prinz Richard Wagner bekam von seinem König den Auftrag, zur Enthüllung eines Friedrich August-Denkmals einen Festgesang für Männerchöre anzustimmen. Es wurde ein großer Erfolg. Alle Briefe jubelten: Triumph! Der Konkurrent, der Autor des andern Carmen, Kollege Mendelssohn, fiel durch; dem Kapellmeister Wagner hingegen wurde durch den Oberhofmeister eine goldene Dose überreicht, sehr gediegen, etwa hundert Taler wert. Seht, liebe deutsche Freunde in Paris! Das ist Deutschland! Wie haltet ihr es nur noch aus in der »großen Mördergrube«, wo wir »mit unseren naiven und einfältigen Bestrebungen in aller Stille und Unbeachtetheit zu Tode gehetzt werden?«

Es lebe das Vaterland! Ihm zu Ehren komponierte er als erster Liedermeister des Dresdner Männer-Gesangvereins ein ›Liebesmahl der Apostel‹. In der Frauenkirche, auf einer Estrade, die fast das ganze Schiff einnahm, über einem unsichtbaren Orchester von hundert Instrumenten, dirigierte er einen Chor von zwölfhundert Sängern. Das hatte man hierzulande noch nicht erlebt. Und die Liedertafel wußte, was sie an ihrem

Meister hatte. An seinem dreißigsten Geburtstag sang sie ihm seine Biographie vor, die bereits legendarisch geworden war:

»Von der Ostsee rauhem Strande,
von der mächtigen Seine-Stadt
kehrt er heim zum Vaterlande,
zu dem heimischen Gestad.
Unter fremden Nationen,
unter weitentlegenen Zonen,
wahrte er in Freud und Leid
Deutsche Treu und Biederkeit.«

Ist das Leben jetzt treu und bieder, wo er im Hafen ruht? Ach, es gibt immer noch keine Ruhe! Also führen nicht einmal die Himmlischen ein Leben in ewiger Heiterkeit? Sie müssen darüber wachen, daß das Gesindel unter der Wolkenbank die göttliche Residenz nicht unterwühlt! »Ich sehe klar vor mir und fühle es sogar bis zur Peinlichkeit«, stöhnt der junge Gott, »wie sehr ich auf der Hut sein muß und wie sorgsam ich mein tägliches Tun überwachen muß. Das aber hat viel Widerliches!! Da mir alles vom Herzen kommt, möchte ich gern auch sorglos sein können. Ach, wenn man wüßte, wie sehr diese Sorgen den reinen Kern des Künstler-Lebens verkümmern! Daß wir Künstler und Pfiffikus zur gleichen Zeit sein müssen, das raubt der Welt gewiß manches arglos Schöne.« Schon wieder ist er auf jener schrecklichen Spur, die er bereits in Paris aufgenommen hatte. Schon wieder fragt er: woher diese Not? Aber immer sieht er nur die Not des Künstlers. Ist es nicht ebenso schwer, Philosoph zu sein und Pfiffikus? Handwerker und Pfiffikus? Wird nicht überall ›manches arglos Schöne‹ geraubt, weil jedes Leben zerfällt in die freie, freudige Leistung – und in den Zwang, leisten zu müssen, so und nicht anders, unter diesen Bedingungen und nicht anders?

Ihn fröstelte es sehr auf der kalten Erde. Aber ihn wärmte auch schon das Paradies, das der Erfolg ihm sehr nahe gerückt hatte. So lebte er zwischen zu kalt und zu heiß. Manchmal war er ausgelassen wie ein Kind: übermütig, zu den tollsten Eulenspiegeleien aufgelegt. Da kroch er unter den Tisch und bellte wie ein Hund. Dann aber mußte er wieder weinen, und war doch erst ein halbes Jahr im Glück. Es scheint fast, als ob dies Paradies garnicht so paradiesisch war. Nicht einmal das verfluchte Geld hatte seinen Fluch verloren. Der Mensch hat Bedürfnisse. Auf der Erde ist alles da, was der Mensch braucht. Nicht das Geld, das ich besitze, bestimmt meine Bedürfnisse; sondern sie entscheiden, wieviel Geld ich haben muß. Das sah man nicht ein. Er hatte schon immer jenes vertrackte Gesetz, nach dem man nicht mehr verbrauchen darf, als man besitzt, durchbrochen, mit dem Zaubermittel: Pump. Auf allen Stationen seines Wegs – in Magdeburg, in Königsberg, in Riga, in Paris – hatte er Freunde und Feinde angepumpt. Aber liegt denn nicht gerade die Seligkeit der Götter darin, daß ihre Schulden zergehen wie Nebel vor der Sonne? Seine Schulden zergingen nicht.

Der Kontrabassist Morthat wartet schon einige Jahre auf fünfunddreißig Taler für die Kopien des ›Liebesverbots‹. Mit ihm beginnt die Tilgung der Schulden. Fünfzehnhundert Francs gehen nach Paris an Freund Kietz, an den Schuster und zur Einlösung von Pfändern. Der Ruhm, der den Bettler von einst ins Licht gestellt hat, lockt viele herbei, die nicht warten wollen, bis der Glückliche sich ihrer zu entsinnen geruht. Die Magdeburger drohen mit einem Eklat, wenn sie nicht ihre sechshundertsiebenundfünfzig Taler erhalten. Ein Königsberger Jude, der zur Leipziger Messe gekommen ist, macht einen Abstecher nach Dresden, um dem jungen Glückspilz in Erinnerung zu bringen, daß er ihm noch dreihundert schuldet. Ein alter Bekannter fordert sechshundert zurück, nebst Zinsen von acht Jahren zu fünf Prozent – war das damals nicht ein Geschenk? Daß die Menschen so versessen darauf sind, ihr Geld zurückzubekommen!

Sollen sie es haben! Das ist doch jetzt eine Kleinigkeit, einen Plan zu entwerfen, in dem Einnahmen und Ausgaben aufeinander abgestimmt sind. Es ist keine Kleinigkeit, wenn man in dem Kalkül den unsichersten Kantonisten einsetzt: die Hoffnung. Mit ihr bezahlt er eine schöne Wohnung, einen stattlichen Flügel und eine erlesene Bibliothek. Weshalb auch nicht? Als ob man nicht berechtigt wäre, zu hoffen! Das Gold sprießt üppig aus dem Boden des Theaters: weshalb sollte gerade er ausgeschlossen sein? Halévy hat für die ›Königin von Zypern‹ dreißigtausend Franken erhalten. Mußte der ›Rienzi‹ nicht wenigstens zweitausend Taler bringen? Dann kam, nach der dritten Vorstellung, ein Brief Seiner Excellenz, der ihm für sein vortreffliches und schönes Werk ein Honorar von dreihundert Talern versprach, obwohl viel weniger zu zahlen sei; Seine Excellenz könne sich jedoch nicht enthalten, mit dem Komponisten des ›Rienzi‹ eine Ausnahme zu machen. Richard Wagner hatte sich gründlich verrechnet.

Aber er hat sein gutes Gehalt. Und diese Fünfzehnhundert sind erst ein Anfang. Die Sängerin Schröder-Devrient hat viertausend Taler im Jahr, ihre Gastspiele nicht eingerechnet, zwanzig Taler Spiel-Honorar und zweihundert Taler Garderobengeld. Berlin bietet seinen Sängern Verträge, die ihnen nach achtjähriger Dienstzeit eine Prämie zusichern. Welche Aussichten! Und wenn das Gehalt nicht wächst mit dem wachsenden Bedürfnis? Und wenn die Einnahmen aus den Opern ausbleiben? Wie soll man im Frühling, wenn alles blüht, zweifeln am Kommen der Früchte! Also weiter pumpen, bis der Goldstrom auch ihn erreicht. Die Schröder-Devrient wird um tausend Taler angegangen. Einen reichen Kaufmann bittet er, den eingelaufenen Wechsel des Herrn Hafferberg aus Riga über zweiundfünfzig Rubel und sechsundvierzig Kopeken vorläufig einzulösen und die verauslagte Summe zu derjenigen hinzuzuaddieren, für deren Empfang er dem Gönner von Paris her noch verpflichtet ist. Das Stärkste aber mutete er dem Wagner selbst zu und seinem Glück. Der muß seine Opern auf eigene Kosten drucken lassen. Der Verleger Breitkopf & Härtel ist zwar bereit, den ›Fliegenden Holländer‹ herauszubringen. Aber das Honorar steht in keinem Verhältnis zu den gewaltigen Summen, die andere erhalten, etwa Halévy für seinen ›Charles VI‹. Die großen Vermögen wachsen üppig heran. Jedes Kapital, eine Eisenbahnaktie oder eine schöne Stimme, blüht auf zu märchenhaftem Wert. Da ist Richard Wagner nicht bereit, den gemächlich ansteigenden Beamtenpfad emporzutrotten.

Täglich gab es Abstürze. Täglich fiel der Kapellmeister aus seinem Himmel in die nüchterne Provinzstadt von siebzigtausend Einwohnern zurück. Wie eisig die Welt ist! Wie verkrustet die Welt ist! Müde klettert er in abgestorbenen Landschaften herum, zwischen störrischem Ehrgeiz und unerschütterlicher Gleichgültigkeit. Wer wird ihn erlösen? Sein Herrscher! Ein altes Ammen-Lied tröstet unglückliche Untertanen: es ist nur die Schuld der nachgeordneten Instanzen, daß du nicht vordringst bis zum Herzen des Allmächtigen. So wird ihm der König von Sachsen zur Oase in der sächsischen Wüste. Er ist Wohlwollen und Klugheit in Person. Würden die Klagen des Kapellmeisters bis ans allerhöchste Ohr gelangen, dann lösten sich die Dissonanzen auf in die reinste Harmonie. Aber vor dem Thron hat sich die aristokratische Garde aufgepflanzt: Satanas, der den strebsamen Bürger nicht einläßt in den königlich-sächsischen Himmel.

Der mächtigste Gardist, der zwischen dem König und seinem Theater steht, heißt August Freiherr von Lüttichau. Er kennt nur einen Stern: seinen königlichen Herrn und die Ehre des Hoftheaters, das eines der schönsten Brillanten in der Krone Seiner Majestät ist. Der Oberforstmeister von Lüttichau, der nach Gottes unerforschlichem Ratschluß als Intendant der Königlichen Hof-Bühne dient, interessiert sich weder für den Ehrgeiz von Tenören noch für die Reform-Ideen seines sehr stürmischen Kapellmeisters; denn der Hof-Kavalier haßt jeden Sturm. So etwas wie den ›Wilhelm Tell‹, meint er, dürfte der Schiller heute nicht mehr schreiben; Künstler sind dazu da, den hohen Herrschaften die schöne Welt noch schöner zu machen, im übrigen schätzt er nicht allzusehr ihre Gesellschaft. Seine Frau, eine fein empfindende, kränkliche Dame, hat die Scheu des Gatten vor dem Völkchen, das er regieren soll, schon etwas gemildert; aber die Welten mischen sich nicht. Und obwohl es schon mehr als zwei Jahrzehnte her ist, daß der Jagd-Junker Leiter einer der glänzendsten deutschen Bühnen wurde, hat er immer noch nicht mehr vor mit seinem Theater, als daß die Maschine klappt.

Es finden auch Sitzungen statt, in denen Woche für Woche der Dresdner Theater-Frühling amtlich beschlossen wird. Da notiert man dann auf den Kalender: Gluck und Shakespeare und Bauernfeld und alles, was Regisseure und Kapellmeister vorgesehen haben für die Zeit von Ostern bis Himmelfahrt, von Himmelfahrt bis Pfingsten, von Pfingsten bis zum ersten April. Der Freiherr liebt dies ›Netz-machen‹, wie er es nennt, sehr. Er fängt das Theater-Jahr in den schönsten Plan ein. Aber schon acht Tage später ist er wieder ein unbeschriebenes Blatt, das Netzmachen beginnt von vorn, Fische aber werden nicht gefangen.

Da nährt der Kapellmeister Richard Wagner viele glänzende Ideen im Busen. Hier, in diesem Konferenz-Zimmer, in dieser Stunde ist die einzige Gelegenheit, seine Vorschläge anzubringen. So läßt er sich fortreißen, spricht über Gluck und die reinen Formen der Antike, über die Beziehungen von Musik und Drama und landet schließlich bei dem Entwurf einer Reorganisation der Dresdner Kapelle. Dem Kammerherrn von Lüttichau ist dieser turbulente Mann viel zu windig. Ungeduldig fuhrwerkt der Chef mitten in die stolzen Ausgeburten der feurigen Phantasie hinein: »Herr Jesus, wir wollen doch nur wissen, ob Frau Kriete die Partie singen kann oder nicht.«

Weshalb sitzt der Angestellte nicht ruhig auf seinem guten Platz? Weshalb macht er seinem Intendanten soviel Scherereien, zum Beispiel mit dem Katafalk Carl Maria von Webers? Der lag doch sehr gut im Winkel der Londoner Kirche. Da mußte dieser unstete Mensch für die ausgefallene Idee agieren, die sterblichen Reste des Seligen in die Heimat zurückzubringen. Und dann fragte er auch noch: ist da irgendeiner mehr berufen, an diesem festlichen Akte mitzuwirken als die Dresdner Oper? Der Freiherr von Lüttichau dachte nach. Jener Weber ist einer seiner Kapellmeister gewesen, ganz gewiß; einer von vielen. Ist es recht, gerade dem Andenken dieses Mannes übertriebene Ehren zu erweisen, während zum Beispiel der verstorbene Morlachi sich viel länger um die Königliche Kapelle verdient gemacht hat, und trotzdem denkt niemand daran, seine Asche aus Italien heimzuholen? Angenommen, der Kapellmeister Reissiger stürbe nun demnächst auf einer Bade-Reise. Da kann denn Frau Reissiger mit demselben Recht verlangen, daß auch die Leiche ihres Gatten mit Sang und Klang heimgeführt wird. Überhaupt hat sich dieser Wagner garnicht bewährt. Der ›Rienzi‹ war nicht schlecht. Der ›Fliegende Holländer‹ war schon eine Enttäuschung. Und nun gar der ›Tannhäuser‹, mit seinem tristen Schluß. Junger Mann, nehmen Sie sich ein Vorbild an einem Spontini-Finale: chantez! dansez! Seien Sie weniger melancholisch und weniger heftig!

Lüttichaus Berliner Kollege, der Graf von Redern, suchte den ›Tannhäuser‹ dem fürstlichen Frohsinn anzupassen. Richard Wagner hatte um die Erlaubnis gebeten, dies Werk dem Herrn aller Preußen widmen zu dürfen. Aber Friedrich Wilhelm IV. nahm nur Werke an, die ihm bereits bekannt waren. Also lautete das Problem: wie ist es möglich, Seine Majestät und den ›Tannhäuser‹ zusammenzubringen, ohne daß man die Oper gleich aufführen muß? Der Berliner Intendant fand eine treffliche Lösung. Der Komponist wird einige Stücke seines Werks so zurechtmachen, daß sie der Majestät während der Wacht-Parade von seinem Musiker-Chor zu Gehör gebracht werden können. Der geräuschlose Musiker aus dem fünften Stock einer deutschen Provinzgasse bezweifelte zwar, daß sich viele Stücke zur Darbietung durch das Preußische Militär eignen würden. Konnte aber doch schon auf eine Pièce aufmerksam machen, die sich in Dresden bereits als Militär-Musik sehr gut ausgenommen hatte; der ›Einzug der Gäste auf Wartburg‹ ließe sich »zu einer effektvollen Militär-Musik-Nummer verwenden«. Sollte dann noch ein Gegen-Stück gewünscht werden, so käme vielleicht der Pilger-Chor in Frage.

Weshalb war dieser so umgängliche Herr Wagner zum Hecht im Dresdner Karpfenteich geworden? Worin unterschied er sich eigentlich von den Karpfen? Er nahm die Tempi, wie ihm angemessen schien, und entfachte Entrüstung. Er dirigierte Beethovens Werke auswendig, markierte obendrein noch den Takt mit dem Fuß und zog sich den Haß aller Hüter des Herkommens zu. Er setzte eine Verfügung durch, nach der sämtliche Sänger und Sängerinnen zu gleicher Zeit Urlaub haben sollten, und machte sich Primadonnen, Tenöre und Bassisten zu Feinden. Er inserierte in den Spalten des ›Dresdner Anzeigers‹ Werbe-Artikel für seine Aufführung der ›Neunten Symphonie‹ und verärgerte alle, die es unanständig fanden, für ein Kunstwerk Reklame zu machen.

Da war der Kapellmeister Reissiger doch von anderm Holz. Er war gemütlich. Er war nicht gerade sehr eifrig, aber eben auch nicht unbequem. Er hatte kein Glück mit seinen Opern gehabt. Sein ›Schiffbruch der Medusa‹ war spurlos versunken in den Wellen der Zeit. Aber er hätte nie aufkommen lassen, daß er den glücklicheren, jungen Kollegen beneide. Reissiger warf dem Wagner nichts vor. Wagner hingegen konnte nicht verwinden, daß dieser Mensch imstande war, die Tempi der ›Stummen von Portici‹ etwas schneller zu nehmen, um rechtzeitig zu einer Geburtstagsfeier zu kommen. Der satte Beamte und der rastlos organisierende, reorganisierende Aufrührer waren kein gutes Gespann.

Unruhige Naturen vergessen leicht, daß sie selbst es sind, welche die Widerstände gegen sich ins Leben rufen. Sie bilden sich ein, nur in Verteidigung zu sein, und sind in Wirklichkeit die Angreifer. Der junge Kapellmeister war eine einzige Provokation. So war alles gegen ihn. Er war noch nicht zwei Jahre in Dresden, da konnte er kaum noch ein Journal aufmachen, ohne auf eine ›Warnungs-Tafel‹ zu stoßen: vor dem ›Opern-Messias‹, der »nicht einmal musikalisch orthographisch zu schreiben versteht«, dessen Genialitätsgebäude aber lärmend umtanzt wird von kurzsichtigen Vettern. Unser Kapellmeister, flüsterten die Gazetten, komponiert dann mit der größten Begeisterung, wenn er sich geärgert hat. Ein Streit, der ihm das Blut in Wallung bringt, ist die Quelle seiner besten Idee; seine Freunde können nicht freundschaftlicher gegen ihn handeln, als wenn sie ihm Gelegenheit geben, schlechter Laune zu sein. Nach einer ärgerlichen Intrige mag er manchen schönen Chor gefunden haben; und bringt er einmal sein Orchester in besonderen Schwung, so sind wir sicher, daß ihm vorher die Galle ins Blut getreten ist.

Womit hat er eigentlich den Zorn dieser Bancks und Schladebachs, seiner Dresdner Rezensenten, erregt? Der empfindliche Kampfhahn fahndete nach lokalen Cliquen und sah sich als Kampf-Objekt eines überirdischen Streites, der in der sächsischen Hauptstadt zwischen dem guten und dem bösen Prinzip stattfand. Hatten diese verdammten Kritiker sich nicht verschworen: wir, neidische Gespenster der schwarzen Nacht, haben die Sendung, riesengroße Blöcke auf den Weg des Göttersohns zu wälzen? In Wahrheit war alles viel schlichter. Er verletzte Gewohnheiten, Privilegien und Eitelkeiten. Und das wilde Tam-Tam, das schon um ihn war, reizte die Herren des kritischen Urteils zum wildesten Widerspruch. Aber der lange Zwist, der zwischen dem Richard Wagner und seinen Zeitgenossen hier begann, war mehr als ein Knäuel von Gehässigkeiten in Krähwinkel.

Der Hof-Beamte war ein lokaler Störenfried. Der Komponist aber störte auch andere Teile der Welt. Die große Niederlage erlitt er nicht im voreingenommenen Dresden, sondern im unvoreingenommenen Berlin. Hier begrub man den

›Fliegenden Holländer‹ in einem Ozean von Abscheu. Setzt, wenn ihr wollt, die alte Nacht mit ihren wilden Erzeugungen, wüsten Unförmlichkeiten und gräßlichen Ungeheuern in Musik ... komponiert das Chaos, wo die Gebilde zwischen Unterdrückung und Empörung schwanken ... stellt hundertarmige Riesen im Orchester auf, laßt schreckliche Zyklopen die Kesselpauken bearbeiten, peitscht den Zerberus, tretet dem zweiköpfigen Hund Orthos auf den Schwanz und macht ihn heulen, bis die Erde in ihren tiefsten Tiefen über das Schicksal ihrer Kinder seufzt und auf Rache denkt ... gebt uns statt Musik einen Stein in Windeln zu schlucken und laßt die Korybanten mit Spießen und Schildern dazwischenkrachen, Instrumental- und Vokal-Musik in einem gräßlichen Vernichtungskampf sich verwickeln, Orchester-Massen und Sänger-Personal sich wechselseitig würgen – dann habt ihr die trostloseste Musik, die je erfunden worden ist! Vom Meer hat sie nichts als das einförmige, unfruchtbare Gähnen eines ungestalteten Tonschwalls ... Das hörten damals die Zeitgenossen. Es war ihm so gut gelungen, die Wüste, in der er lebte, zum Tönen zu bringen, daß seine Mitmenschen früher über das musikalische Abbild erschraken als über das mißtönende Leben, das hier abgebildet war; früher über die Blech-Musik als über die blechernen Laute des Zeitalters der Industrie. Ebenso, wie man sich entsetzte über die torlosen Städte, über die schwindelerregenden Eisenbahnen, über die rußigen und lauten Fabriken, über den schweinischen Pariser Can-Can ... ebenso schüttelten sie sich vor der schreienden Formlosigkeit einer Musik, die das wilde Leben der torlosen Städte im uferlosen Tönestrom und den Lärm der Fabrik-Höllen in krachenden und quietschenden Dissonanzen nachschuf.

Man hörte abgelebte Weisen in die neue Zeit hinein und war entsetzt, als einer die lebendige Wildnis enthüllte. Man machte das brave deutsche Volk mobil gegen den tönenden Unhold; als hätte er den Irrsinn, den er in Tönen nachschuf, in die Welt gesetzt. Liebe Volksgenossen, jammerte man, denkt euch ein Orchester von vierundzwanzig Violinen, doppelt besetzten Blas-Instrumenten, vier Trompeten, drei Posaunen und Tuba – Serpent und Janitscharen-Musik nicht zu vergessen. Dies Riesen-Orchester macht fünf Stunden lang, von sechs bis elf, den größten Lärm; ja, in feierlichen Momenten kommt noch eine Bande von fünfzig Mann mit acht Trommeln oder eine sechzehnfüßige Orgel dazu, die Sänger noch garnicht gerechnet, da es schon gleichgültig ist, ob sie singen oder nur den Mund aufsperren. Weshalb schreibt Herr Wagner eine Oper, wenn er nicht Musik machen will?

Herr Wagner will Musik machen, nur hat er hellhörige Ohren und empfindliche Nerven. Er nahm schon das Grollen der Gegenwart wahr, als die Harthörigen noch die Vergangenheit hörten. Es ist allerdings kein Vorzug eines königlichen Beamten, Prophet zu sein – gar ein Prophet aus dem Geschlecht der Kassandra. Und es ist geradezu lächerlich, mit so düsteren Ohren noch eine Zulage zu wünschen. Für welche Verdienste eigentlich? Lüttichau ließ die Vergehen des unkorrekten Beamten während seiner fünfjährigen Dienstzeit an dem inneren Auge vorüberziehen und fand nicht vielmehr als Versäumnisse, Kräche, Rebellionen, bis herunter zu jener Aufführung der ›Neunten‹ am letzten Palmsonntag. Kapellmeister Wagner hatte Beethovens irrsinnige, unverständliche, das Publikum erschreckende letzte Symphonie für das Wohltätigkeitskonzert der Königlichen Kapelle angesetzt, obwohl das Werk in Dresden bereits abgelehnt worden war. Ein Dresdner Blatt hatte daraufhin alle Frommen alarmiert: es sei wirklich eine Schande, diese Faschingsmusik am Palmsonntag vorzuführen. Der Doktor Schladebach hatte außerdem den Finger auf die wahrhaft marktschreierischen, anonymen Empfehlungen im ›Dresdner Anzeiger‹ gelegt. Und schließlich hatte der Freiherr August von Lüttichau noch diese Sätze lesen müssen: Unsere Behörden sind zu beneiden um das Vertrauen, das sie am Palmsonntag genießen; Tausende vertrauen ihnen Leib und Leben an und müssen dann eine Musik hören, die Feuer und Einsturz bringt.

So erstattete denn Freiherr von Lüttichau anläßlich von Wagners Bitte um Gehaltserhöhung dem König alleruntertänigst folgendes Gutachten. Punkt eins. Durch seinen früheren Aufenthalt in Paris hat der Supplikant eine sehr leichte Auffassung vom Leben bekommen (Und ganz bestimmt dachte Seine Excellenz bei dem Namen Paris an den morbus gallicus, nicht aber an die Rue de la Tonnellerie). Punkt zwei. Das Glück, das ihm in Dresden durch die Anstellung als Königlicher Kapellmeister zuteil wurde, verstand er nicht zu würdigen.

Übertriebene Lobpreisungen bestärkten ihn in überspannten Ideen und ernstlich wähnte er, in dem soliden Deutschland Phantasie-Gewinne einheimsen zu können wie Meyerbeer in Paris. Gewiß, der Kapellmeister Wagner hat auch seine Meriten. Aber sind sie fünfhundert Taler Mehrkosten im Jahr wert? Man sollte dem in Verlegenheit geratenen Mann dreihundert als einmalige Zuwendung gewähren, unter Androhung sofortiger Entlassung, falls er sich in neue Abenteuer stürze ... Die Schulden des Supplikanten beliefen sich bereits auf mehrere Tausend.

Das also war das Ende vom Lied. Seine Opern gingen unter in der Sintflut giftiger Kritiken. Seine Aufführungen entfachten das wilde Feldgeschrei feindlicher Parteien. Seine Pläne verstaubten in der Kanzlei des Hof-Kavaliers. Seine lebenslängliche Stellung war am Ende ihres jungen Lebens. Wie sie ihn alle hemmten! Der Chef auf dem Dienstweg. Kollege Reissiger mit pietistisch biedermännischer Verstocktheit. Der Dramaturg Gutzkow, eine Spitzmaus, die in allen Ecken raschelt, mit hinterhältigen Intrigen. Und die Kritik durch ihr Bündnis mit seinen Konkurrenten Meyerbeer und Mendelssohn oder auch nur aus Trägheit. Er war geschlagen.

Die Skala der Ohnmacht ist lang. Er durchlebte alle Phasen. Zuerst Wehmut, Trauer um das verlorene Paradies. Aber so leicht war dieser Mann nicht zu brechen. Er verschanzte sich hinter dem Ekel – einer Schwäche, in welcher der Ohnmächtige sich einbildet, sehr stark zu sein. Dann fand er noch ein schöneres Asyl, in das kein Lüttichau, kein Reissiger, kein Gutzkow und kein Schladebach ihm folgen konnten. Er machte aus seiner Niederlage einen strahlenden Sieg. Der Sieger hieß: Lohengrin.

Es gibt ruhige Zeiten. Eine Gesellschaft lebt ohne allzugroße Spannungen. Ihr Künstler schmückt das Dasein, indem er es darstellt. Er verklärt das Tägliche, ohne Lüge, zur Schönheit. Der Leser seiner Gedichte, der Beschauer seiner Bilder, der Hörer seiner Musik findet in diesen Werken die eigene Existenz wieder, in idealer Reinheit. Der Künstler lebt in Harmonie mit den Mächtigen und ihren Untertanen.

Es gibt unruhige Zeiten. Die Gesellschaft wird durchtost von Explosionen. Der Künstler hört sie besonders früh. Indem er die Unruhe darstellt, stört er die falsche Ruhe. Indem er die werdenden Zwiste ausspricht, verstärkt er die Spannung. Er wird zum Rebell – nicht im Irrtum über seine Sendung, sondern gerade als Gesandter. Er kann die Welt nicht mehr abbilden, ohne sie durch sein Bild zu zersetzen.

Der Unruhige von Dresden hatte die Revolution von 1830 in Musik gesetzt. Im ›Liebesverbot‹ hatte er aus ihr einen Kampf gegen einen Regenten gemacht, der den Fasching verbietet. Im ›Rienzi‹ war der Revolutionär ein blendender Trommler gewesen. Inzwischen ist der temperamentvolle Jüngling ein Mann geworden. In seinem Deutschland wetterleuchtete es aus allen Ecken. Da bog er plötzlich aus? In die mittelalterliche Sage vom ›Tannhäuser‹? In das Thema des Pfarrers über den Konflikt zwischen irdischer und himmlischer Liebe – und gab, wie der Pfarrer, den Preis der Entsagung? So sah es damals aus. So war es nicht. Trotz Tod und Verklärung war Frau Venus mit ihren Sirenen, Najaden, Nymphen, Amouretten, Bacchantinnen, Satyren und Faunen im Mittelpunkt. Der Musiker spürt die Liebe im Genuß, nicht in der Entsagung, trotz alles christelnden Drumherum. Durch die fromme Fabel vom Sünder, den eine reine Frau erlöst, rast die Wollust. Selbst die Heilige Elisabeth ist keine keusche Erlöserin, eher eine kleine Venus, die verdrängt. Das Lied des geliebten Tannhäuser jagt ihr schmerzlich-lustvolle Schauer durch den jungfräulichen Leib – und ein Verlangen, das sie nie gekannt. Wozu dann noch der großspurige Kampf zwischen Himmel und Hölle? Weil Richard Wagner Mangel litt. Nicht alle, die entsagen, sind Asketen.

Der königlich-sächsische Mönch nahm seine Fabeln nicht aus dem Leben der Völker, wie er es gesehen hatte in Wien, Berlin und Prag, in London und Paris und wie der Philosoph Schopenhauer es schilderte. Richard Wagner hatte sich eingesponnen in die Sagen des deutschen Mittelalters. Aber nicht, um verstorbene Jahrhunderte aus ihren Gräbern zu holen und mit Leichen die Zukunft abzuwehren, sondern um sich an diesem bunten, leidenschaftlichen Mittelalter von der nüchtern-grauen Gegenwart zu erholen. Nicht deutsches Erbgut lockte ihn. »Das altdeutsche Gedicht«, das »breitschweifige Epos vom Lohengrin«, »das Dürftigste und Platteste, was in dieser Art auf uns gekommen ist«, machte auf ihn »einen fast unangenehmen Eindruck«. Aber an diesen überlebensgroßen Menschen und ihrem poetischen Zubehör erholte er sich von seinen prosaischen Tagen und zeigte den Passagieren der schmutzigen und stinkenden Eisenbahnen, in denen matte Kleinbürger zu winzigen Geschäften hin und her rutschten, einen Ritter in schimmernder Rüstung, den ein Schwan über den blauen Spiegel der Wogen zu einer in Not geratenen herrlichen Jungfrau zieht. In den trüben Tagen, da, vom Generalstab bis zur Justiz, alles Leben seinen Schimmer verlor, weckte er die Erinnerung an das festliche Aufgebot eines Heerbanns und an das heilige Gottesgericht. Ein poetischer Vogel als Verkehrsmittel und eine silberne Rüstung nebst Helm, Schild und kleinem Horn als Reiseanzug: danach sehnte er sich, wenn er auf sächsischen Dampfbahnen seine plumpen Mitbürger sah. So schlüpfte ein unzufriedener Bürger, ansässig in Sachsen, aufsässig gegen das unedle Dampfroß und den unpoetischen Sakko, in die prächtigsten Hüllen und übermalte einen langweiligen Alltag mit den brennendsten Farben. Das war sein Protest, echt und tief.

In späteren Zeiten wurde ihm einmal von einem aufmerksamen Konditor ein zuckerner Schwan mit zuckernem Kahn zum Geburtstag präsentiert. Zu Beginn des Jahres Achtundvierzig war ›Lohengrin‹ noch eine beträchtliche Stimme im Chor der Aufrührer. In einer Welt des Hasses, so deutete Wagner seine ›Lohengrin‹-Ouvertüre, schien die Liebe verschwunden zu sein. Aber die Herzen sehnten sich heraus aus der fruchtlosen Sorge für Gewinn und Besitz. Da brachte eine Engelschar den Born der Liebe in Form eines Heilskelches, Gral genannt, aus Himmelshöhen auf die Erde herab. Die Wesen, die ihn in Empfang nahmen, wurden zu irdischen Streitern für die Liebe. Das ist die Herkunft des Schwanen-Ritters Lohengrin und des Musikers Wagner.

Geheimnisvoll leise, wie Sphären-Musik, beginnt das Vorspiel. Der blaue Äther verdichtet sich schließlich zu einer wundervollen Erscheinung. Nach einigen Flöten- und Geigen-Akkorden in den höchsten Lagen bringen vier Solo-Violinen den Gral. In zarten Linien zeichnet sich mit wachsender Bestimmtheit die Engelschar ab, die sich herniedersenkt. Nach fünfzehn Takten übernehmen Holzbläser den Kelch des Heils. Wie die himmlische Erscheinung immer sichtbarer der Erde zustrebt, ergießen sich aus ihrem Schoß berauschend süße Düfte. Wie goldnes Gewölk wallen sie nieder und nehmen die Sinne der Erwartenden gefangen. Nun leuchtet der Gral ein drittes Mal auf – in der Klangfülle von Hörnern und Celli. Wonniger Schmerz, selige Lust! Verkümmerte Liebeskeime schwellen, durch den Zauber der Erscheinung zu wundervollem Wachstum erweckt, mächtig an. Reicher und reicher entfaltet sich das heilige Gefäß, bis es in vollem Glanz der Trompeten und Posaunen erstrahlt. Wie sehr sich die Brust auch weitet, sie muß gleich zerspringen ... Das ist das musikalische Selbst-Porträt des Revolutionärs Richard Wagner im Jahre der Revolution: ein Liebeshungriger, ein von Düften Berauschter, einer, der in der Fülle des Schmerzes und der Lust ertrinkt.

Sie scheitern dann beide im Kampf gegen die lieblose Welt: sowohl der Gralsritter Wagner als auch der Barrikadenkämpfer Lohengrin. Lohengrin befiehlt seiner Frau:

»Nie sollst Du mich befragen,
noch wissend Sorge tragen,
woher ich kam der Fahrt,
noch wie mein Nam und Art.«

Dem Führer soll man folgen, ohne zu fragen. Aber in diesen elenden Zeiten gilt nur der rechnende Verstand, nicht das edle Gefühl – nur der Zweifel, nicht der Glaube. Deshalb fragt Frau Elsa, trotz des Verbots. Lohengrin, der Führer, fordert:

»Hoch über alles Zweifels Nacht
soll meine Liebe stehen.«

Frau Elsa aber zweifelt, trotz des Gebots. Auch die Dresdner zweifeln. Richard Wagner dekretierte in seinem ›Entwurf zur Reorganisation des Dresdner Theaters‹ »die Abschaffung der Theater-Kritik«. Ein Führer steht über der Kritik. Die Dresdner aber erkannten den Gottesgesandten nicht.

Man ist verderbt. Man jagt den Lohengrin zurück in seinen Gral und den Wagner in seine Einsamkeit. Er hat die Lüttichau und Reissner, die Minna und seine Schuldner nicht besiegt. Da zeigte er ihnen im ›Lohengrin‹, wo er sie hatte hinführen wollen: in die große Liebesgemeinschaft. Hier gibt es nicht mehr diese opernhaften Duette und Terzette. Die Musiknummern werden überschwemmt von der alle Grenzen wegspülenden, tönenden Liebesflut.

Die armen Kritiker sahen nur sein haltloses Schweifen durch alle Tonarten und die sinnbetäubend geräuschvolle Instrumentation. Er aber, Gralsritter aus Leipzig, hatte die Egoisten aufgelöst in die unendliche Melodie des unendlichen Sehnens.

Lohengrin auf den Barrikaden

Am Abend des achtundzwanzigsten Februar Achtundvierzig brachte ein Kurier aus Paris die Nachricht nach Wien: Louis Philippe hat abgedankt. Metternich blieb kühl. Abdanken darf jeder. Am nächsten Morgen wurde die glückliche Geburt der République Française bekannt. Der ›Fürst von Mitternacht‹, wie Metternich genannt wurde, hing leichenblaß in seinem Sessel. Er war schon bereit gewesen zu einem vorsichtigen Verzicht; nun sträubte er sich, dem Druck des Tages zu weichen. Da spülte die Sintflut, der er in vier Jahrzehnten Damm auf Damm entgegengesetzt hatte, den mächtigsten Deich-Wächter hinweg.

Einige Tage danach mußte auch der Hauptdarsteller in Berlin, der König Friedrich Wilhelm IV., eine Rolle spielen, die er nicht begehrte. Er hatte sich vor den Leichen jener Preußen, die im Kampf gegen seine Regimenter gefallen waren, zu verneigen. Diese überschwängliche Szene machte auf den deutschen Bürger, der die Gebärde für voll nahm, einen gewaltigen Eindruck. Auch Dresden schwamm in Licht und Wonne. Neue Zeitungen schossen aus dem alten Boden empor. Und der Dresdner Kapellmeister Richard Wagner forderte die Bewaffnung des Volks, ein Bündnis mit dem revolutionären Frankreich. Er war sehr glücklich. Sein Prozeß gegen die Lüttichau, Reissiger, Schladebach und Konsorten mündete ein in den großen Tag des Gerichts. Der wird ihm auch die Last der fünftausend Taler, die er der Königlichen Schatulle noch schuldig ist, von den schmalen Schultern nehmen.

In stillen Zeiten ist Politik eine Spezialität von Professionals. Sie geht den Musiker ebenso wenig an wie den Professor die Schusterei. Schuhe müssen gemacht werden – aber muß sich der Gelehrte ums Besohlen kümmern? Sobald aber die Haut der Gesellschaft reißt, erkennen selbst Sterngucker, daß sie schon immer, ohne es zu ahnen, Partei gewesen sind.

Hat Richard Wagner je etwas anders gewollt als den Glauben an seine Töne? Er ist Ton-Dichter, nicht Paragraphen-Drechsler. Was interessiert es ihn eigentlich, ob er von einer Kammer regiert wird oder von zwei Kammern? Nun aber ist der Grenzpfosten windstiller Tage weggefegt. Ein Sturm hat sich aufgemacht. Es gibt nichts als Politik; die Kunst ist nur noch eine zarte Pflanze auf rissigem Boden. Man muß zuerst einmal den Boden beackern, wenn man die Pflanze nach Wunsch ziehen will.

Und Wagner legt sich die Frage vor: wie wird die neue Kammer die königliche Zivilliste korrigieren in Punkto Hoftheater? Wird man den kostspieligen Unterhaltungsladen schließen? Das darf nicht geschehen! Deshalb unterbreitet der Hofkapellmeister dem Minister der Revolution den Entwurf eines Volkstheaters. Radikale Abgeordnete sind bereit, diesen Plan zu vertreten. Gralsritter Wagner versinkt in den politischen Schlammfluten des Tages. Eben noch ist seine Sorge gewesen: soll der Lohengrin Elsa verlassen oder nicht? Verlassen! entschied der Künstler; das Genie darf sich nicht gemein machen mit dieser Welt. Nun beschließt das Genie: mitmachen! Und die neue Schicksalsfrage lautet: republikanischer ›Vaterlandsverein‹ oder monarchistischer ›Deutscher Verein‹?

In einer tausendköpfigen Versammlung des republikanischen ›Vaterlandsvereins‹ wird wieder einmal das Lieblingsfeld dieser Tage um und um gegraben: die böse Monarchie. Da taucht ein bartloses Professoren-Gesicht, ein kleiner und etwas schmächtiger Herr mit scharfgebogener Nase und vorstoßendem Kinn, hinter dem Rednerpult auf. Richard Wagners Thema lautet: »Wie verhalten sich die republikanischen Bestrebungen dem Königtum gegenüber?« Seine Antwort ist eine Überraschung in diesem Kreis. Er erläutert den organisierten Königsfressern die Größe der Monarchie. Die Verblüfften schlucken brav alle Ketzereien ihres Parteifreunds, weil sie wohlverpackt sind in brandroten Raketen gegen die blaublütige Aristokratie. Nicht Er ist schuld, König Friedrich August, der Reine, der Ahnungslose, nur jene Kamorra von Kammerjunkern, die unsern König ihren König nennen. Der heftige Redner malt an den deutschen Himmel ein ideales Königtum. Ihr stutzt, liebe grimmige Genossen? Ich aber frage euch: wer kann mehr als Er ausersehen sein, der Sache des Volkes zu dienen? Mag jeder von uns noch so warm für die

Gemeinschaft empfinden – nie kann er ein so reiner Republikaner werden wie der König, dessen Sorge sich nicht zu teilen braucht zwischen Privat und Öffentlich ... Also demonstrierte in jenem Lande, in dem schon sehr viel Falsches sehr gründlich bewiesen worden war, ein königlicher Republikaner, daß der Monarch kein Monarchist sei.

Das war schon ein schönes Ergebnis. Es kam noch schöner. Von der Höhe des Podiums aus suchte Richard Wagner die Throne Europas ab, um jenen Fürsten zu finden, den Gott erkoren hatte, diese Königliche Republik zu errichten. Voll Grauen wandte er den Blick von den Herren Spaniens, Portugals und Neapels. Tiefer Schmerz erfüllte sein Herz beim Anblick der deutschen Lande Hannover, Hessen und Bayern. Nun hatte der Dirigent seine Leute fest in der Hand; ihre Herzen klopften im Takt des drohenden Tribunen-Stabs. Schließlich zog sich sein schweifender Blick aus der Ferne zurück auf die nächste Nähe. Nur ein einziges Land lag noch in seinem Blickfeld: Sachsen. Und der sächsische Beamte erkannte im König von Sachsen den einzigen Souverän der Welt, der noch wahrhaft geliebt wurde. Im Saal der sächsischen Königsfeinde machte der revolutionäre Angestellte seinem königlichen Herrn die glühendste Liebeserklärung. Wir lieben ihn, weil er ist, wie er ist. Wir lieben seine Tugend, seine Ehrenhaftigkeit, seinen Biedersinn, seine Milde. Unser Sachsen-König ist der Mann der Vorsehung! Will der Preuße die Erhaltung seiner Monarchie, so ist es nur dem Begriff des Preußentums zuliebe; ein eitler Begriff, der bald erblaßt sein wird. Will der Sachse das Königtum, so leitet ihn keine kalte Parole. Und ehrerbietig legte der aufsässige Untertan seinem König die Worte in den Mund: »Ich erkläre Sachsen zu einem Freistaat.«

Die Augen des Redners, diese durchbohrenden Augen, schwammen in seliger Feuchte; denn sie schauten bereits das Ungeborene. In vielen Schiffen werden Sachsen über das weite Meer fahren. Da und dort werden sie ein junges Deutschland gründen und die edelsten, gottähnliche Kinder zeugen. Wir wollen es besser machen als die Spanier, denen die Neue Welt ein pfäffisches Schlächterhaus wurde, und besser als die englischen Krämer. Wir wollen es deutsch und herrlich machen. Dann werden die Strahlen deutscher Freiheit Kosaken und Franzosen, Chinesen und Buschmänner wärmen ...

Ein Weilchen später schlug dann das sächsische Haus Wettin im Verein mit dem preußischen Haus Hohenzollern auch diese monarchistisch-republikanischen Schwarmgeister nieder. Aber soweit war es noch nicht. Vorläufig entbrannte ein großer Streit um den kleinen aufrührerischen Monarchisten. Viele Republikaner waren gerührt von dem Bilde des edlen Volkskönigs. Viele Königstreue waren empört über den aufsässigen Gehaltsempfänger, der so originell die Stufen des Throns erkroch. Ein nicht gut duftender Liederkranz wurde dem Volkstribun vor die Füße geschleudert. Richard Faust, der kleine Blechkönig, wie sie ihn nannten, gab den Schurken und Halunken, wie er sie nannte, kund und zu wissen, daß er nicht antworten werde. Seinem Generaldirektor hingegen gewährte er einen tiefen Blick in die zwiespältige Seele eines radikalen Gralsritters.

Wie schnell, Herr von Lüttichau, ist man dort, wo man gar nicht hin will. Man hat doch nur nachgesonnen über eine gründliche Auffrischung des Dresdner Theaters, und ist plötzlich fortgetrieben zur Einsicht in die Nichtswürdigkeit der politischen und sozialen Zustände. Der Untergebene des Kammerjunkers von Lüttichau hat sich zwar, das ist nicht mehr zu leugnen, jenem Verein angeschlossen, in dem sich die Fortschrittspartei am entschiedensten ausspricht. Auch hat er, selbst das ist nicht zu leugnen, den Kammerjunkern übel mitgespielt, als er sie mit kranken Gliedern verglich, die amputiert werden müßten. Aber zu seinen Gunsten darf Richard Wagner doch anführen, daß er die Radikalen von rohen Ausschweifungen zurückzuhalten suchte. Er hat die Anhänger der »abgeschmacktesten und sinnlosesten Lehre«, des Kommunismus, scharf gebrandmarkt: als Böswillige oder Törichte, die nicht erkennen, daß die Doktrin der mathematisch gleichen Verteilung aller Güter gedankenlos ist. Als Friedensengel hat er einer prosaischen Masse ein poetisches Bild vom Herrscher entworfen, wie es kein Lüttichau liebevoller hätte malen können. Sei die gute Absicht mißglückt, habe er nur Ärgernis erregt, so sei seine Rede ein Fehler gewesen, für den er jeden, der sich gekränkt fühle, um Verzeihung bitte.

Also bat er, drei Tage nach der Attacke, allen Lüttichaus ab; er hatte ihnen vorgeworfen, daß sie den König gepachtet hätten, und von dieser Pacht glänzend lebten. Weiterhin bat er ab Seiner Herrlichkeit, dem »bleichen Metall«, dem »starrsten Produkt der Natur«. Er hatte aufgerufen zum Kampf gegen die Tyrannis, die das mythologische Ungeheuer Geld ausübe; drei Tage später, als er sah, daß der Drache nicht freiwillig zu Boden sank, entschuldigte er sich bei ihm, falls er ihn beleidigt haben sollte. Weshalb trat er diesen Rückzug an? Weil er enttäuscht ist! Er ist ein Musiker, also, nach seiner Begriffsbestimmung, ein Liebender; Politiker wurde er aus Liebesbedürfnis. Die Revolution sollte der Durchbruch des feurigen menschlichen Kerns durch die unmenschlich harte Kruste der greisen Welt sein. Dieser Durchbruch war nicht geglückt, nicht einmal nach seiner leidenschaftlichen Rede. Stattdessen gab es die Absetzung des ›Rienzi‹, die Feindschaft der Hofbeamten, eine Forderung zum Zweikampf. Da wurde der Enthusiast sehr böse auf die Revolution: weil die Lüttichaus nicht sofort kraftlos zusammengesunken waren vor den stürmischen Fanfaren Richard Wagners; und weil der ›Vaterlandsverein‹ nicht sofort unter den Klängen der Posaunen das monarchistisch-republikanische Paradies aus der Taufe gehoben hatte. Richard Wagner wandte sich ab. In diesem Sommer hätte er einen tiefen Blick in die Eingeweide seiner Gegenwart tun können. Aber er war gekränkt und wandte sich der Vorzeit zu.

Wer sich blind macht für den Tag, wird auch blind für vergangene Tage. Als Richard Wagner das Deutschland des Frankfurter Parlaments nicht mehr sehen mochte, wurde ihm die Sage zum Leitfaden durch die deutsche Geschichte. Den Nibelungenhort verwandelte er in die deutsche Kaiserkrone. Den Germanen Siegfried und den Juden Christus verschmolz er zu einer Figur. Auch erfand er eine germanische Geschichtsphilosophie. Nach ihr ist der Enkel Friedrichs II., Konrad, ein Opfer des Kapetingers Karl von Anjou gewesen; mit diesem Sieg des Welschen über das Deutsche habe Europas Höllensturz begonnen. Als der Nibelung Konrad unterging, sei die Menschheit losgerissen worden von der letzten Faser, mit der sie noch an ihrer edlen Herkunft gehangen hätte. Diese Metaphysik war Richard Wagners Rache an allem, was ihn quälte: an den Schulden, an der Minna, an den Kritikern, an dem provinziellen Deutschland, an der rue de la Tonnellerie, an dem nüchternen Zeitalter der Industrie, an dem Stumpfsinn der Aristokraten und der Massen und des Rests der

Menschheit. Als der ungeduldige Aufrührer zu kleinmütig wurde, um an ein schöneres Morgen zu glauben, vernebelte er die Vergangenheit. Er wollte das deutsche Paradies, das er nicht mehr vor sich sah, wenigstens im Gestern entdecken. Ein verzweifelter Untertan wurde der große Ahn von Generationen deutscher Nebelmacher.

Im Sommer hatte er sich grollend in diese tollen Phantasien zurückgezogen. Im Herbst war er schon wieder mitten im Tumult. Daran war auch Freund Röckel schuld. Er war der dritte Kapellmeister neben Wagner und Reissiger, eine wohlbeleibte Glut mit einem runden Vollbart-Gesicht. Die Brille thronte mitten auf der Stirn, so daß die blauen Augen ihr Feuer ungehindert aussenden konnten. Wagner war gerade dabei, den lichten Siegfried von dem bösen Hagen meucheln zu lassen – da wurde in Wien der Revolutionär Robert Blum auf der Brigittenau standrechtlich erschossen, in Berlin der Belagerungszustand verhängt, in Dresden der ›Lohengrin‹ abgelehnt und der Musikdirektor Röckel seines Amtes enthoben. Röckel hatte einen der Fliegenden Boten, wie man seine ›Volksblätter‹ nannte, an die Soldaten Berlins gesandt und wurde eingesperrt. Ein Gutsbesitzer bürgte für ihn mit zehntausend Talern. Die Dresdner machten sich daran, ihrem Liebling einen Fackelzug darzubringen. Die Taler wurden genommen, die Fackeln verboten. Da verließen zwanzig Gardisten die Schloßwache und eröffneten den fackellosen Zug.

Dieser Sturm zerteilte auch das mythologische Gewölk, das sich um den Dresdner Einsiedler Richard Wagner gelegt hatte. Er sah wieder seine Tage und fragte erregt: sechs Monate sind seit Beginn der Revolution verflossen – was ist geschehen? Nichts ist geschehen! Tausende verkommen aus Mangel an Nahrung. Zehntausende fliehen über das große Meer. Muß das so sein? Dem Lasttiere gleich arbeitet der Bauer. Aus seinem Schweiß blühen reiche Ernten. Die Natur läßt es an Überfluß nicht fehlen – und der Mensch leidet Not. Muß das so sein? Seht jenes große Haus, aus dem Warenballen herausgeschleppt und auf starke Wagen geladen werden. Hört das ewige Summen, Stampfen und Sausen, das Stöhnen der fruchtbaren Maschinen. Und nun schaut auf die abgehärmten Gesichter, die glanzlosen Augen, die ausgezehrten Körper. Muß das so sein? Dort der emsige Bürger. Stumpf ist sein Hirn, matt ist sein

Herz, ein Hohn auf das Ammenmärchen von Gattenliebe und Vaterfreuden. Muß das so sein? Bürger, Bauer und Arbeitsmann sind elend und klein im Lande des Fleißes und des Überflusses. Sprecht, muß das so sein? Es muß nicht so sein! Nicht die Natur ist schuld, sondern der Mensch. Was ist seine Schuld? Der Ursprung unserer Leiden liegt darin, daß die Arbeit nicht ihren vollen Lohn empfängt ... Sucht der königliche Rebell nun den Weg, der dahin führt, daß die Arbeit unverkümmert ihren Lohn empfängt?

Der Philosoph Arthur Schopenhauer antwortet seit dreißig Jahren auf die Frage: muß das so sein? Müssen die Menschen so elend sein? Jawohl. Das muß so sein. Sie müssen so elend sein. Und deshalb sollten sie besser gar nicht sein. Da sie nun aber sind, sollen sie nicht noch durch Revolutionen ihr Elend vergrößern. Für ihn war das Jahr Achtundvierzig eine Naturkatastrophe. Er zog im schrecklichen März die Aufträge, die er für eine Bücher-Auktion erteilt hatte, zurück. Erhebt sich ein Sturm, sagte er, dann zieht der vorsichtige Seemann alle Segel ein. Jetzt, im Herbst 1848, dringt die verrückte Plebs bis in seine stille Frankfurter Denker-Klause vor. Die Schurken errichteten eine Barrikade auf der Main-Brücke und schießen, dicht vor seinem Haus, auf das Militär in der Fahrgasse. Die Schüsse erschüttern die Festung, in der zwei klare Augen das ewige Sein hinter tausend bunten Schleiern erblickt hatten. Schon ist der Lärm an der verschlossenen Tür. Das ist die Kanaille. Der Weise verrammelt den Eingang mit einer schweren Stange. Bedenkliche Stöße erschüttern die Wände. Da ertönt die feine Stimme der Magd: »Es sind nur einige Österreicher.« Und herein stürmen zwanzig blauhosige Stockböhmen, um von hier auf das Straßengesindel zu schießen. Gut so!

Weshalb gut so? Welcher Unterschied, großer Weiser, besteht zwischen der Bestie diesseits der Barrikaden und der Bestie jenseits? Ein gewaltiger, ihr Narren! Die eine Bestie schützt meine Festung, errichtet aus einem Kapital von zwanzigtausend Talern, die andere zerrt mich in die Wildnis, wo man nicht mehr Denker sein kann, nur noch Menschenfresser. Und so schickt der Denker dem Offizier, der vom ersten Stock aus das Pack auf der Straße visiert, den Operngucker hinauf, damit er auch gut treffe. Der Verkünder des Mitleids, der in jedem Ich das Du erblickt und mit ihm leidet, leiht sein mächti-

ges, doppeltes Fernglas her, um die Dus um so sicherer nieder-
kartätschen zu lassen. Und in dem Zimmer, in dem die Böh-
men als Wächter der Rente herzlich empfangen worden waren,
kam der Gedanke zur Welt: das Volk ist ein ewig unmün-
diger Souverän, eine leichte Beute für Gauner, die Republik
ist etwas Widernatürliches, da die Natur aristokratisch ist. Der
Himmel befreie uns von aller Freiheit! betete der Philosoph.

Richard Wagner wird durch die Revolution nicht eine Rente, sondern zwanzigtausend Taler Schulden loswerden. Er
lebt nicht, wie der Philosoph, à la baisse, sondern à la hausse.
Zwar malt der Musikus, immer gereizt und immer unglücklich, die Welt in den düstersten Farben: wie alles sein müßte –
und wie es leider nicht ist; wie die Ehe sein müßte – und
wie sie leider nicht ist; wie das Eigentum sein müßte – und
wie es leider nicht ist; und wie es so böse bergab ging vom
Nibelungen-Paradies zu diesen dreckig-grauen Tagen. Und da
sich sein Wille täglich blutig stieß, feierte er den Tod des Jesus
von Nazareth: als Zerstörungsakt, den wir gegen uns richten,
weil die schlechte Welt nicht zu ändern ist. Dann folgte er weder dem Jesus in seinen Tod noch dem Philosophen, den er
noch nicht kannte, in sein vorsichtiges, abseitiges, streng gere-
geltes Leben.

Im Gasthaus zum ›Lämbchen‹, am Stammtisch des Kapell-
vereins, trug Richard Wagner seinen Leuten den Plan zur Re-
form des Hoftheaters vor. Darauf ließ Herr von Lüttichau
den unverbesserlichen Reformator ins Konferenz-Zimmer bitten. Der Hofkavalier hatte inzwischen den Sturz des aufsässigen Beamten besonnen vorbereitet. Das ahnungslose Opfer,
das die diplomatischen Finessen des Henkers nicht durchschaute und die hinterhältige Korrektheit für Wohlwollen
nahm, hatte noch kürzlich mit einem dankbaren Hofknix anerkannt: der gute Lehrer habe dem wildgewordenen Schüler
gezeigt, wo die rechte Versöhnung liege, dort, wo nach keiner
Seite hin beleidigt werde. O, wären alle so wie Sie, vortreff-
licher Mann! ... Herr von Lüttichau war zwar nicht vortreff-
lich. Verstand aber viel besser Politik zu machen, als der unstete
Rebell. Nun war es soweit, den unverschämten Untertanen
zu erledigen.

Drei Stunden dauerte das Verhör. Wie kommt der Angeklagte dazu, dem Minister einen Plan zu übergeben, ohne ihn

vorher der General-Direktion vorgelegt zu haben? Wie kommt der Angeklagte dazu, pflichttreue Musiker zu beunruhigen? Der Hofrat Winckler protokolliert: Keim zur Demoralisation ... ein unnützer Beamter ... mangelhafte Aufführung von Kirchen- und Opern-Musiken, wie selbst allerhöchsten Orts schon mißfällig bemerkt worden ist ... Zerrüttete finanzielle Verhältnisse ... Der Sünder gab zu Protokoll: er fühle selbst, daß er in sein dienstliches Verhältnis nicht passe. Er würde auch gern zurücktreten, wenn da nicht die Sorge für seine Minna wäre.

Und dann vergaß er sowohl den vortrefflichen Mann Lüttichau als auch die Sorge für Frau Minna und schlug wild um sich. Ein Anonymus war öffentlich dafür eingetreten, daß Intendanten nicht mehr aus dem Kreis der Hofmarschälle, Oberstallmeister und Oberjägermeister ausgewählt werden sollten. Da ließ Richard Wagner, der niemand beleidigen wollte, in die Zeitung der Stadt, deren Intendant ein gewesener Kammerherr war, für zehn Taler einen Artikel einrücken, mit der Frage: haben wir je erlebt, daß an die Spitze einer Maler-Akademie ein kunstliebender Husaren-Major gestellt wurde? Antwort: nur einer Schauspielhaus-Gesellschaft ist es vorbehalten, von einem gelernten Kammerherrn dirigiert zu werden ... Was wollte er eigentlich? Alles auf einmal! Angriff auf den Besitz – und eine Gratifikation! Propagierung der Volkswehr – und die Freundschaft des Königs! Kampf gegen die Kammerjunker – und die Geneigtheit Lüttichaus.

Bei Freund Röckel war ein gewisser Doktor Schwarz zu Besuch. Das war ein löwenhafter Kerl mit wallender Mähne und wallender Phantasie. Der Mann war von Leipzig heimlich herübergekommen; russische und österreichische Polizisten fahndeten nach ihm. Schwarz war ein Pseudonym; es sollte die Verfolgung etwas erschweren. Wagner liebte den kolossalen Menschen sehr. Nur der Minna war nicht wohl in der Nähe dieses Wilden, der einen geradezu revolutionären Appetit hatte und den Belag ohne Brot hinunterschlang. Am Palmsonntag wohnte er der Aufführung von Beethovens ›Neunter‹ bei. Alles wird zugrunde gehen, prophezeite Herkules; nur diese Töne werden bleiben. Er roch den gefährlichen Funken in dieser Musik nicht weniger gut als der Pastor; nur daß dies Feuer ihn sehr glücklich machte. Ein Brand wird kommen, jubelte er. Er war nicht der Ansicht des weisen, noch unbekannten Schopenhauer, daß man die Kartenhäuschen schützen müsse. Sollen sie in Asche fallen! Dies Leben in wohlabgeteilten Pferchen ist nichts wert. In ungelichteten Wäldern müßte man sein, wo man noch weiß, zu was die Muskeln gut sind.

Auf weiten Spaziergängen vor die Stadt lernte Wagner diesen Mann näher kennen. Der Bärtige, der in seiner Heimat, aus der er verbannt war, Michael Bakunin hieß, war sehr mitteilsam. Sein Zar hatte ihm gerade die siebzig Leibeigenen, die er einmal erben sollte, im voraus wegkonfisziert. Die Franzosen, die Schweizer und die Preußen hatten ihn aus ihren Landen verjagt. Sogar der Barrikaden-Präsident Caussidière konnte ihm kein gutes Zeugnis ausstellen: »Am ersten Tag der Revolution ist er ein Juwel, am zweiten muß man ihn einfach erschießen.« Weshalb? Der mächtige Kerl erkannte Ungleichheit nicht an und war immer bereit, das Urteil auf der Stelle zu vollziehen. Sein intimster und größter Feind war der Despot in Petersburg. Aber eines Tages wird er stürzen. Wo jetzt die Knute herrscht, wird morgen Michael Bakunin, der viele Freunde in Rußland, in Polen, in einigen Provinzen Österreichs hat, die stolze Demokratie der Slaven errichten. Griechen und Magyaren schließen sich an, die Hauptstadt wird Konstantinopel heißen – und das mächtige Reich wird zum Zentrum eines universalen Republiken-Bundes. Vorher aber muß der ekle Schimmel herunter. Vorher muß die Erde zwischen Petersburg, Paris und London blankgefegt werden. Es lebe der reine Tisch! Nieder mit den künstlichen Schranken, von Despoten-Kongressen aufgebaut nach sogenannten historischen, geographischen, kommerziellen und strategischen Notwendigkeiten.

Der schmächtige Begleiter des gewaltigen Bakunin, Richard Wagner, hatte kein Programm, wie die Völker der Welt zu einem ordentlichen Leben zu bringen sind. Er rechnete nur mit seinem König und dem königlich-sächsischen Willen, ein Deutschland aufzubauen, das den Ruß der Fabriken und das verfluchte Gold und die bösartigen Widerstände gegen die Aufführung von Wagner-Opern abschaffen wird. Aber kommt es denn überhaupt noch auf diesen kleinen Unterschied an: Republiken-Bund oder Königlich Sächsischer Freistaat? Was das für ein erquickender Sturm ist, der aus dem Bakunin in sieben Sprachen gewaltig daherbraust. Dieser stürmische Mensch wird bestimmt den kleinen Stern Erde aus seiner Bahn werfen und solange durch das All trudeln, bis – ja, wie lange? Bis die Szene frei ist für den Helden Siegfried? Michael Bakunin lächelt flüchtig über den aufgebrachten Musikanten. Der Oberfeuerwerker der Revolution, wie man den Russen nennt, nimmt die Hoffnung auf eine Wiedergeburt der Gesellschaft aus dem Schoße der Wagnerschen Kunst nicht sehr ernst. Was dieser Tönemacher nur immer mit den Nibelungen hat! Auch seine Vorstellung des Jesus von Nazareth ist höchst seltsam. Muß aber Christus durchaus auf die Bretter, so soll Wagner wenigstens zeigen, wie schwach der Gute gewesen ist ... Wenn sich die beiden der Stadt wieder näherten, pflegte der Kapellmeister müde zu werden und eine Droschke zu nehmen. Es spazierte sich nicht sehr gemütlich an der Seite eines Orkans durch die Straßen der königlichen Residenz.

Und dann wurde die ganze Stadt ein Orkan. Noch im Herbst hatte Richard Wagner einen Trinkspruch auf den geliebten Fürsten ausgebracht. Im Frühling Neunundvierzig zeigte der Geliebte, wie wenig er in jenem schönen Porträt getroffen war, das sein treuester Vasall entworfen hatte. Der König schickte die Männer des Volks, welche die deutsche Verfassung angenommen hatten, nach Haus und bat die preußische Regierung, zwei Divisionen an der sächsischen Grenze zu mobilisieren. Dresden wurde von Fieberträumen gepackt: der König von Württemberg erschossen! der König von Hannover tot! die Ungarn vor Wien! neunhundert Mann bereits in Freiburg! Am dichtesten ist das Gedränge in der Schloß-Gasse. Das hölzerne Gitter neben der Wache gibt nach. Fünf Passanten werden erschossen. Ein Hagel von Steinen jagt das Militär mit einem toten Offizier und mehreren Verwundeten in die Kaserne zurück.

Im Juni hatte man Wagner als Kommunal-Gardist verpflichtet. Vor einer Woche hatte er mit Rücksicht auf einen doppelseitigen Leistenbruch seine Entlassung beantragt, zumal er noch gar nicht einexerziert sei. Als nun die Annen-Kirche den Beginn des großen Weltenbrandes einläutete, strömte ein mächtiges Behagen durch seinen Körper. Alle Schmerzen gingen unter in der gewaltigen Lust, außer sich sein zu dürfen. Er eilte nach der Wohnung des Sängers Tichatschek, eines passionierten Sonntagsjägers. Wo sind die Gewehre? Der Mann war auf Urlaub. Seine Frau bekam es mit der Angst zu tun. Der Kapellmeister versicherte ihr, es wäre schon besser, das Schießzeug zur Verfügung zu stellen, bevor der Pöbel es hole. Wagner eilte weiter. Vor dem Rathaus war die Akademische Legion postiert. Die Künstler standen in Reih' und Glied. Ein befreundeter Bildhauer rief über den Platz: Herr Kapellmeister, wie steht's in der Stadt? Die Gemeinheit offenbart sich!

Zu den Barrikaden! Zu den Barrikaden! Er folgt dem Strom. Nein, der Strom nimmt ihn mit, einen kleinen Zweig am Rande des Ufers. Dirigent Wagner hat den Stab beiseitegelegt. Wird in den Sitzungssaal gespült. Der Sicherheitsausschuß gibt den Befehl, Sturm zu läuten. Ein Ingenieur, ein Regenschirmfabrikant, ein Steinmetzmeister und der königliche Wagner gehen davon. Er zieht den Strang. Er läutet Sturm, während Turnerscharen von einem Kartätschenschuß niedergemäht werden. Die Kommunal-Garde verlangt neue Munition. Ihr Kommandant, Besitzer eines großen Modewarengeschäftes, macht Ausflüchte; er ist Hoflieferant. Aus den Brettern der Buden des Altmarkts werden kleine Zitadellen errichtet. Raketensignale steigen am Kreuzturm empor. Die Höhen der umliegenden Ortschaften antworten mit Feuerzeichen. Auch Richard Wagner ist ein kleines Feuer im allgemeinen Brand.

Der König und seine Minister haben sich bei Nacht und Nebel davongemacht. Der Stadtkommandant, der ohne Auftrag zurückgeblieben ist, gewährt den Rebellen einen Waffenstillstand von fünf Stunden. Wagner treibt durch die Stadt. Man möchte doch etwas unternehmen. Läßt sich nicht ein gutes Propaganda-Sätzchen an die Adresse der sächsischen Soldaten drucken? Vielleicht Streifen, die in überlebensgroßen Lettern fragen: seid Ihr denn nicht mit uns Dresdnern gegen die fremden Preußen? Da kleben dann die Zettel an den — Innenseiten der Barrikaden. Die Deutschen hatten keine Ahnung vom Revolutionieren.

Der Autor der hochverräterischen Propaganda, Richard Wagner, klemmte sich nun einen ordentlichen Packen unter den Arm, kletterte über die Barrikade am Alten Opernhaus und ging geradewegs unter die Soldaten. Auch auf der Brühlschen Terrasse verteilte er die aufrührerischen Fragen. Was sagte Freund Bakunin dazu? Die Zigarre im Mund, fluchte er ganz erbärmlich. Das ist doch kein Umsturz, das ist doch alles nur Operette! Den Architekt Semper wiederum quälte das Problem: wie er den radikalen Geist seiner Elite-Kompanie mit seiner Eigenschaft als Staatsbürger und Professor der Akademie in Einklang bringen könne.

Wie brachte sich der Hofkapellmeister in Einklang mit sich? Bat er wirklich die erste Kompanie der Kommunal-Garde, die den Zwingerwall hielt und dem Schutz der Museen diente, von ihrer Stellung aus das Prinzen-Palais und das Schloß mit Schwefel-Äther bespritzen zu dürfen? Oder ließ er sich, während er über die Straßen-Festungen kraxelte und nach Hause schlenderte, den dramatischen Plan ›Achilleus‹ durch den Kopf gehen? Vielleicht geschah das Eine und das Andere. Künstler sind oft recht vielseitig. Zu Haus fand er die Seinen in behaglichster Revolutions-Stimmung vor.

Der Himmel ist maienhaft blau. Das Land ist jung. Der Zusammenklang von Glocken und Kanonen ist berauschend. Richard Wagner steht auf dem höchsten Punkt der eingeschlossenen Altstadt, dem Kreuzturm. Unter ihm sind die Dächer der ältesten Quartiere ausgebreitet, in malerischer Unordnung; das große Quadrat des Markts reißt eine mathematisch saubere Lücke in den Wirrwarr. Wie eng die Gassen sind und wie leer. Die Kämpfer gehen vor, indem sie von Haus zu Haus die Verbindungsmauer durchbrechen. An den Ecken der Straßen liegen hübsche Barrikaden, errichtet vom Schloßbaumeister Semper: kleine Festungswerke, die bis an das erste Stockwerk der Häuser hinaufreichen und mit ihnen ein zusammenhängendes Verteidigungs-System bilden.

Vom Glockenstuhl des Kreuzturms feuern siebzig Scharfschützen auf das Militär in den Straßen. Preußen und sächsische Jäger antworten. Die Kugeln schlagen ins Mauerwerk ein. Was hat der Dirigent hier zu tun? Er macht die Musik zum Schlachtenlärm. Er besingt die erhabene Göttin Revolution, wie sie daherbraust auf den Flügeln des Sturms, das herbe Haupt von Blitzen umstrahlt, das Schwert in der Rechten, die Fackel in der Linken, das Auge so finster, so strafend, so kalt und voll Glut der reinsten Liebe. Richard Wagner ist eine der vielen ohrenbetäubenden Posaunen des Jüngsten Gerichts; weiß der Teufel, wer jetzt dirigiert!

Am Fuße des Kreuzturms lag das Gefolge der erlauchten Göttin Revolution und wurde eingekreist von den gut ausgerüsteten Soldaten, die Zwölfpfünder hatten, während die Revolutionäre nur bescheidene Böller besaßen. Aber Bakunin, der nun doch mitmachte, ließ sich nicht einschüchtern. Er studierte Karten, ließ Pechfackeln auf die Barrikaden stellen und gab Weisung, die Häuser in die Luft zu sprengen, wenn der Kampf es so wollte. Vielleicht riet er sogar, die ›Madonna‹ des Raffael auf die Schanzen zu stellen, da die Preußen zwar auf Menschen schössen, aber nicht auf Kunst. Das Alte Opernhaus, in dem Wagner die ›Neunte‹ dirigiert hatte, stand jetzt in Flammen. ›Freude, schöner Götterfunke‹ hat gezündet, Herr Kapellmeister!

Doch aus der Asche stieg kein Phönix empor. Drei Glockenschläge vom Stuhl der Kreuzkirche! Das besagte: der Vulkan hat gefälligst nicht mehr zu kochen, die Herren Empörer sind bis auf weiteres beurlaubt. Aus allen Fenstern hängen weiße Fahnen. Züge, die aus der Nachbarschaft im Anmarsch waren, lösten sich unterwegs auf. Preußische Truppen stießen ins Land vor. Ihrem König in Berlin kamen Tränen des Entzückens über die Heldentaten seiner Offiziere und Grenadiere; er äußerte den Wunsch, alle seine Leute zu küssen – was er dann aber zu tun vergaß. Der König von Sachsen kehrte heim und brachte seinen Dresdnern einen Pack Todesurteile mit. Sie erfuhren nun, daß sich eine Handvoll Übelgesinnter und Verführter in Verbindung mit fremden Bösewichtern bemüht hatte, das Band zu lockern, welches seit je Sachsens Volk an Sachsens Fürsten band.

Zur Festigung dieser Schlinge wurden zwölftausend Verfolgungen eingeleitet. Steckbriefe wurden erlassen: gegen zwanzig Bürgermeister und Stadtverordnete, neunzehn Arbeiter, Handwerker und Techniker, vierzehn Landtagsabgeordnete, dreizehn Grundbesitzer und Kaufleute, elf Advokaten und Gerichtsdirektoren, neun Gymnasial- und Bürgerschullehrer, neun Schriftsteller und Redakteure, sechs königliche Beamte, drei Studenten, zwei Soldaten, einen Arzt und einen Geistlichen. Unter den sechs verfolgten Beamten des königlichen Hofdienstes war einer, ein Hofkapellmeister, der einen Rock von dunkelgrünem Buckskin, Beinkleider von schwarzem Tuch und eine Sammetweste trug. Besonderes Kennzeichen: sehr rasch in Bewegung und Sprechen. Minnas Papagei Papo schrie noch immer: »Richard, Freiheit!« Auch Frau Minna konnte nicht begreifen, daß einiges anders geworden war. Der Richel hatte doch nichts Böses begangen; nur ein wenig als Schlachtenbummler von der Spitze des Kreuzturms die schöne Aussicht genossen.

Der Flüchtling Richard Wagner kam in Chemnitz an. Sein Schwager, Klaras Mann, fragte ihn: hast du dich am Aufstand beteiligt? Nein, antwortete der Revolutionär; ich bin nur ein wenig neugierig gewesen. Dann verschwand der Neugierige in einer Remise. Ein geschlossenes Coupé nahm ihn auf. Der Kutscher wußte nicht, wen er da hinausfuhr. Und der Mann, der gar nicht mehr neugierig war, wußte nicht, weshalb er eigentlich aus dem Lande seiner Väter hinauskutschiert wurde.

Der Erlöser im Exil

Heimatlos

Wo ist die Grenze zwischen Heimat und Fremde? Die Landkarte zeigt sie nicht. Viele, die über den Rand ihres Landes gespült werden, wissen nicht, daß sie nun heimatlos geworden sind. Sie wollen nur einen Augenblick unsichtbar werden. Sie nehmen nur etwas Ferien vom schlechten Wetter. Und dann dauern diese Ferien dreizehn Jahre.

Ist der Hofkapellmeister, der an der Schweizer Grenze landet, ausgewandert? Nein! Er hat zwar den Lüttichaus geflucht. Er hat Vivats ausgebracht auf die Rebellen. Er hat sogar versucht, dem König seine Soldaten abspenstig zu machen. Das hat sich so ergeben. Die Freundschaft mit Röckel und Bakunin, die Feindschaft der Intendanz, das Unbehagen an der Wüste, in welche er ausgesetzt war, haben es mit sich gebracht. Aber er hat nie daran gedacht, sich zu trennen. Richard Wagner kann unmöglich einen Streit für eine Scheidung nehmen.

Noch begreift er nicht, daß man nicht ungestraft unterliegt. Auf dem Weg nach Zürich verbargen ihn Freunde auf dem Kammergut Magdala; sein angenommener Name lautete: Professor Werder. Aber den falschen Professor hielt es nicht in seiner Maske. Ich kann wohl offen gegen Sie sein, wandte er sich an seinen Wirt. Ich bin der Kapellmeister Richard Wagner aus Dresden. Heute wird in Weimar mein ›Tannhäuser‹ gegeben – und ich muß mich verstecken. Oh, über diese amusische Polizei, die einen Tondichter hindert, der Aufführung seiner Oper beizuwohnen: nur weil er ein bißchen sächsische Schützen aufgehetzt und den Sturz sächsischer Götter betrieben hat.

Nun sitzt der Kämpfer für die Freiheit und das Haus Wettin in dem seltsamen Land, das sich vor Flüchtlingen noch nicht fürchtet: in der Schweiz. Hinter dem Bodensee ist die Heimat; oder doch wenigstens, da er von Heimat bisher nur wenig verspürt hat, die Nicht-Heimatlosigkeit. Wohin soll er jetzt gehen? Nach Paris, in die Stadt seiner großen Niederlage?

Liszt ist für London, aber nicht ein guter Gedanke ist mit dieser fremden Insel zu verbinden. Wie wäre es mit Amerika? Viele rüsten zur Fahrt übers Meer. Sie haben einen sehr umfänglichen Katzenjammer und benennen ihn deshalb mit dem umfänglichen Namen Europa. Sie sagen: fort von Europa! Frankreich ist verloren, Polen ist verloren, die Geschichte wird gerecht sein und die Deutschen von den Kosaken fressen lassen. Werft das letzte Kleid, an dem noch der Staub einer sehr alten Welt klebt, in den Ozean! ... Wagners Begeisterung für den Kampf ist nie so groß gewesen, daß seine Verzweiflung über die Niederlage nur in einer so ausschweifenden Flucht hätte Genüge finden können. Er wird auf keinen Fall ein Scribesches oder Dumassches Libretto komponieren und im übrigen dort Wurzel fassen, wo man von ihm keine anderen Blüten will als die, welche er hervorbringt.

Er macht die nötigen Bekanntschaften, um ein eidgenössisches Papier zu erhalten; denn der Mensch kann wohl ohne Brot leben, aber nicht ohne Paß. Er hat fast nur mit hochgestellten Schweizern Umgang. Wenn er nicht gerade ins Café Littéraire am Weinplatz geht, merkt er kaum, daß es deutsche Flüchtlinge gibt. Wie beruhigend! Der Unglückliche meint oft, daß er sich schon vom Unglück trennt, wenn er sich von den Genossen im Unglück trennt; sie vor allem halten ihn, wie ihm scheint, am Elend fest. Ein Aussätziger lebt lieber mit Gesunden als mit seinesgleichen, die sein Mißgeschick gewissermaßen vervielfachen. Und was gehen den Wagner die deutschen Aussätzigen an! Er hat ganz gewiß nicht so philisterhafte Abneigungen gegen Emigranten wie das liebe Sachsen; schließlich kann er begreifen, wie man zu einem so bemakelten Individuum wird. Aber weshalb sollte er ihren Umgang pflegen? Überhaupt gehört er zur feineren Klasse der Flüchtlinge. Gefahndet wird nur nach jenen, die am Aufstand in Baden und in der Pfalz beteiligt gewesen sind.

Er ist gründlich belehrt. Er wird sich nicht noch einmal einmischen. Keine Angst, in meinen künftigen Schriften wird man weder sozialistischen Galimathias und politische Gemeinplätze noch persönliche Gehässigkeiten finden. Der Besiegte reibt sich die Augen. Aus behaglicher Distanz fragt er die Dresdner Freunde an, was denn nun aus dem lieben Deutschland werden wird. Sechs Monate ist es erst her, daß er Sturm geläutet hat; nun spottet er im windstillen Bezirk über alle ruhmlos begrabenen Stürme. Er liest fast keine Zeitungen mehr. Immer gleichgültiger wird ihm die Welt. Doch wird er für seine Landsleute nicht unsichtbar, weil er von ihnen wegsieht. Die Briefe der Verbannten werden erbrochen. Die deutschen Blätter, in der glücklichen Lage, keine Antwort zu riskieren, leisten sich die durchsichtigsten Lügen. Selten und nur aus Versehen trifft man auch einmal in die Nähe der Wahrheit. Der Hofkapellmeister lebt in der Chronik seiner Stadt als ein Mann, der den musikalischen Teil der Revolution mit der Alarmglocke geleitet hat – hoch über dem Kampffeld, seiner höheren Stellung als Dirigent eingedenk.

Erhebt sich der Sturm, lehrt Schopenhauer, so zieht man alle Segel ein und breitet sie wieder aus, wenn die Sonne hervorbricht. Die Sonne des Philosophen ist wieder da. Sie bescheint, zu seiner Freude, die langen Gesichter aller Hundsfötter. Diese verbrecherischen Narren, die fast seinen Deich gegen die Schlamm-Fluten der Dummheit und Gemeinheit zerstört hätten! Überall und zu allen Zeiten, meint er, hat es Unzufriedenheit mit den Regierungen gegeben, und stets ist man geneigt gewesen, ihnen das Elend zur Last zu legen, das im Herzen des menschlichen Daseins sitzt; aber nie ist jener ungerechte Vorwurf auf frechere Weise gemacht worden als von den zeitgenössischen Demagogen. Als ob alles mühelos sich vollfressen, sich fortpflanzen und krepieren könnte, wenn nur die Herren besser wären! Nun, diese gefährliche Dummheit ist zum Glück niedergeschlagen worden. Und es könnte noch alles gut werden – wenn nicht die Deutschen so unkurierbar halsstarrig wären.

Leider sind sie jetzt halsstarriger als je. Hören nicht auf den Weisen, der mahnt: das Interesse der Philosophie ist von zu hoher Art, als daß es mit dem Treiben dieser niedriggesinnten Welt eine aufrichtige Verbindung eingehen könnte. Da sind zum Beispiel zwei junge Leute, zwei militante Philosophen. Der eine ist ein reicher Fabrikantensohn namens Engels. Der andere ein armer Advokatensohn namens Marx. Die beiden haben, wie Arthur Schopenhauer, vor den Kathedern der berühmten deutschen Idealisten gesessen – und sind ebenso unzufrieden mit diesem Idealismus wie der Weise. Die beiden haben, wie Richard Wagner, in Deutschland und Frankreich und England ihre Zeit kennengelernt – und verurteilen sie ebenso wie der Musikant. Aber sie schieben der Philosophie nicht (wie Schopenhauer) die Rolle zu, alles zu verurteilen und nur den Philosophen zu erlösen. Und sie sind nicht (wie Wagner) der Ansicht, daß dies graue Leben strahlender werden würde, wenn in jeder deutschen Stadt an jedem Abend zwischen sieben und zehn ein blendend weißer Lohengrin den schmutzigen Alltag verklärte. Auch die beiden jungen Denker wollen die Wüste zum Blühen bringen – aber nicht durch Predigten und Reden wie die Ahnen und nicht durch holden Theater-Zauber wie ihr Enkel Richard Wagner. Der Blitz der Erkenntnis soll gründlich einschlagen in jene Masse, die noch ihre Fäuste gebrauchen kann. Nicht der gute Wille, die gute Faust ist der Hebel, an welchem die schlechte Welt aus den Angeln zu heben ist. Marx und Engels wollen eine Ehe stiften zwischen dem Hellsten und dem Dunkelsten: zwischen der Philosophie und den Proleten.

Der Ex-Kapellmeister in Zürich, der Weise in Frankfurt und die philosophischen Tribunen in Brüssel sehen mit dem gleichen feindlichen Blick auf ihre Tage. Was ist zu tun? Erst vor dieser Frage gehen die Straßen der Unzufriedenen auseinander. Nichts ist da zu tun, raunzt der Frankfurter Eremit Schopenhauer, hilft mit gegen den Pöbel und ist Monarchist, weil der König zwar nicht von Gottes Gnaden, aber doch von zwei Übeln das kleinere sei. Alles ist da zu tun, künden die jungen philosophischen Kämpfer, schüren das revolutionäre Feuer und verfassen das folgenreichste Pamphlet des Jahrhunderts: ›Das Kommunistische Manifest‹. Der Musikant schwankt zwischen dem Verzicht des Weisen und dem Eifer des philosophischen Trupps. Er ist angeekelt und will nichts wissen von denen, die so erbärmlich gewesen sind, zu verlieren. Kann sich aber auch nicht verhehlen, daß »in einer rein politischen Welt nicht Politiker zu sein« soviel heißt »als gar nicht existieren; wer sich jetzt noch unter der Politik hinwegstiehlt, belügt sich nur um sein eigenes Dasein«. Weiter-dichten? Weiter-musizieren? Für wen? Für den verrotteten Kunstbetrieb? Für ein verrottetes Publikum? Schaut ihn euch nur an, den Käufer unserer Werke! Es ist der Philister, die herzloseste und feigste Geburt dieser Zivilisation; der eigenwilligste, grausamste und schmutzigste Kunst-Brotgeber. Das Wesen der modernen Kunst ist die Industrie, ihr moralischer Zweck der Gelderwerb, ihr ästhetischer Vorwand die Unterhaltung der Gelangweilten: mit Börsen auf antiken Säulen, mit Bahnhöfen hinter griechischen Giebelfeldern, mit einer Militär-Wache im athenischen Parthenon. Mein Werk, schreibt Wagner, kann jetzt nicht geschaffen, nur vorbereitet werden – durch Zerschlagen des Zerschlagenswerten. Er möchte so gerne vergessen und kann doch nicht wegsehen von dem, was er einmal gesehen hat. Ihm sind die Augen auf eine Weise aufgegangen, daß nur der Tod sie wieder schließen kann. Er muß Revolution machen, wohin er auch kommt. Wie wäre es zum Beispiel mit einer Kampf-Zeitschrift? Jedes Heft eine volle Ladung, auf irgendeinen morschen Turm gerichtet? ... Im zweiten Stock der Festung Königstein, am Rande eines elfhundert Fuß hohen Felsens, hat man das vergitterte Fenster noch mit einem hohen Bretterkasten versehen: dem Röckel und dem Bakunin zu Ehren. Ihr Freund in Zürich, der nichts mehr wissen will von den Händeln der Welt, bittet die Frau von Lüttichau, den Kameraden seinen »treuesten Brudergruß« zu übermitteln.

Welchen Weg geht man eigentlich, wenn man nicht den Verzicht will und auch nicht den Kampf? Wie verbindet man den Drang zum Umsturz mit der Distanz zu den Umstürzlern? Wie schießt man, ohne den Gegner böse zu machen? Man zielt daneben. Man trifft einen Unbewaffneten, der sich nicht wehren kann. Wo ist der zu finden? Richtungslos tappt Wagner in der Weltgeschichte umher. Er findet den Sklaven als Angel des Mißgeschicks und sucht weiter. Wer hat schuld? Wer hat aus den übermütig kräftigen Völkern des Nordens die knechtischen und unsauberen Krüppel gemacht? Aus Speer-Schwingern Tüten-Dreher? Aus Siegfried einen Gottlieb? Wagner entdeckt die Pfäffische Pest und sucht abermals weiter. Der antike Sklavenhalter ist schon zu lange tot. Der Pfaffe ist schon zu abgenutzt als Träger aller Sünden. Wer hat schuld? Wer hat die Wagners heimatlos gemacht? Aber nur nicht zu gut gezielt, Herr Schütze, damit man nicht noch neue Scherereien bekommt.

Da lebt in deutschen Landen, mitten unter deutschem Volk, ein fremder Stamm. Die Nasen der Fremdstämmigen sind länger und anders gebogen als die deutschen Nasen. Die Arme der Fremdstämmigen hängen nicht uninteressiert neben dem Leib wie die deutschen Arme. Das Lächeln der Fremdstämmigen ist kein deutsches Lächeln. Bis vor fünfzig Jahren hat man diesen Exoten einen Platz reserviert, der von einer Getto-Mauer und der Verachtung aller Bürger umgeben war. Die Mauer fiel. Nun wohnt der Fremdling in deutschen Häusern, schreibt deutsche Bücher, bringt bisweilen sogar Kinder von Deutschen zur Welt und verdient viel deutsches Geld, zuviel deutsches Geld.

Richard Wagner hat diese Rasse nie leiden können. Schon in Magdeburg war er gegen das »verfluchte Judengeschmeiß«, als er sich von ihm Geld leihen mußte. Und als dann der arme deutsche Musiker in Paris hungerte, lag sein jüdischer Protektor Heinrich Heine behaglich in der Sonne des europäischen Ruhms, wucherte der jüdische Protektor Meyerbeer üppig im Treibhaus der Großen Oper, schmiedete der jüdische Protektor Maurice Schlesinger, der Musikalienhändler, das deutsche Genie an eine Schachergaleere. Der arme Deutsche, Richard Wagner, zahlte der fremden jüdischen Macht mit sklavischer Devotion. Und das war das Ärgste. Das vergaß er nie. Er dedizierte »seinem Gönner Meyerbeer in glühender Verehrung« Brotarbeiten, die er für den Gönner Schlesinger hatte anfertigen müssen. Er unterschrieb sich in allen Briefen an Meyerbeer, seinen »Herrn und Meister«, der ihm ›alles, alles‹ sei, in asiatischer Unterwürfigkeit: »Hier ist der Kopf, das Herz und hier die Hände Ihres Eigentums Richard Wagner.« Nie ist ein schöneres Preislied auf den deutschen Juden Meyerbeer gesungen worden. »Das reine, keusche deutsche Blut fließt in seinen Adern«, urteilte Wagner; Meyerbeer schriebe »Musik wie sie vor ihm Händel, Gluck und Mozart geschrieben –, und diese waren Deutsche, und Meyerbeer ist ein Deutscher«. Weshalb? »Er hat sein deutsches Erbteil bewahrt, die Naivität der Empfindung, die Keuschheit der Empfindung. Diese jungfräulich verschämten Züge tiefen Gemüts sind die Poesie, das Genie Meyerbeers«. Und in alle Ewigkeit, schwor Richard Wagner, werde er nichts anderes aussprechen als Dank – noch in der Hölle.

Nun ist er noch nicht ganz so tief gesunken, erst in die Emigration, von der Ewigkeit ist kaum ein Jahrzehnt abgelaufen ... und schon ist er der Ansicht, daß Meyerbeer das deutsche Paradies zur semitischen Wüste gemacht hat. Unter dem Druck der Erinnerungen, durch die er sich erniedrigt fühlt, unter dem Zwang, einen Feind ausmitteln zu müssen, den ihm weder Freund Liszt noch die eigene Vorsicht verbietet, taucht in dem Erben des Friedrich Geyer die tiefe Erkenntnis seines ›Bethlehemitischen Kindermords‹ auf: »An allem haben die Juden schuld.« Richard Wagner liebt es nicht, die Wirklichkeit scharf anzublicken, um ihr das Geheimnis ihrer Häßlichkeit zu entreißen. Er ist ein deutscher Wirrkopf und zieht den Mythos vor: die überlebensgroßen Figuren des Guten und des Bösen. Der Welsche ist das Böse; diese Einsicht hatten ihm deutsche Überlieferung und die erfolglosen Pariser Jahre geschenkt. Aber die Rolle des Satans ist so wichtig, daß man gut daran tut, sie doppelt zu besetzen. Und nach alter deutscher Sitte, von Luther bis Jahn, stellt er neben den Welschen den Juden. Und führt die Seinen in den neuen Freiheitskampf zur »Emanzipation vom Drucke des Judentums«.

Wie aber ist es nur möglich gewesen, daß der jüdische Unhold die Völker Europas versklavte? Hat er nicht schon durch seine Erscheinung etwas »unwillkürlich Abstoßendes«? Spricht er nicht (nach dem Urteil Richard Wagners) die Sprache der Nation, unter der er von Geschlecht zu Geschlecht lebt, immer nur als Ausländer? Welch ekliges Gelabber – diese zischenden, schrillen, summsenden und murksenden Laute und willkürlichen Verdrehungen der Worte! Hört Euch nur das Gegurgel, Gejodel und Geplapper ihres gottesdienstlichen Gesanges an! Wie konnte es solch einem lächerlichen Wesen gelingen, die Wagners zu verdrängen? Die Antwort lautet: einige Exemplare haben die auffälligsten Merkmale abgestreift. Sind gefeierte Dichter und Musiker geworden. Gerade sie sind der Abschaum ihres Stamms: nicht mehr verwandt den Ihren und zugleich fremd den Völkern, für die sie dichten und musizieren. So wurde der ›Opernmusik-König‹ Meyerbeer die »Wetterfahne des europäischen Opern-Musikwetters«. So blieb Felix Mendelssohn-Bartholdy, vielgepriesen in vielen Ländern des Erdteils, ohne »tiefe, herz- und seelenergreifende Wirkung«. So ging Heinrich Heines Stern auf, als »das Dichten bei uns zur Lüge wurde«. Was die Heroen der Kunst in zwei Jahrtausenden schufen, setzt nun der Jude in

›Kunstwaren-Wechsel‹ um. In einer Welt, in welcher der Atem des allbelebenden Windes ersetzt wurde durch den Qualm der Maschine, mußte der Jude Herr werden … Endlich ist also heraus, weshalb Wagners heimatlos geworden sind. Endlich ist ein Weg der Erkenntnis gelegt durch diesen modernen Wirrwarr.

Wer kennt sich noch aus in einer Welt, die täglich undurchsichtiger wird. Blind tappt man durch ein undurchdringliches Dickicht. Nichts ist recht zu durchschauen. Noch die schärfsten Augen sehen keine drei Schritte weit. Und manch einer hat ein großes Interesse daran, die Verwirrung noch zu steigern. In diesem Urwald ist der sächsische Dirigent, der gewiß nicht die schärfsten Augen hat, einigen krummnasigen, sehr beweglichen und sehr einflußreichen fremden Gestalten begegnet und hat in ihnen des Irrgartens dunkle, böse Götter entdeckt. Der Sprößling von Pastoren und Komödianten ahnte nicht, weshalb man so müde durch die deutschen Lande schlich! Es hatte einen furchtbaren Aderlaß gegeben; nur sind nicht die krummen Nasen schuld gewesen, sondern die französische und englische Konkurrenz. Die Ausfuhr deutschen Getreides nahm ab. Die Preise sanken. Die edlen Metalle flüchteten – und ein in die Mythologie vergaffter deutscher Musikant fand den leibhaftigen Teufel im Juden. Wagner las Heinrich Heines ›Romanzero‹ nicht, da er bei aller intellektuellen Ausschweifung im Verbrauch jüdischen Gifts strenge Diät hielt.

In demselben Jahr, in dem der deutsche Mann Richard Wagner dem Satan, hakennasig und sehr agil, auf den Fersen war, strömte schon wieder frisches Blut in die leeren deutschen Adern. Bald wird es auch Wagner zu spüren bekommen; und der gruslige Urwald wird auseinandertreten zur schönsten Lichtung: Bayreuth. Woher kam die glückliche Wendung? Zogen die deutschen Juden freiwillig nach Palästina und befreiten also den deutschen Siegfried vom Drachen? Im Gegenteil, die Artfremden nisteten sich täglich fester ein. Aber das Jahr Achtundvierzig ist ein Glücksjahr gewesen, auch für den Verjagten, der es noch nicht ahnte. Gold-Schätze wurden in Kalifornien und ergiebige Quecksilber-Minen in Mexiko entdeckt. Die edle Flut strömte auch nach Europa; und manch Flüßchen gelangte sogar bis nach Deutschland, wo es sich zunächst ängstlich in Kellern und Truhen verkroch. Endlich aber überschwemmte eine Gold- und Silber-Woge die deutschen Banken. Im vierten Jahr des Exils, als der arme Heimatlose gegen Juden, Jesuiten und Philister sein pompöses Gesamtkunstwerk zu schmieden begann, stiegen die Privat-Deposited bei der Preußischen Bank in sechs Monaten von 4³/₄ auf 9 Millionen Taler. Als der Musikant das Nibelungen-Gold poetisch-musikalisch verachtete, schossen aus dem kalifornischen Bruderschatz Bankinstitute, industrielle Etablissements, Bergwerke, Eisenbahnunternehmungen und Aktiengesellschaften empor. Der ahnungslose Groß-Musikant wußte nicht, was da in seinem Deutschland heranwuchs; schuf aber schon für das Heranwachsende. In großartiger Massenhaftigkeit wurden in diesen Jahren Aktien und Klänge in die Welt gesetzt.

Der Lebende sieht kaum den Weg, den er geht. Wagner fühlte sich als wilder Drachentöter, schwang leidenschaftlich den Germanenspeer und schuf die mächtigste Kunstbastion gegen die Siegfrieds. Er mobilisierte alle Künste und deckte das häßliche Leben zu: überschrie es, überblendete es und änderte es nicht. So wandte er sich mit seiner Zukunftsmusik an die Herren der Vergangenheit, nicht an die große Gemeinde jener Erlösungsbedürftigen, die erst zaghaft den Himmel zu erstürmen begannen. Was sollte er mit den Massen? Eingezwängt in den engen Rahmen des Tages waren sie kaum empfänglich für das holde Märchen vom weißen Schwan, der eigentlich ein verhexter Jüngling ist. Und außerdem hatten sie gar nicht die Mittel, die der üppige Zauberer zum Zaubern brauchte.

Der Bürger hätte sie aufbringen können. Aber Philister, Jesuiten und Juden wollen nichts als Profit. Sie haben kein Bedürfnis nach dem holden Schein. Was sollte diese unheilige Dreieinigkeit mit einem Mann, der sich selbst für »reinen Luxus« hielt, »etwas ganz Überflüssiges und Entbehrliches«? Wer also, grübelte der Einsame von Zürich, wird mir die Wärme geben, die ich brauche, um das Gesamtkunstwerk zu schaffen: die totale Kunst, die das abscheuliche Leben total verbirgt? Wer in dieser Nation von Proleten und reichen Geizhälsen wird mein kostspieliges Ei ausbrüten? Nicht der Bauer, nicht der Arbeiter, nicht der Bürger und nicht der Edelmann, den der königliche Beamte zur Genüge kennengelernt hatte: allein der Fürst. In dieser Richtung suchte der Unruhige immer noch die Oase, als er die Wüste der Gegenwart durchwanderte.

Die Fürsten sind am ehesten geeignet, »dem Künstler gegenüber die Welt in einem würdigen Sinne zu vertreten«. Sie sind kultiviert, also aufnahmefähig für das edle Werk. Sie sind außerhalb der goldenen Hölle, in der Juden, Bankiers und Spießer regieren, also uninteressiert daran, daß sich die Operei rentiert. Und sie sind reich genug, einen Erlöser zu finanzieren. Man hat mit diesen Fürsten nicht gerade die besten Erfahrungen gemacht. Aber es gibt schließlich in Deutschland (wenn auch nicht mehr dreihundert, so doch immer noch) achtunddreißig davon; man ist nicht auf den einen Wettiner angewiesen. Da ist zum Beispiel Sachsen-Weimar. Dort spielte man den ›Tannhäuser‹; der Großherzog sandte mit dem Honorar noch eine goldene Tabatière. Das beste wäre, dieser Großherzog setzte ihm eine jährliche Pension von dreihundert Talern aus. Der Herzog von Coburg und die Prinzessin von Preußen täten noch etwas hinzu – die ›Nibelungen‹ brauchten dann, selbst in Gedanken nicht, mit jüdischem Kalkül befleckt zu werden.

Die Fürsten werden doch nicht so kleinlich sein, Anstoß zu nehmen an dieser unglückseligen Dresdener Affäre. Ihm ist es »wahrlich um etwas anderes als um die dummen politischen Tagesfragen zu tun«. Er ist weit entfernt von jenem lächerlichen Fanatismus, der in jedem Fürsten etwas Verfolgungswürdiges sieht. Fürst und Künstler sind über der Wirklichkeit: das eint sie ... Inzwischen sagte ein Dresdener Kupfermeister aus, daß Wagner und Röckel vor Ostern Neunundvierzig eine bedeutende Anzahl Handgranaten bestellt hätten. Sie seien für Prag bestimmt gewesen, in der Expedition der ›Dresdner Zeitung‹ abgeliefert, aber von dort nicht weitergesandt worden. Am vierten Mai habe der Herr Hofkapellmeister Richard Wagner den Auftrag gegeben, sie mit Sprengstoff zu füllen. Der Künstler war offenbar doch nicht ganz über der Wirklichkeit. Und der Fürst?

Während der Wolkensegler Richard Wagner, der Dynamit an Bord hatte, den Bund zwischen Richard Wagner und den gekrönten Häuptern propagierte, korrespondierten die Polizisten der gar nicht wolkigen Fürsten eifrig miteinander über den sächsischen Sünder. Prag schrieb nach Dresden: gemäß einer Notiz soll sich ein gewisser Wagner ... Und Dresden wandte sich schon tags darauf an den Chef der Kantonalen

Polizei in Zürich. Wien registrierte sorgfältig, mit wem der Mann Umgang pflegte: mit Georg Herwegh, dem berüchtigten Verfasser der ›Gedichte eines Lebendigen‹ und weiland Chef einer Emigranten-Legion; mit dem Schloßbaumeister a. D. Gottfried Semper, dessen letztes Werk die Dresdener Barrikade gewesen war; mit Frau Malwida von Meysenbug, die sich als Vertraute des italienischen Verschwörers Giuseppe Mazzini polizeilicher Aufmerksamkeit erfreute.

Die Polizisten wurden die ersten Biographen des Heimatlosen. Im Steckbrief hatten sie ihn so abkonterfeit: »Mittlere Statur, braunes Haar, trägt eine Brille.« Lebt (wie sie erspähten) in luxuriösem Glanz und kauft goldene Uhren zu enormen Preisen. Seine Wohnung ist (wie sie in Erfahrung brachten) mit den schönsten Möbeln, Teppichen, seidenen Vorhängen und Kronleuchtern ausgestattet. Die Republikaner erkundigten sich überall (berichteten die Späher), woher dieser Mann, der so arm nach Zürich kam, es denn eigentlich nehme. Er selbst streue aus, er habe ein erhebliches Einkommen aus der Aufführung seiner Opern. Nach den genauesten Erkundigungen sei dies aber unwahr: die wenigen Theater, die seine Werke noch aufführen dürfen, zahlen nicht.

Die Polizisten sind die überschätztesten Menschen der Welt, die vor ihnen um so größeren Respekt hat, je mehr das Zauberwort ›geheim‹ im Spiel ist. In Wahrheit brachten die Geheimen nicht einmal das Offenbarste heraus. Als sie ›geheim‹ mitteilten, daß nur wenige Theater Wagner-Opern aufführen, war er im Jahr zuvor in Schwerin, Breslau, Wiesbaden, Frankfurt, Leipzig, Düsseldorf, Riga, Stettin, Danzig, Königsberg, Prag, Würzburg gespielt worden. Die ganz Geheimen vermuteten auch, daß er von irgendeinem fürstlichen Haus Unterstützung erhalte, was sie umsomehr in Erstaunen setzte, als er doch bekanntlich während der Dresdener Revolution die Theatergarderobe in Brand gesteckt habe. Sie förderten noch schönere Funde ans Licht: der Glaube an seine Musik sei im Schwinden; man überzeuge sich immer mehr, daß diese Kompositionen nur den Wert einer glänzenden Instrumentation besäßen, aber weder Seele noch Melodie – oder nur eine gestohlene ... Niemand wird die Polizei für das zur Verantwortung ziehen, was sie öffentlich erzählt. Aber ist es nicht betrübend, daß ihre vertraulichen Informationen so wenig vertrauenswürdig sind?

Der Mann des polizeilichen Interesses ahnte kaum, wieviele Kanzleien sich mit ihm beschäftigten. Nur selten einmal kam ihr intimer Gedankenaustausch an die Öffentlichkeit; und da erfuhr man, daß ein freundlicher Polizist meinte: »Un homme, qui chante, n'est jamais dangereux.« In der Regel waren die Geheimen gar nicht freundlich. Sie stöberten recht unfreundlich seine Freunde auf. Da bat die Großherzoglich Sächsische Polizei in Weimar die Königlich Sächsische in Dresden um Auskunft über einen Weimarer Konzertmeister, der Wagners Nichte geheiratet habe und obendrein noch einer Familie angehöre, deren gesetzfeindlicher Charakter außer Zweifel stehe, weil sie den steckbrieflich Verfolgten materiell zu unterstützen die freventliche Dreistigkeit besitze ... Den obersten Herrn dieser königlich sächsischen Spione erblickte der deutsche Nebelmacher Richard Wagner, der noch den aufdringlichsten Alltag zur Mythe machte, auf einem Wolkenthron, hoch über dem deutschen Elend.

Die beiden·Freunde

Ist es nicht ein hoffnungsloses Unterfangen, den dichten Kordon polizeilichen Getuschels durchbrechen zu wollen?

Aber da ist ein Mann, der den Durchbruch wagt; Franz Liszt, Hofkapellmeister in Weimar. Er umgarnt die Welt für Richard Wagner.

Als Goethe in Weimar starb, lebten in seiner Stadt achttausend Menschen in achthundert Häuschen: strohgedeckten Hütten oder mit Schindeln belegten, winzigen Wohnkästen. Hundertfünfzig waren für zweihundert Taler zu haben, hundertfünfzig für vierhundert; nur vier Häuser hatten einen Wert von zehn- und zwanzigtausend. Weimar lebte auch nach Goethes Tod nur bedächtig weiter. Jedes Jahr zwei neue Häuschen, das genügt schon.

Man fabrizierte kaum und handelte nur wenig. Das Städtchen war ein Fürstenhof mit bürgerlichem Zubehör; genauer: eine Serie von Fürstenhöfen mit einer stattlichen Kolonie von Hoflieferanten. Es bestand aus einer regierenden Familie von erheblichem Umfang nebst den erlauchten Gästen; aus einer ansehnlichen Dienerschaft, die sie bediente; und schließlich noch aus einer Bürgerschaft, welche die Herrschaften, die Gäste und die Bedienten bediente.

Die Revolution von 1848 prägte dem alten Antlitz der ehemaligen Goethe-Residenz einen neuen Zug ein. Als einst die adlige Hofdame Henriette von Stein beschloß, den bürgerlichen Direktor des Kunstinstituts zu heiraten, war man an den acht Weimarer Höfen sehr bestürzt. Die bekümmerte Großherzogin fragte die Unglückliche, wie sie das Schicksal tragen wolle, fürderhin im Theater auf dem linken Balkon sitzen zu müssen. Und der mitleidige Großherzog verlieh dem Direktor den erblichen Adel, um dem verdienten Hoffräulein jede Erniedrigung zu ersparen. Im Jahre Achtundvierzig fegte der europäische Sturm auch diesen Winkel aus: die Weimarer Bürger eroberten die rechte Balkonseite des Theaters. Und da ein Unglück, wie es heißt, selten allein kommt, so traf in demselben Jahr auch noch ein berüchtigter Zigeuner in Weimar ein. Und ging nicht mehr weg. Der Statthalter von Ungarn hatte dem Fremden statt jeder Beschreibung seiner Person folgende Worte in den Paß gesetzt: durch seinen Ruhm hinreichend bekannt. Der Berühmte hieß Franz Liszt.

Vor mehr als fünfundzwanzig Jahren hatte Beethoven den Elfjährigen nach seinem ersten Konzert geküßt. Der Knabe reiste nach England, nach Südfrankreich, nach Paris, nach der Schweiz, wieder nach England – und war schon als Jüngling vom Lorbeer dicht umrankt. Nachdem er den größten Rivalen niedergespielt hatte, hieß es: Thalberg ist der erste aller Klavierspieler, Liszt aber ist einzig. Zwischen Gibraltar und Moskau, zwischen Edinburgh und Konstantinopel jagte der Einzige hin und her, um sich anstaunen zu lassen. Da sehen Sie, meine Herrschaften, einen Mann, der mit zwei Händen, die nicht mehr als zehn Finger haben, aus dem Klavier den Klang eines mächtigen Orchesters herausholt. Verloren streicht er mit der Hand über das Instrument, prüft es, um sich zu vergewissern, daß es nicht mitten im Rennen versagt, streichelt es sanft, wird immer zudringlicher und tobt dann los ohne Mitleid und Erbarmen. Seine Mähne weht im Sturm, als kämen aus dem Kasten von Holz alle Winde des Äolus.

Die Pariser waren Gutes gewöhnt. Sie kamen alle in sein Konzert: die Könige der Kunst und Wissenschaft; die strengen und blasierten Kritiker, die nichts in Erstaunen setzt, vor denen auch die armen großen Männer zittern. Kühl bis ans Herz tun sie dem langen Hagren auf dem Podium kund: wir haben Vergnügungen und Geschäfte aufgeschoben, um einen Klavierspieler zu hören: was hast du uns zu bieten? Sie werden böse Rache nehmen, wenn er die Eisberge um ihr Herzen nicht wegschmilzt.

Und dann stampfte man mit den Füßen. Kleine Schreie lösten sich los und flatterten durch den Saal. Man staunte entzückt, bis schließlich ein Jubelorkan über den Köpfen zusammenschlug. Die Leute, die sich ihr Brot mit Tadeln zu verdienen pflegten, waren in Verwirrung. Einer schenkte dem Wundermann den Titel ›Paganini des Klaviers‹, ein anderer taufte ihn ›Byron der Pianisten‹, und alle versuchten, mit Worten nachzubilden, wie hier mit zehn Fingern das All zum Klingen gebracht wird. Der wehende Dämon in dem engen, nach brandenburgischer Art zugeschnittenen Rock da vorn kann zaubern. Soll er einmal nach unseren Wünschen, sagten die Mailänder – und baten ihn, über ihre Themen zu improvisieren. Am Eingang des Saals war ein Becher aufgestellt, in den jeder den Wunschzettel hineinwerfen durfte. Nun antworte mit deinen zehn Zauberfingern: »Ist es besser, zu heiraten oder Junggeselle zu bleiben?«

Der Knabe ist ›das kleine Wunder‹ gewesen. Der Mann ist das große Wunder, so etwas wie der Kluge Hund Munito. Im Nationaltheater zu Budapest erschien er in der Tracht seiner ungarischen Heimat; Magnaten überreichten ihm einen Galasäbel. Durch Berlin fuhr er mit sechs Schimmeln; sein Wagen wurde umschwärmt von einer Reiter-Kohorte in akademischem Ornat. Der König und die Königin zeigten sich sehr ungehalten über die neumodische Konkurrenz. Königsberg schuf eigens für den illustren Gast den ›Doktor der Musik‹. In der Türkei, in Rußland, in Polen, in Spanien, in Portugal schleifte er eine lange Schleppe von Anbetern hinter sich her, wenn er nach dem Konzert in sein Gasthaus ging. Da stöhnte der Sechsunddreißigjährige, der Europa erobert hatte: »Bin ich denn ohne Gnade verdammt zum Geschäft des Possenreißers?« Und lenkte sein glänzendes Schiff in die unscheinbare Weimarer Bucht, von der die Dichter sangen:

»Weimar ist eine schöne Stadt,
Die ein Theater und viele Vereine hat.
Drei Droschken, zwei Zeitungen, ein Sonntagsblatt,
Und wenn sie manches auch nicht hat,
Doch vieles in Sicht hat:
Gasbeleuchtung, um einigermaßen
Zu erhellen die krummen Straßen,
Bessres Pflaster, um bei Sonnenschein
Nicht zu brechen Hals und Bein.«

Mit Liszt kam eine verheiratete Frau an, die Fürstin von Witt-genstein, die bei Kiew dreißigtausend Leibeigene hatte, und jetzt selbst die Leibeigene machte, indem sie, nach orientali-schem Ritus, die Finger auf Stirn, Lippen und Herz legte, um ihrem Herrn Liszt zu sagen, daß ihr ganzer Verstand, der Atem ihrer Seele und das übervolle Herz nur tätig seien, ihn zu segnen, ihn zu verherrlichen, ihn zu lieben.

Als einst der arme deutsche Musiker in Paris dem reichen Virtuosen seine Aufwartung machte, waren noch einige an-dere Herren anwesend. Wie schwer war es, ihrem Französisch zu folgen – und was ging überhaupt den unbekannten, jun-gen Mann die Konversation der Notabilitäten an? Dann sah er den großen Liszt bei einem seiner Konzerte wieder. Der Raum war überfüllt; die Tribüne, auf welcher der Flügel stand, von lüsternen Damen dicht umdrängt. Und Herr Freuden-feuer berichtete seinem Blatt: Liszt hatte keine Kosten, nahm zehntausend Franken ein und gibt nächstens noch ein Konzert. Inzwischen war ihre Bekanntschaft soweit gediehen, daß Wag-ner dem Freunde Liszt antrug, Verleger des ›Rienzi‹, des ›Flie-genden Holländers‹ und des ›Tannhäuser‹ zu werden. Lieber Liszt! Mit diesem Geld kaufen Sie mich von der Sklaverei los! Dünke ich Ihnen als Leibeigener soviel wert? Der Preis war fünftausend Taler.

Im traurigen Monat Mai kam dann der teure Leibeigene selber in Weimar an. Er war auf der Flucht. Liszt konnte ihm nicht helfen. Was sollte er mit ihm? Liszt, den die Welt kann-te, war nur der unscheinbare Untertan eines kleinen Fürsten, den die Welt nicht kannte. Die Großfürstin Maria Pawlowna empfing zwar den Revolutionär aus Dresden: im Eisenacher Schloß, wo die strenge Etikette der Residenz etwas gelockert war; und der königstreue Aufrührer näherte sich der fürstlichen Frau in höchster Unbefangenheit. Aber ein Asyl gab es hier nicht. Maria Pawlowna machte in ihrer warmen Teilnahme einen schönen Eindruck und überließ es dem Großherzoglichen Staatsminister, Herrn von Watzdorf, einen unschönen zu machen. Er versprach nämlich, den sächsischen Untertan verhaften zu lassen, sobald der Haftbefehl im Druck erscheinen würde. Selbstverständlich werde er in der besten Staatskarosse zurücktransportiert werden.

Franz Liszt konnte dem Flüchtling keinen Unterschlupf gewähren, wurde aber Wagners Botschafter an sämtlichen Höfen Deutschlands. Noch nie hatte einer soviel zu tun. Könnte nicht, lieber Botschafter, der Weimarische Gesandte in Hannover gegen das geringe Honorar protestieren? Könntest Du, lieber Botschafter, bis Ende dieses Jahres tausend Franken schicken? Bitte besorge mir einen Erard-Flügel! Verhandele mit dem Verleger Härtel! Lege der Berliner Intendanz schwere Bedingungen auf! Geh dem Prager Aufführungsverbot nach! Schaffe mir die Schwierigkeit, ein französisches Visum zu erhalten, aus der Welt. Der Botschafter ist auch ein ergebener Beichtvater und nimmt Selbsterniedrigung wie Cäsaren-Wahn in liebevoller Geduld hin. Bisweilen erteilt Liszt seinem Souverän diplomatischen Unterricht. Suche in Deinen Aufsätzen politische Andeutungen gänzlich zu vermeiden und laß königliche Prinzen aus dem Spiel; bietet sich aber eine Gelegenheit, Weimar en passant ein bescheidenes Kompliment zu machen, so versäume sie nicht ... Vor allem aber ist dieser Botschafter ein mächtiger Sockel, der in die Höhe wächst und Richard Wagner immer triumphaler präsentiert.

Botschafter Liszt treibt sein Weimar zu märchenhaften Leistungen an. Unsere Hauptaufgabe, predigt er, ist die Aufführung von Wagner-Opern, selon le bon plaisir de l'auteur. Nun krönen die Werke des Verbannten alle Feste dieses deutschen Fürstenhofs. Die Frau Erbgroßherzogin fordert den ›Lohengrin‹ für ihren ersten Theaterbesuch nach dem Wochenbett. Auf dem Programm für die Feierlichkeiten zur Vermählung der Prinzessin Amalie steht eine Wagner-Oper. Und wenn hohe Gäste eintreffen, die Kaiserin von Rußland oder der Prinz von Preußen, so werden sie geehrt durch die Darbietung einer Schöpfung des – »hervorragenden Anhängers der Umsturz-

partei«. Wer von Rang und Namen nach Weimar kommt, erhält unter allen Umständen eine Wagner-Lektion. Die Her-
zöge von Coburg und Mecklenburg-Schwerin, der Erbprinz
von Meiningen, der Fürst von Sonderhausen, der General
Wrangel und der Fürst Pückler-Muskau können bezeugen, daß
man trotz der Sitte, am Feste der Frau Großherzogin nicht zu
applaudieren, den ›Fliegenden Holländer‹ enthusiastisch be-
klatscht hat.

Botschafter Liszt läßt keinen hohen Besuch von dannen ziehen, ohne nicht für den verfemten Emigranten geworben zu
haben. Die diplomatischen Aktionen bleiben nicht im Bereich
von Weimar. Fährt der Weimarer Intendant nach Berlin, so
muß er mit dem König und dem Thronfolger über den ›Tannhäuser‹ sprechen. Wenn der Erbgroßherzog nach Dresden geht,
legt ihm sein ›Kapellmeister in besonderen Diensten‹ das Ak-
tenstück Richard Wagner zuoberst ins Gepäck. So verbreitet
sich des Geächteten Ruhm in der großen Fürsten-Familie
Europas. Die unmusikalische Victoria, die Instrumental-Musik
gar nicht liebt, besucht ein Londoner Wagner-Konzert und ehrt
ihn mit den Worten: »Ihre Komposition hat mich entzückt.«
Und der Kaiser von Brasilien ladet ihn nach Rio de Janeiro ein.

Was treibt den verwöhnten Liszt zu solch seltenem Dienst?
Vielleicht das Glück, einmal nach Herzenslust anbeten zu dürfen. Liszt hat das Temperament des Jüngers. Wie ein frommer
Geistlicher Wort für Wort die ganze ›Nachahmung Christi‹
unterstreicht, also möchte er Note für Note den ganzen ›Lohengrin‹ unterstreichen. In heiliger Scheu blickt er auf den geliebten Vesuv, der Flammengarben und Fliedersträuche speit.
Als sie einmal miteinander musizierten, brach Liszt in Tränen
aus. Der Freund reichte ihm ein gelbseidenes Tuch; Liszt bewahrte es als teures Angedenken. Der Andere war sehr dankbar für eine Freundschaft, die ihm aus dem kleinen Weimar
»einen wahren Feuerherd des Ruhms« gemacht hatte. Auch er
war freigebig mit süßen Worten an seinen »Brot- und Lehns-
herrn«, liebte aber Liszt nur, weil er soviel für ihn tat. Sah
er ihn einmal nicht als treuen Vasall, so empfand er eine nicht
ganz schwache Abneigung. Dann starrte er in den Abgrund,
der sie trennte – und gestand: »Ohne uns so zu lieben, hätten
wir uns furchtbar hassen können.«

Liszt wußte, daß die Neigung seines Freundes nur ein matter

Abglanz des eigenen Enthusiasmus war. So teilte er sich dem Mann, dem er opferte, nur spärlich mit. Das fiel selbst Wagner auf, der doch nichts im Kopf hatte als tausend drängende Wünsche. Weshalb schickt dieser Liszt, der vortrefflichste Freund, nur immer Antworten? Drängt es ihn nicht, auch einmal von selbst mich anzureden? Wenn wir unsere Briefe vergleichen, Lieber, müßte ich, gegen Dich gehalten, recht als Schwätzer erscheinen; wohingegen Du Dich als Tatmensch allerdings sehr nobel ausnehmen würdest. Aber, bester Franz, etwas Vertraulichkeit ist auch gut. Merk Dir das, Du vornehmer Wohltäter.

Doch wie kann der ›vornehme Wohltäter‹ sich mitteilen, wenn der ›Plagegeist‹, der ein geplagter Geist ist, ihn nie zur Ruhe kommen läßt? Die ganze heftige Entladung des Friedlosen geht durch einen schmalen Kanal in die weite Welt: Franz Liszt. Der trägt mit Geduld die schwere Last. Der Mann in Zürich bittet, fleht, fordert, droht. Der Mann in Weimar, der nicht der liebe Gott ist, schweigt, hält hin, packt schlechte Hauptnachrichten in einen Packen guter Nebenbeis, entschuldigt sich, verteidigt sich. Der Mann in Zürich ist kein Beethoven. Er hält es nicht aus mit sich und seiner Musik. Er braucht immer neue Reize von außen. Er drängt zu immer neuen Explosionen nach draußen. Er befindet sich immer unwohl – »außer in den Augenblicken, Stunden und Tagen produktiver Aufregung«, welche die Schmerzen betäubt. Er kann »nur in den Extremen leben«: größte Aktivität oder vollkommenste Ruhe; die Ruhe, nach der er sich sehnt, ist die Mattigkeit nach der Erregung und die Schmeichelei nach der Erschöpfung. Das Exil aber gewährt nichts als Windstille.

Die große Leere, die der Erregung folgt, ist nur zu ertragen, wenn sie mit bunten, wohltuenden Nichtigkeiten gefüllt wird. Es gibt zu wenig davon in dieser erzwungenen Einsamkeit. So hat er sich für die schalen Stunden dem ›Üppigkeits-Teufel‹ verschrieben; er soll die dunkle Öde wegglitzern mit allen Kostbarkeiten der Erde. Die Wiener Polizisten und seine Minna und die Emigranten und viele solide Schweizer Bürger nehmen Anstoß an soviel Verschwendung. Wer ahnen würde (antwortete er ihnen), was mir der Luxus ersetzen muß, wird mich noch für sehr genügsam halten. Was muß er ersetzen?

Die Heimat, die er verloren hat? Die Geliebte, die er immer noch sucht? Das Geld, das ihm immer noch fehlt? Den Ruhm, den man ihm immer noch fernhält? Das Wohlbefinden, das von schlechter Verdauung, Furunkel, Hämorrhoiden, Fieber und Schlaflosigkeit beeinträchtigt ist? Es ist ärztlich ausgemacht, meint er, daß die meisten Menschen an Sorgen zugrunde gehen, die keine angemessene Erheiterung aufwiegt. Die Rückkehr ins Vaterland, die Erfüllung ungestillter Liebessehnsucht, viel Geld und großen Ruhm will er als Gegengewicht – was aber ist das Gewicht, das ihn drückt?

Immer neue Orders gelangen an den ›leib- und seeleneigenen‹ Liszt. Wird meine Oper gestrichen, so gebe ich das Ganze auf. An Dir, lieber Liszt, der Du so mutig die Schlacht aufnahmst, ist es, auch den Sieg zu erkämpfen. Aber wie soll er siegen, der arme Hofbeamte, der in dem schläfrigen Nest vielleicht noch einsamer ist als der Mann im Exil? Die Weimarer wollen nicht den Liszt und nicht den Wagner. Sie wollen das Gastspiel des berühmten Zwergs Tom Pouce, Höhe sechsundzwanzig Zoll, Alter einundzwanzig Jahre: Schiffbruch des Admirals in China; komische Pantomime, zum Schluß die Königspastete. Sie wollen den ägyptischen Zauberpalast mit dreihundert goldenen und silbernen Apparaten; große Vorstellung in der geheimen ägyptischen Zauberei von Professor Bils aus Athen. Und wenn der Doktor Liszt ein Konzert dirigiert, muß zum Schluß in überraschender Nachbildung den Augen der Zuschauer die Wasserkunst des kaiserlichen Lustschlosses Peterhof vorgeführt werden. Was geht die Weimarer der Mann aus dem Venusberg und der Schwanenritter an? Der zornige Liszt verlangt von seinem Publikum, daß es wenigstens applaudiert, wenn es schon nicht versteht. Aber ist dies die rechte Gemeinde für einen Erlöser?

Liszts Fürst hatte sich den Wagner einreden lassen. Aber im Theater kommandierte der Mann an der Kasse. Was für einen ›Lohengrin‹ brachte er heraus! Es fehlte an Statisten, so daß die Lächerlichkeit eines Marsches ohne Marschierende nicht zu vermeiden war. Die Dekorationen stammten aus den Tagen Boieldieus. Die Trachten zeigten Stoffe, welche die Sofas von Hôtels garnis zu zieren pflegen. Elsas Fürstensitz war aus vier kahlen Brettern gezimmert, mehr ein Örtchen als ein Thron. Kahn und Schwan waren herzlich ordinär. Und die

Musiker, welche die Erlösung streichen und blasen sollten, waren arme, vom Alter geschwächte, in der Dürftigkeit des Provinzbetriebs versauerte Unerlöste, die schon mit der kleinsten Zulage zu erlösen gewesen wären. Sie hatten zwischen zweihundert und dreihundertfünfzig Taler jährlich, nach einer Regelung, die vierzig Jahre alt war; inzwischen war das Leben viel teurer geworden.

Dies Städtchen war vom Heilsbringer in Zürich ausersehen als erhabener Schauplatz, auf dem der deutsche Siegfried das letzte Gefecht gegen den Drachen des jüdischen Golds ausfechten sollte. Und schon begrüßte die russische Fürstin Wittgenstein, Herrin über fünfzigtausend Seelen, täglich ihren ungarischen Liszt mit den Worten des neuen Heilands:

>>Nicht Gut, nicht Gold,
Noch göttliche Pracht;
Nicht Haus, nicht Hof,
Nicht herrischer Prunk;
Nicht trüber Verträge
Trügender Bund,
Noch heuchelnder Sitte
Hartes Gesetz:
Selig in Lust und Leid
Läßt – die Liebe nur sein.<<

Erlöserinnen

Selig in Lust und Leid läßt die Liebe nur sein.

Mit dreizehn hatte er plötzlich unbezwingbaren Schlaf vorgetäuscht, um von den Spielkameradinnen in sein Zimmer getragen zu werden; so sehr sehnte er sich nach der Berührung. Als er ein Jüngling geworden war, hatte er nicht ohne tiefe Erregung die Toilettensachen seiner Schwestern betastet. Dann umspülte ihn das Theater mit einer Flut von Begierde. Er wurde nie satt. Der Appetit war immer gereizt und nie gestillt. Bisweilen überwand er die anerzogene Scheu vor dem weiblichen Geschlecht. Aber das hastige Naschen mit schlechtem Gewissen brachte nicht den ersehnten Frieden. Da begann er, von einer Weiblichkeit zu träumen, in welcher er »ganz untertauchen könne«. Er sehnte sich nach Erlösung »durch ein feuchtglänzendes Frauenauge«.

Aus dem Sehnen ohne Erfüllung und der Freude über die gewaltige Resonanz, die seine Musik in Frauenherzen fand, wuchs der Hymnus auf die gnadenreiche Circe. Und je dichter sich die Damen um ihren Frauenlob scharten, um so besessener verherrlichte er sie. Der kaffrige Ehemann wurde zum dunklen Hintergrund, vor dem die Gattin im Schimmer der Töne hell erglänzte. Bei aller herrschenden Gemeinheit fiele es den Frauen doch schwer, ihre Seelen so gründlich verledern zu lassen wie dies unserer staatsbürgerlichen Männerwelt zu voller Genüge gelungen ist; wäre die Frau nicht, der Mann ginge wahrhaftig im Tütendrehen zugrunde. Die Herren der Fabriken hatten keine Muße. Sie bauten immer noch höher. Sie hatten andere Sorgen als das Problem, wie der Gewinn zu verzehren ist. Ihre Frauen aber wußten schon das neue Geld auszugeben für den schönen Schein, der die gar nicht schöne Herkunft des modernen Nibelungen-Schatzes lieblich verschleierte. So hielt der Musikus die Damen der Wein- und Seidenhändler für höhere Wesen. Sie, die Holde, ist verwandt mit dem Künstler; auch sie »wendet sich an das Gefühl, nicht an den Verstand«. Welches aber ist die erwählte Kunst des Gefühls? Die Musik! Ergo: »Die Musik ist ein Weib.« Die Offenbarung der Verwandtschaft seiner Kunst mit den empfindsamen Damen, die er Irene, Senta, Elisabeth, Elsa, Isolde und mit vielen andern schönen Namen benannte, ist eine seiner aufhellendsten Konfessionen.

Als er die ›Nibelungen‹-Dichtung der Großherzogin von Weimar überreichen ließ, konnte er ihr versichern, daß noch nie dem Weibe eine solche Verherrlichung widerfahren sei. Sie dankte ihm das verherrlichte Weib und förderte ihn nach Kräften. Irgendeine aristokratische Frau teilte ihm aus Hamburg mit, daß sie durch seine Schriften erlöst worden sei. Und die Erlösten begannen, auf dem Altar des Heilands die Spenden der Devotion niederzulegen. Sie belohnten ihn dafür, daß er die Schmerbäuche und Fabrikschlote der Männer wegzauberte und sie, die Abhängigsten, zu Göttinnen machte. Da war Alwine Frommann, die Schwester des Jenaer Buchhändlers, die gute Freundin des preußischen Thronfolgerpaares. Die Berliner ›Holländer‹-Aufführung hatte sie gewonnen, nach dem

Dresdener ›Tannhäuser‹ hatte sie seine Bekanntschaft gemacht; nun wurde die Vertraute des Prinzen Wilhelm und der Prinzessin Augusta Richard Wagners Statthalter in Berlin. Da war Ida von Lüttichau, die noch zu dem Dresdener Rebell so treu hielt, daß er sie um Fürsprache für die eingekerkerten Freunde angehen konnte. Da war Malwida von Meysenbug, die in seinen Schriften »Das Evangelium der Zukunft Deutschlands« fand und an die Vollendung des Lebens durch die Kunst, durch die Wagnersche Kunst glaubte. Und da war Julie Ritter, nicht das schlechteste »Glied jener Kette, die sich wie ein schöner Zauber« um ihn geschlungen hatte. Sie schickte dem Verbannten fünfhundert Taler und unterstützte ihn dann manches Jahr. »Die Frauen sind eben die Musik des Lebens.« Diese Lebensmusik bestand aus zwei Themen: der Frauenliebe, die alle Männerleiden heilt in glühender Umarmung, und das Frauengold, das, im Gegensatz zum jüdischen, nicht befleckt. Beide Themen waren eng miteinander verschlungen.

Und es schwebte ihm, mitten aus dem schäbigen Jahr 1850 heraus, solch ein Engel entgegen. Er brachte zugleich Liebe und Gold; und was ersehnte er mehr als das durch die Liebe einer Frau geweihte Metall und die durch das Metall substanzhaft gemachte Liebe. Es ist wieder einmal in Paris, dem Allerheiligsten der irdischen Hölle. Man bratet und schmort in ehrgeizigen Plänen und träumt vom Ruhm unter Teufeln: da neigt sich einem, aus rosigem Gewölk, die Göttin Jessie Laussot, eine Dame aus Bordeaux, entgegen. Vor drei Jahren hat sie in Dresden den ›Tannhäuser‹ bewundert und seitdem Richard Wagner nicht vergessen können. Jetzt wird ihm die holde Kunde, daß sie und ihre Freundin Julie Ritter jedes Jahr dreitausend Franken auf seinem Altar niederlegen wollen. Richard Wagner ist im Himmel. Was ist ein Erfolg, durch Spekulation und Raffinement der albernsten, schlampigsten und herzlosesten Masse abgerungen, gegen dieses Wunder! Er, Richard Wagner, ist ein Magnet, der aus einem weltweiten Kehrichthaufen einige edle Splitter herauszieht.

Eugène Laussot, Jessies Mann, verkauft Weine. Mrs. Taylor, Jessies Mutter, die Witwe eines englischen Advokaten, ist harthörig. Der feurige Gast, Richard Wagner, der nun in Bordeaux eingetroffen ist, gibt der kleinen Jessie, einer zweiundzwanzigjährigen hübschen und gebildeten jungen Dame, die jede Note des Meisters kennt, und nach mehr durstig ist als nach den Weinen des Gatten, einige Zaubertränke. Jessie spricht fließend deutsch, liebt deutsche Poesie und macht dem hartnäckigen Feind der französischen Sprache den Zugang leicht; er zieht auf den Flügeln aller Künste in das ahnungslose Seelchen ein. Wie soll auch ein kleines Frauenherz, schon zum Zittern gebracht durch Orkane von Musik, widerstehen, wenn plötzlich der große Äolus selbst die Glut anbläst? Schnell schmilzt er alle Wehren hinweg: mit süßen Weisen, mit stürmischen Tonkatarakten und mit einer Religion, welche die »Erlösung des Nützlichkeitsmenschen« zum »künstlerischen Menschen der Zukunft« verkündet. Wer sich aus Liebe empört – und ginge er bei dieser Empörung zugrunde, der ist mein! Sie wurde sein.

Wie gut diese Predigt tut! Die junge, lebensgierige Frau denkt an die Wüste Bordeaux, an den Mann, der den ganzen Tag handelt, und blickt dann in neuer Freude auf ihren Musikanten, den Künder kommender Seligkeiten, der die schalen Tage der Geschäfte und der langweilig-temperierten Konversationen fortschwemmt mit einer Flut stürmischer Wünsche. Sie reiht sich freudig ein in den großen Kampf, den er verkündet: zwischen Gefühl und Vernunft. Vernunft sind die Fabriken, die Schmutz produzieren. Vernunft ist die Rechenhaftigkeit der Ehemänner in ihren Kontoren. Gefühl hingegen ist das trauliche Beieinander in dem erhabenen Dom aus Tönen. Alle, verspricht ihr der Meister, werden »fest umschlungen, Brust an Brust, Glied an Glied, in brünstigem Liebeskusse zu einer einzigen, wohlig-lebendigen Gestalt« zusammenwachsen. Da wird auch sie dabei sein, sie und er. Welch herrliche Philosophie! Sie kann eine gefühlvolle Dame, gestrandet an der Seite eines langweiligen Manns auf einem langweiligen Fleck der Erde, wieder flott machen!

Jessie ist zweiundzwanzig, hübsch und sehr durstig. Wagner lehrt die kleine Näschrige: »Das Glück des Menschen besteht im Genuß«; »wer sich nicht freuen kann, den schlagt tot.« Er läßt Beethoven-Sonaten spielen und bringt das schmale Pflänzchen mitten in einer Dürre zum Blühen. Und erblüht selbst im Jubel der Liebe, der, nach seinen Worten, aus allen Nerven dieses reichen seligen Weibes hervorbricht ... Im

Salon der Madame Jean-Louis Barckhausen findet man allerdings diesen Gott des Frühlings »parfaitement désagréable«.

Er ist noch nicht vier Wochen im Paradies, da kommt vom Norden ein böser Wind und bringt einen bösen Brief. Ist es nicht erhebend, hatte er die liebe Minna angefragt, welchen tiefen Eindruck die Werke Deines Mannes auf gesunde, edle Herzen hervorzubringen vermögen? Sie aber, die Ungläubige, traut nicht den lieben Menschen, die plötzlich nichts anderes erstreben, als den Herrn Wagner und seine gute, viel geprüfte, treue Frau so froh wie möglich zu machen. Die Märchenprinzessin aus Bordeaux hat gar nichts Erhebendes, findet Minna und verbietet im übrigen dem Gemahl in Zukunft das Du. Weshalb nur hat er die Pariser Pläne im Stich gelassen zugunsten erbettelter Almosen? Ein Mann, der etwas leisten kann, darf sich nicht auf Wohltäter verlassen. Jessie ist zweiundzwanzig und sehr süß. Minna ist zweiundvierzig und recht bitter; so muß sie in der guten Fee ihres Richard eine Hexe sehen.

Ist dies das Ende ihrer Ehe? Der letzte Sturm einer langen, schweren Fahrt? Unsanft aus dem weichen Nest gezerrt, erinnert er sich haargenau an alle ehelichen Mühen und Plagen; denn die Erinnerung ist immer nur der Pfad zur gerade regierenden Gegenwart. Entsinnt sich wohl meine Frau, wie sie es einst über sich brachte, acht Tage lang kalt und ohne Liebe den Kranken zu pflegen, weil sie ihm eine heftige Äußerung vor seiner Erkrankung nicht vergeben konnte? Ach, sie ist nie sein gläubiger Jünger gewesen. Sie hat nie ihre niederen Leiden um seiner höheren Sendung willen vergessen.

Die ordentliche, sparsame, vorsichtige und nicht sehr leidenschaftliche ehemalige Bühnen-Liebhaberin war nicht gerade die richtige Gesellin des reizbaren Phantasten. Sie hatte es nicht vermocht, die Sorgen der Gegenwart mit jener Kraft zu tragen, die aus der Hoffnung auf die Zukunft kommt. Sie ist sehr oft sehr schnell zu Ende gewesen mit ihrem Mut. Schon bald nach der Heirat wurde sie so mutlos, daß sie mit irgendeinem Herrn Dietrich durchbrannte. Man hatte von neuem begonnen. In Paris hatte sie mehr getragen, als ihrer leicht ermatteten Seele zuzumuten war – und ging immer gebückter. Sie hatte oft an Trennung gedacht; er aber hatte sie sehr fest gehalten. Was Du mir bist, schrieb er ihr in den Dresdener Jahren, kann mir eine ganze Residenz von siebzigtausend Einwohnern nicht ersetzen. An die grauen Wände des Kleinmuts, der sie gefangen hielt, malte er die schönen Bilder des Triumphs, den er morgen erringen wird. Er liebte sie wie ein Zuhaus. Minna und ihr kleiner Hausstand waren der einzige Schutz gegen die frostige Fremde. Er ist schon damals nicht mehr verliebt gewesen. Aber schließlich waren sie zwei alte ineinanderverwachsene Menschen geworden. Was ist junge Leidenschaft gegen solch erprobte Liebe? tröstete er sich und und sie. Und vielleicht hätte sich noch alles zum Guten gewendet, wenn die müde Dame als Frau Musikdirektor Wagner in der königlich sächsischen Residenz alt geworden wäre, mit Pensionsberechtigung.

Hat er nicht seit zwei Jahren alles getan, um ihr die Kraft zu geben, auch die Tage der Emigration zu überwinden, in der Hoffnung auf ein besseres Morgen. Wie hat er die Widerstrebende aus Dresden nach Zürich gelockt! Er hing an keiner Heimat mehr, aber an dieser armen, guten Frau, an die er vor allem gefesselt war durch die Sorgen, die er ihr bereitet hatte. Immer wieder schrieb er ihr: wenn meine Minna erst bei mir ist, wird alles andere schon werden. Wie sie sich gewehrt hatte! Sie mochte nicht kommen ohne Sicherheit. Und dann kam sie doch noch, die gekränkte Matrone: mit dem Hund, dem Papagei Papo und vielen Möbeln. Den Titel Frau Königlich Sächsische Hofmusikdirektor hatte sie zurücklassen müssen. Sie schämte sich sehr, das stolze Dresden eintauschen zu müssen gegen das unscheinbare Zürich. Den Dresdener Freundinnen hatte sie Paris als Reiseziel angegeben. Nein, sie hat nie Vertrauen zu seinem Stern gehabt. Und nun will sie noch einen Freundschaftsbund der seltensten, erhabensten Art zerstören? Jessie hingegen ist im wahren Glauben und im richtigen Alter.

Richard Wagner sitzt in Montmorency, vor den Toren von Paris. Er schickt Briefe nach Zürich und Bordeaux. Er wird nicht noch einmal das Pariser Glück versuchen, das immer nur sein Unglück gewesen ist. Er wird Schluß machen mit allem und mit allen, mit der Kunst und mit dem bisherigen Leben. Von Marseille wird er auf einem englischen Schiff nach Malta gehen, von dort aus Griechenland und Kleinasien besuchen; er will vergessen und vergessen werden. Du wirst fragen, liebe Minna, von wo kommt das Reisegeld? Ich habe einen neuen

Beschützer gewonnen, einen der bedeutendsten englischen Advokaten, der nichts anderes von mir verlangt als die Manuskripte von allen Werken, die ich noch schreibe. Adieu, hartgeprüfte Frau. Die Trennung wird uns gut tun. Lege Dir irgendwo ein Gärtchen an, pflege Hund und Vogel und hoffe auf das Kommende.

Und weil sie ihn aus dem Liebesidyll aufgestört hatte, warf er ihr vor, sie habe ihn aus der Täuschung über ihre Ehe aufgeschreckt. Weil er sie verlassen wollte, warf er ihr vor, sie habe nicht zu ihm gehalten. Weil er verliebt war in eine andere Frau, warf er ihr Mangel an Liebe vor. Weil er ihr Leid zufügte, beklagte er sein Nervenleiden. Und weil er mit Jessie in den Orient fahren wollte, fand er, daß Minna und er nicht mehr einander gehörten; denn ihr Brief sei unversöhnlich. Wie unversöhnlich sie war, konnte er bald erkennen, als sie in Paris eintraf: ihre Antwort auf den Abschied, den er ihr gegeben hatte. Er floh an den Genfer See; Jessie hatte ihm mitgeteilt, daß auch sie die Ketten abwerfen werde.

»Das Weib erhält volle Individualität erst im Moment der Hingebung«, philosophierte er; »es ist das Wellenmädchen, das seelenlos durch die Wogen seines Elementes dahinrauscht, bis es durch die Liebe eines Mannes erst die Seele empfängt.« Nun war Jessie, die Erlöserin, auch noch Individualität und beseeltes Wesen geworden; und der Schöpfer wartete jetzt, nach einer sehr knifflichen, aber nicht unbekannten Theologie, auf das Geschöpf, das ihn erlösen sollte. Leider vertraute die kleine Jessie ihre Wandlung vom Wellenmädchen zur Individualität der Mutter an. Mrs. Taylor, schwerhörig und offenbar ein altes, verstocktes Wellenmädchen, wollte die Tochter vor Torheit und die Familie vor Schande bewahren; so gab sie das Geheimnis dem Schwiegersohn preis. Der junge, liebenswürdige Mann, der vor wenigen Wochen mit einer unbeschreiblichen Freude den Gast bewillkommnet hatte, schwor nun, dem Verführer in alle Bezirke der Erde nachzureisen, um ihm eine Kugel durch den Kopf zu jagen. Als Wagner Kunde von dem Unwetter in Bordeaux erhielt, schrieb er seinem Mäzen einen Brief, der ihn belehren sollte, daß man eine Frau, die von einem nichts mehr wissen wolle, auch nicht zurückzuhalten habe. Außerdem bat er den Herrn Laussot um ein Rendezvous in Bordeaux.

Drei Tage später erwartete der Liebhaber den Ehemann im ›Hôtel Quatre Sœurs‹, um die Gattin in aller Form zu übernehmen. Statt Monsieur Laussot trat jedoch ein Polizei-Kommissar auf, der den verdächtigen Fremden aufs Amt beschied. Der Weinhändler hatte, bevor er mit Mrs. Taylor und der ahnungslosen Gattin aufs Land abgereist war, die Wächter seiner Heimat benachrichtigt, daß sich da in das brave Bordeaux ein recht unerwünschtes und geradezu unvisiertes Subjekt einschleichen werde; das mußte binnen achtundvierzig Stunden die Stätte seines zerronnenen Glücks verlassen. Innerhalb der kurzen Frist, die ihm noch gegönnt war, ging der erzürnte Liebhaber zum Gegenangriff über. Hatte man die Polizei auf seinen Paß gehetzt, so schlich er sich jetzt in das Haus des Denunzianten ein und praktizierte in das Arbeitskörbchen der Geliebten ein Schreiben, das sie aufforderte, sich von einem Manne zu trennen, der sich nicht scheue, seine Frau mit Hilfe einer Anzeige an die Polizei festzuhalten. Dann reiste er ab, ohne Monsieur Eugène oder Madame Jessie oder auch nur die taube Engländerin gesehen zu haben.

Das Briefchen kam nie an sein Ziel. Dagegen erzählten Eugène und Mama viel von dem professionellen Verführer, der die Güte eines zarten Weibes mißbraucht habe; und bald hielt Jessie auch einen Brief der armen Minna in Händen, die man inzwischen von dem ›beabsichtigten Ehebruch‹ unterrichtet hatte. Das Bild des strahlenden Troubadours, der eine kranke Welt heilen wollte, zerging und wandelte sich in die ekle Fratze eines durchtriebenen Schürzenjägers. Das reiche, selige Weib verbrannte seine Briefe, ohne sie zu lesen. Sie wollte ihn nie wiedersehen ... Sie will mich nicht wiedersehen? stöhnte, tief verletzt, der Liebhaber und Meister. Er ist bereit gewesen, das schwere Opfer der Scheidung von seiner guten, alten Minna zu bringen — und Jessie zaudert, sich von einem ungeliebten Herrn zu trennen? Wie ein Kind hat sie gehandelt, als sie den Plan verriet. Hatte die Törin nicht daran gedacht, daß sie mit zwei unbesiegbaren Mächten im Bunde ist: mit der Liebe und Richard Wagner? Oder wollte die kleine Bürgerin von ihrem Weinhändler noch die Genehmigung zum Ehebruch? Wehe den Feigen und Schwachen!

Als so die Fee, die ihn von einer matten Frau und den Gesetzen des Schachers befreien sollte, wie ein Nebel zerging, ließ er wieder bei Minna anklopfen. Sie hatte inzwischen eine neue Wohnung am See eingerichtet und harrte seiner. Ändern sich die Zeiten und Verhältnisse, hatte er ihr vor Wochen geschrieben, so haben wir die Hoffnung, uns wiederzusehen. Die Zeiten und Verhältnisse hatten sich sehr schnell geändert. Der englische Liebhaber für Wagnersche Manuskripte hatte sich als recht unwürdig erwiesen. Das Weib, das ihm Erlösung bringen wollte, hatte sich als Unmündige entpuppt. Das Zusammenleben mit Minna schien plötzlich nicht mehr unmöglich. Er hatte ganz vergessen, daß er sie doch hatte verlassen wollen, um sie zu heilen.

Bald darauf näherte sich eine deutsche Jessie seinem Altar. Sie hieß Mathilde.

Am linken Ufer des Züricher Sees steht die stattliche Villa des Ehepaars Wesendonk. Das untere Stockwerk ist fast eine Gemälde-Galerie. Das reich verzierte Treppenhaus kann als Konzertsaal dienen. Eine gedeckte, von acht Säulen getragene Halle rund um das Haus und ein Dachgarten rahmen den Bau ein. Hecke und Mauer verwahren ihn doppelt gut vor der Außenwelt. Zürich ist ein Mittelpunkt des Seidenmarkts. Otto Wesendonk ist Teilhaber des großen New Yorker Seidenhauses Loeschigk, Wesendonk & Co. Seine junge Frau ist die Tochter eines königlichen Kommerzienrats aus Elberfeld.

Neben der Villa, nur durch einen schmalen Feldweg getrennt, liegt ein kleines Grundstück mit einem bescheidenen Häuschen. Ein Züricher Arzt hat hier eine Irren-Anstalt etablieren wollen. Da kaufte Herr Wesendonk, der Verrückte nicht mag – wenigstens nicht als Nachbarn, auch dieses Anwesen und gab es, gegen die niedrige Miete von achthundert Franken jährlich, auf Lebenszeit seinem Freunde Richard Wagner. »Für dieses Leben gehöre ich Euch«, jubelt der Glückliche. Er bot stets im ersten Augenblick der Dankbarkeit seinen Leib und seine Seele als Gegengeschenk an und hatte sich schon mehrmals mit Haut und Haaren verschrieben.

Nun ist er den Lärm der Nachbarschaft los, fünf Klaviere nebst einer Flöte. Nun braucht er nicht mehr den Schmied vis à vis mit viel Mühe dafür gewinnen, daß er während der Geburt von Siegfrieds Schmiede-Lied im Hämmern einhalte. Nun hat er ein warmes Asyl in der kalten Welt; der letzte

Umzug in seinem Leben, meint er, liegt hinter ihm. Sieben Jahre ist es schon her, daß er sein künftiges Haus träumte und mit Lineal und Zirkel entwarf. Jetzt ist der Traum des Heimatlosen erfüllt. Der Papagei krächzt die ersten Takte einer Beethoven-Symphonie. Fips, der Hund, hört ernsthaft zu. Die gute Minna denkt ungestört auf einem der vielen Ruheplätzchen des Gemüsegartens über die Grillen des Herrn Gemahl nach. Und er selbst schaut aus dem großen Fenster eines pedantisch-eleganten Arbeitszimmers behaglich auf den See und den Glärnisch. Ruhe und Friede, die Sehnsucht aller Unruhigen und Friedlosen, ist ihm endlich geschenkt.

Das hat ihm kein Fürst beschert, sondern ein Seidenhändler. Der Fürsten-Gläubige hat es aufgegeben, menschliche Fürsten zu finden und entdeckt nun, in neuer Hoffnung, fürstliche Händler. Der Monsieur Laussot, der Weinhändler, hatte sich nur das Air gegeben, von diesem neuen Adel zu sein. Der Seidenhändler Otto Wesendonk benimmt sich wirklich fürstlich. Wird er auch nicht nachlassen? Ringsum ist nichts als ein schrecklich geschäftiges Treiben und ein Haufen leerer Gesichter. Gewahrt man wirklich einmal Teilnahme, so ist sie mit Machtlosigkeit gepaart. Ist Otto die Ausnahme? Will Otto sich neben Richard stellen, hoch über den Vielzuvielen? Der Musikant, der in Bordeaux sein pädagogisches Werk nicht vollenden konnte, bringt nun dem Wohltäter in Zürich die Wonnen des Schenkens bei. Geben ist seliger denn nehmen, prägt er seinem gelehrigen Schüler ein; und der große Nehmer verhilft dem zögernden Geber nach Kräften zu dieser Seligkeit.

In einem Konzert der Züricher Musik-Gesellschaft, das Richard Wagner leitete, wurden sie miteinander bekannt; ein ehemaliger Dresdner Revolutionär vermittelte die Bekanntschaft. Bald darauf saß der Freund des Seidenhändlers am Lago Maggiore und rauchte die Götter-Zigarren des neuen Gönners. Das war der bescheidene Beginn. Ein dreitätiges Musik-Fest brachte ein Defizit von neuntausend Franken; Wesendonk übernahm den größten Teil. Nachdem er die Schulden gedeckt hatte, wurde er der große Vorschußgeber. Der Bevorschußte drückte sich nur gewählter aus, wenn er seinen Mäzen den freundlichen Puffer zwischen dem Starrkopf Welt und dem Starrkopf Wagner nannte. Zuerst mühte er sich noch mit langen Berechnungen ab, die dem Kaufmann Wesendonk die

Rentabilität der Anlage seiner Gelder in der Deckung Wagnerischer Schulden vor Augen führen sollte. Als aber diese Prophezeiungen nie in Erfüllung gingen, schien es praktischer, bescheiden zu sein und den Gönner mit der rhetorischen Frage zu stacheln: »Kann ich diese ganze Last meines Daseins auf Sie wälzen?« Schließlich gab es nur noch den blassen Scherz, die ewigen Bitten um Geld etwas einzukleiden. Auch er könne rechnen, versicherte er neckisch; leider aber habe er nur immer Verdrießliches zu berechnen. Ach, was für ein Rechenkünstler würde er werden, wenn so hübsche Summen in seinem Buche ständen wie in der Kladde des Vertreters von Loeschigk, Wesendonk & Co.?!

Otto zahlte. Seide verpflichtet, und außerdem versprach ihm der Habenichts ein Plätzchen in der Musikgeschichte. Vorerst entschädigte er seinen edlen Freund noch damit, daß er Onkel zu ihm sagte, das Avancement zum Vater in Aussicht stellte – und, in mythischer Verherrlichung Ottoscher Freigebigkeit, zwischen dem Schenker und dem Beschenkten eine Sympathie statuierte, »wie sie nur selten und höchst ausnahmsweise aus dem Leben hervorgeht«. Auch sandte er der Frau Mathilde eine Sonate. Sie trug das Motto: »Wißt Ihr, wie das wird?« Man wußte es noch nicht. Die gnädige Frau Mathilde revanchierte sich mit einer Murilloschen Madonna und vielen Geldbörsen. Der gute Onkel müsse wahrlich glauben, meinte der Musikant, er sei in Beziehung auf die liebe Frau Wesendonk Börsenspekulant geworden. Richards Appetit wurde immer größer. Er dichtete: glückliche Schwalbe, willst Du brüten, Dein eigenes Nest baust Du Dir aus! Ach, wer will meine Schwalbe sein? Mathilde wollte es. Er hätte sie besser mit einer Seidenraupe verglichen.

Als Mathilde vor Jahren im dunklen Saale des alten Kaufhauses zu Zürich die ›Tannhäuser‹-Ouvertüre hörte, gerieten alle Anwesenden in einen Taumel des Glücks. Wehmut und wohliger Überschwang lösten einander ab. Namentlich die Frauen wurden von der Bußpredigt gegen die Sünde um und um gewendet. Weinen und Schluchzen erleichterte etwas. Die Jessie von Zürich war auch zweiundzwanzig, als er sie vor sechs Jahren kennengelernt hatte, und auch ein unbeschriebenes Blatt. Und der Liebhaber unbeschriebener Seiten, die nur auf ihn warten, schrieb auch dieses Blättchen voll. Schrieb zunächst seine drei Opern-Dichtungen darauf, auch die schöne Einleitung, die er ihnen mitgegeben hatte, dann eine seiner Prosa-Schriften nach der andern und schließlich noch Schopenhauersche Weltweisheiten. Er spielte ihr, seinem Lehrplan für weibliche Engel zufolge, Beethovensche Sonaten vor. Er erläuterte ihr die Symphonien, die er in den Züricher Konzerten vortrug. Schon um zehn Uhr morgens fand sich die Kommerzienrats-Tochter bei den Wagner-Proben ein, die Züricher Steine wunderten sich. Sie schenkte ihm eine rote Mappe, einen kleinen Bologneser und ein sehr zartes Kissen.

Jetzt wohnen sie dicht beieinander. Erst sagte sie Meister zu ihm. Nun sendet sie ihm kleine, niedliche Poeme über Engel und Träume, auch schon reichlich verschopenhauert; er macht eine behutsame Melodie dazu, um die schmalen Klein-Mädchen-Verse vom Schmerz und seiner Schönheit nicht zu zerbrechen. Am Morgen ihres Geburtstags erscheint er mit achtzehn auserlesenen Musikern vor ihrem Schlafgemach – und dirigiert ihre ›Träume‹ mit vollem Orchester.

Zaghaft lugt er von seinem Häuschen zur Villa hinüber. Er gibt es schon auf, sie heute noch auf ihrer Terrasse erscheinen zu sehen; da tritt sie aus dem Billard-Zimmer auf die vordere Zinne, setzt sich nieder und schaut herüber. Er öffnet das Fenster und schlägt die ersten Akkorde an: ›Tristan und Isolde‹, erster Akt. Die Mauern zwischen zwei Häusern fallen. Tristan und Isolde liegen beieinander in einem Bett, das aus Tönen gewoben ist. Die Tage schlendern ihren Weg. Die tägliche Frage lautet: bleibt meine Muse fern? wird die Schwalbe ihr Nest besuchen? Während er sehnsüchtig wartet, blicken Tristan und Isolde einander in die Augen, die Welt blaßt weg, zurück bleibt ein Höllenlärm, als schmölzen zwei Eisberge in einem Nu vor Wonne ineinander. Welch stellvertretende Sättigung!

Der Seidenhändler Wesendonk ist in sechsjähriger harter Lehrzeit zu dem Grundsatz erzogen worden, Geben ist seliger denn Nehmen. Nun vollendet die Kommerzienrats-Tochter seine Erziehung, indem sie ihm gewissenhaft über die Abenteuer ihres Herzens Bericht erstattet und von ihm Edelmut verlangt. Auch ihren Besitz soll Otto nun teilen; und wahrscheinlich ist diese Teilung so vorgenommen worden, daß keiner von beiden das Gut, das beide begehrten, genießen durfte. Ja, Mathilde brachte den Seidenhändler, der zum Christus ausgebildet werden sollte, dahin, den Nebenbuhler so sehr wie möglich zu schonen. Richard Wagner durfte nicht einmal wissen, von welch gefährlicher Art er eigentlich war. Mathilde wachte darüber, daß Otto ihm stets mit freundlich-unbefangener Miene entgegenkam.

Und wer weiß, wie gemütlich sich noch Tristan und König Marke miteinander eingerichtet hätten, zu Füßen der Albis-Kette und der Mathilde – wenn da nicht noch Minna gewesen wäre, die auf dem altmodischen Standpunkt verharrte: was mir gehört, laß ich mir nicht nehmen; und wenn's eine versucht, schlage ich Krach. Und da Mathilde sehr anmutig war, sehr sinnig und sehr zukunftsfroh, Minna aber sehr vergrämt, sehr hausbacken und aus allem einen schwarzen Sinn ergrübelnd, machte die Arme, die dem Alltag näherstand, einen ganz unpoetischen Lärm. Als er vor Jahren im Schoße der Familie Laussot selig zu versinken drohte, gab Minna das Alarmzeichen. Nun stört sie das Idyll auf dem grünen Hügel.

Er war nach dem Intermezzo mit Jessie von den besten Vorsätzen erfüllt gewesen. Was Minna mit ihm hat durchmachen müssen, ist wirklich recht hart gewesen. Nun wird er sie einmal nach Kräften entschädigen. Du sollst in Zukunft, liebe Frau, wie eine vornehme Dame leben und ein behaglich-ruhiges Faulenzerleben führen: sticken, angenehme Bücher lesen, Besuche machen und Besuche empfangen. Mit der Zeit schaffe ich Dir auch ein hübsches Wägelchen an; dann fahre ich Dich am Nachmittag spazieren. Du solltest nur noch in Samt und Seide daherkommen. Sie aber dachte wenig an Samt und Seide und sehr viel daran, daß ihr Richard es nicht lassen kann, anderen Frauen schöne Augen zu machen.

Sie war auf der Hut. Schon Jahre, bevor sie das Häuschen neben den Wesendonks bezogen, berichtete sie ihrem Richard nach London über die sittliche Entrüstung der Zürcher Kaffeekränzchen, und wie schlecht sich Madame Müller und Madame Heim und Madame Baumgartner über jene geäußert hätten – jene war Mathilde Wesendonk. Nun wohnt sie Haus an Haus mit dieser Person. Die Atmosphäre ist gespannt. Minna wird sie schnell zur Entladung bringen. Zuerst lehnt sie jede Einladung ins Herrenhaus ab. Mathilde baute ihr eine kleine Brücke über den schmalen Steg, der ein Abgrund war;

und da Minna wußte, daß Richard schon auf der anderen Seite
steht, stolperte sie hilflos-unentschlossen hinüber. Da sprach
man um Dinge herum, die nicht berührt werden sollen. Noch
halten vier Hoffnungen einander die Waage. Richard hoffte,
die harte Wirklichkeit werde doch noch, weich und milde, seinen Wünschen ein bißchen Platz machen. Die feinsinnige Geliebte hoffte auf eine Harmonie aus vier platonischen Lieben und vielleicht noch auf ein bißchen Mogelei dazu. Die
beiden Überflüssigen hofften, daß der andere sich als zurei-
chende Bremse erweisen werde.

Aber schließlich hat Minna nicht mehr die Geduld, sich noch
länger im Labyrinth edler Gefühle zurechtzutasten. Sie hält
sich ganz simpel an das, was sie sieht, was ihr die Freundinnen
zuflüstern, was ihr Schmerzen macht. Da ist ein unruhiges
Hin und Her zwischen den beiden Taubenschlägen: ein dröh-
nendsanftes Geflattere und Gegirre. Wenn der brave Mann
von drüben, Herr Otto, nicht zu Hause ist, geht der gar nicht
brave Nachbar, Richard, ihr eitler Herr Gemahl, hinüber.
Und wenn die Dame von drüben, Frau Mathilde, zu Richard
kommt und in seine Räume hinaufsteigt, verbietet sie dem
Dienstmädchen, ihrer Herrin von der Anwesenheit des Gastes
Mitteilung zu machen. Wozu eigentlich diese ängstlich behü-
tete Zweisamkeit, wenn die beiden nichts als entsagen, wie
Richard vorgibt? Wozu diese lächerliche Briefschreiberei, obwohl man doch Haus an Haus wohnt und sich täglich sieht?
Und obendrein noch das alberne Geschicke von Boten, die nur
zu fragen vorgeben, ob der Herr Komponist auch gut ge-
schlafen habe.

An einem dieser bewegten Tage ist Richard ganz besonders
unruhig. Bei jedem Klingeln stürzt er, eine große Rolle in der
Hand, zur Tür. Minna bietet sich an, die Skizzen zum ersten
›Tristan‹-Akt, die für Mathilde bestimmt sind, hinüberzubrin-
gen. Verlegen verbirgt er sie hinter dem Rücken. Lange Zeit
wartet er, daß sie abgeholt werden; dann gibt er sie dem
Diener. Minna hält den Boten an, öffnet das Paket, entnimmt
ihm einen dicken Brief, bricht ihn auf, schlingt Sehnsüchte,
Seufzer und Liebesgeflüster, die nicht für sie bestimmt sind,
wild in sich hinein, verarbeitet sie zu Gift und Galle – und
serviert das also Zubereitete dem Musikanten zum Mittags-
brot. Frauen, die betrogen werden oder sich betrogen fühlen,

klügeln gern die ausgefallensten Strafen aus. Minna bestimmte folgende Buße: sie selbst wird von ihm gehen, er hat Mathilde auf ewig sein eigen zu nennen. Nicht auf sie käme es an, jammerte sie; aber der Betrug an dem armen Herrn Otto zerrisse ihr das Herz. Mit bewährter Suada wollte der ertappte Sünder ihr klarmachen, daß er mit jener Dame nur zweistimmig singe, wenn er bei ihr sei. Das mochte vielleicht der gute, dumme Otto glauben. Aber dem wird sie einmal die Augen öffnen.

Sie unternahm diese Operation sehr geschickt. »Wäre ich eine gewöhnliche Frau«, sagte sie zur andern ... obwohl sie dem Richard gelobt hatte, jeder Rache zu entsagen, »so ginge ich mit seinem Brief zu Ihrem Mann.« Diese Drohung zwang Frau Wesendonk, Otto vom Ausbruch der Feindseligkeiten zwischen den Häusern in Kenntnis zu setzen. Und wahrscheinlich gab die gute Nachricht dem Edelmut des Seidenhändlers eine schöne Gelegenheit, seine liebe Frau von der Unhaltbarkeit ihrer Position der armen Frau Minna gegenüber zu überzeugen. Otto lächelte befriedigt, so billig davongekommen zu sein. Minna war heiter, nachdem sie das Feuer, das sie zu verzehren drohte, in das verhaßte Nebenhaus geworfen hatte.

Die beiden andern waren schmählich besiegt. Mathilde nahm dem Liebsten seine Frau übel. Richard aber war nichts als elegisch, wie nach jeder Niederlage. Er schickte seine kranke Frau, deren überreiztes Herz zu versagen drohte, zur Kur und unternahm seinerseits eine Fernbehandlung mit Ermahnungen zu Geduld, Vertrauen und Glauben an seine innige und lebenslängliche Teilnahme.

Als sie zurückkehrte, hatte Lisette zum Empfang gefegt, gewaschen, gescheuert und geputzt. Friedrich hatte jedes Hälmchen auf den Wegen ausgerupft und eine Ehrenpforte errichtet. Frau Minna war sehr zufrieden, daß dieser blumengeschmückte Bogen ihrer Nachbarin Mathilde sagen konnte: Deine Feindin ist als Triumphator zurückgekommen, nicht als Besiegte. Mathilde war sich mit der andern einig in der Deutung dieser Huldigung, die einem braven, ahnungslosen Knecht ihr Dasein verdankte. Sie kränkte sich sehr über den blühenden Triumph der Rivalin. Es gab keinen Frieden mehr auf dem friedlichen grünen Hügel. Wenn Kriemhild lustig war, spann Brunhild

Rache; und wenn es Brunhilde gut ging, war Kriemhilde verzweifelt. Das war gewiß kein bekömmliches Klima für den Siegfried zwischen ihnen. So fand sechzehn Monate nach dem Einzug ins Paradies die Vertreibung statt. Aber, so lautet der Mythos dieser Vertreibung: er verließ den Garten Eden als Sieger. Er ist merklich grau geworden an den Schläfen. Doch seine Seele badet sich gesund in dem holden Schein, in dem die quälende Entsagung eine »schöne Überwindung« wird, und der klägliche Schiffbruch »ein Wunder«, »das die Natur nur in Jahrhunderten einmal webt, das ihr so edel vielleicht noch nie gelang.« Wir sind die Glücklichsten! Mathilde! Mit wem wollten wir tauschen?

Mit wem sollte sie auch tauschen? Die schöne Kommerzienrats-Tochter hatte nun Mann, Haus, Kinder, Geld, und außerdem noch das ›Hochgefühl‹, so hoch zu stehen, daß sie nur die Hand auszustrecken braucht, um die Sterne zu greifen.

Venedig, Schopenhauer und Tristan

In Venedig, am Großen Kanal, in dem weiten, altertümlichen Palazzo Giustiniano haust einsam und traurig der Musikant Richard Wagner. Drei Schatten umgeben ihn: Venedig, Schopenhauer und Tristan. Minna hat nach Deutschland und Mathilde in ihre Ehe zurückgefunden.

Zuerst erschreckten ihn die hohen, weiten Räume. Die Wände waren schlecht gestrichen, die Möbel zerbrechlich und mangelhaft gepolstert, die Türen nicht recht zu schließen. Dann wandelte er die Behausung monumentaler Ahnen in ein schmeichelndes Boudoir um. Die Türen zwischen Schlafzimmer und Kabinett wurden ausgehoben und durch rote Portieren ersetzt. Das gewaltige Paradelager mußte einer kleinen Bettstelle weichen. Aus der fürstlichen Wackligkeit wurde eine bürgerliche Gemütlichkeit. Um fünf Uhr nachmittags wird der Gondoliere gerufen. Er fährt ihn aus dem Schattenreich ins Leben zurück. Am Markus-Platz ist gut zu essen. Im Gardino Pubblico kann man nach Herzenslust spazieren. Auf der heiter-bewegten Piazzetta nimmt er ein Eis. Die Wasserträgerinnen sehen sonnabends wie zerraufte Hexen aus, weil sie nur am Sonntag dazu kommen, sich die Haare zu ordnen.

Das Leben läßt ihn angenehm gleichgültig. Es liegt hinter Glas, farbig und unaufdringlich.

In der Dämmerung fährt er über einen wehmütigen Kanal wieder zurück. Welch wunderbarer Kontrast! Eben noch der bunteste Lärm, und jetzt die beseligendste Stille. Links und rechts grüßen bewegungslos herrliche Paläste. In die Lautlosigkeit dringt nur das sanfte Gleiten der Gondel und das Plätschern des Ruderschlags. Aus seinem stummen Haus blickt er dann noch einmal ins Dunkel hinaus. Von einer bunterleuchteten Gondel kommt Musik. Immer neue Schiffchen reihen sich an. Über die ganze Breite des Kanals gleitet das Geschwader dahin, kaum bewegt. Dann biegt der Zauber ab. Ein heller Klageton zieht noch einmal herüber: ›O Venetia.‹ Der letzte Klang hat sich aufgelöst im Schein des Monds. Und aus dem dicken, schwangeren Schatten des hohen, weiten Gemachs, der schwer um eine kleine Lampe liegt, lösen sich drei Figuren: Tristan, Schopenhauer und Isolde.

Sie nähren sich von einem Schmerz, der aus vielen Wunden fließt und an diesen traurig-süßen Wassern, unter diesem lüstern-dicken Mond, besonders prächtig gedeiht. Eine Wunde heißt Mathilde. Mathilde ist fern und fremd. Er singt ihr seine Seele zu, von Stern zu Stern, in der Sprache der Seraphim; sie antwortet mit Vokabeln, die eher bei Loeschigk, Wesendonk & Co. zu Hause sind. Sie benennt das Schicksal mit den Namen: Haus und Familie. Sie beruft sich auf Eltern- und Kindespflichten. Sieht sie denn nicht, daß etwas sehr anderes die Geliebte vom Geliebten trennt? Sie kommen nicht zueinander, »weil alles Erhabene der Welt unglücklich sein muß«. Er stehe »unbegreiflich hoch über der Menschheit«. Das fühlt die Kommerzienrats-Tochter nicht. Mathilde ist fern und fremd. Und Minna?

Auch Minna ist eine Wunde. Er würde die Schläge, die aus Dresden kommen, leichter tragen, wenn sie ihren ehelichen Zwist auf seine Sonderstellung im All zurückführen würde. Weshalb hat sie nicht den Lohn für ihre Herzbeschwerden im Gedeihen seiner Werke? Stattdessen sucht sie ihn zu treffen, wo sie nur kann. Sie schlägt Güterteilung vor – was will sie eigentlich teilen? Dann entdeckt sie wieder, daß er nichts anderes im Sinn hat als von ihr loszukommen. Im unglückseligen Klatschnest Dresden läßt sie sich von jeder Freundin irgendetwas Stechendes gegen ihn einblasen. Weshalb er ihr nicht mehr Lob gespendet habe in seiner Lebensskizze? Weshalb er gegen Glasperlstickereien eine unüberwindbare Abneigung habe, obwohl sie ihm eine zum Geburtstag schenkte? Alle Strafen Gottes fleht sie auf ihn herab, für alle ihr zugefügten Kränkungen.

Eine dritte Wunde: Deutschland. Im vorigen Jahr hat er in einem Brief an den sächsischen Kronprinz die »dummen Streiche«, »die überspannte Stimmung« von damals entschuldigt und versprochen, nach seiner Rückkehr nie ohne besondere Erlaubnis mit dem Publikum Fühlung zu nehmen. In diesem Jahr hat er sich an den alten Intimus Lüttichau gewendet und um gut Wetter gebeten. Ist er nicht schließlich schon durch die internationale Anerkennung freigesprochen? Macht Ruhm nicht legitim? Sein venezianischer Wirt, ein Österreicher, hat ihn mit offenen Armen empfangen und seine Ankunft allen Zeitungen mitgeteilt. Beim Handschuhhändler erfuhr er, daß er der größte Komponist der Gegenwart sei. In einer Kaserne mußte er einer Probe der ›Tannhäuser‹-Ouvertüre beiwohnen. Auf dem Markusplatz spielen die Militär-Kapellen sonntags Stücke aus seinen Erlösungs-Opern. Die Kriegs-Marine interessiert sich für den ›Rienzi‹. Der Kapellmeister vom Ungarischen Regiment ist auf den ›Lohengrin‹ versessen. Österreichische Offiziere ehren ihn durch zarte Aufmerksamkeiten. Und sogar die Polizei, die seinen Paß plötzlich noch einmal kontrolliert, erklärt freundlich, daß seinem Aufenthalt in Venedig durchaus kein Bedenken entgegenstünde.

Leider war diese Erklärung nur eine fromme Lüge freundlicher Venezianer. Seinem Aufenthalt standen viele Bedenken entgegen. Venedig gehörte zu Österreich-Ungarn. Venetien war zwar kein Teil des deutschen Bundes, der Steckbrief deutscher Polizisten war hier also nicht in Kraft, aber der melancholisch stille Kanal lag immerhin im Machtbereich von Wien. Und Wien verlangte genaue Auskunft über das Treiben des sächsischen Hochverräters. Die Venetianer stellen dem gefährlichen Individuum ein sehr wohlwollendes Zeugnis aus. Zwar müsse als Beweis seiner nervösen Überreiztheit angeführt werden, daß er sofort die Erlaubnis erbeten habe, die Schlafzimmertapete zu wechseln und eine seiner Stimmung mehr zusagende Schattierung von Rot zu wählen. Außerdem habe er der Dienerschaft Auftrag gegeben, niemand vorzulassen, und es seien tatsächlich Fälle bekannt, daß er distinguierte Personen abweisen ließ. Aber es müsse doch angemerkt werden, daß er nur wenige Briefe erhielt, obwohl er als Haupt einer musikalischen Partei gewiß viele Menschen kenne.

Der freundliche Polizei-Direktor des schönen Venedig bekam kräftig eins auf den Hut. Als ob von einem Mann, der gesengt und gebrannt hat, nichts mitzuteilen ist als die Couleur seiner Tapeten. Er ist scharf zu überwachen! Umgehend ist Meldung zu erstatten, welche kaiserlichen Behörden des In- und Auslandes ihm Visa erteilt haben. Aus Humanitätsrücksichten werde man seine Ausweisung nicht fordern; und vielleicht gründete sich die Humanität auf den Wunsch, die befreundete Schweiz, die diesem Menschen einen Paß gegeben hatte, nicht zu verstimmen. Aber: behaltet den Gesundheitszustand des Mannes fortan im Auge und leitet bei eingetretener Besserung seine Entfernung aus Venedig und dem österreichischen Staatsgebiet in geeigneter Weise ein! ... Eins übersahen selbst die Wiener Polizisten: seinen intimen Verkehr mit drei Schatten – und die Entstehung eines Ungeheuers, von dem Richard Wagner selbst sagte: dieser ›Tristan‹ wird was Furchtbares; nur eine schlechte Aufführung könne die Oper vor dem Verbot retten, eine gute müsse die Leute verrückt machen.

Die deutschen Hüter der Ordnung überschätzten die Gefährlichkeit des Staatsbürgers Richard Wagner und ahnten nichts von der Gefährlichkeit seines ›Tristan‹. War er wirklich gefährlich? Und war Schopenhauer schuld?

Als der Philosoph noch sehr jung war, glaubte er, die Verbindungen der Menschen würden gestiftet von der Liebe zueinander. Er fuhr früh durch die Welt. Sie erschreckte ihn sehr. Überall fand er verkümmerte Menschen in elenden Hütten. Im Bagno von Toulon lebten sechstausend Galeerensklaven. Lyon erinnerte ihn an die schweren Leiden dieser Stadt während der Revolution. Er war erst sechzehn, da verlor er schon die Lust, über eine Erde zu fahren, die ein Geschlecht von Verdammten hervorbringt.

Der dreiundzwanzigjährige Jüngling erklärte in Weimar

einem achtundsiebzigjährigen, lebenslustigen Greis, dem deutschen Dichter Wieland: »Das Leben ist eine mißliche Sache: ich habe mir vorgesetzt, es damit hinzubringen, über dasselbe nachzudenken.« Er dachte scharf nach und fand nichts als ein unentwirrbares Knäuel von wild konkurrierenden Interessen. Da wurde er sehr böse. Die Galle trat ihm ins Blut und machte sein scharfes Gehirn giftig. Nicht im Denken war das Gift entstanden, sondern im enttäuschten Herzen. Aber der Kopf war es, der die Enttäuschung zum System erhob.

Auch dem Schwarzseher blüht auf dieser Erde ein Glück. Er ist nicht ausgenommen vom Los aller Sterblichen; aber wenigstens eine intelligente Eintagsfliege. Während die dummen Menschen-Tiere genießen und leiden, ist er zufrieden, sein Leid dämpfen zu können: durch Verzicht auf Genuß, durch Eindämmen des Leids. So ist aus dem trüben Jüngling ein Mann geworden, der in Einklang mit sich lebt. In Sätzen, die ihn sehr glücklich machen, malte er die Kleinlichkeit der menschlichen Gesinnung, die Beschränktheit des menschlichen Verstands, die Selbstsucht des menschlichen Herzens, die Ungerechtigkeit, den Neid, die Bosheit, die Grausamkeit der Gattung Mensch.

Er leugnet jede Freude. Aber seht ihn nur an, das große Beispiel gegen seine Lehre. Während die Haare sich lichten und weiß werden, während die Zähne ausfallen, der Mund breiter wird und die weiten Flügel der Nase sich immer mehr spannen, schaut der Feind des Lebens von Tag zu Tag gesünder und heiterer aus. Die Brille hat er abgelegt, da er nicht mehr auf Eroberungen aus sei. Das Leben rauscht nicht mehr so mächtig durch ihn hindurch, die Bescheidung ist nicht mehr so schwer wie in der Jugend.

Spitzenkrause und weiße Krawatte präsentieren einen Alten aus vergangenen, zierlicheren Tagen. Der grobe deutsche Ton ist gemildert von vielen Zitaten aus antiken Meistern. Er ist schon so weit in Harmonie mit der schlechten Wirklichkeit, daß er die Menschen preist, weil sie es fertiggebracht haben, auf einem so kleinen Fleck wie London in solchen Massen schiedlich-friedlich beieinander zu sitzen. Eine milde Abendsonne haucht die irdische Hölle zum Abschied rosig an. Der Siebzigjährige hat einen tiefen Schlaf, einen guten Magen und den Wunsch, neunzig zu werden; bei den Achtzigern habe nämlich der Tod immer noch etwas Gewaltsames, erst dann ginge das Leben ruhig in das Sterben über. Und das Schicksal, als freue es sich über soviel Lebensfreude – einem Lebensverächter doppelt hoch anzurechnen, reichte ihm zu guter Letzt noch die Faust, wenn man so sagen darf, zur Versöhnung. Ein englischer Kritiker entdeckte den deutschen Sonderling, wie zum Dank für seine besessene Engländerei. Fast dreißig Jahre, nachdem er ›die Welt als Wille und Vorstellung‹ vollendet hat, beginnt man, sie zu lesen. Nun reisen sie in Scharen zu Schopenhauer wie zu einem eben aufgestöberten Kontinent, um ungeahnte Schätze nach Hause zu bringen. Dem Weisen gefällt der Ruhm recht gut. Da er aber auch als Berühmter noch ein Weiser ist, findet er den Trubel, der um ihn kreist, herzlich komisch. Als dramatischer Dichter besuchen Sie, schreibt er an den Dichter Hebbel, gewiß oft das Theater. Da wird es vielleicht auch in Ihrer Gegenwart einmal vorgekommen sein, daß der Lampenputzer noch nicht ganz fertig war mit dem Anzünden der Podiumlichter, als der Vorhang schon in die Höhe ging. Unter lautem Gelächter und Geklatsche des verehrungswürdigen Publikums raffte sich dann der Überraschte in komischer Hast auf, um so schnell als möglich hinter den Kulissen zu verschwinden. Sehen Sie, lieber Hebbel, gerade so bin ich auf der Bühne für tragische Possen, welche man die Welt nennt, in zufälliger Verspätung noch anwesend, während die Komödie meines Ruhms aufgeführt wird.

Es freut ihn sehr, daß es den bösen Mächten nicht gelungen ist, bis zum schlechten Ende den Schatten über sein Leben zu breiten. Wie leicht hätte, bei der Stupidität alles Geschehens, sein Denkgebäude untergehen können. Die größte Eiche ist einmal eine Eichel gewesen, die jedes Schwein verschlucken konnte. Es ist besser gekommen. Die Schweine liegen anbetend vor dem gewaltigen Stamm. Die Fremden sitzen Schlange an der Table d'hôte. Und manches schreibende Weib hofft, ihre Hotelrechnung mit den philosophischen Brosamen von den Schüsseln des schweigsamen Gastes bezahlen zu können.

Arthur Schopenhauers Buch ging nach Norden und nach Süden, nach Westen und nach Osten, auch nach Zürich zu dem deutschen Dichter Georg Herwegh. Der zeigte den Fund seinem Freunde Wagner. War mit diesem Schopenhauer ein irdisches Paradies aufzubauen, wie mit dem geliebten Philosophen Feuerbach? Als aber Wagner nun mit Schopenhauer-Augen auf seine ›Nibelungen‹-Dichtung blickte, fand er sie ganz schopenhauerisch und schickte ein Exemplar in »Verehrung und Dankbarkeit« nach Frankfurt. Die Verehrung wuchs rapid. Ein Freund nach dem andern mußte als Bote seiner jungen Liebe in die Zelle des grantigen Greises dringen. Die Gründung eines Züricher Lehrstuhls für Schopenhauersche Philosophie wurde erwogen. Wagner las auf Rat seines neuen Lehrers indische Sagen. Von der Gräfin d'Agoult bekam er eine chinesische Buddha-Statue. Er verwarf ganz Europa »vor diesen reinsten Offenbarungen edelster Menschlichkeit im alten Orient«. Er war ein sehr gelehriger Schüler.

Dem Mann in Frankfurt kam sehr phantastisch vor, was da auf süperbem dickem Papier und sauber gebunden von einem gewissen Richard Wagner bei ihm eintraf. Und als die Schwarmgeister in seine Klause drangen und ihm zum Abschied gar noch die Hand küßten, schrie er laut auf vor Schreck. In Zürich scheint so ziemlich der Teufel los zu sein, notierte er mit jenem ironischen Wohlgefallen, das er der Ausbreitung seiner Lehre entgegenzubringen pflegte. Durfte der Musikant in Zürich auf Gegenliebe rechnen? Mittags, zwischen zwölf und eins, zwischen philosophischen Meditationen und Table d'hôte, hatte der Philosoph auf der Flöte immer wieder Rossini gespielt; alles andere schien ihm schwerfällig dagegen. Er hielt nichts von der Oper. Schließlich ist sie nur eine Erfindung für unmusikalische Geister, bei denen die Musik in einer Hülle von phantastischen Bildern mit lebhaften Licht- und Farb-Effekten eingeschmuggelt werden muß. Und: wenn schon Oper, dann wenigstens diese echt musikalische Verachtung, mit welcher der große Rossini den Text behandelt hat. Überhaupt sollte man das Ganze auf einen Akt und eine Stunde beschränken; denn unausgesetzte Musik wird zur Nervenqual. Dieser Richard Wagner soll die Musik an den Nagel hängen; »er hat keine Ohren, der taube Musikmacher«. Die Harmonie, liebe zeitgenössische Musiker, ist nur die Sauce zum Braten Melodie. Richard Wagner hat eher Genie zum Dichten. Nur scheint er zu denken: »Die Sprache muß das Leibeigen des Herrn sein.«

Dem Mann in Frankfurt wäre es im Jahre 1858, zwei Jahre

vor seinem Tod, noch phantastischer vorgekommen, wenn sich Tristan als Schopenhauerianer vorgestellt hätte. Diese Mischung aus Gier nach Lust und Todessehnsucht war eine Blasphemie; ist doch, meinte der Weise, die wilde Vermischung der Liebenden gerade der böse Widerpart des Heilands Tod, während sie wähnen, zu zweit in den Himmel zu fahren. Wäre aber, im Jahre 1858, in der Villa Giustiniano, ein Geisteswissenschaftler des zwanzigsten Jahrhunderts anwesend gewesen (gegen alle Regeln der Chronologie), so hätte er an diesem ›Tristan‹ studieren können, daß Wagner auf dem Wege war: von Schopenhauer zu einem (gerade vierzehnjährigen) Nietzsche.

Gleichzeitigkeit ist bisweilen ein verzwicktes Gebilde. Als Wagner zwei Jahre alt war, deduzierte Schopenhauer eine Musik, die der Zweijährige einst schreiben sollte. Die Musik, hieß es damals, sei viel mächtiger und eindringlicher als jede andere Kunst; denn die andern reden nur vom Schatten, die Töne aber vom Wesen der Welt, vom Herz der Dinge, von der geheimen Geschichte unseres Willens: von einem unendlichen Sehnen, von lauter Wohl und Wehe, als welche die alleinigen Realitäten für den gierigen, unersättlichen, unbezähmbaren Willen sind. Hatte der Philosoph nicht vor mehr als vier Jahrzehnten ›Tristan‹ beschrieben? Und wenn Wagner auch goethesche Lobgesänge schuf, heitere Idyllen und sehr leise Melancholien: er war am Beginn des Höllen-Lärms, der den Klassiker Goethe schon beim Anhören von Beethoven-Musik erschreckt hatte.

Hätte Schopenhauer im venezianischen Palast in den ersten ›Tristan‹-Takten das Wehe gehört, das ihm die Harmonie der Sphären zu einer verruchten Metapher herabgesetzt hatte? Hätte er erkannt, daß Richard Wagner die Musik machte, die im dritten Buch der ›Welt als Wille und Vorstellung‹ vor vier Jahrzehnten in Begriffen abgebildet worden war? Man darf vermuten: er hätte dies selbst hier nicht bemerkt, weil er das Gewühl nicht hätte genießen können; sein Ohr war vor allem geformt von den weniger erregten Weisen des achtzehnten Jahrhunderts. Und so hätte er sich wahrscheinlich abermals die Ohren zugehalten; und seinen Augen nicht getraut beim Lesen des Textes.

Dieser wenig serene ›taube Musikmacher‹ deklarierte sich als sein Schüler? Hätte er das Werk des Lehrers gelesen, so wüßte er, daß die im ›Tristan‹ so gewalttätig glorifizierte Liebe zum Leben führt, nicht zum Tod, dieser himmlischen Schmerzlosigkeit; und eine List der Unvernunft ist, um die verdammte Menschenrasse nicht aussterben zu lassen. Da wandte er sich ab von einem Jünger, der sich ihm immer mehr zuwandte: als Hans Sachs und schließlich als Parsifal. Der Bau des letzten Werks wurde errichtet über jenem zentralen Schopenhauer-Wort, das vielleicht einmal den Kern einer kommenden Humanität bezeichnen wird: Mit-Leid. Es lag ebenso tief vergraben unter Schopenhauers gelebtem (nicht gedichtetem) Leben wie klaftertief unter den siebzig irdischen Jahren des älteren seiner beiden Jünger.

Man kommt aber nicht weiter mit der moralisierenden Anzeige: daß der Prediger nicht befolgte, was er predigte. Was tief innen rumorte, kam nach außen nur im Werk und war nicht kräftig genug, den Alltag auch nur ein wenig zu verwandeln. War so ohnmächtig, daß der Akteur Wagner mitschuf an einer Ideologie der Mitleidlosigkeit.

Die Schlacht zu Paris

Landkarten zeigen parodierend ein Paris, das ganz Frankreich verschluckt hat: bis zum Quai des Kanals, den Boulevards des Nordens, des Rheins und Italiens, dem Quai des Midi, dem spanischen Boulevard und dem Quai der Gascogne. Der Vielfraß hat elf Vororte verspeist; einige von ihnen sind schon kleine Städte gewesen.

Die stattliche Fülle ist nicht der einzige Zug dieser kaiserlichen Residenz, welche die Mitwelt erregt. Englische Journalisten stehen, will man den Witzblättern glauben, wie verdonnert auf dem Trümmerplatz an der Seine. Seltsam, so liest man auf den verblüfften Gesichtern: die Illustrated London News hat nichts gemeldet von einem Erdbeben. Triumphbögen aber priesen mit stolzer Knappheit die gesundete, erwachsene, schöngewordene Stadt der Lichter.

Häuser, Straßen und Städte trotzen zäher als Kleider, Ideen und Dynastien der Vergänglichkeit. Aber nun stirbt auch das Mittelalter auf der Ile de France: weil der dritte Napoleon, der die Macht dazu besitzt, quer durch die Karte seiner Stadt blaue, rote, gelbe und grüne Wege gezogen hat; weil der Seine-Präfekt Haussmann, den man auch den Vizekaiser nennt, auf seinen Spazierfahrten immer wieder den Wagen halten läßt, die Stirn runzelt, mit der Spitze seines Spazierstocks auf zwei majestätische Bäume hinweist und ihr Todesurteil spricht, da sie den Horizont verstellen; und weil schließlich auch Louis Blanc meint, daß man dem engbrüstigen Wesen dort Lungen einsetzen muß, wo es Mühe hat, zu atmen. Der Kaiser, der, wie alle großen Zerstörer, gern baut, will den städtischen Urwald, voll von Frondeuren, strategisch roden. Das Pariser Budget beträgt fünfzig Millionen. Der Umbau fordert viele Milliarden. Nur glänzende Herrschaften lösen spielend dies Kreuz der höheren Mathematik, und die Herrschaft des dritten Napoleon ist glänzend.

Die Pariser hatten sich eifrig vermehrt. Der Verkehr zwischen den Stadtteilen war sehr rege. Eisenbahnen zogen täglich gewaltige Menschenmassen in das Labyrinth der engen und gewundenen Schluchten, die nicht für diese Nomadenschwärme gemacht waren. Der stürmische Präfekt demoliert ganze Quartiere und zieht sich den Fluch der Zeitgenossen zu; die Anwohner der Rue St. Honoré, eines unmäßig angeschwollenen Flußbetts, in das tausend winzige Zuflüsse ihre Menschenfrachten schütten, prophezeien die Pest – weil ihnen Licht und Luft zugeführt wird. Und dem unerbittlichen Chirurgen, dem man Paris ausgeliefert hat, gefällt weder die Rue de la Vieille-Lanterne, die nicht zwei Menschen nebeneinander passieren läßt, noch der bergige Boulevard, noch der verstopfte Schlauch der Champs-Elysées. So schält er bemooste Kirchen, abgesunkene Gassen und versponnene Plätze aus einer Hülle von altem, bröckligem Gemäuer, hinter dem sie vergessen schlummern. Zieht langhaarige Studenten und struppige Farbenkleckser aus dem Wirrwarr des Quartier Latin an das Licht eines neuen Tages. Und durchschneidet mit langen und breiten, vom Gas hell erleuchteten, von Omnibussen schnell durchmessenen Boulevards, den nüchternen und frisch gewaschenen Sprößlingen romantisch-dreckiger Wildnisse, das geheimnisvoll-schnörklige Geflecht Paris, als wäre es nicht ein Korallenstock aus tausend Dörfern, sondern eine Passage für mächtige Heere. Außer den Tuilerien hat es keine Promenade gegeben, der Bois de Boulogne lag am Ende der Welt, nun blüht in neuer Jugend das vertrocknete Herz; Bäume und Blumen wachsen im Kern der Stadt.

Einst sah ein armer deutscher Musikus aus dem vierten Stock einer kleinen Quergasse zwischen der Rue St. Honoré und der Rue Montmartre auf ein ärmliches Sträßchen, eingesäumt von niedrigdumpfen Arkaden mit elenden Kramläden; es wurde vom Erdboden getilgt, als man die Hallen freilegte. Die Rue de la Tonnellerie ist nicht mehr, auch den armen deutschen Musikus suchte man vergeblich. Ein eleganter Herr im Hausrock aus dunkelgrünem, mit violettem Satin gefütterten Velours, ein Samtbarett auf dem Kopf, blickt von dem Fenster der vornehmen Straße hinter der Barrière d'Étoile auf einen herrlichen Park. Durch seine erlesenen Räume wandern nicht mehr unbekannte deutsche Originale, sondern französische Koryphäen: Frédéric Villot, Direktor des Louvre, Ollivier, Advokat, Député und Schwiegersohn Liszts, Gustave Doré, der den Hausherrn als Dirigent eines Geister-Orchesters gezeichnet hat, die Kollegen Hector Berlioz und Gounod, die Poeten Baudelaire und Champfleury, schöne und reiche Frauen vieler Nationen. Was Heinrich IV., Ludwig XIV., Napoleon I. und Louis Philippe nur träumten: die Verbindung von Louvre und Tuilerien ist vollzogen. Paris und Richard Wagner haben sich in zwanzig Jahren sehr herausgemacht.

Man hat inzwischen das Bürgerkönigtum und die Zweite Republik hinter sich gebracht. Auch der Musikant hat seit der ersten unfreundlichen Begegnung eine beträchtliche Strecke zurückgelegt; der Lohnsklave Schlesingers hat sich in Dresden als glänzender Volkstribun und etwas später als feiner Emigrant voll Melancholie, Tierliebe und Judenfeindschaft gezeigt. Aber ist trotz aller Wandlungen in dem alten Verhältnis etwas geändert? Gewiß, diesmal ist er mit einem Nibelungen-Schatz angekommen: Onkel Otto und Verleger Schott haben Siegfrieds Feldzug gegen das Gold reichlich finanziert. Doch die hohen Linden vor der Villa, die blaß violetten Tapeten im Schlafzimmer, das junge, gebildete Mädchen zur Pflege wie zum Umgang der Frau Gemahlin und der Diener, um dem Herrn teils beim Baden, teils beim Besorgen des Gepäcks behilflich zu sein, haben schon sehr gezehrt am mitgebrachten

Hort; nun fegt der eiserne Besen des Herrn Haussmann den Rest rücksichtslos hinweg. Der Mieter des Häuschens Rue Newton Nummer sechzehn hat drei Jahresmieten vorauszahlen müssen, zwölftausend Franken. Ein starker Wind deckte das Dach ab, so daß der Regen in sein Zimmer drang; und dann ruiniert der noch stärkere Sturm, den der große Baron höchstselbst entfacht hatte, die ganze Straße, die um dreieinhalb Meter gesenkt wurde, auf das Niveau der umliegenden Boulevards. Erst vor wenigen Monaten hat Wagner zum letztenmal Fuß gefaßt, wie schon so oft; nun ist er ohne Ruhe und ohne Geld, in seinem ewigen Paris. Er pumpt. Verkauft zweimal dieselbe Partitur. Baut auf Hoffnungen, die schnell vergehn. Will auf Subskription leben, nur gegen die schlichte Versicherung, daß man ihm Dank schulde, wenn er Geschenke nimmt. Er ist wieder in seinem alten Paris; und zeigt ihm wieder sein altes Gesicht.

Liegt es nicht in seiner Hand, schnell Fortune zu machen? Die törichten Hoffnungen werden ihm gewaltsam entrissen, Stück für Stück. Er will den Schatz der Nibelungen, ohne sich an die Spielregeln zu halten, nach denen man ihn zu gewinnen pflegt. Wozu Zukunftsmusik, denken die Pariser, wo es einem doch auch schon in der Gegenwart nicht schlecht geht. Der deutsche Retter aber will sie partout mit Isoldes Liebestod von einem Leid befreien, das sie gar nicht spüren. So ist er wieder einmal sehr böse auf die »unglaublich verwahrloste Nation«, die keine Poesie kennt, nur Rhetorik; zu der alle Musik aus der Fremde gekommen ist. Paris aber, soweit es überhaupt von dem seltsamen Wesen weiß, das sich in seinen Mauern nicht wohlfühlt, lehnt einen Erlöser ab, der den Ohren weh tut, statt ihnen zu schmeicheln.

Weshalb nur will er durchaus die alte Feindin besiegen? Zum fünftenmal, angeekelt wie immer und hartnäckig wie immer? Er glaubt doch selbst nicht an seine Opern auf französisch; die innere Stimme ist dagegen und alle Schritte bleiben ungesegnet, wie er wohl weiß. Aber kann er sich denn die Stelle der Erde aussuchen, an der sein Reich beginnen soll? Auch die letzte deutsche Hoffnung ist zerronnen. Als die Tochter des Prinzen Wilhelm, schon Wagnerianerin der zweiten Generation, Großherzogin von Baden wurde, bildete sich in Karlsruhe ein neuer Herd. Der Großherzog schrieb an den sächsi-

schen Vetter; Paris sollte nur der Wartesaal sein, in dem der
Verbannte die Zeit bis zur Ankunft des deutschen Zuges angenehm hinzubringen gedachte. Aber Deutschland will den
germanischsten aller germanischen Opernkomponisten, wie er
sich tituliert, »mit Gewalt dem Feind zuschanzen« – der ihn
auch nicht will! So schwankt der Heimatlose, wie schon vor
zwanzig Jahren, zwischen zwei Abneigungen. Er fürchtet,
allen Patriotismus zu verlieren und sich zu freuen, wenn die
Deutschen tüchtige Schläge bekämen; denn »der Bonapartismus
ist akutes, vorübergehendes Leiden für die Welt – die deutsch-
österreichische Reaktion aber ein chronisches, dauerndes«. Doch
auch »im Hauptnest des Feindes der germanischen Nation«
ist ihm nicht wohl. Dies Klima bekommt ihm nicht. Auf diesem unwirtlichen Boden soll er das deutsche Paradies errichten?
   Einer allein, ohne Geld, ohne zuverlässigen Namen, keines
Landes Bürger, dem der französische Gesandte als einem Niemand nur zögernd den Schweizer Paß visiert ... einer allein
nimmt abermals den Kampf auf mit dem Zentrum der Welt.
Bewaffnet mit einem halben Dutzend Erlösungs-Opern, die
ihm selbst nicht geeignet scheinen für Babylon, soll er ein
Werk durchsetzen, an dem ihm nichts mehr liegt. Aber geht
es denn um den ›Tannhäuser‹? Es geht um die Macht, um die
Herrschaft seiner Töne über das europäische Ohr.
   Auch in der feindlichen Burg hat er Freunde. Einer hörte
vor zehn Jahren die ›Tannhäuser‹-Ouvertüre, ein anderer in
Baden den Hochzeitsmarsch aus dem ›Lohengrin‹. Und auf
dem Zollamt sitzt ein Herr, der überm Piano das Bild des
deutschen Meisters hängen hat. Wenn man mit einer Handvoll Getreuer das Fortifikationssystem der mächtigen Meyer-
beer-Feste durchbrechen könnte! Weshalb eigentlich nicht? Die
Kraft der Wagner-Trabanten ist unermeßlich. Sie wurden gewonnen durch einen ›coup de foudre‹. ›Révélations surhumai-
nes‹ haben die ›électrisés‹ in einen ›état d'exaltation‹ versetzt. Der hat sich dann entladen teils in ›sanglots convulsifs‹,
teils in folgenreichere Unternehmungen; denn Erleuchtungen
machen Kräfte frei, die gewöhnlichen Sterblichen nie zuwach-
sen. Wer möchte da vorhersagen, welche Forts nicht zu erstürmen sind mit einem kleinen Trupp Wagner-Verschwo-
rener?

Die deutschen Jünger machen es den französischen Brüdern vor, wie man spielend alle Hindernisse nimmt, selbst im fremden Land. Bülow setzt den preußischen Gesandten Pourtalès und seinen Attaché Hatzfeld in Bewegung. Liszts Freundin Kalergis hat den sächsischen Gesandten Seebach interessiert, mit dem sie verschwägert ist. Und die Frau eines Österreichers, Freundin der Kaiserin Eugenie, führt das kleine, aber entflammte Wagner-Bataillon zum Sturm auf Paris. Während eines Balls in den Tuilerien nimmt Pauline von Metternich die stärkste Bastion: der kaiserliche Kavalier überläßt dem Schützling der schönen Fürstin den Vergnügungsapparat zur gefälligen Bedienung; jede Acquisition ist ohne Rücksicht auf die Kosten von vornherein bewilligt. Der Direktor ist pure Bereitwilligkeit. Der Oberstkämmerer bescheinigt dem Günstling den Glauben des Hofes an sein Genie, nachdem man ihn sicher gemacht hatte, der Heilige Vater werde nicht auf der Bühne erscheinen. Und wie nun der Hausminister, Meyerbeers Intimus, zurücktritt, um einem Freund der Österreicherin Platz zu machen, ist die Bataille schon fast gewonnen. Die deutschen Gesandtschaften arbeiten sehr brav für die Karriere des sächsischen Hochverräters.

Einer aber untergrub mit wachsendem Erfolg den Sieg, der da heranreifte: ein sehr heftiger, sehr anmaßender und sehr despotischer Herr, der noch die ergebensten Freunde auf schwere Geduldsproben stellte und eine ungewöhnliche Begabung besaß, sich Feinde zu machen. Den mächtigsten Gegner, Meyerbeer, hatte er sich schon vor zehn Jahren angeschafft, als er den alten Protektor mit Giftpfeilen aus dem Köcher des deutschen Antisemitismus beschoß; nun wirkt Wagners Name auf Meyerbeers Ohr wie eine unerträgliche Dissonanz, und Meyerbeers Mißgestimmtheiten haben ihr tausendfaches Echo in den Artikeln der Herren Scudo, Fiorentino, Azevedo, Chadeuil und Prévost. Meyerbeer ist der oberste Glaubensartikel dieser Stadt, ob nun ein Bürgerkönig oder ein Präsident oder ein Kaiser für Frankreich zeichnet; der ahnungslose Deutsche ist so vermessen, im Bunde mit irgendeinem Imperator gegen den guten Geschmack siegen zu wollen.

Wer einen so großen Fehler gemacht hat, hat nur noch eine Chance: so leise wie möglich zu sein. Aber der aufdringliche Eindringling verkündet einer Welt, die seinen Namen auf den

Affichen der Straßenecken in gigantischen Lettern erblickt, unter Posaunenstößen: »Ich vermeide den Lärm und die Reklame.« Viele Gäste, wohlwollende und übelgesinnte, flanieren durch seine Räume. Alle sehen sie auf dem Kamin einen silbernen Schild mit silbernem Kranz, dessen Zweige, aus Lorbeer und Eiche, die Widmung irgendeines Herrn Weilans zieren: »Des rechten Mannes Herz muß überströmen in der Sonnenhöhe großer Männer.« Seit wann ist Herr Wagner ein großer Mann? Und nicht vielmehr ein gar nicht sehr aussichtsreicher Kandidat des Ruhms? Wen interessiert es, unablässig informiert zu werden über die Huldigungsgabe, die für den Habenichts der Champs-Elysées geplant ist? Als die Zeitungen meldeten: »Für Richard Wagner setzen sich in diesem Augenblick viele schöne Füße in Bewegung«, bewegten sich sehr viel weniger schöne Füße viel schneller in die entgegengesetzte Richtung. Sechs Pariser Blätter verpflichteten sich insgeheim, in festem Turnus den Emporkömmling zu ducken.

Bescheidenheit ist ein schöner und billiger Schmuck für Mächtige; den Abhängigen wird Unbescheidenheit zum Ruin. Wie tritt der Fremdling auf in dieser Stadt, die vor allem umworben sein will? Als hätte er die Seligkeit zu vergeben! »Wird Ihr Werk zurückgewiesen«, sagte ein französischer Vasall, »so wissen wir, woran wir mit uns sind, und geben die Hoffnung auf.« Da erkannte der Retter Europas abermals, daß er von seiner Wichtigkeit für die Welt nicht loskomme, und stellte sein Märtyrertum ins Schaufenster. »Es graut mir davor«, prahlte er, »noch länger der vielleicht einzige Deutsche bleiben zu sollen, der meinen ›Lohengrin‹ nicht gehört hat.« Berlioz deckte die Anmaßung pariserisch zu: »Mein Schicksal ist noch schlimmer; ich bin der einzige Franzose, der mein Werk gehört hat.« Das waren alles tödliche Wunden, noch vor Beginn der Schlacht. Er hatte die Pariser Presse nicht eingeladen, er hatte seine Kritiker öffentlich kritisiert, er hatte mit Hochmut erreichen wollen, was nur durch Demut zu erlangen ist: die Armee der Gegner schwoll bedenklich an. Um so beträchtlicher, als dieser anspruchsvolle Fremde kraft eines imperialen Machtworts der Oper aufoktroyiert war; viele französische Musiker warteten seit Jahren vergeblich darauf, endlich an die Reihe zu kommen. Auf seiner Seite stand eine kleine Schar Unentwegter; drüben formierte sich die gesamte

Musik-Bürokratie. Wo werden die Pariser stehen? Diese Pariser waren, nach der Definition eines zeitgenössischen Poeten, Wesen, die vor allem amüsiert sein wollen.

Sein Konzert, viele Monate vor der Première, war das Manöver vor der Schlacht. Die Akademie war durch Auber vertreten, der Hof durch den Marschall Magnan; in der ersten Reihe saßen Berlioz und Gounod, auch Meyerbeer war da. Nur der Turmbau zu Babel oder die Sitzungen des Nationalkonvents (übertrieb jener Stand, der von Übertreibungen lebt) können einen schwachen Begriff von der fieberhaften Bewegung des ganzen Auditoriums geben. Man spendete der Ouverture zum ›Fliegenden Holländer‹ und zum ›Tannhäuser‹, dem Tannhäuser-Marsch, dem Vorspiel und dem Brautzug des ›Lohengrin‹ starken Applaus; die Manöver-Kritik hingegen war vernichtend. Hatten sich die Pariser nicht amüsiert? Der ›Mars der Musik‹, belehrte man die Ahnungslosen, hat sich in der rücksichtsvollen Zusammenstellung des Konzertprogramms auf harmlos geschminkt; was er euch verschwieg, ist viel schlimmer als das, was er mitteilte. Und schon zog Berlioz das Verschwiegene an das Licht des Pariser Tages. Man muß das lumpige Ohr verachten, meint der terrible Revolutionär. Es hat sich an alles zu gewöhnen: an aufsteigende und absteigende Folgen von verminderten Septimen; an unvorbereitete und unaufgelöste Dissonanzen; an Mittelstimmen, welche man zusammenzwingt, ohne daß sie in Harmonie und Rhythmus zueinander passen; an greuliche Modulationen, die eine Tonart in einer Ecke des Orchesters einführen, ehe noch die vorhergehende aus der anderen Ecke verschwunden ist. Wollt ihr, Männer und Frauen des guten Geschmacks, euch dieser Barbarei unterwerfen? Wenn die Sänger Qualen durchmachen wollen, als sollten sie eine Seite Sanskrit auswendig lernen oder eine Handvoll Nußschalen verschlucken, so ist das ihre Sache; sie werden dafür bezahlt. Ich aber, Hector Berlioz, ein Mensch aus Fleisch und Bein, will, daß man meinen Sinnen Rechnung trägt. So erhebe ich denn meine Hand und schwöre: ich glaube nicht an diesen Erlöser ... Also begann das Ringen um die Sinne der Pariser.

Am dreizehnten März 1861, fünf Uhr nachmittags, ist keine Hoffnung mehr, ein Billet zu erhalten. Vergeblich hat man ein Dutzend einflußreicher Bekannter gebeten; heute morgen trafen zwölf sehr höfliche Absagen ein. Da begegnet ein junger deutscher Schriftsteller, mißmutig über den Boulevard schlendernd, dem Monsieur dit père David, der Visitenkarte nach, die er ihm kürzlich auf einer Gesellschaft verehrte, Entrepreneur de succès lyrique, dramatique et choréographique à l'Académie impériale de musique et de danse. Der Chef der Claque zieht zwar Meyerbeer vor, mit dem er jede Probe mitzumachen pflegt, während er von den hundertvierundsechzig ›Tannhäuser‹-Proben hundertdreihundsechzig schwänzte; aber wenn der junge Neugierige fünf Franken zahlen will, möge er mitkommen. Das Café Favart ist Treffpunkt der bezahlten und zahlenden Klatscher; General David gibt einem Offizier seines Stabs Anweisung, die Soldaten an die Front zu führen. Man schleicht sich in den Zuschauerraum wie in eine feindliche Burg: durch eine Passage, an schmalen Gängen vorbei, einen dunklen Korridor entlang, treppauf treppab; dann stehen sie auf der Bühne, rutschen eine Leiter hinunter und werfen die große Pauke samt einigen Kontrabässen um. Schließlich befinden sie sich im leeren, halbdunklen Parterre.

Das Bataillon sacré, eingehüllt in eine Wolke von Knoblauch, geht in Stellung. Unter dem großen Lüster nimmt der Generalstab Platz; ringsum, in gleichen Abständen, zwanzig bis dreißig Hauptleute, gedrillt auf das winzigste Zucken im Antlitz des Chefs, jeder mit einer Kompanie von zehn bis zwölf kleinstirnigen, sturblickenden Kerlen, die über kräftige Pranken verfügen. In späteren Aufführungen liegt gewiß alles fest: nach der Nummer der Bettlerin im ›Propheten‹ fast gar kein Applaus, nur Schluchzen und Weinen, nach dem Krönungs-Marsch hingegen drei oder vier Beifallssalven mit Hipp-hipp-hurra; die erste Repräsentation fordert höchste Anspannung – und nun gar die heutige. Der querköpfige Deutsche ist so vermessen gewesen, sich gegen den Zuzug der Bundesgenossen unter dem Lüster zu wehren. Wird die Armee des Erfolgs sich rächen und aus vollem Halse pfeifen, so wie der ›Charivari‹ es prophezeit: mit rücklings gefesselten Händen?

Um sieben Uhr werden die Türen geöffnet. Paris flutet herein: Finanziers und Kritiker, Herren vom Hof und Kokotten, Stutzer und sogar Liebhaber der Musik. Die Konversation ist sehr angeregt; und wenn man einen Tag und eine Nacht auf den Beginn des Spektakels warten müßte, so wäre das

Thema des Abends immer noch nicht erschöpft. Was schlecht gelaunte Sänger weitertratschten, was Bestinformierte wissen wollten, was Witzbolde in monatelangem Grübeln erfanden, wird nun noch einmal zerkaut von einigen tausend unbeschäftigten Gebissen. Die leckere Speise ist immer pikanter geworden, je mehr man sich diesem Abend genähert hat. Ganz allein hat er – wissen Sie schon? – einen Akt lang alle Rollen gesungen. In den letzten Orchesterproben – wissen Sie schon? – gab der Herr Dietsch vergeblich den Takt; der Komponist, zwei Schritte entfernt auf der Bühne neben dem Souffleurkasten residierend, wirbelte mächtige Wolken von Staub in die Luft, indem er den Erdboden ganz fürchterlich malträtierte. Die Pariser waren schon auf die Kosten gekommen, als der Vorhang sich hob.

Die glänzenden Enden der Stalaktiten schimmern in goldigen Reflexen. Eine traumhafte Bläue lockt die Phantasie in die Tiefen der Venus-Grotte. Die Herren unter dem Kronleuchter rühren sich freundlich. Auf einer Bank von Moos und Muscheln, zu Füßen den schlafenden Amant, liegt-sitzt Frau Venus in jener Pose, die seit je als verführerisch gilt. Das mythologische Gesindel kommt in Bewegung. Die Dämonen erwachen, springen auf, verrenken die Glieder, jagen durch die Kulissen, packen zu, balgen miteinander. Forte, crescendo, fortissimo: stürmische Kontraste ohne Übergänge, schreiende Mißklänge ohne Besänftigung … der Zuhörer neidet dem Venus-Buhlen den gesunden Schlaf. Da, mitten im Höllenlärm, ahnt das gemarterte Ohr die schüchterne Annäherung einer schlichten musikalischen Phrase; freudig nimmt Tantalus die Spur zur Oase auf, die sich bald als Fata Morgana erweist. Der Landsmann im Parterre, voll Respekt vor seinem großen Mitbürger, ist dennoch bereit, ausdrücklich zu bescheinigen – und zwar auf papier timbré, daß in diesem Delirium da vorne nicht eine Spur von Sinn steckt. Die Stimmung wird nicht besser, als man nicht begreift, weshalb der Venus-Ritter teils wegwill, teils nicht. Der Knallbonbon-Reim·

>Si les dieux aiment constamment
  Le cœur des hommes est plus changeant«,

bringt eine wenig lustige Heiterkeit hervor. Schließlich bricht man mit unverhohlenem Lachen in das zart-naive Schalmeienliedchen des Hirten ein. Die gefährliche Transsubstantiation der Langeweile und des Ärgers in die Fidelitas einer Saufkumpanei ist vollzogen. In der Direktions-Loge beugt sich, in einem Anfall von Euphorie, der untergehende Richard Wagner zum Übersetzer: »Es kommt wohl der Kaiser?« Schon verbreitet das Schluß-Septett eine versöhnlichere Stimmung, da führen die Jäger des Landgrafen ihre Rüden auf die Szene und stören den Applaus. Erste Runde: unentschieden.

Als sich dann aber die Troubadours auf den großen Kollegen stürzten und falsche Noten ausstießen – vielleicht um ihren Eifer zu beweisen, als die Violinen, den stillen Pilgersang aufnehmend, flattrig wurden, als gälte es, ein Hindernisrennen zu illustrieren, wurde Tannhäuser unter knallenden Lachsalven umgelegt; eine ganze Weile vor seinem natürlichen Theatertod. Die Fürstin von Metternich, des Meisters großer Heerführer, die offene Partitur vor sich, hätte fast Selbstmord verübt, mitten auf dem Schlachtfeld; ein Kavalier hat es bezeugt, daß sie mehr Feuer spie als ein Vulkan und mehr Blitze schleuderte als ein schweres Gewitter und auf der Logenbrüstung ihren Fächer zerbrach. Madame, sagte ein Marschall von Frankreich, Sie haben sich für den Sieg von Solferino grausam an uns gerächt. Die Fürstin dachte vielleicht weniger an die große Politik und mehr an die Schadenfreude der verhaßten Gattin des befreundeten Hausministers Walewski.

Was dann noch nachkam, war nur die Orgie der Wilden an der Leiche des erlegten Feindes. Nicht der Pilgerchor und nicht das Lied an den Abendstern wurde beachtet, sondern jene Harfe, mit der Wolfram seine Romanze begleiten wollte, was man ihm aus unerfindlichen Gründen nicht gestattete. Als der Sänger Niemann auftrat, fielen die drei Worte »Noch ein Pilger« hoch vom Olymp folgenschwer herab; sie machten die Fluten des Gelächters frei, die zusammenschlugen über der bunten Welt, aufgebaut in hundertvierundsechzig Tagen. Die Beute wurde in jenem bacchanalischen Zug über die Boulevards und durch die Salons geschleppt, den man allzubescheiden mit dem Worte Verriß bezeichnet; er wurde in diesem Fall besonders glänzend ausgestattet. Wer einen Namen hatte oder auch nur eine Feder, durfte zustechen; der Sünder lief die Spießruten des Esprits. Die Chöre der Schadenfreude jubelten: man müßte nicht Franzose sein, um nicht zu lachen. Halleluja! Die Franzosen haben viele Schlachten gewonnen, inbegriffen der letzten Opern-Schlacht. Halleluja! Dazwischen ertönten dann die Solos der Prominenten. Morgen schriebe ich Ähnliches, ließe ich mich von meiner Katze, die auf dem Klavier promeniert, inspirieren, das war die Stimme Prosper Mérimées. Rossini hingegen wollte sich erst in fünfzig Jahren äußern, da es doch um Zukunftsmusik ginge ... Siebzig Jahre später schrieb ein Pariser Kritiker: Wagner am Sonnabend, Wagner am Sonntag. Nun, auch die Theater müssen leben.

Der traurige Held des Tages war zur Schlacht wie zur Schlachtung gegangen. Bei der Generalprobe hatte sein Niemann, schon geschwächt durch die Kassandra-Rufe der Rezensenten, eine Ohnmacht erlitten. Vergeblich hatten die Gesandten Österreichs und Deutschlands den Kapellmeister gebeten, für die ersten drei Vorstellungen den Taktstock dem Meister zu überlassen; Herr Dietsch wollte es sich nicht nehmen lassen, das feudale Begräbnis höchstselbst zu leiten. In hundertvierundsechzig Proben fertig gemacht, gab Nummer hundertfünfundsechzig Richard Wagner nur noch den Gnadenstoß. Aber dieser Mann entfaltet gerade im Unglück seine Kraft am üppigsten; nicht ein Märtyrer, ein zorniger Kater mit gesträubten Haaren und entblößten Krallen verläßt das Schlachtfeld. Er hat eine Wundersalbe, die Niederlagen in Siege · verwandelt: den Mythos vom Intriganten, der dem kühnen Lichtbringer ein Bein stellt, zwei Schritte vom Ziel entfernt. Der verruchte Intrigant von Paris liebt am ganzen Opernhaus nur jenen viereckigen, weißgetäfelten Raum, in den man durch einen engen, dunklen Korridor gelangt, einige Stufen hinab. Hier wird der siebzigjährige Auber von kleinen schmeichelnden Wesen in duftigen Ballettröckchen um Fürsprache gebeten, hier kitzelt ein anderer Stammgast die Nonnen aus ›Robert, der Teufel‹ mit schlüpfrig-bunten Anekdoten, hier schlüpfen kleine obszöne Witze aus und gaukeln dann freundlich durch ganz Paris. Nachdem Madame Fiocre, eine der Holden dieses Schatzkästleins, im Ballett ›Psyche‹ den Amor gegeben hatte, stellte man hier die Frage, die dann eine ganze Stadt wiederholte: »Avez vous vu Madame Fiocre faire l'amour dans ›Psyché‹?« Hier war das Allerheiligste des großen Gegners.

Um neun Uhr dreißig pflegen die Herren vom Jockey Klub diniert zu haben und als Dessert ihre Tänzerinnen mit den Augen und, in dem weißgetäfelten Boudoir, vielleicht noch etwas solider zu genießen. Man hatte dem deutschen Hinterwäldler schon in den ersten Besprechungen mitgeteilt, daß um die Verdauungsstunde dieser Herren nach alter Sitte ein Ballett stattzufinden habe. Um dies Privileg der Hochmögenden war homerisch gerungen worden. Schließlich hatte der eigensinnige Erlöser die vorsintflutlichen Felsblöcke, die das Venus-Boudoir vorstellten, mit hopsenden Klub-Mädchen bevölkert; aber erstens begann der deutsche Cancan viel zu früh, zu einer Zeit, wo die entsprechenden Kavaliere noch bei den Hors d'œuvres hielten, und dann hätten die Edlen von Paris an dieser Walpurgis-Nacht, die schon einem wohlgesinnten Deutschen auf die Nerven ging, kaum viel Freude gehabt.

Und das war es nicht allein. Ein alberner Querkopf, der eine Wonne, nach der sich jeder Jockey die Finger leckt, verschmäht und den Schmerz herbeisehnt, soll ihnen die Abende verderben? Diese langweiligen Stunden waren nur noch zu retten, wenn man sich sein eigenes Pläsier schuf. So kauften sie auf dem Wege zur zweiten Aufführung in der Opernpassage Jagdpfeifen ein. Wohlgesinnte riefen: »A la porte les Jockeys«, der Kaiser klatschte mit kaiserlichem Nachdruck ... aber was war ein Diktator gegen die Rauflust der Herren von Adel? Niemann schleuderte den breitrandigen Pilgerhut ins Publikum, Malwida von Meysenbug beschimpfte den Haufen von Straßenjungen wie eine Straßenhyäne: die Löwen der Gesellschaft ließen sich nicht stören und in der dritten Aufführung silberne Pfeifchen verteilen, mit der sinnigen Aufschrift ›Pour Tannhäuser‹; kokett hielten sie die kleinen Triller in den mit Glacéhandschuhen bedeckten Händen.

Die Legende will, daß sie den ›Tannhäuser‹ zu Tode getrillert haben. Wer zur Rotte Wagner gehörte, schlug ihnen entweder ironisch eine Pfeife auf einem von aufgerissenen Rachen bedeckten Hintergrund als Klub-Wappen vor oder, weniger gut aufgelegt, eine Revision ihrer Moral. Mögen die Herren, die sich den Luxus einer Maitresse unter den Tänzerinnen der Oper gestatten können (schrieb Baudelaire sehr böse) immerhin den Wunsch hegen, daß man die Talente und Schönheiten ihrer Eroberung möglichst oft an das Licht stellt:

das ist gewiß ein gleichsam väterliches Gefühl, welches alle
Welt begreift und leicht entschuldigt. Behaltet Euren Harem
und bewahrt gewissenhaft seine Tradition, aber gebt uns das
Theater frei! Die Herren Jockeys aber waren sehr erstaunt.
Und noch nach dreißig Jahren wunderte sich der Prinz von
Sagan, einer der Löwen von Einundsechzig, welche weltbedeu-
tende Rolle er und die Seinen gespielt haben sollen. Die Lieb-
haber der Tänzerinnen hatten ahnungslos den Kampf ver-
schleiert, der hier ausgefochten wurde, und schenkten dem
Glückspilz Wagner und seiner Garde die Fabel vom besiegten
Sieger.

Die Bilanz ergab folgende Posten. Die Oper zahlte 250 000
Francs drauf. Der Sänger Niemann steckte ein Jahresgehalt
von 72 000 Francs ein. Meyerbeer profitierte von den kostbaren
Kostümen, die bereits am dritten April in einer Vorstellung
von ›Robert, der Teufel‹ glänzten. Der Retter aber, der »eine
Bevölkerung ihren gemeinen Tagesinteressen zu entreißen
suchte, um sie zur Andacht und zum Erfassen des Höchsten
und Innigsten, was der menschliche Geist faßt, zu stimmen«,
erhielt für seine Bemühungen 750 Francs; und wurde
außerdem Mitglied der schärfsten Konkurrenz des Jockey-
Klubs. Auch die Frau von Metternich ging nicht leer aus. Ein
belgischer Minister schrieb eine Schattenspiel-Parodie auf das
durchgefallene Stück; sie wurde aufgeführt im Salon der weit-
herzigen Fürstin. Der erste Sekretär der preußischen Gesandt-
schaft, Graf von Solms, der ein nettes Zeichentalent besaß,
machte die Schlappe seiner Vorgesetzten wieder gut, indem
er die Schattenrisse verfertigte. Zu Beginn der Vorführung
erhielt jede Dame einen Fächer – für den Fall, daß sie aus
Sparsamkeit zögern sollte, den eigenen zu zerbrechen; die
Gastgeberin war sehr angetan von der zarten Anspielung.
Einen tollen Erfolg hatte das Jagdbild: Dachshunde mit ver-
drehten Beinen hinter einem flüchtenden Karnickel. Zuletzt
verwandelte sich die Wartburg in das Metternichsche Schloß
Johannisberg. Tannhäuser erschien im Keller, in der Hand
eine Flasche des edlen Weins.

Jener Tannhäuser aber, der noch nicht ein Schatten ist, findet
keine Ruhe zwischen Paris, Wien und Moskau. Freund Rökkel hat sich bis zur letzten Stunde gesträubt, auch nur zum
Schein um Gnade zu bitten; jetzt ist er frei und will weiter-

wühlen. Freund Bakunin, aus Sibirien entlaufen und in London angelangt, bekennt sich als Mann der Revolution: nach seiner Definition ein Wesen ohne persönliche Interessen und Neigungen, ohne Eigentum und Namen. Röckels und Bakunins Freund überschreitet, mit einem preußischen Paß in der Tasche, die Grenzen der Heimat, spürt nichts von Ergriffenheit beim Wiederbetreten deutschen Bodens, ärgert sich über die Albernheit und Ungezogenheit der deutschen Sprache, erhält in Weimar nicht das Ritterkreuz der I. Klasse, weil sonst Dresden ein halb Dutzend Orden zurückschicken würde und plaudert dort mit dem Herrn von Beust über das »unglückliche Mißverständnis«.

Auch am Hofe des Zaren beweist der Ex-Emigrant seine Macht über gekrönte Damen. Zwar ordnet der Fürst Dolgoruki von der berühmten Abteilung Drei die strenge Bewachung des Bakunin-Freundes an; und wenig freundlich wird vermerkt, daß sein Konzert gerade am zweiten Jahrestag der Aufhebung russischer Leibeigenschaft stattfand. Aber der Held des Tages, zuerst in Angst vor Geheimpolizisten, dann sehr glücklich, wenigstens hier das Terrain frei zu finden von der Judensippe, endet mit der Kaiser-Hymne; viele junge Leute verlassen den Saal. Tannhäuser sucht nicht die Revolution und nicht die Heimat; sondern Frau Venus und den Schatz der Nibelungen. Da lädt ihn das Schicksal in das Land seiner Träume ein.

Politik mit Musik

Parsifal, König von Bayern

>»Ihn schirmt der Torheit Schild«
>Parsifal

Auf ragendem Fels ein gelbes Gemäuer; im Rücken hält der dunkle Bergwald die Wacht. Schlanke Türme sitzen auf dem schweren Körper der Burg wie die heiterste Schülermütze auf grauem Schädel. Von hohen Zinnen blasen seltsame Türmer in Ruf und Widerruf einander das Brabanter Frühlied zu: Elsas Hochzeitstag; zweiter Akt, dritte Szene. Die morgendlichen Töne grüßen das erste fahle Novemberlicht, würdige Schwäne im stillen Teich, ängstliche Rehe im dunklen Tannendickicht und die rissig-grauen Wände bayerischer Felsen. Widerhall aber haben sie erst im Herzen des hochgewachsenen Jünglings mit dem dunkelgelockten Südländerkopf, der die zwanzigjährigen Augen aufschlägt, um die glänzenden, mit den geliebten Klängen eingedrungenen Schatten zu sehen: den Helden-Jüngling, Lohengrin, der ihm gleicht; und Lohengrins Schöpfer, Richard Wagner, der Gott gleicht. Fromm und verliebt beginnt Apoll den herbstlichen Sonntag, den ihm der liebste Mensch mit den liebsten Weisen eingeläutet hat.

König Apoll von Bayern hat erst einen zarten Flaum auf der Lippe; und kennt doch Lohengrin schon viele Jahre. Seit jenen frühen Tagen, da ihn der Knabe an den Wänden der väterlichen Burg erblickte: unter den hohen farbigen Gestalten von Kaisern und Herzögen, Minnesängern und Kreuzfahrern einen stolzen Schwanen-Ritter. Als Ludwig sechzehn war, hoch und schmal, bleich und kühl, begegneten sie einander zum ersten Mal: Wagners Lohengrin schritt singend über die Szene des bayrischen Hoftheaters und wurde die erste Liebe des kalten Träumers. Der wandelte nun durch die Säle des väterlichen Schlosses und brachte den frostigen Klecksen an der Wand in heißer Glut die geliebten Lohengrin-Klänge dar. Die Augen, oft geschlossen und inneren Spektakeln zugewandt, richteten sich jetzt auf die Menschen neben ihm, ob sie vielleicht dem Helden von Brabant glichen. Niemals vorher hatte es am Hofe von Wittelsbach soviel Schwäne gegeben. Das poetische Zugtier wurde königlich bayrisches Totem. Der liebenswürdige Vater ehrte den verliebten Sohn mit einem Lohengrin-Ball; und als dann Ludwig und der Herr von Gral, drei Jahre später, ein drittes Mal einander trafen, trugen die anwesenden Damen, dem lieblichen Kronprinzen zu Ehren, Schwan und Taube als Schmuck. Aber der Schöne, der über Tannhäusers Rückkehr zum Venusberg in Krämpfe verfallen war, sah nicht die schmachtenden Mädchen; nur ihn, den Helden. Zwar war Ludwig – die Klavierlehrer hatten es entdeckt – nicht imstande, einen Straußschen Walzer und eine Beethoven-Sonate auseinanderzuhalten; wohl aber erkannte er den Unterschied zwischen dem wohlgeformten hehren Jüngling und dem häßlichen Rest der Menschheit. Einsam saß in seiner Loge der Erbe des Throns, wechselte die Farbe und schluchzte laut auf, so sehr beglückte ihn der liebliche Erlöser in schimmernder Wehr.

Nun bringt ein klingender Novembermorgen dem jungen König zwiefaches Glück: nicht nur der Gruß des Himmlischen, sondern auch die Liebesbotschaft seines irdischen Schöpfers, der endlich hier, in Hohenschwangau, eingetroffen ist, wo sein Freund als Knabe durch Wald und Wiesen streifte, das Bild des Meisters im Geist und im Herzen. Er, der Meister, der einst auf Zauberwegen die Liebe in das verschlossene Prinzenherz geleitet hat, grüßt nun seinen Ludwig, nach der ersten Nacht im Königsschloß, mit vertrauter Melodie. Und der glückliche Jüngling jubelt, von Tür zu Tür, im zärtlichsten Morgengebet: »Guten Morgen, mein Inniggeliebter! Herzlichen Dank für Ihre hehren Grüße.«

Den poetischen Zapfenstreich hat der große Szenenbauer prächtig arrangiert: mit Hilfe von zehn Oboisten des ersten Infanterie-Regiments, unter Führung des Musikmeisters Siebenkäs; die übrigen Requisiten, Türme und Schwäne und der herrliche Resonanzboden im Herzen des empfänglichsten jungen Menschen, sind bereits vorhanden gewesen. Der König hatte seinem ›Ein und All‹, dem ›Inbegriff seiner Seligkeit‹, zugerufen: »O wir haben uns so viel zu sagen«; der Angerufene war herbeigeeilt, ›wie zur Geliebten‹. Wirklich noch so unbeschwert wie damals, im Frühling des ersten Jahrs, als er auf der königlichen Jacht ›Tristan‹ über den Starnberger See fuhr, um den Strauß Rosen entgegenzunehmen, den ihm sein König gepflückt hatte? Es war nicht mehr der Mai des ersten, sondern der November des letzten Jahrs: der schöne, leuchtende Gipfel eines Märchens, in dem ein Erlöser und ein anderer unerlöster Tor die Hauptfiguren sind, zum Lachen und zum Weinen.

Vor achtzehn Monaten war Richard Wagner in die Stadt München gekommen, aus der Freund Liszt ihm einst gemeldet hatte, der Hof habe nicht das geringste Interesse für Musik. Man kann nicht recht sagen: er war gekommen, er war hingefleht worden. Es war geschehen wie im ›Lohengrin‹: ein begnadeter Mensch in höchster Not ruft nach einem Retter, in den blauen Brabanter Tag hinein – und pünktlich taucht der Erflehte auf. Als der arme Ausreißer Wagner, der aus Wien vor seinen Gläubigern in Weiberkleidern geflohen war, nach dem bangen Hilfeschrei: Wird der Fürst sich finden, der es mit mir wagen will? (welch' Notsignal er durch Druck verbreiten ließ) in einem Stuttgarter Hotel die Koffer packte, vielleicht zur letzten Reise, brachte der Kellner eine Visitenkarte von Lohengrins Schriftführer: »Pfistermeister, Secrétaire aulique de S. M., Roi de Bavière.« Der einzige Unterschied zwischen beiden Opern lag darin, daß vor sieben Jahrhunderten der Retter höchstpersönlich zur Stelle gewesen war, während jetzt, den Usancen einer demokratischeren Zeit entsprechend, erst der Diener anlangte – mit einem königlichen Lichtbild und einem königlichen Rubin, der den Umworbenen anblitzte: so, wie ich glühe, brennt Seine Majestät vor Sehnsucht nach Dir. Der Königsbote Pfistermeier begehrte, diese Gaben einzutauschen gegen einen Bleistift des Meisters, seine Feder und drittens den ganzen Mann ... Auch die bayerische Version der Wagner-Oper endete schlecht, wie sich bald zeigen wird.

Die Fee war also dem verirrten Musikanten wirklich erschienen. Am liebsten wäre mir, hatte er noch kurz zuvor einer russischen Hofdame gestanden, es kaufte mich jemand mir ab, ließe mich nichts mehr von der Welt wissen und hielte mich nur zum Dichten und Komponieren, wie man einen Kutscher zum Fahren, einen Gärtner zum Gärtnern hält. Seine Freiheit sei ihm recht lästig, hatte er dem Zaren-Fräulein versichert; mit Freuden wäre er der Sklave des Herrn, der den rechten Vorteil aus ihm zu ziehen wüßte. Bisher war er allen, die ihn ausprobiert hatten, zu teuer geworden: dem Meyerbeer und dem Liszt, der Jessie und dem Otto. Endlich war der Kunde da, den er erträumt hatte: »Liebe bei wirklicher Macht«, und nicht nur die Macht des gemeinen Reichtums. Der Liebeshandel, wie er das Märchen-Geschäft nannte, wurde perfekt: er wurde der Lieblingssklave des süßen Bayern-Zaren, den ihm, wie er Freunden die fromme Begebenheit meldete, eine Königin im Jahr der ersten Aufführung des ›Tannhäuser‹ zur Welt gebracht hatte. Der Sklave adoptierte sofort seinen Herrn als Kind, zufolge jener höheren Algebra, die der Musikant für die Relation der Größe Wagner zur Größe Umwelt zu verwenden pflegte. Also begann die Himmelfahrt des Einundfünfzigjährigen, Tonsetzer, Poet, Dirigent, Philosoph und vor allem Heilsbringer. Die Hinterbliebenen einer Giftmörderin suchten seine Gunst. Ferdinand Lassalle ließ sich bei ihm melden, um einen Bundesgenossen zu gewinnen gegen den bayrischen Gesandten in der Schweiz, der ihm die Tochter Helene vorenthalten wollte. Der Edelsklave eines großen Herrn ist selbst ein großer Herr.

Der König, voll Glück über den schönen Morgen, ist zur Kirche gegangen. Wahrscheinlich betet er im Hause des Christus zu jenem ›Einzigen‹, der ihm Freuden verschafft, »die Gott allein vergeben kann«; der königlich-bayerische Gottesbeweis für Richard Wagner. Niemand ist schwerer Gutes zu tun als einem König: Lakaien und Aufrechte opfern ihm üppig in Unterwürfigkeit und Stolz ... was bleibt da noch übrig für einen Außenseiter? Der fremde Hexenmeister versteht es. Erfahren im Königsdienst, noch von den Zeiten her, da er zu Dresden den ergebenen Volkstribun seiner Sächsischen Majestät machte, näherte er sich dem teuren, huldvollen Herrn der Bayern sehr korrekt als treuster Untertan; einer von vielen tausend treusten Untertanen. Da sah er, daß es den Herrn ekelte vor Höflingen und noch glanzloserem Volk; Ludwigs große Sehnsucht war die dunkle Sonne der Erlösungs-Oper. Zwei Partner, welche die glänzende Szene mehr liebten als die glanzlose Straße, fanden einander. Zwei Flüchtlinge, denen der graue Stern, auf dem sie ausgesetzt waren, nicht gefiel, labten einander in der jubelnden Zweistimmigkeit von Tannhäuser und Elisabeth, Lohengrin und Elsa, Tristan und

Isolde, wobei sie abwechselnd den einen und den andern Part nahmen. Der Freund schob dem Freunde die Rolle des Gnadenspenders zu und akzeptierte sie auch. Was die innigsten Mystiker in seligen Stunden erschaut hatten von Gottes Weisheit, Güte und Schönheit, fanden sie aneinander: zwei Götter und zwei Priester zugleich.

Im kleinen Kreise der Freunde pflegte der Meister, wie er dem »angebeteten, engelgleichen Freunde« meldete, die königlichen Botschaften vorzulesen – und welches Wort Ludwigs wurde ihm nicht zur Botschaft; dann schwieg man den ganzen Abend, um die Verklärung nicht zu entweihen. Die unbedeutendste Nachricht, versicherte der arme Wanderer dem schönen Stern seines Lebens, ginge ihn mehr an als alle europäische Politik. Die einzige Verlockung zum Dasein sei die wunderbare Liebe, die aus dem Herzen des königlichen Freundes wie aus dem Schoße Gottes herniedertaue. Nicht seine Kunst will der Künstler mehr, nicht die Vollendung und Aufführung seiner Werke; nur noch Freude für den Freund. Alles Bemühen habe keinen Sinn, wenn nicht das befriedigte Lächeln des hohen Engels das Werk kröne. Am letzten Tag im Jahr Eins dieses Bundes empfing der Herrscher ein inniges Dankschreiben für die Wunderheilung, die er an seinem »selig-beglückten Schützling« vollbracht habe: »Letztes! Höchstes! Schönstes meines Lebens!« Ihr treues Eigen Richard Wagner, eben noch krank, vermochte nach Erhalt des königlichen Schreibens wieder aufzustehen, um »ein brünstiges Lebehoch« auszubringen; es war ein seltsames Seelenbeben, mit welchem die Freunde in den zarten Ruf einstimmten. Wenn eine Wunderbotschaft ankommt – und alle Briefe Ludwigs sind Wunderbotschaften, trifft den glücklichen Empfänger ein elektrischer Schlag, der ihn betäubt: das Feuer strömt in die Augen, alles wird hell und rosig-klar, die Zukunft wird Gegenwart. Bisweilen auch hat die Wunderbotschaft eine mildernde Wirkung; alles wird still, sanfte Sonntagsruhe, aus tiefster Seele klingen die feierlichen Glocken der wohlgestimmten Weltharmonie.

Der bilderfreudige Beter ist kein Schmeichler von der ordinären Sorte, die in der Nähe von Thronen wuchert. Selig zieht der König den Duft dieser seltsamen Pflanze ein; so glücklich müßte ein Gott, wenn er eine Nase hätte, die innige Dankbarkeit seiner süßesten Heiligen genießen. .Schönheit meines

Lebens! Mein Wille! Meine liebende Vorsehung! Mein Glück! Höchster Trost! Aus den frommen Büchern der Ahnen hat der Pastorenenkel die wortreichen Verzückungen seliger Knechte im Gedächtnis behalten. »Wäre ich – Er, so hätte ich ihn nicht mehr zum Lieben«: also geben Menschen Kunde von der großen Wonne, ganz klein zu sein, um den Himmel ausstatten zu können mit überirdischer Größe. Die andächtigen Litaneien enden in einem Kniefall. »Ewig hörig«, tönt es zum Bayern-König hinauf. Bisweilen orchestriert auch der demütige Königsknecht seine Hymnen glorioser, üppigstes neunzehntes Jahrhundert. Am Ende von Tannhäusers ›Pilgerfahrt‹, auf dem letzten ES der Violoncelli, brechen achtzig Militärmusiker hinter der Szene mit dem ›Huldigungsmarsch‹ für Ludwig II. los. Oder der große Dirigent, der auch dem Telegraphen den Takt schlägt, läßt den Draht zum Geburtstag jubeln:

»Geboren ist ein Heiland Deutschlands Söhnen:
Er feiert heut sein zwanzigst Ehrenjahr.«

Ein Telegramm konnte Meister Eckhart seinem Höchsten noch nicht bieten.

Ein richtiger Gott hätte diese Derwisch-Tänze mit Schweigen entgegengenommen, in stolzer Majestät. Der arme Sterbliche auf Bayerns Thron aber muß, ganz ungöttlich, seinen Dank stammeln; ihn hält es nicht auf fernem Wolkenthron. So beginnt der Angebetete zu beten, wie er es gelernt hat aus dem Riesenduett Tristan und Isolde. Ganz stilecht steigt nach der ›Tristan‹-Premiere das Gebet des Königs zum Thron seines Meisters auf: »Einziger! – Heiliger! – Wie wonnevoll! – Vollkommen. So angegriffen von Entzücken! – ... Ertrinken ... versinken – unbewußt – höchste Lust – Göttliches Werk! – Ewig treu – bis in den Tod hinaus!« Ludwig ist nur ein Widerhall Richards. Wie es in die königlichen Berge hineinhallt, so schallt es aus Schwalbach, Hohenschwangau und Berg, aus der Pürschlings- und aus der Degelberg-Hütte, vom Hochkopf, von Linderhof, von der Kainzen- und Katzenalp wieder zurück. Das königliche Echo gibt Poeme mit Poemen wieder. In düsterer Nacht lag lang die Kunst gefangen, am Himmel glänzte kein einziger Stern – da kam ER, die ›Leuchte des Lebens‹. Und Ludwig sehnt sich, dort oben über den Sternen als seliger Geist ohne Beben, wo Schmerzens-

tränen kein Auge mehr weint, mit ihm, dem Geliebten, für
den er geboren, in Sinnen zu vergehen, zu zerschmelzen in
Glut. Übrigens wünschte er nur im Gedicht, daß das Vergehen
und Zerschmelzen jenseits der Wolken vor sich gehe; in Wirklichkeit bettelte er, Wuotan möge nicht sterben, lieber sich an
dem Helden Siegfried erfreuen ... Also opferten sie einander
auf schönen Altären und vergifteten einander mit dem gefährlichen Dampf, der Menschen aufbläht zu Ungeheuern, die sich
göttlich dünken, weil zweibeinige Kreaturen vor ihnen zu
Würmern werden.

Ludwig II., der arme, schöne Bayer, sitzt einsam in seinem
Kirchenstuhl zu Hohenschwangau: halb ein Götze, halb ein
sich windender Wurm. Der Erbauungsstunde folgt viel Un-
erbauliches. Die inneren Stimmen werden überdeckt von häßlichen Worten: Schleswig-Holstein und Bismarck, Österreich
und Napoleon III. Man könnte sich diese langweiligen Geschichten voll ekler Vokabeln vom Halse halten; denn man ist
König. Aber wäre er es noch, wenn er die öden Affären dem
Kabinettssekretär Pfistermeister und dem Ministerpräsiden-
ten Pfordten überließe? Endlich – nach vielen Monaten der
Entbehrung! – ist er wieder bei ›seiner ersten Liebe‹, die eine
Doppelliebe ist: der schöne, junge Schatten Lohengrin und sein
nicht mehr ganz junger, aber sehr lebendiger Schöpfer Richard Wagner sind verschmolzen in eins. Den Blick verloren
in den Augen des andern, sitzen zwei Selige beieinander im
trauten Erker oder im königlichen Wagen, der, durch Vorrei-
ter den Berggeistern angekündigt, von vier Pferden durch fel-
sige Einsamkeiten gezogen wird: der König und sein Sänger,
der Herr und sein Sklave, der Verliebte und sein Geliebter –
zwei Götter, die einander anbeten.

Wagners Diener ist in völligem Taumel; und vielleicht erst
an der Fassungslosigkeit seines Franz spürt der Herr, daß er
der kleinere Gott ist. Das aber ist vergessen, sobald er in die
königlichen Augen blickt. In ihnen liest er: Du warst seit meiner Kindheit der einzige Quell meiner Freuden; ein Freund,
der zu meinem Herzen sprach wie kein anderer. Damals ersehnte ich die Zeit, die es mir vergönnen werde, Dir die Leiden
Deines Lebens zu vergüten. Jetzt, wo der Purpurmantel mich
umwallt, habe ich die Macht, die niedren Sorgen des Alltags
Dir zu verscheuchen. Du sagst, daß Du mir viel verdankst; ich

schulde Dir mehr, die schönsten Augenblicke meines Daseins.
»Du warst, Du bist und Du wirst sein mein Alles bis zu meinem Tode«; unter dem macht es kein Herz, das zum erstenmal liebt. Und weil Ludwig den Jahren entwachsen ist, da es ihm genügte, im verdunkelten Zimmer Schönes zu imaginieren, will er, daß die Bilder seiner Sehnsucht in die Wirklichkeit treten: Lohengrin soll das Hofbräu schließen und den häßlichen Tag wegstrahlen.

Wie die Augen des Geliebten die süßen Schwüre aufnehmen, sieht der Liebhaber kaum, obwohl die letzten achtzehn Monate selbst einen Augenlosen hätten sehend machen können. Der Meister, der Wohltaten zu entgelten pflegt mit der Glut eines überschwänglichen Herzens, das allerdings sehr schnell sehr matt wird, wenn man die Glut nicht nährt, liebt den spendablen Herrn mit echter Inbrunst. Ist aber nicht der Sokrates zu diesem Alkibiades. Und, wer sein Herz schon so oft vergeben hat – bis übers Grab hinaus, hat nur noch eine sehr vergängliche Ewigkeit zu verschenken. Während der Jüngling wähnt, er sei nur König, um den leidenden Freund vor unfreundlichen Erdbewohnern zu schützen, weiß der Erfahrene, der vielleicht nicht ohne Beklemmung die große Erlösungs-Oper Fleisch und Blut werden sieht, wozu er Sklave ist: sein Imperium auszubreiten kraft der Macht, die ihn schützt. Also steht in seinen Augen, die übergehen vor soviel paradiesischem Glanz, nicht die schlichte Frage: liebst Du mich?, sondern die teurere: wieviel liebst Du mich? Wieviel will er denn? Er hat nicht den Ehrgeiz, der Richelieu seines Ludwig zu sein: nicht für Bayern und nicht für Deutschland. Sein Reich ist nicht von dieser Welt, hat er dem Hohen Herrn zugeflüstert. Der Künstler will nur, ganz bescheiden, das Reich Wagner. Wird ihm sein Herrscher die Augen und die Ohren und die Steuergelder der Bayern ausliefern? Wird Wagner Staatsreligion werden im Lande des König Ludwig?

Die Chance ist groß. Der junge König, »größer als der Dichter: erfülltes Ideal des Dichters«, ist die Wirklichkeit eines Traums: Lohengrin und Siegfried und Parsifal in eins, einsam-stolz und tumb und rein. Fern vom Pestgeruch der Großstadt lebt er wie ein Wagner-Held in einsamer Höh'; in abgelegenen Burgen, in verschneiten Jagdhütten. Im ersten Jahr seiner Regierung ist er in zweihundertneunzig Tagen nicht mehr als achtundsechzig in der Residenz gewesen; da sprachen ihn die Minister zwischen zwei Theaterakten, froh, seiner habhaft zu werden. Er wohnte nicht der Überführung des toten Vaters in die Theatinerkirche bei. Er kam nicht nach München, als Großvater Ludwig vor einer längeren Reise dem Enkel Adieu sagen wollte. Er besuchte nicht die dritte ›Tristan‹-Aufführung, weil er seine Loge mit einem Gast hätte teilen müssen. Er ist, wie Lohengrin, unbefleckt von den Ausdünstungen des Menschengesindels. Und er ist, wie Siegfried, nicht vergiftet von ihrem eklen Gold. Kurz bevor er König wurde, erhielt er eine Börse mit einem Exemplar aller bayrischen Münzen, kaufte für die kleine Summe der Mutter einen Schmuck und war sehr erstaunt, nicht den ganzen Laden auskaufen zu können; so wenig unterliegt er dem Fluch des bleichen Metalls. Er atmet nicht die Luft der verrotteten Menschheit, ihr schmutziges Geld geht nicht durch seine reinen Hände, er macht sich nicht gemein mit ihr in ihrer Gier. König Parzival auf dem Throne der Bayern hält es nicht für möglich, Kinder zu haben außer der Ehe; die schwersten Verfehlungen, für die er keine Gnade kennt, sind Verbrechen gegen die Sittlichkeit.

Dies abseitige, von den Bankiers nicht verführte, von den Frauen nicht verdorbene Kind ist ein ganzer König. Ludwig Quatorze, wie man ihn nennt, verachtet die Menge, haßt ihre Freiheiten und sieht voll Mitleid auf die elenden Fürsten, die sich Anno Achtundvierzig Zugeständnisse entreißen ließen. Als Großvater Ludwig sehr zivil durch seine Stadt promenierte, wurde er majestätisch-zornig, sobald man ihn nicht grüßte; warf die Hüte der Frevler zur Erde und schrie: ich bin der König. Der Ahn, jetzt achtzig, kann zufrieden sein mit diesem Enkel, der schon als Knabe dem jüngeren Bruder nicht gestattete, vor ihm in den Wagen zu steigen; den Sprößlingen des hohen Adels nicht erlaubte, den Erben des Throns beim Spiel zu berühren oder gar zu besiegen; und in der Universität einen Sonderplatz in Anspruch nahm. Hinter dem Sarg des Vaters ging der junge König in einem Schritt, der zugleich Parade und Prozession war; Inhaber der höchsten irdischen und überirdischen Gewalt.

Der Revolutionär von Dresden pries vor zwanzig Jahren August von Sachsen als Retter aus irdischer Not. Der Emigrant von Zürich sah vor einem Jahrzehnt in den sechsunddreißig

deutschen Fürsten den Herd einer besseren Zukunft. Der Wettiner, der Weimaraner, der Badenser und der Preuße hatten
sich nicht bewährt; nun hat der Untertan, dem immer der richtige Herrscher fehlte, endlich den Echten gefunden und lehrt
ihn, seine ›fast übermenschliche Stellung‹ zu festigen: durch
Erhöhung der Zivilliste. Der Mentor bestärkt den hohen Schüler in dem stolzen Bewußtsein, durch Schönheit, Macht und
Gnade geweiht zu sein zu einem Leben, das nichts zu tun hat
mit dem Treiben der Niederen. Du bist von Gottes Gnaden!
Du bist nicht zum Leiden da, nur zum weniger schmerzhaften
Mitleid. Der tote Weise wird unruhig im Grab, wie er sein
Mitleid durch diesen unmöglichen Schüler als ein Leid für Pri-
vilegierte – entlarvt?, verfälscht?, sieht. Der Jünger des Jüngers aber, Ludwig II., der dem Lehrer Wagner keinen Hymnus schuldig bleibt, psalmodiert: »Die gemeine Welt verdient
nicht, mit Ihnen, Heiliger! in Berührung zu treten.« Zwei
Herren von Gottes Gnaden, beide zu schade für diesen schmutzigen Stern, knien voreinander. Vielleicht hätte Schopenhauer
seine Bücher umgeschrieben, wenn er die beiden Heiligen, geboren aus seinem Geist, noch erlebt hätte.

Wie nun in Hohenschwangau, unter dem königlichen Lie-
besblick, die Augen des Sängers zu strahlen beginnen in der
Gewißheit, den Mächtigen gefunden zu haben, dem seine
Macht zu nichts gut ist als zur Außerkraftsetzung der Gesetze
des Irdischen für Richard Wagner, zur Errichtung eines Privi-
legs für Richard Wagner: da denkt der königliche Jüngling in
holder Torheit, daß es dasselbe Beben ist, in dem ihre beiden
Herzen erzittern. Und vielleicht glaubt es in Dankbarkeit, der
größten Fälscherin aller Gefühle, bisweilen sogar der ehrliche
Komödiant, der Wandlungsreiche, an dem ein Maler verzwei-
felte, weil Herr Wagner jeden Tag ein anderes Gesicht mache.
Und es geschieht, daß der Meister »nahe daran ist, vor dem
Jüngling hinzusinken und ihn anzubeten«. Aber die Stunden
der Täuschung sind nur kurz. Warum wird unser Held Parsi-
fal durch den Kuß eines Weibes belehrt? fragt Parzival an.
Das ist ein furchtbares Geheimnis, mein Geliebter! weicht der
Lehrer aus. »Ach Sie wissen nicht«, fragt Parzival II., »was
Sie mit den Frauen anfangen sollen? Sie sind so langweilig.«
Und der Sohn zweier Mimen vergißt wirklich die Minna und
die Jessie und die Mathilde und die Sehnsucht nach einem

feuchtglänzenden Frauenauge, sieht mit neuem Blick auf den lieblichen Jungen und findet in ihm alles: »Welt, Weib und Kind.« Dann aber bittet er Freund Bülow, ihm Frau Cosima schnell zuzuschicken. Was aber die Welt anlangt, so vergißt er nicht, während sie vierspännig durch ihre bayrischen Hoffnungen schweben, dem König vor allem einen besonderen Sekretär »für die Ausführungen seiner Verordnungen in Kunstangelegenheiten« anzuempfehlen; der bisherige ist so ungenial, die königliche Schatulle aus den Umarmungen der Wagnerschen Muse befreien zu wollen.

Der Herr von Hohenschwangau schenkt dem liebsten Gast zur Erinnerung an die ›traumgleich-seligen Tage‹ eine Taschenuhr mit Schwan und tieferer Bedeutung. Öffnet man den dunkelblauen Deckel, so erblickt man ein Bildchen des Lohengrin im Nachen. Immer und ewig, ohne Trennung möchte ich bei Ihnen sein, ruft Ludwig dem Scheidenden nach. Der aber läßt sich also vernehmen, zu gleicher Stunde: wie der Sklave den Xerxes täglich mahnte: »Herr, gedenke der Athener!« so sage ich: »Teurer Herr, berufen Sie den neuen Sekretär!«

Ein stattlicher Theaterschwan zog seinen Kahn über den dunklen, von hohen Buchen eingerahmten Alpsee. Im Nachen stand aufrecht, in Silber und Blau, des Königs schöner, junger Adjutant Paul von Thurn und Taxis, glitzernd im bengalischen Feuer des Theatermaschinisten Penkmayer; Musiker der Regimentskapelle, verborgen im Gebüsch, brachten die dazugehörigen Töne hervor. Der König, sehr entzückt von der Aufmerksamkeit seines Paul, gab Befehl, die Szene zu wiederholen, und fragte den Meister nach dem authentischen Kostüm des Lohengrin; denn Ludwig war ein Träumer, der seine Bilder philologisch genau anzukleiden liebte. Sie sagten mir neulich, Panzer und Beinschienen müßten aus silbernen Schuppen sein. Soll nun ein Helmtuch über den Rücken des Ritters herabwallen? Etwa von himmelblauer Farbe? Trägt der Held einen Mantel? Der Meister beantwortete diese Fragen nicht. Er hatte andere Sorgen, da nicht alle Münchener ihn und seine Schar für Gralsritter nahmen, vielmehr für einen Heuschrekkenschwarm, der auf die Stadt niedergefallen war wie eine Landplage aus pharaonischen Zeiten. Die hundertsechsundsechzigtausend Bayern, die an der Isar wohnten, waren nicht sehr versessen auf Zuwanderer und schon ganz und gar nicht auf norddeutsche Heiden, ob sie sich nun Protestanten nannten oder Atheisten. Aber man war von Großvater Ludwig und Vater Maximilian her Kummer gewöhnt; so regten sie sich kaum auf, als ihr schöner Ludwig den sächsischen Opernmann zu sich rief, wie der Vater die poetischen Söhne jüdischer Berliner und Lübecker Pastoren hatte kommen lassen und lebten nach wie vor in schwerfällig-heimischer Weise. Auch ging dieser und jener zu Zeiten ins Hoftheater: dem einen gefielen schwarze Segel, Venusberge und Schwäne, dem andern waren sie nicht lustig genug; nicht für den einen und nicht für den anderen war dies eine Lebensfrage. Es gibt auf der Welt viele Opern und nur einen einzigen Ort, wo Münchner verzapft wird. Und so schiedlich-friedlich wäre es geblieben zwischen Bierbrauern, Biertrinkern und einem ziemlich alkoholfreien Musikanten, wenn er nur im Hoftheater Lärm gemacht hätte.

Aber schon nach wenigen Monaten beschäftigte sich (wie früher in Dresden, in Zürich, in Paris und in Wien) ein erklecklicher Teil der Stadt mit dem lauten Individuum. Das ist doch nicht der Künstler, den man kennt: der nimmt sein Honorar entgegen, erhält einen Orden als Zugabe, wird Mitglied der Akademie und preist an festlichen Tagen die Reize der königlichen Residenz. Der unbekannte Ritter von Gral ist eher ein exotischer Satrap, der mit einem Riesentroß in das stattliche Dorf eingezogen ist, um es sich und den Seinen unter Indianergeheul zu versklaven. Rücksichtslos kolonisierte er drauf los, als wäre der große Isar-Kral jungfräulicher Boden; sie aber wollen nichts als ihr altes, liebes München. Und schon sahen einige Kassandras den Untergang ihrer Stadt und setzten die öffentlichen Zungen in lauteste Bewegung. So kam der geehrte Gast zu der Ehre, neun Monate nach seinem Einzug ein Fall zu sein, der den zeitunglesenden Bayern anging.

Da war etwas durchgesickert von königlicher Ungnade, nun wagte sich manche Maus aus dem Loch. Bei der Aufführung des ›Holländer‹ hatte der Meister vergeblich auf seinen König gewartet. Am nächsten Tag war er nicht vorgelassen worden. Auch der Aufführung des ›Tannhäuser‹ war Ludwig ferngeblieben. Eine Stadt folgte den Etappen der beginnenden Sonnenfinsternis mit großer Anteilnahme. Aber die Sonne konnte nicht lange dem Lieblings-Trabanten zürnen. Gewiß, es ist nicht nett vom Einzigen gewesen, seinem Ludwig ein Porträt zu schenken und die Gabe der Kabinettskasse anzurechnen. Selbst dem gläubigen Ludwig kam nicht die Idee, der delikate Freund habe es nur nicht gewagt, seinem Herrn ein Geschenk zu machen. Ist dieser Erlöser vom Golde vielleicht ein Unerlöster? Der enttäuschte Ludwig grollte sehr laut; vernehmbar seinem Volke. Aber als er dann in den Zeitungen seines Landes schwarz auf weiß lesen mußte, daß er dem Teuren nicht mehr gewogen sei, schwor er ihm Liebe bis in den Tod. Redakteure sind schwerfällige Wesen; geschmiedet an die Nachricht, die sie veröffentlicht haben, können sie nicht das Tempo halten, in dem eine sehr bewegliche Seele vorwärtslebt. So posaunten sie am selben Tage, an dem der bayrische Augustus seinem sächsischen Horaz verzieh, in die Welt, mit verstärktem Redaktionsorchester: der Fremdling habe die Gnade des Monarchen völlig verscherzt; auch deuteten sie an, daß zu diesem Thema noch einiges zu sagen sei. Nach diesem pikanten Präludium erzählten sie dann einer Stadt, selbst ein orientalischer Grandseigneur brauche sich nicht zu scheuen, in des Meisters Haus vor den Propyläen einzukehren; und übrigens habe Seine Majestät die Wiener Schulden des Abenteurers mit einer so hohen Summe bezahlt, daß Mozart und Beethoven dankbar gewesen wären für die Zinsen des Kapitals.

Ein stilles, kleines Haus mit Garten und die Freiheit vom Zwang, für Geld zu schreiben, hatte er bescheiden gefordert. Das kleine, stille Haus war ein großer, lauter Palast geworden; die franziskanische Freiheit ähnelte zum Verwechseln dem Lebensstil eines Bankiers. Einem Künstler aber, der von den Steuern der Mitbürger lebt und obendrein noch ihr Erlöser sein will, wird nicht gestattet, was dem Mann, der von diesem Messias gerettet werden soll, erlaubt ist. Das begriff der Ahnungslose nicht. Auch hielt er den königlichen Liebesbrief für stärker als Redaktionen, die sich festgelegt haben; er belehrte die Münchner, seine Arbeiten würden nur angemessen bezahlt. An diesem ›angemessen‹ fanden die Zeitungsschreiber wiederum ein Haar und zogen an ihm jene lange Historie herbei, die mit den Dresdener Schulden begonnen und mit der Flucht aus Wien in Weiberkleidern nicht ihr Ende gefunden hatte; seit den Bemühungen der Wiener Polizisten hatte niemand sein Leben so gründlich ausspioniert wie der Münchner Redakteur.

Doch die Wagner-Kolonie, die ihre erste Niederlage erlitten hatte, triumphierte. Dem Meister eröffnete sich durch eine fast wunderbare Erfahrung der tiefe, für ein ganzes Volk bedeutende Sinn seiner Mission. Ein altes Weib aus dem Volk, das schon Ludwig I. und Max II. heimgesucht hatte, versuchte jetzt ihr Glück beim Freund des Nachfolgers. Ludwig II. ist zu großen Dingen berufen, verkündete Frau Dangl; das steht in den Sternen. Ich will Ruhe haben für meinen König, und Sie, Herr Wagner, müssen ihn schützen. Erkannte nun nicht alle Welt, daß das Münchner Volk für ihn war?

Wohlmeinende hatten ihn schon zu Anfang gewarnt: höre, Wagner, Du kommst zu einem phantasiereichen jungen König; hüte Dich, Deinen zersetzenden Einfluß auf ihn geltend zu machen. Diese Warnungen waren jetzt öffentlich ausgesprochen worden. Aber der Musikant auf fremdem Terrain – ein Spieler, der sich einmischt in eine Partie, die er nicht zu spielen vermag, war so verblendet, eine Armee von Feinden gegen sich in Bewegung zu setzen. Und als man gegen seine Expansion Schranken errichtete, wurde er zum Marquis Posa: Sire, erhöhen Sie die Zivilliste! Es war eine buntgescheckte Front, die gegen ihn stand. Die Verkünder der Monarchie waren gegen den Barrikaden-Mann, den Alliierten der Liberalen, der dem Herrscher riet, sich an der Spitze eines Volksheers zum deutschen Kaiser wählen zu lassen. Die Fortschrittler waren gegen den Monarchisten, der seine Vergangenheit verleugnete und aus dem König von Bayern einen römischen Despoten machen wollte. Die Katholiken waren gegen den Gottlosen, der das Christentum verkörpert fand »in einer heutigen Baumwollfabrik«, und dem König von Bayern Feuerbach zu lesen gab, der alle Götter entthront hatte. Die Freigeister waren gegen den Priester, der den christlichen Nebel verscheuchte, um mit hundert unchristlichen die Erde nur noch dichter einzunebeln. Die Bajuwaren waren gegen den Prussien, den Helfershelfer des ›Blut- und Eisenmanns‹ in Berlin ... ging nicht das liebe Preußen darauf aus, den ganzen Süden in die Tasche zu stecken? Die Gegner des Autochthonen-Kollers waren gegen den Partikularisten, der den Größenwahn des gekrönten Stammeshäuptlings noch stärkte. Und da Richard Wagner Absolutist und Freiheitsmann, Religiöser und Ungläubiger, Wittelsbacher und Deutscher war (wie sein König ein Anhänger des Louis

Quatorze und des Wilhelm Tell), da der Meister die Wirklichkeit verachtete und den Traum liebte, die Logik verachtete und das Wunder liebte, trafen ihn alle Pfeile.

Und nicht nur die politischen. Die Geschosse der Herren Mitkünstler, die an den ›Symposien‹ Maximilians teilgenommen hatten und nun durch den Neuen ausgeschlossen waren von den festlichen Melancholien auf der Roseninsel, saßen nicht weniger gut. Wer waren noch Geibel und Heyse und Bodenstedt und Schwindt und Kaulbach und Peter Cornelius, nachdem es den Wagner gab? Die bildende Kunst hatte nur noch ein Thema: Figuren und Szenen seiner Opern. Die Wände des königlichen Schlosses wurden bepinselt mit Nibelungen und anderen Wagner-Geschöpfen. Und das war alles noch nicht genug. Jedermann wird bald überall des Nationalgottes Tempel sehen. Von der Nordostecke der Residenz wird eine Straße nach der Isar führen, den Fluß überqueren und jenseits zu einer Plattform emporsteigen, auf der das Wagner-Festspielhaus die Höhe krönt und das Straßenbild weithin beherrscht; und eine Zeitung von »ungeheurer Vornehmheit« wird den Stadtheiligen in die richtige Festbeleuchtung rücken. Soviel Ruhm hätte auch einen angenehmeren Kollegen bei seiner Innung Kopf und Kragen gekostet; denn Künstler sind weniger wohlwollend gegeneinander als Bankiers.

›Der Landstreicher‹ aber, wie ihn einer aus der Poetengesellschaft ›Krokodil‹ nannte, selbst nur ein Zugereister, war noch nicht einmal angenehm. Die ganze Bande, an deren Spitze er stand, war hochfahrend. Der Meister mußte verurteilt werden wegen ungebührlichen Benehmens gegen den Bahnhofsverwalter Haug in Augsburg, der ihn wegen Übergewichts des Gepäcks zur Rede gestellt hatte; auf dem Tische des Verwöhnten häuften sich die Briefe, die, wie sie ankündigten, nur zu seiner Ernüchterung ihm greulichen Hochmut vorwarfen. Sein Trupp war nicht bescheidener. Der Spezi Bülow, der, nach eigenem Geständnis, schon »beim friedlichen Auftreten« Skandale veranlaßte und nur selten friedlich auftrat, nannte, im Jargon der arroganten Kolonie, die Besucher des Hoftheaters Schweinehunde und, alle Augenblicke einmal, irgendeinen Zeitungsmann einen ehrlosen Verleumder. Vielleicht aber hätte man dies mitteleuropäische Wildwest noch eher hingenommen, wenn ihre Kunst für sie geworben hätte. Paul Heyse, kein

Asket, lehnte den »pathetischen Cancan« und die »musikalische Haschisch-Benebelung« ab. Der alte Cornelius, der Wagners Physiognomie hochmütig, kalt und wenig vertrauenerweckend fand, sprach also zu seinem Neffen, dem Wagnerianer: »Höre Peter, das sage ich Dir, wenn Du mir die ›Zauberflöte‹ und den ›Don Juan‹ unter den Tisch wirfst, dann schlage ich Dir die Knochen im Leibe entzwei.« Und der Herr H. Rauchenecker, der zum »allerersten und oft verschobenen Male« kurz vor der ›Tristan‹-Premiere im Schweigarschen Isarstadt-Theater die Parodie ›Tristanderl und Süßholde‹ aufführen ließ, versicherte in einer Selbstanzeige, daß der Text bald zu schlüpfrig, bald zu trocken sei.

Mit dieser Bundesgenossenschaft im Rücken, konnte der Hauptfeind zuversichtlich vorrücken: die Herren Pfistermeister und Pfordten, von den Zukunftsmusikanten verachtungsvoll verkürzt zu Pfi und Pfo oder, noch unfreundlicher, zu den Pf's. Der Kabinettssekretär Pfistermeister hatte im vorigen Jahr die Einladung des Tönemachers sehr begünstigt: soll der Opernschreiber den übereifrigen Jungen auf dem Thron nur ein bißchen von der Politik ablenken! Der wackre Hofmann hatte nicht ahnen können, welches Ungeheuer er aus Stuttgart in das liebliche Bayernland lockte: einen Mann mit besonderer Bewandtnis, der, nach dem Brauch der Könige, das Wir und Uns mit großen Anfangsbuchstaben zu schreiben pflegte. Pfi war Verwalter des inneren Ressorts und Betreuer der königlichen Seele; so pries er zuerst untertänigst die ›feinschaffende Hand‹ des königlichen Freundes. Mit eckig-steifer Gebärde suchte der eifrige Beamte den überschwänglichen Bewegungen der modischen Ekstase sich anzupassen, als wäre ein bisher unbekannter Tanz am Hofe von Wittelsbach eingeführt worden. So berichtet er, ein ungelenker Schüler seines Königlichen Herrn, dem neuen Mann erbauliche Begebenheiten zu Ehren seiner Operei. Als der liebenswürdige, gnädige Herr Ludwig nach einem größeren Ritt nachts ein warmes Bad nahm, habe er zufällig mit beiden Händen, abwechselnd und in verschiedener Stärke, auf die Fläche des Wassers geklatscht, der Tonfall erinnerte Majestät an das letzte Motiv des ›Tristan‹. Mußte die Erzählung des Hofrats den Musikanten nicht freuen?

Der verlangte nun vom königlichen Aufpasser, er möge die Freundschaft zwischen Richard Wagner und seinem gnädigen

Beschützer »in einem großen und ungewöhnlichen Lichte« erblicken. Woher sollte jedoch ein wackerer bayrischer Höfling jenes große und ungewöhnliche Licht nehmen, das eine ansehnliche Summe Geldes winzig und die Überschreitung des Etats harmlos erscheinen läßt? Als treuer Diener seines Herrn, so gab er bescheiden zu bedenken, müsse er doch den Wunsch hegen, daß das bisherige Gleichgewicht zwischen Einnahmen und Ausgaben wohl erhalten bleibe. Nach jedem Besuch Wagners aber waren alle Gleichgewichte in Gefahr; da waren die Menschen samt und sonders Dummköpfe und nur Er, König Ludwigs herrlicher Freund, der einzig Gescheite; welche Religion Folgen hatte, die das innere Ressort furchtbar verheerten. Was blieb da dem Wächter, der für den hohen Enthusiasten verantwortlich war, anders übrig, als dem Mann, der die ganze Administration und dazu noch die Vokabulatur in Unordnung brachte, die Sitzungen beim König unkomfortabel zu machen durch stark gepolsterte Sessel, welche auf die Wagnerschen Hämorrhoiden drückten? Der Verwaltungsmann für das Innere verabscheute, recht altmodisch, den leichtsinnigen Gebrauch der furchtbaren Macht Presse und versuchte es deshalb zunächst einmal mit jenem Hausmittel. Als aber dann der Mann »mit besonderer Bewandtnis«, dessen blumige Sprache immer mehr die kahlen Ziffern der Registratur überspann, eine Reorganisierung des Heers anregte, die königliche Kasse völlig okkupierte und schließlich auch noch die Position des Großwesirs Pfo attackierte – da war es nicht mehr allein mit einem unfreundlichen Druck aufs Gesäß zu schaffen.

Beim Augustiner, im sogenannten Affenkasten, hatten die Musikanten mit dem Bildhauer Ruf, der auch auf den Kassierer schlecht zu sprechen war, kräftig intrigiert. Der Unzufriedene prangerte die Beschützer des königlichen Schatzes als Schädlinge an, die dem Befehl ihres Herrn nicht gehorchten. Herr Ruf wurde als Verleumder verurteilt, Seine Majestät stellte sich auf die Seite des gekränkten Kassierers, der Drahtzieher im Hintergrund mußte klein beigeben: Wagners Sekretärin, Cosima von Bülow, versicherte dem Sieger, es würde sie betrüben, wenn das gute Verhältnis zum Meister gestört worden sei. Auch der zweite Stoß war daneben gegangen; auch er ein Angriff auf die Forts, welche den Bayernhort schützten. Wagner hatte wieder einmal eine stattliche Summe verlangt. Das

Fort mit Namen Pfi hatte sich wieder einmal in erhöhte Alarm-
bereitschaft gesetzt. Der König hatte wieder einmal geschwankt
zwischen der sorgenvollen Miene seines Gestrengen und dem
göttlichen Hunger seines Einzigen, voll Angst vor beiden
Dompteuren. So hatte er, Salomon der Kleine, Auftrag gegeben, das Gesuch abzulehnen … und hatte dann, in einem
Brief an den Liebling, Ablehnung und Ablehner abgelehnt.
Der Einzige, fast so töricht wie sein König, hatte sich nun
kräftig genug gefühlt, dem Feind den Gnadenstoß zu geben.
Und dann hatte wiederum Sekretärin Cosima dem Pfi mitteil-
len müssen, er sähe die Äußerungen ihres Chefs nur »irrtüm-
lich als Mißtrauensvotum« an.

Ein guter Musikant und schlechter Feldherr geht blind in
die Entscheidungsschlacht. Immer noch rechnet er mit diesem
ängstlichen, zaudernden Alliierten Ludwig, dessen Bündnis-
fähigkeit sich nun schon sooft als unzureichend erwiesen hat.
Der königliche Freund ist jede Stunde bereit, brieflich für sein
Ein und Alles in den Tod zu gehen, ist jedoch leider nicht imstande, die kleinen Wünsche bezüglich des Reservierens von
Logen durchzusetzen. »In München werden wir Herren sein
und bleiben«, jubelt das Echo Bülow, »solange der himmlische
König atmet«; inzwischen läßt der Himmlische die geheimen
Anregungen des Freundes kopieren und den verschiedenen
Ministerien zwecks Ausführung zugehen. Als zu Hohenschwangau die königlichen Augen sich in den blauen Irrgärten
des Freundes verloren, ging die Saat des Bündnisses auf, das
der Ex-Revolutionär mit den bayrischen Liberalen geschlossen
hatte. Das Herbstgewitter illuminierte das Schlachtfeld noch
greller als das vom Frühling.

Die Macht des Kabinettsekretariats über die Person des Königs, so schlagen die Königlichen den Angriff der Fortschrittler zurück, scheint doch so gewaltig nicht zu sein; wie wenig
gelingt es den Herren zum Beispiel, den weit größeren Einfluß einer vielgenannten Persönlichkeit zu beseitigen. Bei so
schamhafter Andeutung blieb es nicht. Die Reitgerte der Tänzerin Lola Montez erschien als Zwilling des Lolo Wagnerschen
Dirigierstabs. Da schickte Lolo seinem Ludwig zur Beruhigung
einen Zeitungsausschnitt, in dem folgende erbauliche Geschichte berichtet war. Als der König dem Gastfreund von Hohenschwangau das Geleite gab bis zur Station, wurde dies Zei-

chen königlicher Huld in dem Zug, in den Wagner einstieg, mit großem Eifer erörtert. Zwischen Biessenhofen und Kaufbeuren war ein Geistlicher sehr unzufrieden, daß sein Herr mit dem lutherischen Musikanten soviel Umstände mache. Da erwiderte ein Allgäuer Bäuerlein, es sähe den König lieber bei Musikanta als bei Pfaffa ... So wohlwollend beurteilt das Volk Seiner Majestät Intimus. Nach der Sternseherin Dangl mußte der Allgäuer Anti-Pfaff und Anti-Pf zeugen für die Beliebtheit des Volksmannes Richard Wagner. Der König aber beruhigte den armen Freund mit der Versicherung, er werde gegen die Ungeheuer Mime und Fafner, mit ihren bürgerlichen Namen Pfistermeister und Kabinettskassier Hofmann, vorgehen, und im übrigen dem Polizeidirektor Anweisung geben, einen Damm zu errichten gegen die Schlammfluten der Münchener Schreiber.

Acht Tage nach den seligen Stunden in Hohenschwangau meldete ein Blatt, der Freund des Herrschers habe die Kabinettskasse in neunzehn Monaten hundertneunzigtausend gekostet. Da fühlte sich der untergehende Held, in einer Art Euphorie, kräftig genug zu einem Ultimatum an den König: die »gegenwärtige Kabinettsbedienung« ist wegen Indiskretion rauszuwerfen. Oder sollte er etwa seinen König »ohne Rat gegen die unverschämteste Verräterei« der nächsten Diener lassen? Sire, bilden Sie ein neues Kabinett. Auch hat der treue Roland schon den Nachfolger bei der Hand; in der Eile muß er allerdings einen nennen, den er selbst nicht kennt. Leider fiel die Wahl auf einen sehr ungenialen Mann, dessen Gefühl es, nach eigenem Geständnis, widerstrebte, durch zufällige Empfehlungen außerhalb seiner dienstlichen Sphäre emporzukommen. Ich habe den Ehrgeiz und Stolz des Arbeiters, so lehnte dieser seltsame Mann ab; alles, was ich besitze, habe ich durch saure Mühe erworben. Aber es hätte gar nicht erst der Abneigung des braven Bürgers, in Wagner-Opern aufzutreten, bedurft. Der König beugte sich dem musikalischen Ultimatum nicht ... wenn auch sein Nein so betörend schwungvoll herauskam, daß es fast wie ein Ja klang. »O böse, verdorbene Welt«, seufzte es aus den Bergen; »jubelnd und mutentbrannt« werde ich »dem tückischen Mime und Fafner entgegeneilen«. Der Wurm »wird sich aufbäumen und winselnd zugrunde gehen«, jubilierte der Herr über allem bayrischen Getier. Dann aber verließ König Ludwig sehr klanglos die Gefilde der Opern-Metaphern und erklärte ganz prosaisch, daß der »unbedeutende und geistlose« Pfistermeister weiterhin im Amte bleiben werde. Der Musikant legte sein Ultimatum neu auf, als würden Ultimaten wirkungsvoller beim zweiten Abschuß. Mein König! Schnell und entschlossen! Kühn wie Sie sind und ich Sie liebe, möchte ich fast, Sie schwängen sich auf Ihr Pferd, ritten lustig nach München, ohne jemand ein Wort zu sagen, und brächten, wie ein Held, alles ins Gleis. Der Held ritt nicht und schlug ganz unheldisch vor, den »lästigen Gesetzen« der Welt sich zu entziehen und ins Tannendunkel zu flüchten, um sich an der Vöglein Sang und dem Geläute der Herden-glocken zu weiden. Den Meister jedoch gelüstete es nicht nach Siegfrieds Wald und nicht nach musikalischen Schafen; mehr nach dem Blut der tückischen Drachen, die den Schatz bewach-ten. So fuhr er, nachdem sein König versagt hatte, die stärk-ste Kanone auf. Sie sollte ihn selbst treffen.

In der Münchner ›Neuesten‹ erschien eine Anklage gegen das königlich bayrische Ministerium, von der selbst Anhänger des Meisters sagten, sie überschritte an rücksichtsloser Indis-kretion und Schmähung der Gegner jedes Maß. Mit Fingern würde auf die Leute gedeutet, die man nicht zu nennen brau-che, weil sie schon Gegenstand allgemeiner Entrüstung seien. Alles könne gut werden mit der Entfernung von zwei oder drei Personen, die nicht die mindeste Achtung genössen im bayrischen Volk. Auf den Straßen Münchens nannte man nicht nur diese zwei oder drei Personen, sondern auch den Autor des Pamphlets; der ›Punsch‹ bemerkte fein, es sei von Damen-hand. Bekümmert schrieb der König dem Einzigen, er werde wenig Freude haben an diesem Liebesdienst. Und die Freunde flüsterten schon ängstlich einander zu, der Ehrgeiz dieser Frau von Bülow habe alles verdorben. Tempo troppo agitato, hatte Vater Liszt schon immer von seiner Cosima gesagt.

Der Einsame von Hohenschwangau, der mit dem Herrlichen nur ›Siegfriedluft‹ atmen mochte, mußte zurück in den Pest-geruch der Großstadt, zum traurigsten Geschäft. Sein Mini-sterpräsident hatte ihn schon vor einiger Zeit untertänigst aufmerksam gemacht auf die musikalischen Gefahren. Der Ein-geschüchterte hatte damals durch Zirkularnote verbreiten wol-len, er habe den Meister in vier Monaten nur ein einziges Mal gesehen. Jetzt ließ sich der Großwesir nicht mehr hinhalten. Das sind doch alles Übertreibungen, flehte Majestät. Und die Ausweise der Kabinettskasse? Und die Berichte des Königs selbst über die Ratschläge des politisierenden Musikanten? Und die stadtbekannten Frechheiten? Verachtet ist der Mann nicht etwa wegen demokratischer Gesinnung, welche selbst Demokraten ihm absprechen; vielmehr wegen seiner übermütigen und liederlichen Schwelgereien. Solch eine Sprache durfte der Chef Seiner Regierung schon wagen.

Der König ist von Hohenschwangau zurück. Sein Ministerium stellt die Kabinettsfrage: er oder wir. Achthundertundzehn Bäcker, Buchbinder, Weber, Loderer, Konditoren, Lebzelter, Hofpaschner und Silberarbeiter danken dem Herrn Pfi für seine Absicht, München zu retten. Auch der alte Prinz Karl und die Königin-Mutter und der Erzbischof fordern den Kopf des Anti-Christ. Am Abend des schweren Tages begibt sich der König ins Theater. Die Logenschließer haben Anweisung, jedem Besucher einzuschärfen, daß der hohe Gast unbemerkt zu bleiben wünscht. Wie nun einige Hände seinen Eintritt dennoch mit dem üblichen-untertänigen Lärm zu akkompagnieren suchen, erhebt sich hier und da ein warnendes Ssst. Über diese Sssts fällt die Königin-Mutter in Ohnmacht. Ist das die Revolution? Polizeichef und Leibarzt, den Finger am Pulse des Volkes und des Königs, machen bedenkliche Gesichter. Da ist der Reine endlich so weit, dem treuen Volk zu zeigen, daß die Liebe zu ihm jedes Opfer fordern kann. Großvater Ludwig verzichtete auf den Thron – für Lola; der Enkel verzichtet auf Lolo. Lohengrin entscheidet sich gegen den Gral, Siegfried gegen den Wald, Parsifal gegen die Torheit. Der arme Treulose ist durch Geschäfte abgehalten, höchstselbst die Verbannung zu verkünden.

Der Feldherr erhält die Nachricht vom verlorenen Krieg in seinem erlesenen Haus, welches er das Schiff zu nennen liebte, weil er nie festen Boden unter den Füßen fand. Er sinkt zusammen. Er hat ausgespielt. Und ist doch alles so fein eingefädelt gewesen. Führte er nicht mit dem hehren Knaben das Spiel Kolumbus und Isabella auf – und gab dem Fürsten die Chance, Mäzen eines Erdteil-Entdeckers zu sein? Brachte er nicht den holden Jünger dahin, voll königlichen Selbstbewußtseins auf das Ziel des Freundes loszusteuern? »Was Sie wollen, das will ich«, versicherte demütig der Untertan; in Wirklichkeit tat der Herr, was der Diener wollte.

Ein Mittel hatte es immer noch gegeben, die Sippe des Monarchen und die königlich-bayrischen Wärter auszustechen: die Drohung mit der Abreise. »Gehe ich fort«, pflegte der Grausame dann dem verängstigten Jüngling anzukündigen, »so ziehe ich in ein fernes Land und kehre nie wieder nach Deutschland zurück.« Also hatte er ihn gelockt, wenn der König von Gottes Gnaden, in Angst vor der Umgebung, den Freund zu empfangen zögerte. Ludwig wollte doch nichts als das Paradies, erbaut von diesem Meister. Ich werde es Dir bauen, sprach dieser, aber nur aus der Fülle heraus, und der Baumeister machte die Hand weit auf. Sie war nicht immer sehr voll; auf dem Instanzenweg gab es viele Schleusen, die den Goldstrom nicht gern passieren ließen. Aber wenn der Musikant schmollte, seinem König kund und zu wissen tat, daß er sich in völliger Armut zurückziehen und das Paradies nie erschaffen werde, dann öffneten sich die Schleusen noch immer wie durch Zauberdruck; denn Ludwig wollte nicht einen Asketen, sondern einen Verschwender, der die Gegenwart zudeckt mit einer glänzenden Ewigkeit. »Ziehen Sie sich nicht in Armut zurück«, bettelte er dann in höchster Not; »ersparen Sie mir diesen unsäglichen Schmerz.« Und schenkte, wie ihm vom Meister vorgeschrieben war, königlich. Des Meisters Stimmung, eben noch sehr gedrückt, war dann »erhaben und begeistert wie nie«.

Es war immer gut ausgegangen. Weshalb zerbrach nun plötzlich diese herrliche Balance zwischen der Trauer des Musikanten und der königlichen Nachgiebigkeit, die ihn stets besänftigte? Zwischen den franziskanischen Süchten und dem erfolgreichen Flehen des Königs, sie zu bekämpfen? Der geschlagene Feldherr schnellte hoch. Daran ist nur einer schuld: Pfistermeister, der scheußlichste Intrigant. »Mäßigen Sie sich, ich bin als Beamter hier!« sagte der Hiobspostbote. Dann entkleidete der Tapezierer das Gralszimmer seiner Pracht; Seidentapeten und Tüllvorhänge fielen von den Wänden herab.

Der bayrischen Majestät schien es nicht einmal möglich, die Bitte des »mit Schmach bedeckten Freundes« nach einer Verteidigung zu erfüllen. Die Stellung eines königlichen Amtes ließe es nicht zu, meldete der Beauftragte, sich in ausweichende Reden zu ergehen, statt endlich deutlich zu sagen, welche Summe aufgewendet worden ist. Warum aber bat die verfolgte Unschuld nicht um die Gnade der Veröffentlichung dieser Ziffer? Warum ließ der Märtyrer von München nicht den folgenden Rechenschaftsbericht drucken?

Münchener! Euer König gab mir, als ich vor neunzehn Monaten zu Euch kam, eine mietfreie Wohnung und 4000: »ein für München enormes Jahresgehalt«, wie ich sofort feststellte; Euch gab man übrigens nur 1200 an, weil das gemeine Volk bei hohen Zahlen so leicht erschrickt. Damit Ihr jetzt klar erkennen könnt, wie hoch mein Einkommen gewesen ist, gebe ich Euch folgende Vergleichsziffern: ein Regierungsrat hat 1800, ein Gymnasial-Rektor 2200, das Höchstgehalt eines Rates am Obersten Landesgericht beträgt 2800, ein Ministerialrat erhält nach achtzehn Dienstjahren 3900. Nachdem ich mit 4000 entlohnt worden war, forderte ich ein Häuschen mit Garten und erhielt das Gebäude vor den Propyläen, dessen Mietpreis, 3000 pro Jahr, die Kabinettskasse zahlte; schöne, alte Nußbäume und weite Anlagen rahmen es ein; die stolzen Pfauen, die immer so kläglich schreien, sind ein Geburtstagsgeschenk meines Königs. Die Putzmacherin Berta Goldwag, die schon meine Wohnung in Penzing bei Wien in Seide gehüllt, mit schweren Teppichen belegt, durch reichgarnierte Schlummerkissen weichgemacht hatte, bereitete mir für 10 000 auch das mollige Nest in der Brienner Straße, das mein König bald käuflich erwarb. Am zehnten Juni mußten aufdringlichen Schuldnern 16 000 in die gierigen Rachen geworfen werden; das Geld kam mir also nicht zugute. So mußte ich am dreizehnten Juli bei einem meiner amourösen Besuche in Schloß Berg freie Verfügung über größere Geldmittel und eine Equipage verlangen. Ich forderte, wenn ich mich zitieren darf, »reich und reichlich«, um für alles gerüstet zu sein: die Überlassung des Hauses in der Brienner Straße auf Lebenszeit und ein Kapital von 200 000, von denen 40 000 sofort auszuzahlen sind. Die ungewöhnlich hohe Forderung begründete ich damit, daß ich behaglich installiert sein müßte, wenn ich meinem König würdig zur Seite stehen sollte. Am achtzehnten Oktober, nachdem ich die Equipage bereits erhalten hatte, machte ich einen Vertrag mit der Kabinettskasse über den ›Ring des Nibelungen‹: Kaufsumme 30 000; 18 000 erhielt ich sofort.

Zwar hatte ich ›Rheingold‹ und ›Walküre‹ schon vor Jahren an Wesendonk verkauft, für 12 000 und für weitere 12 000 den ›Siegfried‹ verpfändet; aber die ›Rheintöchter‹, die ›Walküre‹ und mein ›Siegfried‹ sind freie, ungebundene Menschen ... nicht festzuhalten, selbst von den stärksten Seidenfäden nicht. Am zwanzigsten Oktober erhielt ich dann schließlich die erbetenen 40 000, gegen den Willen des Herrn von Pfistermeister; meinem Freund Röckel schrieb ich damals übrigens nur von 10 000. Ihr müßt beachten, was ich weiter oben über das Erschrecken bescheidener Bürger bei der Nennung großer Ziffern gesagt habe. Ich habe Euch also zwischen Mai 64 und Dezember 65 78 000 gekostet plus 56 000 für das Wohnhaus, wie mir der Oberappellrat Lutz, der sich aufs Rechnen versteht, mitgeteilt hat. Weitere 57 500 gingen an die Meinen: an Bülow, Cornelius und Schmitt: für Geschenke, für Subventionen an die Freunde.

Münchener! Ich hasse das Gold und schreibe seit zwanzig Jahren eine umfangreiche Tetralogie nebst vielen Moraltraktaten gegen das bleiche Metall. Aber ich kann nicht leben ohne dies Gold; und wenn ich auch zu Felde ziehe gegen die Bankiers, so sah ich mich doch nach einer soliden und sicheren Bank um, wobei ich übrigens an Rossini und Aguado dachte. »Gott weiß«, liebe Münchener, »was einem befreundeten Bankier auch mit mir gelingen könnte«; dann brauchte ich nicht mehr Eure Steuergelder. Ihr werft mir vor: die Zivilliste des Königs betrage nur etwas über zwei Millionen, wovon eine halbe für Großvater Ludwig und alles andere bis auf 300 000 für den Unterhalt der königlichen Familie, ihrer Schlösser und Diener abgehe. Eben deshalb gab ich den schlichten Rat: Erhöhung der Zivilliste. Weshalb nur macht Ihr soviel Elend wegen des lumpigen Geldes? Nehmt Euch ein Beispiel an meinem Siegfried, dem Goldverächter.

Diesen Rechenschafts-Bericht schrieb der Verjagte nicht. Vielmehr bat er um Geheimhaltung seiner Niederlage, worauf alles ausführlich in den Blättern zu lesen war. Noch einmal versuchte er, den König auf seine Seite zu ziehen. Der erwiderte dem Lästigen: so leid es mir tut ... und meine Liebe währet ewiglich. Dicke Nebel fielen über den Abschied. Ludwig arrangierte den Hinauswurf elegant: er müsse um der Ruhe des Freundes willen so handeln. Der erfand eine Serie von Legen-

den. Er vertrage das Klima nicht, versicherte er dem einen. Er
könne seine Werke nur fern vom Pestgeruch der Stadt vollenden, eröffnete er dem andern. Dem dritten erzählte er gar:
die Jesuiten hätten ihm zwei Festtheater, zwei Kunstschulen,
Villen und Renten geben wollen, und verjagten ihn dann, weil
er ihre Geschenke nicht angenommen habe. Schließlich drama-
tisierte er seine Geschichte als Palast-Revolution: man habe
sich des vertrauten Reitknechts Ludwigs II. bemächtigt, um den
armen königlichen Freund gänzlich zu isolieren. In Wahrheit
jedoch war Herr Volk auf Befehl des Oberststallmeisters Freiherr von Lerchenfeld festgenommen worden, da er sich im
Bunde mit einem andern königlichen Stallbediensteten an
einem Mädchen vergangen hatte.

Der Ausgestoßene ging ins neue Exil mit einer jährlichen
Rente von 8000, dem Doppelten einer Ministerpension. Mancher Zeitgenosse hatte eine andere Abfindung vorgeschlagen,
zum Beispiel Grillparzer:

> »Die Agnes Bernauer, eine Baderstochter,
> Warfen die Bayern in die Donau,
> Weil sie ihren Fürsten bezaubert.
> Ein neuer Salbader
> Bezaubert Euren König:
> Werft ihn, ein zürnender Landsturm,
> Nicht in die Isar, doch in den Schuldturm.«

Die Sekretärin und ihr Narr

Mehr als dreißig Jahre, nachdem sie selig miteinander in die
Welt gesegelt waren, der zweiundzwanzigjährige Zigeuner und
die schöne Dame des Kavallerie-Obersten d'Agoult ... mehr als
zwanzig Jahre, nachdem Franz Liszt die Entdeckung gemacht
hatte: das Spiel lohnte die Kerze nicht, die dabei verbrennt,
zerrten die alten Leute zum letzten Mal an dem dünnen Fädchen, das sie noch aneinander band, gewoben aus dem Groll
der Verlassenen, den sie recht literarisch manifestiert hatte,
und der Gekränktheit des also Verhöhnten. Nach der Trennung hatte die unglückliche Frau einen bösen Roman abge-
schossen; nun ließ sie ihn neu auflegen, im zwanzigsten Jahr

seines traurigen Daseins. Der Sohn Daniel ist tot. Die Tochter Blandine ist tot. Aber der Haß, den die Verbindung des jungen Genies mit der vornehmen Gräfin hervorbrachte, ist noch immer sehr lebendig.

Nachdem sie sich einige Zeitlosigkeiten nicht hatten satttrinken können aneinander, eingehüllt in Wollust, Melancholie und Übermut, ließ er sich feiern zwischen Paris und Pest; und schickte seiner Gräfin Tischkarten nach Haus, die ihr sagten, welche Herrlichkeiten der Herrliche genossen hatte. Das ganze europäische Festtagsmenu schlang er gierig in sich hinein und erstattete ihr satten Bericht. Ich bin der Mann des Tages. Alle Plätze sind schon im voraus belegt. Der Beifall ist frenetisch. Nicht dagewesen seit den Tagen des Paganini und der Malibran. Mein Zimmer wird nicht leer. In vierundzwanzig Stunden ist mein Bild fünfzig Mal verkauft worden. Barbiere und Ärzte haben keinen sehnlicheren Wunsch, als mich zu rasieren und zu kurieren. Auch malte er ihr die erhebende Pastorale, wie die Landleute seines Geburtsortes Raiding das Knie vor ihm beugten, den Mund auf seine Hände legten oder ihn bewunderten, in respektvoller Entfernung. Und vielleicht hätte sich die verliebte Frau mit der Freude des lieben Jünglings mitgefreut, wenn ihr nicht auch noch bekannt geworden wäre, daß ihr Franz den Ladys viel zu schade war fürs Klavier. Endlich gestand sie ihm ihre Eifersucht – auf die Öffentlichkeit, wie sie in schamhafter Umschreibung des verhaßten Namens Lola Montez sagte. Er aber antwortete: »Du bist die Ruhe, der Friede mild« ... und ließ sich vom Strudel der Unruhe selig verschlingen.

Da folgte die Verlassene dem Entschwundenen mit bösem Blick, der ihn sehr häßlich machte. Wasser wird, je nachdem man es erhitzt oder erkältet, zu Dampf oder zu Eis; so ist auch der Mensch ein anderer unter der Wärme einer Neigung oder dem Frost des Hasses. Im Buche der betrogenen Frau mußte der Treulose die Maske des plebejischen Malers Guermann tragen, der sich vom Glanz der feinen Welt so blenden läßt, daß die große Dame Nélida ganz still sich fragt, ob denn dieser eitle Emporkömmling derselbe Mann sei, den sie mit so heftiger Strenge hatte urteilen hören über die Freuden der Kinder dieser Welt. Einst ist das Herz der schönen Gräfin eine teure Wendung der Briefe ihres Franz gewesen, die

Erinnerung an ein Wort, das er vor Jahren gesprochen, die Erwartung des Tages und der Stunde, da sie ihn treffen sollte. Dann kam sie zwanzig Jahre nicht mehr los von ihrer Wut auf den Don Juan Parvenu. Nun ist sie sechzig, der Roman ›Nélida‹ zwanzig – da wärmt Großmütterchen Marie die abgestandene Rache auf. In den Tagen des Glücks, das noch schneller blind macht als das Unglück, schwor sie ihm Dankbarkeit fürs Leben und segnete den jungen Gott tausendmal; nun flucht sie immer noch, schon in zweiter Auflage. Als Franz Liszt jung war, wußte er viel von sich. »Wir alle sind arme Schauspieler«, grübelte er, »deren Rollen noch armseliger sind als die der Theaterleute.« Aber manches lange Leben dient dazu, von den Einsichten der Jugend wegzukommen. Also rühmt sich jetzt der alte Romantiker und junge Konfrater der Franziskaner: Guermanns Wände sind bemalt, ohne daß er sich um die Sottisen gekümmert hätte, die man über ihn sagt. Der fromme Christ verteidigt sich ganz unchristlich gegen den Vorwurf gotteslästerlicher Eitelkeit mit dem Hinweis auf die Schönheiten, die er hervorgebracht. Vor einem Jahr erhielt er im Vatikan die vier niederen Weihen, in der Pariser Kirche St. Eustach ist soeben seine Graner Festmesse aufgeführt worden: da beschließt der Mann mit der frischen Tonsur, Schluß zu machen mit den lehrhaften Sentiments der Madame Nélida. Und da er einsah, daß mit Fächerschlagen keine Operation auszuführen ist, zerschnitt er das letzte Fädchen mit messerscharfem Wort.

Er hatte die Mutter ferngehalten von den Kindern. Er hatte Blandine und Cosima neun Jahre nicht besucht und ihnen als Ersatz für Vater und Mutter eine zweiundsiebzigjährige Erzieherin bestellt. Er hatte den heranwachsenden Töchtern nicht gestattet, ihm öfter zu schreiben als einmal im Monat. Die weichen Gefühle, denen er viele schöne Denkmäler errichtet hatte, sind nur zartes Gewölk um sehr harte Handlungen gewesen ... Auch die gräfliche Matrone enthüllte am Abend des Lebens das kalte Gestirn, das sich hinter den bunten Schleiern gefühlsseliger Worte verborgen hatte. Name, Blut und Vermögen machen die Adligen ›anderen Menschen überlegen‹: dank dieser ererbten Weisheit wurde die alte Dame, deren Heiratsvertrag einst König Karl x., die Herzogin von Berry und Louis Philippe von Orleans unterschrieben hatten, endlich fertig mit den vielen Niederlagen, deren Ursprung der Plebejer Liszt gewesen war.

Cosima, die Enkelin eines Pagen der Marie Antoinette und die Tochter der adelsstolzen Französin d'Agoult, schrieb an den König Ludwig von Bayern, »daß sich eher ein freidenkender, wirklich stolzer Mensch unter dem Adel finden wird, als in der bürokratischen, federfuchsigen Bourgeoisie, welche es höchstens zu Parvenus bringt«. Die Tränen saßen der Tochter zweier Romantiker nicht weniger locker als den Eltern, die großen Worte gehorchten ihr nicht weniger willig; aber sie schrieb nicht mehr Festmessen und Romane. Sie kümmerte sich nur wenig um die Reiche, die nicht von dieser Welt sind. Sie baute mit am zweiten Reich und wurde eine der Mütter des Dritten.

Vor dreißig Jahren hatte die Amme geklagt, man müsse der Mademoiselle Cosima sofort geben, was sie verlangte, oder die tolle Kleine mache Anstalten, zu sterben. Sie starb jedoch nie, sondern ging ihren Weg, mit großem Geschrei und Gelärm. Zunächst als ein sehr eigensinniges und trotziges Pensionsmädel in Paris. Die strenge, solide Dressur machte aus ihr ein sauberes Stück der Pflanzung höherer Töchter: ein gehorsames, strebsames Wesen, das in wohlgemessenem Gang durch eingezäunte Bezirke schritt. Aber dieser Gehorsam wurde verdächtig durch die unliebenswürdige Steifheit der Knickse. Mit dem weltberühmten Vater wechselte sie Briefe, deren harte und eigenwillige Unterwürfigkeiten fast kleine Rebellionen waren; so daß Papa sie wissen ließ, sie habe nicht zu ›entsagen‹, sondern seine Verfügungen gutzuheißen. Dann wurde sie getrennt vom Vaterland, von Großmama Liszt, von der Greisin, die ihre Erzieherin war, und von der Mutter, die sie fast nur unter Bewachung sehen durfte, weil der gekränkte Vater und die eifersüchtige Fürstin Wittgenstein es so wollten. Cosimette kam nach Berlin in die Obhut der Frau von Bülow. Hier machte der Sohn Hans die achtzehnjährige goldhaarige Störchin zu seiner Göttin.

Sie hätte das unansehnlichste Geschöpf sein können ... auch dann hätte Vater Liszts Lieblingsschüler ihr abgegeben von der Glorie, in der er den Meister sah. Aber nun war sie außerdem noch eine gebildete junge Dame, welche die berühmtesten Kanzelredner gehört, die besten Handschriften-Samm-

lungen besichtigt und sowohl den Sitzungen der Kammer als
auch den Preisverteilungen im Lycée Bonaparte beigewohnt
hatte: gescheit wie ein emeritierter Professor, nach dem Urteil
ihrer gestrengen Erzieherin, und nicht ohne den Reiz, den
jede Knospe hat, weil sie Mitleid erweckt. Der Jüngling geriet über die verwunschene Prinzessin in den Zustand der
Stupefaktion; denn er war ein offenes Land für jeden kräftigen Einbruch und unterwarf sich mit Hingebung. Sofort erbaute er einen Thron, sofort setzte er die Cosette hinauf und
schrieb auf den Sockel des Monuments pompöse Worte, wie
sein überschwängliches Herz sie ihm eingab. Die langbeinige,
eckige Jungfrau, welcher der strenge Vater fieberhafte Eitelkeit vorwarf, wurde ein außerordentliches Wesen. Das klavier-
klimpernde Fräulein wurde ein Genie der Musik. Aber Hans
ist ein unglücklicher Priester; nicht geschaffen, kindlich anzubeten. In die Bewunderung für die Göttin mischt sich das Leiden an seiner Winzigkeit; die Freude an Cosima wird ihm
vergällt durch die Sorge, ihr nicht ebenbürtig zu sein, nicht
einmal ihrer Mitgift von 100 000 Franken. Der Schwache be-
gehrt die Starke in jener Ohnmacht, die abhaben will von der
Macht – und sich vor ihr fürchtet. Kann aber nicht auf sie
verzichten. Cosette ist das Ebenbild des Meisters. Cosette ist
der Mittler, der ihn mit Liszt noch enger verbinden wird.
Cosette ist stark genug, seine Herrin zu werden, wie Liszt
und Wagner seine Herren sind. Er wählt sich eine neue Sonne,
um in einem neuen Schatten zu stehen. Cosima aber gestattet
dem bewährten Apostel, vom Vater zum »legitimen Erben
von Gottes und Talentes Gnaden« eingesetzt, sie zu lieben.
Was konnte sie sich Bessres wünschen als einen Verehrer, dem
alle, die ihr nahe standen, heilig waren: der Vater, die Mutter,
der Stern des Vaters, Richard Wagner, und schließlich auch
noch die kleine Cosima selbst, die nicht zum erstenmal die
Süße des Weihrauchs naschte; eine Freundin hatte sie bereits
zur »Kaiserin des himmlischen Reichs« ernannt. Also geriet sie
in den Bannkreis des Mannes, dem ihr Vater und ihr Hans
Altäre bauten. »Richard, der Glorreiche« schallte es ihr seit
der Jugend aus den Worten und Schriften des Franz Liszt entgegen. Nun heiratete sie des Glorreichen zweites Ich.
 Mit Zwölf hatte Hans von Bülow einer Aufführung des
›Rienzi‹ beigewohnt. Erschüttert von den Klang-Explosionen

der ersten beiden Akte war er im dritten völlig taub; tonlos bewegten sich die Gestalten über die Szene. Seitdem blieb er »ein Geisteigener dieses Mannes«; ohne Ohr für alles, was nicht von ihm kam oder zu ihm ging. Aber nur schwer trug der Jüngere das Joch der Bewunderung; sein Selbstgefühl schwand dahin, die Lust am Leben wurde zur Unlust. Ein kleiner Freiheitshauch trieb ihn auch einmal vorwärts, ein überwältigender Sturm warf ihn stets wieder zurück: die klingenden Orkane des Mächtigen knickten seine kleinen Blüten, schmächtige Lieder, und versetzten ihn in eine Welt von »reflektivem Grausen«. Er hatte einen Glauben, der ihn erdrückte; unter diesem Druck wurde er gallig, sein Leben eine Kette von Explosionen. Die Konflikte innen brachen nach außen auf; immer war Sturm um ihn. Ja, er suchte die Katastrophen und war stolz auf seine ›Attentatskonzerte‹. Und weil er litt unter der Knechtschaft, die er sich zudiktiert hatte, predigte er mit Fanatismus den Gehorsam. Es gab viele Abtrünnige in der großen Freundesschar. Sie verstummten zu Zeiten oder auch ein Leben lang oder traten laut auf gegen den Meister: Erwachte, denen die Binde von den Augen fiel, oder Mitläufer von einst, die nicht auf ihre Kosten gekommen waren. Hans wankte nie; Lob und Züchtigung spornten nur seinen Eifer. So wurde er das Vorbild der Jünger-Gemeinde. Den Ring, den ihm der Großherzog von Baden geschenkt hatte, gab er dem Meister. Der dankte mit den Worten: »Wer sonst noch ungeliebte Kostbarkeiten besitzt, soll sie mir getrost opfern.« Er war auch bereit, geliebte Kostbarkeiten zu nehmen; denn er war ein echter Gott. Acht Jahre, nachdem Hans die französische Göttin erworben hatte, um dem Meister Liszt noch näher zu sein, mußte er sie wieder abgeben, um dem Meister Wagner nicht allzu fern zu sein. Einst war der Klavierlehrer des Fräulein Cosima sofort darangegangen, die Tochter zu einer Propagandistin der Zukunftsmusik zu erziehen; offenbar war es nicht sehr schwer gewesen, da beide Liszt-Mädel den ›Troubadour‹ gerade gut genug fanden, um die Bären im Tiergarten tanzen zu lassen. Auf der Hochzeitsreise hatten die Bülows den Meister im Häuschen der Mathilde Wesendonk besucht; Cosima schwieg oder brach in Tränen aus, wenn Er sich an sie wandte. Die Schüchternheit der jungen Frau betrübte ihn sehr; es war doch wirklich nur ein Vorwand, wenn sie für ihr Verhalten das mangelhafte Deutsch ins Treffen führte. Die mädchenhafte Befangenheit ist ein Kompliment, erläuterte Hans, voll Stolz, seine Flitterwochen bei dem Mann zu verbringen, der »eine wahre Erlösung aus dem Weltkote« ist; Ehrfurcht hält sie in Bann und die Furcht, Du könntest sie für kindisch und unbedeutend nehmen. Also wirbt der Jünger für die Göttin beim höchsten Gott. »Du verstehst, die liebt Dich auch«, schreibt der glückliche Hans, der den Liebesring schließen will; »wir haben zusammen geweint«. Nachdem dann das Ehepaar Bülow acht Jahre lang Seite an Seite vor seinem Altare gekniet hatte, sprach der Meister zum Jünger: Deiner Frau gebührt Freiheit im edelsten Sinne; sie gehört »einer besonderen Weltordnung« an, die wir aus ihr begreifen müssen. Was vermochte der arme Hans, Gemahl eines Weibes einer »besonderen Weltordnung«, Verehrer der großen Männer Wagner, Napoleon III. und Bismarck, gegen jenen Satz, den er mitgebaut hatte? Hatte er nicht selbst gepredigt: »Ohne Diktatur kommt nichts vorwärts?« Und war nicht er es gewesen, der den »intelligenten Gehorsam« gefordert hatte? Ein Sterblicher soll sich nicht dazwischenstellen, wenn zwei Götter zueinander wollen. Als sich der Höchste der Göttin nähert, hatte sie keinen Anlaß, beim Dritthöchsten auszuharren. Sie tauschte den Priester, der den Weihrauch spendete, gegen den Allmächtigen, der ihn genoß.

Balzac meinte, ein Mann sei nicht komplett, wenn er nicht sieben Frauen habe: eine fürs Herz, eine für den Geist, eine zur Repräsentation, eine für die Wäsche, eine für Allotria und Torheiten; eine, der man überdrüssig ist, und schließlich noch eine, hinter der man herrennt, ohne sie je zu erobern. Der Meister, der bereits Minna, Jessie und Mathilde, Irene, Elisabeth, Isolde und noch einige andere überschwängliche Damen hinter sich gebracht hatte, brauchte vor allem eine achte: die ihrem Mann die Welt erobert; keine Senta, sondern eine bürgerlich handfeste Jungfrau von Orleans, fähig, mit Journalisten, Königen und Kassierern fertigzuwerden. Das war Cosima. Der Vater hatte ihre bessere und gediegenere Auffassung der Dinge erkannt, verglichen mit ihrer Mutter und Schwester, die zu sehr auf den Wogen der Passionen schaukelten. Cosima besuchte die Sternschen Konzerte nicht, weil sie den Namen des Franz Liszt auf den Programmen vermißte.

Cosima schrieb dem feindlichen Kritiker, der einem Konzerte Bülows den Opernball vorziehen wollte, ein artiges Briefchen und verwandelte den starken Feind in einen Freund. Cosima war eines Tages die mächtige Geschäftsträgerin der drei mächtigen Firmen Liszt, Bülow und Wagner. Hatte Balzac vergessen, daß es Männer gibt, die gern seine sieben Frauen hingeben für eine militante Sekretärin auf der Höhe des Zeitalters? Balzac hatte nicht mehr das Glück, die Ära jenes Riesinnen-Geschlechts zu erleben, die ihre Männer, Brüder und Väter verwalteten.

Die Riesin Cosima war noch nicht lange des Meisters Sekretärin, als man schon nicht mehr allein mit ihm sprechen konnte. Kein Brief ging an ihn, den sie nicht vorher las; kein Brief kam von ihm, den sie nicht gebilligt hatte. »Ich habe einen Freund«, sagte Wagner, »das ist Bülow.« Frau von Bülow erlaubte dies Urteil nicht; und bestimmte, daß Liszt dieser einzige Freund zu sein habe. Die Sekretärin unterjochte ihren Chef, bevor sie ihm Deutschland unterjochte. Nun erst hatte die Zukunfts-Musik eine Zukunft. Die Tochter Liszts, die Gattin Bülows, die Sekretärin Wagners flüchtete nicht in den Roman, wie ihre Mutter, die verwundete Gräfin; nicht in die Kirche, wie der Zigeuner, der sich am Hofe der Weimaraner Liliputaner hatte einfangen lassen. Als sie geboren wurde, zu Belaggio, seufzte Mutter Marie über das prosaische Dampfboot, das sich weder um Nordwind noch Südwind kümmere; ach, bald werde man noch einen regelmäßigen Luftschiffdienst zu den erstaunten Antipoden einrichten ... Chemie, Physik und Dynamik werden Roman, Elegie und Idylle ausrotten. Ein Menschenalter später raste die Romantik per Telegraph über die Erde. Cosima flüsterte per Draht bei Gelegenheit einer kurzen Trennung vom Liebsten: es ist bestimmt in Gottes Rat, daß man vom Liebsten, das man hat, muß scheiden, und unterschrieb sich Meisterin, weil ihr der Meister zu Füßen lag.

Ludwig fühlte sich sehr gedemütigt, als ihm die amtlichen Gouvernanten das gefährliche Spielzeug König und Künstler aus den Fingern schlugen. Da er König war, sah er die Würde des Königtums beeinträchtigt; und da er ein rachsüchtiger junger Mann war, grollte er den Ärzten, die ihm wehegetan und nicht geholfen hatten. Sein Leiden hatte sich noch verschlim-

mert; sehnsüchtig kniete er vor der blendend weißen, vom
Dufte der Blume magisch belebten Marmor-Büste eines Über-
Shakespeare und Über-Beethoven. In Telegrammen voll ›Lohengrin‹- und ›Tristan‹-Zitaten beteuerte er dem fernen Heiland
seine Unschuld. Der Dämon habe alles ergriffen und traurig
gestaltet. Aber warte nur, bald wird der Krähen- und Doh-
lenchor mit Schimpf und Spott zum Teufel gehen. Der arme
Ludwig wehrte sich mit klagenden und jubelnden Depeschen.
Satanas aber wollte nicht weichen. Ein feindlicher Redakteur
erhielt den Michaels-Orden erster Klasse. Pfistermeister wurde
in den erblichen Adelsstand erhoben. Der Einzige aber blieb
ein Aussätziger.

Richard Wotan sitzt, wie Waltraute ihn schildert, stumm
und schweigend in seinem Göttersaal und erwartet gefaßt den
Untergang. So möchte der Meister gesehen werden. Allerdings
schaut er etwas anders aus. Von Triebschen, seinem Schweizer
Exil her, grollt er den verzagten Liebhaber an, eine unendliche
Melodie; »dieser Frevel fordert meine Rache«, ist das Leit-
motiv. Die Rachsucht bekam reichlich Nahrung durch die Un-
versöhnlichkeit des unentbehrlichen Pfordten. Der Meister und
seine Sekretärin Cosima stacheln den Armen auf dem Bayern-
thron Tag für Tag, Monat für Monat, Jahr für Jahr; und
halten seine zage Seele in ständiger Bewegung. Der Freund ist
so bleich, so hager und so trüb – berichtet sie; und er fügte
noch hinzu, Frau Dangl habe ihm prophezeit, er werde im
Alter Not leiden, weil sein König ihn nicht beschütze. So wird
der unglückliche Ludwig durch das Fegefeuer einer großen
Schuld gejagt. Weshalb nur hat er den verhängnisvollen Schritt
getan, ohne den Freund vor der Verbannung noch einmal zu
sehen. Nichts verzeiht das Volk weniger als Wankelmut in
der Freundschaft. Die königliche Reue muß den Boden bereiten, auf dem die Hetze Früchte tragen wird.

Herr von Bayern, erlauchtester deutscher Fürst! Die Kö-
nigsehre ist im Spiel. Der Frevel fordert nicht Beschämung,
sondern Bestrafung. Diese abgefeimten Bürokraten, die in eine
Strafanstalt gehören! Diese glatten, gleißenden Physiogno-
mien, die Ihnen leider nur oberflächlich und fad zu sein scheinen, nicht niederträchtige Hochverräter! Und dann fabrizierte
der Haß noch den giftigsten Pfeil. Diese nichtswürdige Rotte
sinnt darauf, Sie dem entnervenden Einfluß frivoler Weib-

lichkeit zu überliefern. Warum ist der Retter fern und der Verräter nah? Geben Sie den Befehl, daß mir sofort mein Indigenat als Bayer ausgefertigt wird. Übertragen Sie mir das Grundstück, in dem ich wohnte, zu wirklichem, erblichem Eigen. Lassen Sie mir durch Dekret mein Gehalt bis ans Lebensende garantieren. Außerdem ersuche ich Sie um den strikten Befehl an Ihr Kabinett zur Ausfertigung folgender Dekrete: erstens, Erteilung eines Ordens an Bülow; zweitens, die Ernennung Bülows. Das Rezept für wahres Königtum lautet: Bestrafung des Feindes, Belohnung des Freundes; alles übrige ist von Übel. Also jagten einander die Orders aus der Schweiz, in vielen süßen und herben Modulationen.

Im Mai, fünf Monate nach der Verbannung des Meisters, teilte ein königlicher Hofrat dem königlichen Leibarzt mit: der gemeinsame Patient trage sich mit der Idee, dem Thron zu entsagen – unter dem Vorgeben, daß er geistig nicht gesund sei; man habe ihm nicht klar machen können, daß der Herr Wagner der Erste wäre, dem König ohne Thron den Untertan ohne Devotion zu präsentieren. Die richtige Antwort gab den Bürokraten die Botschaft, die der Telegraphenbote aus Triebschen brachte: »Das Wunder siegt, die Träne quillt: die Erde hat uns wieder. Stolz und frei drei anbetende Selige. Friedrich Freundin Richard.« Am nächsten Tage erreichte ihn noch eine zweite Offenbarung eines Adjutanten Friedrich, seiner Cosima und seines Einzigen, nicht weniger süß: »Wo Ihr zu Dreien in meinem Namen versammelt seid, bin ich bei Euch. Der Glaube an diese Lehre versichert uns die Gegenwart des erhabenen Freundes. Freundin Friedrich Richard.« Solches geschah einen Tag vor dem höchsten Fest: seinem Weihnachten und Pfingsten zugleich ... dem 22. Mai, an dem der Gottgesandte, Richard Wagner, auf Erden kam, ihr Dunkel zu erhellen. Am Morgen der Mobilmachung Bayerns gegen Preußen und des dreiundfünfzigsten Geburtstags seines Einzigen, schickte Ludwig eine Gratulationsdepesche ab; zur Täuschung der Umgebung. Dann bestieg er das gesattelte Roß wie zum Spazierritt: ein Primaner brannte den verhaßten Lehrern durch und eilte glücklich zum Liebsten, zum ersten Wiedersehen seit den glücklichen Tagen von Hohenschwangau.

Die Untertanen waren weniger glücklich. Der ›Neue Bayrische Kurier‹ verlangte eine Säuberung der Stufen zum Thron von habgierigen und gebrandmarkten Abenteurern. Der ›Volksbote für den Bürger und Landmann‹ verschwieg nicht, daß er über die herrschende Stimmung schweigen wolle. Die Fortschrittler stellten den Zukunftsmusiker schon auf eine Stufe mit dem verhaßten Kabinettssekretär. Und die Granden von München kamen nach Schloß Berg; sie luden den Herrscher, der nach seiner Exkursion zu den Freunden noch weniger Lust zum Regieren hatte, so energisch in die Residenz, wie man einen Sünder vor ein Tribunal zitiert. Wenn ein König kein »Hurra!« erntet, ist es schon fast so schlimm wie Spießrutenlaufen; und dem scheuen Ludwig flatterten in München noch Schimpfworte nach. In seiner Thronrede durfte er nicht einmal die Weisheiten des Freundes zum besten geben, seine ungenialen Minister gestatteten es nicht. Er aber hielt mit dem Einzigen gar nichts von dem »Fachgeschäftsmann, der vor lauter Tagesdetail den großen Blick nicht aufkommen lassen kann«. Wie schön wäre es gewesen, wenn Ludwig, der gelehrigste Schüler, den großen Blick hätte aufleuchten lassen: »Es gibt nur eine Sicherheit: Schreck und Furcht vor der wahren Königsmacht.« Dies zur Innenpolitik. Und als Richtlinie für den Minister des Äußeren: »In Bayerns Hand allein ist es gegeben, das Schicksal Deutschlands zu bestimmen und der europäischen Staatspolitik eine vollständig neue Wendung zu geben.« Aber der Herrscher erhielt nicht die Erlaubnis, vor allem Volk aus Königs-Mund die großen Worte des Erhabenen zu entlassen.

Auf der Roseninsel ist ein milderes Klima. Prächtig bunte, knallende Feuerchen steigen zum blauen Sommerhimmel auf. In den Gewändern lieber Opern-Helden wandelt der reizende Jüngling umher, sinnt nach über Dekorationen zum ›Tell‹ und liest seinem Paul, der auch schon ganz perfekt vom eklen Getriebe der gemeinen Welt zu erzählen weiß, den Entwurf zum ›Parsifal‹ vor. Ludwig würde seinen Adjutanten so gern zum Theater-Intendanten machen; aber die Herrn von Taxis zittern für ihren Sproß, er könnte den Lastern, welche die Bühne zeitigt, unterliegen. Herrliche Sommerwochen! Der Polizei-Direktor nimmt seinen Abschied, weil er fünfmal ohne Erfolg um eine dringende Audienz nachgesucht hatte. Der Offizier, der die Leiche eines gefallenen Generals vom Schlachtfeld heimbrachte, wird nicht empfangen. Was geht den lieblichen

Insulaner des Roseneilands die bayrische Pfalz an? Oder der Krieg gegen Preußen? Eine Sorge sperrt allen andern den Weg: der Einzige darf nicht bei ihm sein.

Das Wiedersehen hat die Sehnsucht noch genährt. Er erträgt nicht länger die Trennung. Das Schicksal hat sie füreinander bestimmt: nur für den Einzigen ist er König. Bei ihm darf er nicht sein, mögen die Minister Pfi und Pfo heißen oder anders; nicht zwei Männer sind gegen ihn, sondern eine Stadt und ein Land. Deshalb wird Ludwig die Krone niederlegen. Daß der Einzige barmherzig sei! Verlange er nur nicht Geduld! Es gibt höhere Kronen als die irdischen. Cosima aber, die diesen Notschrei empfängt, betet zu Gott, von dem die Könige ihre Macht und Würde haben: er möge dem Hehren einen Engel senden, wie er dem Erlöser auf dem Ölberg erschien. Schließlich war sie die Tochter einer Romanschriftstellerin und eines Franziskaners und beherrschte beide Dialekte vollkommen. Dann, nach geziemender Absolvierung von Tränen und edlen Vokabeln, schleuderte sie ihrem König ein zwiefaches Halt entgegen.

Sekretärin Cosima hatte dem Chef auch die anstrengende Arbeit eines Seelenlenkers Seiner bayrischen Majestät abgenommen und massierte Ludwigs schwächliche Seele mit kräftigen Händen. Aber in den schwersten Stunden mußte der Meister selbst herbei. Er war es, der ihm einst (wer weiß zu welchem Zweck?) die Idee der Thronentsagung eingegeben hatte. Und schon einmal hatte er verhindern müssen, daß der Jüngling ernst machte. Jetzt heißt es, mit großer Behutsamkeit, den Derwisch zu hindern, Harakiri zu machen. Nur nicht widersprechen, um ihn nicht noch weiter vorzutreiben. Mit ausgezeichneter Delikatesse wird dem Willen zum Opfer ein neues Objekt unterschoben: Majestät, opfern Sie die Ungeduld! Lassen Sie uns besonnen überlegen, wie wir Ihren Plan ins Werk setzen können. Der Rattenfänger weiß, daß dieser Dreh noch nicht genügt; er reicht erst aus, den armen Jüngling für einen Moment abzudrehen.

Ihn muß man benutzen, eine neue Hoffnung in dem Verzweifelten zum Leben zu bringen. Ludwig ist auf seine »bierumnebelten Münchener« sehr bös. So schlägt der Freund, der diese Feindschaft teilt, eine neue Residenz vor. Nürnberg, der alte Sitz deutscher Kunst und Herrlichkeit, die kräftige Reichsstadt, wohlbewahrt wie ein edler Schmuck, lebt durch den Fleiß seiner heiteren, körnigen, aufgeklärten und freisinnigen Bevölkerung. Dorthin, in die Stadt seines Opern-Sachs, ruft der Meister den Freund; man lebte schon in dem Jahrhundert, in dem die Könige Opern-Statisten waren, die plebejischen Demagogen sollten folgen. München hat seinen Namen von den Mönchen — was kann man von solch einer Siedlung erwarten? Unter der freundlichen fränkischen Bevölkerung wird alles besser sein ... Sicherheitshalber schnauzten die Triebschener den königlichen Schlappschwanz zur Nachkur kräftig an, weil er lieber der Krone entsage als durch ein paar anständige Männer seine Jammergestalten zu ersetzen. Aber das war schon kaum noch nötig. Als der König von Bayern erkannte, daß seine Nürnberger, im Gegensatz zur Münchener Plebs, intelligent und durchaus edel waren, schöpfte er neuen Mut. »Wunderbar gestärkt, fühle Heldenmut in mir, will ertragen«, depeschierte der Geheilte. Die beiden Seelenlenker atmeten auf. Was sollte ihnen schließlich ein entthronter Lohengrin?

Der Meister zog sich wieder in sein Opern-Nürnberg zurück. Die Sekretärin setzte die Behandlung des hohen Patienten fort, mit Energie und Erfolg. »Wollen Sie wahre, tiefe Aufschlüsse über irgendetwas Unverständliches in meinem Betreff«, hatte der Meister sie eingeführt, »wenden Sie sich an dieses seltene Wesen, das Ihnen rein wie die Urquelle der Nornen alles zuspiegeln wird.« Sie stickte des Holländers Schiff, Tannhäusers Stab, Lohengrins Schwan, Siegfrieds Schwert, Tristans Liebespokal, eingerahmt von den Blumen, welche Parsifal am Karfreitag so wunderbar entgegenblühen, auf den grünen Grund der Hoffnung — und überreichte das Kissen dem König, wie der Seemann nach überstandener Sturmesgefahr sein bescheidenes Ex-voto der Jungfrau in Demut darbringt. Ihre Politik war ludwigsch. Ihr Patriotismus war ludwigsch. Ein Staatsmann, der für Ludwig sei, versicherte sie dem Ludwig, stehe in ihrer Achtung höher, als wenn er Deutschland unter einen Hut gebracht hätte. Das hörte der Huldreiche gern und schrieb lange, gemütvolle Episteln an die geliebte Freundin: bald traurig, ein matt gewordener fliegender Holländer im Sandmeer der Wüste des Lebens, bald jubilierend, ein feuriger Verkünder des neuen perikleischen Zeitalters, das er im Bunde mit dem Einzigen heraufführen wird. Sie war nicht nur die heilige Cosima mit dem Hauptschlüssel zur Kabinettskasse, wie der ›Punsch‹ sie darstellte in der ›zukunftsmusikalischen Prozession‹. Sie tauschte nicht nur mit dem gnadenvollen Freunde Briefe des Meisters aus und artige Geschenke: einen Band Schopenhauer und ein Bildnis Wagners gegen Alpenrosen und ein Vergißmeinnicht-Kreuz. Sie lenkte, in schönen Gewändern aus blumig-duftigen Worten, das Wagner-Schiff durchs wilde Münchener Meer. Der erhabene Beschützer hatte die Hand am Steuer; Cosima aber drückte sie in weihevoller Ergriffenheit – und erzählte dem königlichen Lenker so traurig-süße Märchen, daß er vor Rührung nicht merkte, wie das Schiff ihr gehorchte. Sie verzichtete, eine große Entsagende in feierlichen Gewändern der Trauer . . . und trieb nach links. Sie teilte ihm melancholische Briefe des Freundes Richard melancholisch mit . . . und stieß kräftig in die Richtung des Melancholikers vor. Sie zitierte das französische Sprichwort: Wenn man den lieben Gott für sich hat, bedarf es nicht der Heiligen, und verhinderte, daß noch andere neben den Steuermann träten.

Bisweilen spürte der blinde König die fremde Kraft und rebellierte. Dann stärkte Cosima sein Selbstvertrauen. Sie hätte doch den Meister nur mangelhaft zitiert, so daß der König leider annehmen mußte, ihm solle etwas abgedrungen werden. Aber hören Sie, teurer König, wie sehr ich schuld bin durch lückenhafte Wiedergabe der Worte des Freundes. Und dann setzte sie in die Lücke, die sie erfunden, Wagner-Worte, die sie auch erfand: »Ich baue felsenfest auf Parzival – er soll bestimmen, er soll für uns handeln.« Ludwig aber war sehr glücklich, als durch Zitat bewiesen wurde, daß er es war, der regierte. Unvorhergesehene Klippen tauchten auf; der teuren Freundin zitterte nie die Hand. Dem König war eine schreckliche Äußerung des Herrn von Bülow hinterbracht worden: es bliebe Bayern schließlich nichts übrig, als Preußen anzugehören. Aber der Gütige schenkte der Frau von Bülow Glauben; sie fegte mit leichter Hand die Klippe aus dem Münchener Meer.

Das Wagner-Schiff hat gute Fahrt; bald werden alle Piraten verjagt sein, die ihm die Herrschaft streitig machen. Unter Tränen und Gebeten, unter Anrufung von Sternen und

Planeten, der beiden Pfauen Wotan und Frigga und des Glok-
kengeläutes der Kühe, die mit großen Augen den mächtigen
Verbannten anschauen – spricht sie von Mime und Fafner;
und daß Schwert Nothung helfen muß gegen Kröten und Spinnen. Bis auch der König ein Nibelungen-Ungeheuer zitiert und
ganz rabiat wird. »Rechts und links«, rast er in heiliger Wut,
»werden die Bestien niederfallen, Donnerkeile will ich in Menge schleudern.« Drob lobte die Sekretärin sehr den teuren
Herrn: »Ihre heitre Entschlossenheit steht Ihnen, Gütiger, so
schön.« Es gibt viele Bestien, wie der König weiß; und es gibt
viele Arten, sie zu erlegen, wie Frau Cosima beweist. Manchmal läßt sie nur schüchtern und allgemein ihre Angst heraus:
die Großen liebten nicht den hohen Herrn und seien in fort-
während er Verschwörung begriffen. Manchmal aber empfiehlt
sie auch namentlich, in einer kleinen Parenthese, einen Sekretär oder Intendanzrat oder den Herrn Intendanten selbst oder
den poetischen Juden-Stämmling Paul Heyse der königlichen
Ungnade ... Bis schließlich, an einem schwarzen Tage, Parzival die Augen geöffnet werden. Er erblickte Frau Cosima
außerhalb der Wolkenschiffchen, in denen sie immer zu ihm
gesegelt war. Da meinte die heilige Cosima, plötzlich ganz pro-
fan, da nun nichts mehr zu retten war: »Ich kann den Jammer
nicht ausdrücken, der mich bei der Lektüre dieser ekstatischen
Phrasen erfaßt.« Einige Zeitgenossen wußten nicht recht: sollten sie die Gattin des Herrn von Bülow eine Heroine oder
eine Intrigantin nennen.

Für Ludwig war sie, bis zu dem Tage, der alles zerstörte,
die eifrige Spießgesellin des Komplotts gegen Pfi und Pfo und
das übrige Bayern. Der Komplizin·teilte er auch sofort, am
Ende des Jahres Eins der Verbannung, die freudige Botschaft
mit, daß nach dem abscheulichen Pfistermeister nun auch der
elende Pfordten ausgeschifft worden sei. Diesen Krieg hatte
Ludwig gewonnen; den anderen allerdings, den gegen Preußen, inzwischen verloren. Doch nahm Ludwig diese Niederlage weniger schwer als jene vorm Jahr, die ihm den Einzigen
gekostet hatte. Nur ein Stachel war zurückgeblieben. Der besiegte Bayer hatte dem siegreichen Preußen freundschaftlichst
vorschlagen müssen, die Burg zu Nürnberg künftig als gemeinschaftlichen Besitz zu betrachten. Wenn von den Zinnen (hatte der Besiegte dem Sieger Wilhelm versichern müssen) die

Banner von Hohenzollern und Wittelsbach wehen werden, möge man wissen, daß Preußen und Bayern einträchtig über Deutschlands Zukunft wachen, welche die Vorsehung durch die königlich preußische Majestät in neue Bahnen gelenkt hat. Also lautete der offizielle Text. Es war hart für Ludwig, den Deutschen, wie ihn sein Freund nannte, die herrliche Burg, das Denkmal des Mittelalters, mit dem Norddeutschen teilen zu müssen. Wagner, der dies Unglück vielleicht noch schwerer nahm, war sogar dafür, dem armen Bayernvolke den furchtbaren Friedensartikel zu verschweigen, nach dem der König von Preußen nun das Recht hatte, bei seinen Besuchen Nürnbergs in der Burg zu übernachten. Er durchschaute die preußischen Räuber. Herr von Bismarck wüßte sehr gut, was die Burg von Nürnberg bedeutet; sie den Preußen streitig zu machen, dürfte jetzt eine der wichtigsten Angelegenheiten der bayrischen Krone sein. Denn dort, in der Nürnberger Burg, ist Deutschland zu retten oder zu verlieren. So sah der deutsche Heiland die Zukunft seines Landes im Jahre 1866. Und auch seinem König machte die Erinnerung an die Toten des Krieges weniger Sorgen als der Verlust des halben Mittelalters: am Trauergottesdienst für die im Kriege gefallenen Bayern nahm er nicht teil, weil er, wie es hieß, die Nachricht von dieser Veranstaltung nicht zeitig genug erhalten habe. Als dann Prinz Karl mit dem Heere heimkehrte und Majestät nicht zu bewegen war, die Seinen zu begrüßen, soll ein Familienrat abgehalten worden sein, der sich mit der Frage beschäftigte, ob der König das ausreichende Talent besitze, zu regieren. Ein Psychiater gab, nach einer unverbürgten Meldung, ein nicht sehr schmeichelhaftes Gutachten ab. Die Sekretärin und ihr Chef hingegen waren bereit, den König von Bayern für sehr talentiert zu halten, wofern er nur bereit war, endlich ihr Goldenes Zeitalter heraufzuführen: die Nürnberger Vergangenheit, die der Meister gerade zum Klingen brachte.

Das Goldene Zeitalter aber blieb aus. Unheilvolle Zeichen standen am Himmel; die Königlich-Bayrische Sonne verfinsterte sich enorm. Pfi war gestürzt, Pfo war gestürzt. Fürst Hohenlohe, der Mann ihrer Wahl, war am Ruder – und das Exil wurde immer noch nicht schöner. Majestät, veranstalten Sie eine Zusammenkunft des Fürsten mit mir, in Ihrer eigenen erhabenen Gegenwart! Der Fürst jedoch war zu klug, ein Wagner-Ministerium zu bilden. Er ließ den Meister, der schon die Koffer packte, freundlichst bitten, noch etwas Geduld zu haben; der ungeduldige König hatte plötzlich sehr viel davon. Weshalb nur kamen so eisige Winde von dort, wo bisher die Sonne seines Lebens geleuchtet hatte? Generalprobe des ›Lohengrin‹. In den Grund einer Loge gedrückt, nebenan sitzt der König, wartet der Einzige. Ludwigs Briefe schrien nach ihm, nun lechzt er vergeblich nach einem Wort, das ihn ruft. Wagt Dein König denn nur in Sturm und Nacht Dich aufzusuchen, am einsamen Gestade des Sees? Und jetzt, welche Hast! Damit der Freund den Freund ganz gewiß nicht spricht, werden die königlichen Pferde schnell gesattelt. Und aus der Ferne kommt ein scharfer Befehl der Majestät: ein anderer Lohengrin!

Der liebe, alte Freund Tichatschek hat dem König sehr mißfallen; der erste Rienzi ist inzwischen ein alter Herr geworden und Majestät lieben nur zwanzigjährige Gralsritter. Wagner hatte alles getan, den Blick des Königs unscharf zu machen. Wird Tichatschek in Erscheinung und Bewegung den Lohengrin ausdrücken, wie ihn Holbein gemalt haben würde, so wird er ihn singen, wie Dürer ihn hingestellt hätte: groß, einfach, erhaben – deutsch. Also hatte er die königliche Seele angefleht, das Auge zu bevormunden. Mit offenem Ohr, willigem Gemüt und schwach bewaffnetem Sehorgan sollte dieser Lohengrin aufgenommen werden. Der König aber richtet einen mit doppelten Ferngläsern armierten Blick auf den greisen Jüngling; der war nicht jünger geworden, weil sein Freund ihn holbeinsch und dürersch und deutsch zurechtgemacht hatte. Drei Jahre hatte Ludwig ohne den liebsten Lohengrin leben müssen, da durfte man ihm nicht zumuten, enthaltsam zu sein und nur mit der Seele zu sehen. Ganz dicht mußte er den süßen Ritter heranholen; der trug nicht einmal den blauen Mantel. So schimpfte der königliche Zuschauer den großen Sänger und lieben Freund seines Freundes einen Ritter von der traurigen Gestalt. Hätte man nicht wenigstens den Einzigen freundlich und gütig zum Verzicht bestimmen können? Der grollte sehr. Sein König, der ihm immer nur hinter seinem Rücken wehezutun wagte, wurde ganz demütig: »Ich küsse die Hand, die mich geschlagen.« Wer war hier Herr und wer Knecht? In diesem Irrgarten der Abhängigkeiten?

Noch rätselhafter war ein Schreibverbot, das plötzlich über Richard Wagner verhängt wurde. Das neue Blatt, die ›Süddeutsche Presse‹, hatte außer einer Staatssubvention noch zehntausend Gulden aus der Kabinettskasse erhalten, um ein stattliches Wagner-Feuilleton als leuchtendes Wahrzeichen des neuen Geistes zu errichten. Als aber nun der Meister selbst in die journalistische Arena stieg, um über ›Deutsche Kunst und Deutsche Politik‹ sein Wort zu sagen, erschien ein Ministerialrat und befahl Einstellung der Fortsetzungen; im Namen desselben Königs, den die Artikel eben noch »wahrhaft hingerissen« hatten. Und dann verschwand die Sonne ganz hinter den Wolken, unzugänglich für Freund und Freundin. Ab und zu wurden ihnen noch üppige Worte gegönnt, aus alten Beständen. De profundis clamo, schrie der Eremit, dem keine Audienz gewährt wurde. Und es schallte von oben zurück, recht unverbindlich: »Auf den Bergen ist die Freiheit und überall, wo der Mensch nicht hinkommt mit seiner Qual.« Der Sonnenhungrige teilte dem Zentralgestirn seines Lebens mit, er würde, gerüchtweise, überhaupt nicht mehr besonnt werden ... und empfahl sich als einzigen, vielleicht letzten Kämpfer für den deutschen Geist. Der König schrieb auf die Adresse: »Herrn Richard Wagner, dem unsterblichen Wort-Ton-Dichter, meinem großen Freunde« – und gewährte nichts. Eines Tages sagte dann Ludwig II., König von Bayern: »J'en ai assez«; sagte es auf französisch, obwohl er ein Feind alles Welschen war. So sehr hatte er genug. Das war keine Ungnade mehr, das war schon totale Sonnenfinsternis.

Ludwig hatte sich lange und kraftvoll gewehrt. Der Mensch verteidigt am zähesten, was nicht existiert, und der König schlug sich wacker für die Reinheit der Frau von Bülow. Im Bunde mit dem Einzigen, der teuren Freundin und ihrem Gatten von Bülow hatte der König durchgehalten im Kampf gegen die öffentlichen Verleumder. Die Münchener hatten unverschämte Anzüglichkeiten gegen die ›Brieftaube‹ drucken lassen. »Ihr ›Freund‹ (oder was?)« – das sollte der Einzige sein! Da hatten die Frau, der Mann und der Freund dem König Parsifal auferlegt, Zeugnis abzulegen für die Unschuld einer makellosen Ehefrau, wie solches einst Lohengrin tat für Elsa von Brabant. Allerdings lag der jüngere Fall etwas anders: die Frau von Bülow hatte in aller Heimlichkeit dem Wagner eine kleine Bülow geschenkt und trug ihm schon wieder ein Junges. Aber diese winzige Abweichung von der hehren ›Lohengrin‹-Geschichte wurde übertönt von der ergreifenden Unschuldsarie, die das gekränkte Trio sang; jeder hielt brav seinen Part. Der Ehemann Hans, der sich vor zehn Jahren hatte katholisch trauen lassen, da er im Segen eines lutherischen Pastors keine Befriedigung gefunden hätte (denn die Ketzer betrachten die Ehe nicht als Sakrament), suchte nun die Entweihung des heiligen Bundes zu legitimieren mittels einer königlich-bayrischen Lüge, einem ahnungslosen Engel abgeluchst. Der glückliche Liebhaber Richard – sein Motto lautete: »Höchste Wahrhaftigkeit sei unser Dogma« – erzählte dem Herrscher eine lange Fabel, weshalb die schutzbedürftige Frau von Bülow in seiner Wohnung genächtigt habe; und drohte mit dem Verzicht auf weitere Plünderung der Kabinetts-Kasse, falls seine Wahrhaftigkeit zu genau untersucht würde.

Schließlich Cosima von Bülow, Mutter zweier Wagner, eines geborenen und eines noch ungeborenen. Sie erflehte vom hehrsten Freund, der wie eine ›Göttererscheinung‹ in ihr Leben getreten sei, das Attest ihrer ehelichen Keuschheit mit rührenden Worten. Auf die Knie sank sie brieflich und bat in Demut und Not um ein Dokument, das ihre Makellosigkeit bescheinige. Mein königlicher Herr! Ich habe drei Kinder, denen ich schulde, den ehrenwerten Namen des Vaters fleckenlos zu erhalten. Da kam vom Himmel her die frohe Kunde, per Telegramm: »Parsifal verläßt die Seinen nicht.« Der Himmlische verpfändete sein königliches Wort – in der Fassung, die der Meister ihm vorsorglich vorgelegt hatte; der gütige Freund stände zu hoch über dem niedrigen Getriebe, um selbst den Text herstellen zu können. Damit aber kein Mißverständnis entstehe, wer wem geholfen hat, machte der Wohltäter Wagner den König darauf aufmerksam, daß er dies Diktat »zum eigenen nötigen Heil« unterschrieben habe. Die in den Münchener Sümpfen quakende Presse hingegen hatte nur wenig Verständnis für diese Seelenkur, die auf den reinen Höhen des Daseins praktiziert wurde. Man erklärte es zwar für unstatthaft, das eigenhändige Schreiben des Monarchen einer Kritik zu unterziehen. Im übrigen aber entspreche es nicht den Tatsachen. Der arme Parsifal! Was wußte er von den

Menschen! Was wußte er von sich! So wenig, daß er eines Tages beinahe eine Gemahlin gehabt hätte. Er hatte der Cousine Sophie Bücher des Meisters gesandt. Sie hatte die Sendung mit viel Interesse aufgenommen. So hatte es begonnen. Die Mutter der heiratsfähigen kleinen Herzogin hatte von dem regen Gedankenaustausch der jungen Leute befriedigt Kenntnis genommen und dem schönen Bund ihren Segen gegeben, ohne daß sie darum gebeten worden war. Auch das Fräulein hatte die königlichen Schreiben, schwungvolle Episteln, da er in ihnen vom Einzigen erzählen durfte, für Liebesbriefe gehalten und sich sehr verliebt. Als Ludwig merkte, was er angerichtet hatte bei diesen Menschen, die das Erhabene nicht begreifen konnten, verlobte er sich, um die Unglückliche dafür zu entschädigen, daß er nichts für sie übrig haben konnte. »Du weißt«, schrieb der zweiundzwanzigjährige Bräutigam an die Braut, »daß ich nicht viele Jahre mehr zu leben habe, daß ich diese Erde verlasse, wenn das Entsetzliche eintritt, wenn mein Stern nicht mehr strahlt, wenn Er dahin ist, der treugeliebte Freund.« Und damit über den Sinn ihrer künftigen Ehe kein Mißverständnis walte, hielt er ihren Ursprung fest mit grausamer Deutlichkeit: der Hauptinhalt ihres Verkehrs sei stets, sie werde es ihm bezeugen, das merkwürdige und ergreifende Geschick des Freundes gewesen.

Für den Meister übersetzte der König den Bräutigam Ludwig ins Wagnerische und telegraphierte: »Dem teuren Sachs teilt Walter selig mit, daß er sein Evchen, daß Siegfried seine Brünhilde fand.« Der Freund nahm seine Rolle auf, lächelte freudig über die schöne Botschaft von Montsalvat und ließ den Freier wissen, der Gruß seiner Braut wirke herzerfrischend auf ihn. Der König wiederum versprach, der Dame seines Herzens mitzuteilen, daß der Meister erfreut sei, was sie ihrerseits sehr glücklich machen werde. Sophia – Weisheit – der Liebe, jubilierte der Künstler; und die teure Freundin zwitscherte in den höchsten Tönen, weil der hohe Herr das liebende, geliebte Weib gefunden hatte. Auch Sophie fand sich gut hinein: wenn ihr König einen Brief des Göttlichen vorlas, erglühten die bräutlichen Wangen in Purpurröte; hatte doch auch sie seine hohe Kunst schon von frühster Jugend an begeistert. Bald traf sie sich mit dem Geliebten ihres Geliebten, nicht ohne Gefahr; denn ihre Familie war gegen den Abenteurer. So mußte sie ihm in der Wohnung ihres ältesten Bruders ein heimliches Rendezvous geben und dazu den Rat, nicht den Wagen seines Gasthofes zu benützen, sondern in einer Droschke zu kommen; auch möge er recht pünktlich sein, damit sie nicht etwa auf der Treppe einander begegneten. Tief ergriffen von Ludwigs Erwählter jubilierte der Meister: »O könnten Sie sich ihr bald, bald ganz vereinigen.« Der Bräutigam aber beschloß, eher Blausäure zu nehmen als die Herzogin Sophie; denn dem Mädchen fehlte der Sinn für die Erlösungs-Oper. Nach vielen heimlichen Qualen und einer ›Lohengrin‹-Aufführung, die ihm Herkuleskraft verlieh, riß er sich endlich los. Und fühlte sich genesen von lebensgefährlicher Krankheit. Der dunkle Flor, der über ihm gehangen hatte, war zerrissen; Freund und Freundin brachen abermals in Jubel aus. Der Meister attestierte seinem Jüngling: Du tatest recht, den Bund zu knüpfen; Du tatest recht, den Bund zu lösen. Auch hängte er noch eine kleine Meditation an, über das Leben des Richard Wagner und der Cosima von Bülow. Aber diese Betrachtung überlas das königliche Rekonvaleszent, im Glück der wiedergefundenen Freiheit. Woher sollte er auch ahnen, daß gerade unter diesen blumigen Metaphern eine sehr böse Wirklichkeit verborgen war? Hatte er nicht im ›Parsifal‹ das Bekenntnis gelesen: »Wie alles schaudert, bebt und zuckt in sündigem Verlangen?«

Es gab nun Leute, die Interesse hatten, eine Herkulesarbeit auf sich zu nehmen: Vertreibung des Königs aus den Dschungeln der dicken, grellgeschminkten Worte. Zum Beispiel Frau Malwine von Schnorr, die Münchner Isolde, Witwe des Tristan Ludwig Schnorr von Carolsfeld. Mit ihrer Schülerin, einem Fräulein Isidore von Reutter erschien sie beim Meister in besonderem Auftrag. Die Schülerin, ein Frauenzimmer von kürassierartiger Beschaffenheit, das mit Geistern umzugehen pflegte, hatte nächtlicherweise Zwiesprache geführt mit dem verstorbenen Schnorr. Isidore war aus einem herrlichen Wald auf eine Wiese gekommen, auf der Tiger und Hyänen einen schönen, großen Löwen zerfleischten; voll Verachtung sah dies edle Geschöpf der Beschäftigung seiner Peiniger zu. Mit einem Schrei der Wut war sie dem bedrängten König der Tiere zu Hilfe geeilt, hatte die feigen Mordbuben in die Flucht geschlagen und voll Mitleid die Hände auf die blutenden Wunden getan, die sich auch sofort schlossen. Dankbar lag die Majestät mit dem Löwenhaupt der Retterin zu Füßen, als Schnorrs Geist aus den Wolken tauchte, das Haupt der Heldin mit grünem Kranze krönte und also sprach: Du sollst Siegfrieds Weib werden. An Wagner, der ihr behiflich zu sein habe auf dem Wege zur Erfüllung des Traums, erging durch Isidores Mund noch ein besonderer Erlaß. Richard möge nicht so große Anforderungen stellen an die menschliche Stimme, hat der verewigte Sänger verkündet; auch solle er mehr Lieder komponieren, auf daß er populärer werde ... Kam von den Gefilden der Seligen an den lieben Richard auch noch der Rat, die Witwe Schnorr zur Wagnerin zu machen? Jedenfalls liebten beide Damen die Frau Cosima garnicht; und als sie der Löwenretterin das Haus verbot, gaben die Gekränkten dem König Kenntnis von dem Geheimnis, das dieses Haus verbarg.

Der Verklagte, der schon Übung hatte im Weben neuer Schleier, wenn die alten rissen, malte mit dunkeln Tinten das Schicksal der drei dem Untergang geweihten Bülow, Wagner, Cosima: immer neue Verleumder brächen in ihren Frieden ein; jetzt gar das Bösewichterpaar aus dem ›Lohengrin‹. Welch hehres Wesen geht in dieser Cosima zugrunde, Majestät! Während sie früher ekstatisch in Schlaf versank, in dem König Parsifal als Weltenrichter erschien, hat sie keine Ruhe mehr. Haus und Heim haben ihr die Feinde genommen; nun muß sie unter fremdem Dach ihr Kind zur Welt bringen. Der arme, gehetzte Hans kann seiner Frau keine Pflege mehr angedeihen lassen, so hat der Freund ihr Obdach gewährt.

Parzival leidet mit das Schicksal der Gebeugten; er weiß noch nicht, daß auch Bülow-Junges Nummer Drei bei Wagner unter dem Dach seines Vaters zur Welt kommen wird; daß Hans nicht durch Münchner Redakteure und hysterische Weiber, sondern durch den großmächtigen Empfänger aller Bülow-Opfer unglücklich geworden ist. In schwierigen Fällen pflegen sie zweistimmig zu singen, der Freund und die Freundin. So fällt jetzt auch Cosima ein, aus voller Kehle. Tief verletzt, unter Tränen, wie es einem ehrbaren Weibe geziemt, klagend über den Zerfall alles Guten und Wahren, vergleicht sie ihre Seele dem Meer, das der Sturm nur an der Oberfläche berührt. Sie ist sogar glücklich über die Verleumdung; ist doch die Gemeinheit der Welt der Preis, den die Märtyrerin zahlt für das Glück, dem Freunde beistehn zu dürfen. Verschämt lehnt sie eine Einladung nach München ab. Sie sei scheu und zaghaft geworden seit den üblen Reden, welche jene böse Frau ausgestreut hat.

Der Frau von Bülow Zaghaftigkeit kostete die Frau von Schnorr einen Kabinettsbrief, in dem ihr angezeigt wurde, sie habe Bayern binnen vierzehn Tagen zu verlassen, wofern sie nicht ihr Gnadengehalt von zweitausend verlieren wolle. Dieser Befehl erging nach dem Wagnerschen Rezept: Verkünder unbequemer Wahrheiten sind mit allen Mitteln zu unterdrücken. Die hartnäckige Feindin ging nicht, blieb Inhaberin des Freiplatzes im Theater, Nutznießerin der königlichen Pension und trat mit triumphierender Herausforderung der Feindin auf den Straßen Münchens entgegen. Da forderte der Meister – und zwar im Namen der Gerechtigkeit und um der Zivilliste gänzlich unnütze, unverdiente Ausgaben zu ersparen – man solle der Frau von Schnorr endlich beibringen, wer in Bayern regiert. Also wurde die unbequeme Dame außer Landes gejagt. Doch war dies einer jener Siege, die schon fast Niederlagen sind.

»Mein Geduldfaden beginnt endlich zu reißen«, murrte der König; der Faden ist übrigens ein Strick gewesen und hat fünf Jahre gehalten. Ludwig hörte sich schon ruhig die Meinung des Hofsekretärs an, der die Sache »nicht für koscher« hielt. »Das wäre furchtbar«, stöhnte Parsifal, als er nicht mehr vermeiden konnte, sich diese Furchtbarkeit schon vorzustellen. Aber dann, nachdem er vier Monate nicht ein einziges Wort dem Einzigen geschenkt hatte, begann wieder das alte Lied: bin ich denn ein anderer geworden? Kennen Sie den siegesfrohen Siegfried nicht mehr? Nicht mehr den teuren Parsifal? Und Wagner pries, in neuer Hoffnung, seinen Schirmherrn »als die erstaunlichste Offenbarung des Göttlichen in der Weltgeschichte«. Während der ›Meistersinger‹-Premiere sitzt der Musikant in der Loge des Königs. Man verstummt. Man blickt empor zum glänzenden Plafond des Riesenhauses: wird er einstürzen ob dieser nie dagewesenen Gunstbezeugung? Selig teilt der ›treue Knecht‹ dem Göttlichen mit: die Untertanen meinten, diese Tat habe den König glorreicher gemacht als drei gewonnene Schlachten es vermocht hätten.

Die Zeugnisse gegen Elsa häuften sich; und Lohengrin wollte

nicht verzichten auf die sittsame Gattin. Viele Ankläger zwangen den König, die Augen zu öffnen; sogar Freund Rökkel zeugte wider den Meister. Und wieder war die Verteidigung – eine Klage. Die ehrbare Frau bat den Freund, dem König ihren Abschiedsgruß demütig zu Füßen zu legen, mit dem Ersuchen, ihr gnädigst erlauben zu wollen, endgültig zu verstummen. Manchem ist wohl, fügte der Meister hinzu, durch den Kopf gegangen, warum ich, seit zwei Jahren Witwer, nicht wieder heirate; Freund Röckel hielt eine Tochter für mich bereit. So war der König wieder einmal empört über die ›schamlosen Verleumdungen‹. Mit heiliger Kraft kniff er die Augen zu; noch hatte er sein Schiller-Zitat von der Welt, die das Strahlende zu schwärzen liebt ... um die teuerste Imagination zu schützen.

Der andere Leidtragende, Hans von Bülow, bekennt sich nun endlich zu seinem Verlust. Seit drei Jahren hat er mit Hilfe von allerhöchsten Zeugnissen, groben Zeitungsannoncen und forschen Duellforderungen zu widerlegen versucht, daß er nur der kleine Günstling des großen Günstlings sei, dank seiner Gefälligkeit als Ehemann. Nun übt er sich im Pistolenschießen, wie's das Gesetz der Sippe befiehlt. Vielleicht läßt ihn auch ein kleiner Freiheitshauch aufbegehren gegen das Schicksal, das man ihm bereitet hat. Liest er die alten Briefe nach, mit denen der Freund ihn ins Netz gelockt hat? Die dringenden Einladungen nach München, weil der Meister die Einsamkeit nicht ertrüge? Die beschwörende Zitierung nach Triebschen? Hans! Du erfüllst mir meine Bitte? Gewiß! Denn Du weißt, daß ich Dich liebe, und daß, außer dem schwindelerregenden Verhältnisse zu diesem jungen König, nichts mich ans Leben fesselt als Du mit den Deinen.

Aber da ist nicht nur der Betrug des fragwürdigen Freundes gewesen, sondern vor allem seine große Rattenfängerfrage, die einst schon Wesendonk betörte: »Müssen wir nicht zu einem Wunder für die Welt werden?« Und obwohl Hans einige Wochen zuvor ein Schreiben des Meisters an Cosima zufällig geöffnet hatte und tief erschrocken war ... mußten sie nicht alle drei, wie der Meister es forderte, »zu einem Wunder für die Welt« werden? Vielleicht lag dies Wunder schon darin, daß der Ehemann fast vergaß, was er schwarz auf weiß erfahren hatte, und dem Wundermann glaubte, als er mit eiserner Stirn empfahl, man möge den öffentlichen Beleidigungen nur die einfache Darstellung des Tatbestandes entgegensetzen. König Parsifal, ein melancholischer Seufzer zwischen Fabrikschloten, und Freund Hans, der »nur im allgemeinen Umsturz« Beruhigung suchte und deshalb den Diktatoren folgte: zwängen ihr Idol Richard Wagner, zu scheinen, was die Anbeter erblicken wollten. Und als der Schein verblaßte?

Hansens Herz bat immer erst die Behörde des Kopfes um Erlaubnis, sich begeistern zu dürfen; ein solches Herz ist gefangen, sobald seine Leidenschaft zu Kopfe gestiegen ist. So blieb er nun auch »von ganzem Hirn« der Ergebene des Allmächtigen, der dies arme, ohnmächtige Herz zerstört hatte. Was konnte ihm da die Pistole dienen? Er war wehrlos, noch mit der besten Waffe. Wer war er – und wer waren sie? Kann sich ein Sterblicher schießen mit einem Unsterblichen? Der Taktstock Wagners, wie er sich nannte, mit dem größten Ton-Dichter, wie er ihn nannte: »ganz ebenbürtig einem Beethoven, einem Bach – und außerdem noch weit mehr?« Immer hat der Vergängliche Unrecht gegen den Ewigen; und Hans von Bülow trug wacker seine Schuld. Am Bette der Göttin sprach er, unter Tränen: ich verzeihe. Sie aber brachte ihm bei, daß er immer noch nicht auf dem richtigen Wege sei: Du brauchst nicht zu verzeihen, Du mußt verstehen. Da erwies sich der Liebhaber von Diktatoren so gelehrig, daß er sich selbst nicht verzieh. Er hat die Gnade, die sie ihm bewiesen, schlecht gelohnt. Als Bankrotteur steht er vor ihr, lobt den großen Meister, seinen Nebenbuhler, billigt die Untreue der Meisterin, und löscht sich, nachdem die Himmlischen schwer über ihn hinweggeschritten sind, noch einmal aus durch ein Preislied auf ihre herrliche Tat. Der gequälte Wurm windet sich, produziert bittere Aperçus und freut sich der Stärkeren.

Auch die beiden Starken leiden sehr, und heben ihr Leid auf in übermenschlicher Weisheit. Der prophetische Wagner hatte schon vor fünfzehn Jahren sein Plädoyer gehalten: »Ein Mensch, der bereit ist, für die Notwendigkeit seiner Empfindung sein Leben einzusetzen, der ist souverän, er kann und darf über Schmerz und Leid anderer nach Lust verfügen.« Wer vermochte einem solchen Souverän zu beweisen, daß er nicht sein Leben eingesetzt hätte für den Besitz, um den er den Freund verriet? Cosima ihrerseits offenbarte sich dem neugeborenen Siegfried, dem dritten Wagner-Kind, in Sätzen, die sie in einem Tagebuch verschloß: »Mein Kind, Deine Geburt – mein höchstes Glück, hängt mit der tiefsten Kränkung eines andern zusammen. Das war meines Daseins Schuld. Vergiß dies nie, erkenne darin das Bild des Lebens und büße es ab, wie Du kannst.« Der jüdische Gott ist nie so grausam gewesen; er rächte zwar die Taten der Eltern an den Kindern. Die Mutter, die dem Säugling ihre Schuld aufbürdet, war hartherziger als Jehova.

Großvater Ludwig der Erste meinte einmal, es sähe fast so aus, als sei dem Enkel ein Zaubertrank eingegeben worden. Die ›Nonne von Triebschen‹, wie der Liebste sie nannte, wunderte sich viel mehr, weshalb der Zauber plötzlich aufgehoben war, und tröstete sich mit dem alten Spruch, nach dem man die Empfindung eines Königs niemals und nirgends nachempfinden könne. Es ging nun auch ohne Ludwig, da der Richard seiner Cosima und die Cosima ihrem Richard ein Königreich geschenkt hatte. Sie beteten einander an, soweit Götter überhaupt beten können; als Thema hatten sie das ›Eigentümliche, Geheimnisvolle‹ ihrer Verbindung. Und es sprach die Göttin zum Gott: »Der Weltgeist wollte, daß ich den Sohn von Dir bekomme.« Er aber verherrlichte seine Thekla (wie er sie nach Schiller nannte) so üppig, daß sie (nach Goethe) mit Gretchen sagen mußte: weiß nit, was er an mir findt – obwohl auch sie schon zugeben mußte, daß eine Gottheit in ihr walte; und er opferte sogar die Vergangenheit, indem er die Isolde vom grünen Hügel als eine poetisch verklärte Trivialität herabsetzte, zur höheren Ehre der Herrlichen: Senta, Isolde und Evchen in eins. Also hüllten sie einander in Weihrauch und heirateten im Monat der Schlacht von Sedan, nachdem Cosima wegen ›böslicher Verlassung‹ vom Stadtgericht Berlin die Scheidung erhalten hatte. Die Hochzeit fand statt am fünfundzwanzigsten Geburtstag ihres Königs: ein besonders sinniges Festgeschenk. Zur Nachfeier fand die Taufe des Thronfolgers statt. Die heilige Zeremonie ging vonstatten unter Donner und Blitz, wie es einem Heldenbaby geziemt, das die Schuld der Mutter durchs Leben zu tragen hat. Der immer rebellische Vater war sehr beglückt von dem Anteil, den die heftigen Elemente nahmen am Leben des Söhnchens Helferich Siegfried Richard, den man Fidi rief.

Vier Jahre zuvor hatte Minna den Platz geräumt für das neue Glück. Freund Bülow, des Meisters Echo, schrieb damals den Nachruf: »Wagners Frau ist tot und sein Hund Pohl desgleichen.« Das Grab der Frau besuchte der Meister nicht. Die letzte Ruhestätte des Hundes wählte er mit viel Sorgfalt aus und ließ auf die Tafel aus Jura-Fels setzen: »Seinem Pohl. Richard Wagner.« Doch hatte die Tierliebe des sächsischen Buddhisten ihre Grenzen. Den verstockten Vegetarianer Friedrich Nietzsche belehrte er: der Kampf aller gegen alle gehe durch die Schöpfung; man müsse kräftig fressen, um kräftig leben zu können.

In der Ferne bleichte, schmal und matt, Schopenhauers Gestirn. Strahlend und leuchtend stand am Firmament die Sonne von Sedan.

Der deutsche Geist geht um

Théophile Gautier nannte sich einen Esel in der Musik, sang falscher als erlaubt und konnte nur den Walzer aus dem ›Freischütz‹ fehlerlos spielen; eine seiner Romanfiguren meinte, Musik sei der unangenehmste und teuerste Lärm auf der Welt. Das Töchterchen Judith empfand den ganzen Zauber dieses Lärms, als sie Webers ›Aufforderung zum Tanz‹ zu spielen begann; und da sie eine geborene kleine Parteigängerin war, erklärte sie kategorisch die deutsche Musik für die einzig echte. Als der Vater Maestro Rossini besuchen mußte, eröffnete das Mädel eine wilde Attacke: wenn du zu ihm gehst, rede ich einen Monat lang nicht mit dir. So verdiente sie sich den Spitznamen: der Orkan.

Der elfjährige Orkan spielte beim Pariser ›Tannhäuser‹-Krach eine winzige und denkwürdige Rolle. Sie wartete mit Papa in der Opernpassage auf Mama, die in der Generalprobe war, als ein kleiner Magerer mit Adlernase und knochigen Backen auf Vater und Tochter zusprang. Von Haß berauscht, frohlockte er über die Niederlage, die dem deutschen Komponisten bereitet worden war. Überraschend mischte sich das Kind ins Gespräch: man merkt, Sie sprechen von einem Kollegen; und jedenfalls handelt es sich um ein Meisterwerk. Dann erfuhr Judith, daß ihr vorlauter Schnabel den Hector

Berlioz getroffen hatte. Als die Partitur des ›Fliegenden Holländer‹ in ihre Hände kam, hatte der Orkan seine Noten und brauste wagnerisch.

Die siebzehnjährige Wagnerianerin Judith Gautier heiratete den sechsundzwanzigjährigen Wagnerianer Catulle Mendès, der die ›Tannhäuser‹-Schlacht als zwanzigjähriger Kombattant auf Seiten des ausgepfiffenen Deutschen mitgemacht hatte. Der junge Wagner-Bund pilgerte, von Villiers de L'Isle-Adam begleitet, in ihr Mekka, nach Triebschen, die Weihen zu empfangen; die Fahrt zur Münchner Internationalen Ausstellung war nur ein Vorwand. Wer ist eigentlich jener Mann, dessen magische Unterschrift das Herz der Judith zum Stürmen bringt? Der Pascha eines Serails – mit Frauen aller Länder und Farben? Oder, wie auch gemunkelt wird, ein finsterer, mißtrauischer Gesell, der sich von zwei großen Hunden bewachen läßt und für niemand zu haben ist? Am Bahnhof von Luzern wartet ein liebenswürdiger Herr, der die Seele der schönen und ergebenen Pariserin in närrische Freude versetzt. Auf einem Ausflug nach Brunnen verdeckte sein Antlitz ihr die Natur ringsum: die schiefen Strahlen der aufgehenden Sonne warfen auf seine Unterlippe einen Schein, der bei jeder Bewegung aufstrahlt. Seine Worte sind Sterne. Liszt findet den Pariser Orkan fort belle. Cosima ist entzückt von der Gamine mit dem römischen Profil. Der Meister gar turnt auf den Bäumen seines Gartens herum, spielt mit der reizenden Partnerin den Huldigungsmarsch für den Bayernkönig, der sich beklagt, daß es in Paris nur schlechte Luft und laues Wasser gäbe – und neigt sich dem lieben Gast mit der erhabenen Sentenz: »Uns verbindet ein nobles Gefühl.«

Die schwächste Internationale ist die Brüderschaft der Gelehrten, Künstler und anderer Liebhaber des Geistes. Der Bruder in Dante, Shakespeare und Goethe wird noch schneller verraten als jeder andere jenseits der Grenzen. Der erste Kriegstag zerstört alle Bünde zwischen Fremdstämmigen – und zurück bleiben, diesseits und jenseits, wenig Vereinsamte und viel Stammesgenossen. Was wußte die Wagnerianerin Judith von dem geliebten Magier, der, wie sie meinte, hoch über den irdischen Bindungen schwebt? Sie ahnte nicht, daß der Wert seines Treuegelöbnisses im Namen von Liebe und Kunst weniger deutlich abzulesen war am ›Tannhäuser‹ als an seinem großen

Kampf zur Säuberung der deutschen Horde von Welschen und Juden, in den er sich in den letzten Jahren gestürzt hatte.

»Uns verbindet ein nobles Gefühl« ... Sehr schnell wurde diese Noblesse auf ihre Echtheit geprüft. Das Ehepaar Mendès bestand die Prüfung glänzend; der Meister und die Meisterin zeigten, wer sie waren. Zwölf Monate nach dem ersten Besuch, im Sommer 1870, waren die Freunde wieder am Vierwaldstätter See; hier erreichte sie die Nachricht vom Ausbruch des deutsch-französischen Kriegs. Sie meldeten sich in Triebschen an. War man nicht verbunden durch Lohengrin, Tristan und Siegfried? »Franzosen jetzt zu sehen, wäre sehr unangenehm«, seufzte Cosima, die Französin; und ihr Gatte verbat sich den Besuch von Leuten, mit denen ihn noch vorm Jahr »ein nobles Gefühl« verbunden hatte. Die Freunde machten aus, daß alle Fragen, die sie entzweien könnten, zu unterdrücken sind. Wagner brach sein Versprechen im Schreiben vom zwölften August. Ach, klagte er, dieser schreckliche »französische Geist« mit seinem »Übermaß an Sentimentalität« und seiner »peinlichen Enge«: ein Musterstück »falscher Logik mit übel angebrachter Beredsamkeit verbrämt«. »Der deutsche Geist hingegen ...« Sucht einen Staatsmann, der den Franzosen erklärt, was für eine besondere Bewandtnis es mit den Deutschen hat! Und Wagner unterrichtete sie, daß den Deutschen ihre Geschichte vor zweihundert Jahren gegenwärtiger sei als den Franzosen ihre große Revolution. Im übrigen solle man den Ausgang des Kriegs als Gottesgericht akzeptieren. Schlecht wäre es jedenfalls für die Freunde nicht, wenn ihre »Riesenhauptstadt in Trümmer sänke«: »die Wiedergeburt des französischen Volkes hätte ihren Ausgangspunkt.«

Die Franzosen antworteten dem »inniggeliebten Meister«: äußere Ereignisse könnten nicht die Bande zwischen den Geistern lösen. Richard Wagner war »tief gerührt« von dieser Antwort; es war allerdings eine Rührung ohne Konsequenz. Zwar ließ er sich jetzt, am fünften September, drei Tage nach Sedan, zu einigen freundlichen Sätzen herbei: in zwei großen Grundsätzen seien sie völlig eins, in der Liebe und in der Musik. »Wohlan! So laßt uns denn bloß Liebende und Musiker sein! Das von Euch so verständig mit mir verabredete Schweigen will ich bewahren.« Aber: »Ich möchte Euch nur noch sagen ...« und dann schwieg er nicht. »Ich höre aus Eurer

Mitte«, schrieb er, »bloß Versicherungen patriotischen Muts, der den in Euer Land Eingedrungenen austilgen will.« Welch ein Verbrechen, den deutschen Eindringling zu vernichten. Und der Zeitgenosse der Emser Depesche wetterte gegen die französische Kriegsschuldlüge.

Richard Wagner unterlag nicht einer Kriegspsychose; er gehörte zu denen, welche die Gefühle und Gedanken, die der Krieg zum Ausbruch brachte, vorbereitet hatten. Schon vor zwanzig Jahren, am 20. Oktober 1850, hatte er geschrieben: »Wie wird es uns aber erscheinen, wenn das ungeheure Paris in Schutt gebrannt ist, wenn sie endlich in wilder Begeisterung diese unausmistbaren Augiasställe anzünden, um gesunde Luft zu gewinnen.« Und der Revolutionär fügte hinzu: »Mit völliger Besonnenheit und ohne allen Schwindel versichere ich Dir, daß ich an keine andere Revolution mehr glaube als an die, die mit dem Niederbrand von Paris beginnt.« »Wie häßlich«, hatte er dann, vor wenigen Jahren, geschrieben, »sind diese Welschen: eine Mischung von Affen und Tigern«, wie Voltaire richtig bemerkt hatte; »zierlich bis zur läppischen Gewandtheit« und »grausam bis zum Blutdurst«. Seht Euch nur ihre Geschichte an! »Marat – der Tiger, Napoleon – der Tigerbändiger«: das sind die Typen des neuen Frankreich; und da der Tiger nicht zu bändigen ist ohne Theater, muß auch noch der Affe heran. Vergleicht die deutsche und die welsche Bühne! Und ermeßt die unausfüllbare Kluft; Rossinis ›Tell‹, Gounods ›Faust‹ beleuchten sie grell.

Und allemal, wenn der Deutsche Geist über die Grenze sieht, steht der Jude und Papist neben dem Welschen, ihm eng verbunden durch die gemeinsame Liebe zum Materiellen. Pole und Ungar verstanden nicht, Gewerbe und Handel zu entwickeln; der Jude machte es ihnen vor und eignete sich den Vorteil an. Ein würdiger Erbe der sittenverderbten römischen Kurie und des herrschsüchtigen Klerus; bevor Bismarck die Jesuiten verjagte, sogen sie Deutschland aus, und schenkten es den Juden.

Das also ist das deutsche Schlachtfeld! Auf der einen Seite »das schreckliche Gespenst Finanz« mit seinem Gefolge von Materiellen, als da sind Franzosen und Juden und Katholiken; und schon verheert das apokalyptische Tier auch deutsche Lande, indem es polytechnische Anstalten ins Leben ruft, »diese Hochschulen der industriellen Mechanik«. Auf der anderen

Seite der Deutsche Geist, zu Hohem berufen, da er rein menschlich ist, im Gegensatz zu anderen Geistern. Das wäre nun klar
und schön, die Schlacht könnte schon beginnen, der Sieg wäre
nicht zweifelhaft: wenn Richard Wagner, Sprachrohr des deutschen Geistes, nicht wiederum diese reine Innerlichkeit für einen
Fehler hielte; für einen liebenswerten, reizenden, aber immerhin für einen Fehler. Man möchte schließlich auch eine Portion
vom süßen Kuchen Erde, obwohl man eigentlich rein innerlich
ist; »selbst dem gutmütigsten Deutschen« kommt »ein unver-
kennbares Herrschergelüst und Verlangen nach Obergewalt
über andere Völker«. So stellt sich das deutsche Problem: wie
fängt der Deutsche Geist es an, innig, rein zu sein, ganz un-
materiell und trotzdem ein guter Geschäftsmann? So erfolgreich wie nur irgendein Jud' und trotzdem, zur Salvierung
seiner Seele, ahnungslos wie ein deutscher Tor?

Arbeitsteilung! Der Führer des deutschen Volks, in einer
»fast übermenschlichen Stellung«, erhaben über der materiellen
Wirklichkeit, verkündet den Verzicht auf jüdisches Gold –. Inzwischen errafft die Gefolgschaft von dem verachteten Metall,
soviel sie kann; so sind Idealismus und Materialismus in Ein-
tracht beieinander. Wer soll der Idealist auf dem Throne sein?
Der Meister versicherte der bayrischen Majestät, er könne
sich nur einen legitimen Führer vorstellen; aber vielleicht
dachte er auch schon an einen Künstler, zum Beispiel einen Musiker.

Als Bismarck gegen die Welschen zog, hatte gerade sein großer Verehrer, Wagner, zum Neujahr 1869, ihre engsten Alliierten noch einmal besiegt: die Juden. Hatte das pseudonyme
Pamphlet von einst, »Das Judentum in der Musik«, mit seinem Namen geschmückt, auch mit einem langen Vorwort an
eine Gräfin Nesselrode, und das Ganze, also hergerichtet, neu
herausgegeben. Weshalb waren eigentlich vor neunzehn Jahren
die Feindseligkeiten gegen die Hebräer eröffnet worden? Er
dachte nach und fand den Anlaß nicht. Und nahm den alten
Streit wieder auf, weil die Unverschämtheit der Wiener Presse
ihn reizte, sich zur Wehr zu setzen gegen die »umgekehrte Ju-
denverfolgung«. Sie fragen, Frau Gräfin, weshalb man mich
ablehnt: in London und Paris, in Wien und Berlin? Die Juden! Die halten zusammen wie Pech und Schwefel. Nie ist es
mir möglich gewesen, Offenbach »in der ihm gebührenden Weise

zu erwähnen«; sogar in die Systeme blonder Ästhetiker hat sich die Judenmusik-Schönheit eingeschlichen. Nur ein einziges Mal ging es mir gut: in Petersburg und Moskau, unter dem Schutz des judenfreien Zaren. Und leider gibt es noch viel mehr Juden als Abkömmlinge jüdischer Eltern. Wer die Zukunftsmusik nicht liebt, mag er sonst dieser oder jener Nation angehören: ist Jude ... Unter dieser Fahne hatte der »vom Stamme Geächtete« den Kampf fortgesetzt für »das eigentliche deutsche Wesen«. Er war nicht der richtige Mann, mit den lieben Feinden Judith und Catulle in den Äther zu entfliehen, als Bismarck den Deutschen Geist aufs Schlachtfeld führte.

»Herrjeh, wird das ein Hallo geben«, hatte Bülow, der Streitsüchtige, beim Anblick der neuerschienenen, alten Juden-Klatsche frohlockt; das Hallo wurde hundertundsiebzig Druckschriften laut. Juden wie Auerbach legten die Hand an die Nase und meinten: da ist was dran. Christen wie Gustav Freytag verabscheuten diesen alten Haßgesang deutscher Horden. Irgendeine Pauline kündigte die Freundschaft, obwohl sie nicht Israelitin sei. Und der ukrainische Jude Rubinstein, Pianist und erlösungsbedürftig, stellte sich dem Hepp-Hepp-Musikanten zur Verfügung – mit den unvergeßlichen Worten: er sei Jude und fühle in sich die vom Meister gebrandmarkten Eigenschaften; als Mensch und Musiker bliebe ihm nur die Kugel oder die Flucht in die Arme des antisemitischen Heilands. In Mannheim wurden die ›Meistersinger‹ ausgepfiffen. Israels Rache! In Breslau wollte man keine Wagner-Oper. Siebentausend Juden lauern ihm dort auf! In Wien erkannte man im Beckmesser-Lied die Persiflage einer alten jüdischen Melodie und wurde widerspenstig. Jüdische Unverschämtheit, die im Kaiserlichen Theater zu mucksen wagt! In Paris entstand, knapp vor der Aufführung des ›Rienzi‹, eine große Aufregung. Das Weltjudentum rührt sich! Benahm sich dann aber so freundlich, daß man nach der Berliner ›Lohengrin‹-Premiere dem Autor drahten konnte: kolossaler Erfolg, alle Juden versöhnt. Welche Hoffnung! Wie es nichtjüdische Juden gab, so gab es auch jüdische Nichtjuden. Aber darf man der Berliner Gemeinde trauen? Jüdische Gutmütigkeit hat er schon oft erfahren. Courage sollen sie haben! Die Taufe sollen sie nehmen – nicht im Namen Christi, aber im Namen Wagner! Schon gibt es hoffnungsvolle Fälle: Kapellmeister Levi ordnet seine Karriere den Interessen des Meisters unter und beweist so, daß er vom Stamme der jüdischen Nicht-Juden ist; auch nennt er sich wirklich Levi, wie in der Bibel geschrieben steht, nicht Löwy oder Lewy. Welch verheißungsvolles Zeichen!

Dann aber brachte Lasker, der Freisinnige, ein Gesetz durch, das die Lewys und Löwys ohne Rücksicht auf die Orthographie emanzipierte, zwei Generationen, nachdem sie auf Papier deutsche Staatsbürger geworden waren. Man hatte schon vorher den Kölner Bankier Simon Oppenheim baronisiert; die Enkelinnen des Freiherrn hießen nun: Baronin Plancy, Gräfin Bredow, Frau von Frankenberg, Freifrau von Hammerstein, Gräfin Arco, Gräfin Matuschka und Gräfin Pocci. Die armen Deutschen! Unter den Petitionen, die Jahr für Jahr in den Büros des Abgeordneten- und Herren-Hauses einliefen, war stets auch der Antrag des Bürgers einer kleinen schlesischen Stadt, der alle Potentaten und Parlamente um Abstellung der Verfolgungen bat, die er von seiten der Juden zu erdulden hätte; sie zögen ihm mittels Elektrizität die Gedanken ab.

Die Judengefahr war nur entdeckt, nicht beseitigt worden. Mit den Welschen wurde jetzt kurzer Prozeß gemacht. Zwischen der Uraufführung von ›Rheingold‹ und ›Walküre‹ hatte auch Ludwig, der Deutsche, dem Franzmann den Krieg erklärt. Als Gott Wotan zu München sang:

> »Wo kühne Kräfte sich regen,
> Da rat ich offen zum Krieg«,

erkannten die Münchener endlich, daß ein Seher unter ihnen geweilt hatte. Zum Geburtstag seines Königs im August gratulierte er als patriotischer Sänger. Ach, es ist nicht der Pfi gewesen und nicht der Pfo und nicht der knickrige Kabinetts-Kassier, an denen er gelitten hatte. Nun, wo der Schöne das Königswort gesprochen, das die Bayern gen Westen treibt, darf auch der Meister den Schmerz über Deutschlands Schmach begraben, der lange genagt an seinem Herzen.

Wie es jüdische Nicht-Juden gab, so auch französische Nicht-Franzosen; die Französin Cosima war sehr schnell und sehr gründlich eine deutsche Patriotin geworden. Im Anfang ihrer Lehrzeit hatte sie noch das welsche Näschen gerümpft und gemeint: der Prager Judenfriedhof sei anregender als der Große Kurfürst, der Große Friedrich und all die schwerfälligen, armseligen und bombastischen Monumente Berlins; selbst am Rhein hatte sie alles klein, armselig, ärmlich, jämmerlich und dumm gefunden. Und wie hatte das welsche Herz frohlockt, als ihr Kaiser, der dritte Napoleon, den Preußen, der sie immer an die Fabel vom aufgeblähten Frosch erinnerte, in seine liliputanischen Grenzen verwies. Aber dann wurde sie kerndeutsch, mit Hilfe beider Gatten, des Bülow und des Wagner. Ihrem bayrischen König, der nach Paris fuhr, versicherte die Pariserin: die Reise lohne das Opfer – und empfahl ihre Stadt als eine Lektion in menschlichen Lastern; auch warnte sie, schon eine gute Deutsche, vor der jüdischen Rasse, die dem blonden Volk viel Unheil gebracht habe. Dann kehrte Herr Ludwig aus Babylon zurück und machte der Tochter einer französischen Dichterin Freude mit dem Geständnis: französisches Volk und französische Sprache seien ihm zuwider. So war sie wohl präpariert, den deutsch-französischen Krieg zu begrüßen mit den ehernen Worten: »Ich bin ganz außer mir über die französische Unverschämtheit, dies Volk verdient eine unbarmherzige Züchtigung.« Das hätte Turnvater Jahn, ihr neuer Vorfahr, auch nicht besser gesagt.

Der Krieg ist die wahre Beethoven-Feier, jubelte sie; am siebzehnten Dezember 1770 wurde Beethoven geboren, am siebzehnten Juli 1870 ging die deutsche Kriegserklärung ab. Der Krieg ist erhaben, weil er die Nichtigkeit des Individuums zeigt, jubelte Richard; und auch ihm fiel kein anderer Vergleich ein als Beethovensche Musik, die er allerdings in den Kängen der ›Wacht am Rhein‹ nicht wiederfand. Professor Nietzsche hingegen, des Meisters junger Freund, konnte das preußische Paradies nicht recht riechen. Es duftete ihm nicht angenehm; er gab dem schlechten Geruch den Namen Militarismus. Die Enthusiasten in Triebschen zuckten die Schulter über den steifen Pedanten. Paris ist eine femme entretenue. Der Brand dieser Stadt wird das Symbol der Befreiung von allem Übel sein. Weshalb nur zögert Bismarck mit der Beschießung? Man müßte ihm Mut machen; vielleicht einen Brief schreiben. Dann ging der heiße Wunsch des großen deutschen Künstlers in Erfüllung. Cosima gab den Segen dazu: »Wer nicht hören will, muß fühlen.« Der Mann aus Eisen und die Zeit aus Eisen brachten auch eine Kunst aus Eisen hervor; zum Beispiel Richard Wagners ›Kapitulation‹ vor dem Eisen – ein ›Lustspiel

in antiker Manier‹, welches das eingeschlossene Paris mit deutschem Kriegshumor beschoß. Victor Hugo deklamiert:

> »Zivilisation, Pomade, Savon
> Das sind meine Hauptpassion.«

Die Nationalgarde marschiert auf, nach dem Lied:

> »Republik! Republik! Republik blik blik
> Repubel Repubel Repubel blik blik
> Repubel pubel pupubel pupubel Replik.«

Der Operndirektor Perrin kündigt an:

> »Beschlossen ist vom ministre de culte
> In der Oper sei nun wieder gespüllt.«

Auch reimt sich auf Gouvernement vol-au-vent; und der Jack
von Offenback erhält als Reim sein Krak krak krak. Die Fidelitas deutscher Korpsstudenten hatte ihr Meisterwerk, das
man allerdings dem Professor Nietzsche, der es nicht hätte
würdigen können, sorgsam verschwieg.

Jahn war auferstanden – aber seltsam verwandelt: ein sehr
sensibler, fast wurmstichiger Recke, Teut mit Schopenhauer-
Zügen. Aus der deutschen Eiche war sowas wie ein eiserner
Lorbeer-Hain geworden. Eine Nachtigall zwitscherte mit mar-
kiger Trauer: »Ich gestehe, daß, wenn ich Moltke und das
deutsche Heer nicht vor mir sähe, ich gar, gar nichts erkennen
würde, was mir Hoffnung machen könnte.« Das klang wiederum gar nicht eisern. Dem Jahn wäre kaum sehr behaglich gewesen in Gesellschaft des jüngeren Bruders.

Schon der Alte im Bart hatte über die mauerlosen Städte geklagt – und damals begann es doch erst; wie ist Deutschland
häßlich verändert, seit Großvater Wagner nicht mehr am Stadttor wacht. Trauliche Siedlungen wandelten sich in ein verqualm-
tes Dickicht aus Steinen. Einst hatte jeder Platz zwischen den
Pforten des großen Hauses, das geruhsam zwischen den Fel-
dern lag. Jetzt hockt man zusammengepfercht in düsteren, lärmenden Labyrinthen; die Erdkrume scheint weggehext zu sein.
In sieben Jahrzehnten bekam die deutsche Familie mehr Zu-
wachs als in achtzehn Jahrhunderten zuvor; nie, seit Armins
Zeiten, hatte sie es auf mehr als fünfundzwanzig Millionen
gebracht, nun haben siebzig Jahre die Zahl verdoppelt. Da ist

alles hochgewuchert ins verworren Massenhafte; ohne Ordnung, ohne Schicklichkeit, ohne Schönheit. Und ohne Vertrauen aufs Kommende. Einst war Verlaß auf den Boden, auf den man gesetzt wurde: fest gemauert aus einem kleinen oder großen Habe, einem kleinen oder großen Verdienst; jetzt ist nicht einmal mehr gewiß, daß der Sohn eines Armen auch arm sterben wird. Schon vor hundert Jahren erfuhren schlesische Leinenproduzenten und Wollexporteure der Seestädte die Launen einer Macht, die plötzlich auch auf deutscher Erde herrschte und Markt genannt wurde, ein sehr rätselhafter Tyrann; aber Bauern, Handwerker, Gutsbesitzer und Akademiker schoben den Karren doch immer noch das Gleis entlang, in dem er schon Jahrhunderte lief. Jetzt lebt alles auf unruhigem Grund, wo nach unerforschlichem Rat der eine hochgeworfen und der andere verschlungen wird.

Da malte der deutsche Rebell, der seit dreißig Jahren mit Ekel ein unförmiges, turbulentes, von grausigen Fratzen bevölkertes Land großwerden sieht, das Einst in einem leuchtenden Gemälde, Vor-Bild einer schöneren Zukunft. Nürnberg muß es sein; dort schimmert noch ein letzter Abglanz dieses Einst. Das sechzehnte Jahrhundert muß es sein; da lebte das Einst in kräftigster Fülle. Da durfte nicht jeder Windhund dichten und singen und ein ahnungsloses Volk beschwatzen. Ehrbare Handwerker, vereinigt zur Pflege von Poesie und Sang, führten auch im Bezirk der Kunst die heilig-schöne Rangordnung ein: Lehrbube, Geselle, Meister; und wie die Gesetze der Zunft des Lehrlings Aufstieg lenkten, so entschieden die leges tabulaturae, von vier Merkern streng bewacht, was an dem Kunstjünger war. Auch damals gab es Beckmessers, Thersitesse der Kunst; die Ahnen der Hanslicks, die heute jedem Talent den Weg verbauen. Aber schließlich wurden sie zuschanden an der Solidität deutscher Handwerker. Blickt hin auf die großen Zeiten des deutschen Geistes! Seht Meister Sachs: das war einmal ein wackrer Deutscher. Seht Evchen: das war einmal ein züchtiges deutsches Mädchen. Der unsichtbare Hintergrund, vor dem der Deutsche Geist gute Figur macht, ist die teuflische Dreieinigkeit: die Börse, der Jude, die französische Kokotte. Als Bismarck sein Reich aus der Taufe hob, war jenes Werk vollendet, das ihm zeigen konnte, wie das Neugeborene werden muß. Die deutschen Großstädte hatten nun ihr Vorbild. Die deutschen Fabrikanten und Bankiers hatten nun ihr Vorbild. Die deutsche Kunst hatte nun ihr Vorbild. Wird der Kanzler, der sich stolz als Anhänger einer unpopulären Richtung bekannte, den Weg zurück gehen? Wird Moltke imstande sein, an der Spitze seiner Armee aus dem Berlin des neunzehnten Jahrhunderts das Nürnberg des sechzehnten zu machen? Aus der Deutschen Bank den Sparkassenstrumpf? Aus der modernen Schuhfabrik die trauliche Werkstatt des Hans Sachs? Und aus den Wagnerschen Kunstgiganten, den mächtigen Kindern aus der Ehe entwickeltster Technik und mystischer Sehnsucht nach dem Einst, die schmalen und schlichten Weisen der alten Nürnberger Meistersinger?

Als ›Die Meistersinger‹ nach der Schlacht von Sedan die Hauptstadt berückten, entdeckte die ›Vossische Zeitung‹ des Meisters deutsche Sendung; »um das Theater auf seinen idealen Höhepunkt zu erheben, muß eine gründliche Abrechnung mit französischem Wesen gehalten werden«. Vier antiwelsche Zeilen hatten das veroperte Nürnberg zum Zwilling des deutschen Sieges gemacht. Was ist an diesem Sehnen eines späten Bürgers nach der Frühzeit deutsch, außer dem Namen der Stadt und der Städter? Ist es deutsch, Schuhe mit Pech und Ahle zu machen und nicht mit Maschinen? Ist es deutsch, in der eigenen Werkstatt zu arbeiten und nicht in Fabriken? Ach, der gute Nürnberger, den es verdrießt, in deutschen Landen den Bürger karg genannt zu hören, nur auf Schacher bedacht, stammt nicht aus seligen Zeiten, da der deutsche Geist noch in strahlender Schöne über deutsche Fluren strich, sondern aus dem übel-beleumdeten neunzehnten Jahrhundert; auch heißt er eigentlich nicht Pogener, sondern Wesendonk und ist nicht Goldschmied, sondern Seiden-Fabrikant. Aber der Sachs ist kerndeutsch, versichern die Kerndeutschen, seit hundert Jahren.

Sachs ist ein respektabler, doch schon etwas maroder Herr aus der zweiten Hälfte des Wagner-Säkulums, ein eifriger Leser Schopenhauers; näher verwandt dem Thomas Buddenbrook und den melancholischen Gründern der Gründerzeit, denen der drohende Krach schon in den Knochen lag, als dem alten poetischen Schuster. »Wahn, Wahn! Überall Wahn!« beginnt der große Monolog. Dann werden die schwermütigen Klänge überspielt, von Bläsern feierlich intoniert, durch Hans Sachsens Gruß an Luther »Wach' auf, es nahet gen den Tag«.

Das klagende Sinnen eines Ausweglosen wird zugedeckt von dem Jubel hoffnungsvollerer Ahnen. Nicht eigentlich zugedeckt; nur zeitweilig verdeckt. Denn in das abklingende Finale des Luther-Lieds bricht, in grellem Fortissimo, die Klage über die Nichtigkeit der Welt wieder durch; Luthers Gott ist nicht mehr eine feste Burg, Schutz gegen die Ängste der Seele. Aber an den Hängen des melancholischen Protestantismus wachsen noch immer unter preußischer Sonne aufbaufreudige Bürger. Der Sachs vergißt zuzeiten seinen Schopenhauer ganz und gar; und ist recht munter national-liberal: fürs Volk – und wieder nicht zuviel, auf daß es nicht zu schnell vorwärtsgehe – und allemal gegen die Welschen.

Was ist deutsch? fragte Wagner in diesen Jahren, 1865 und nach Versailles. Er antwortete: »Daß das Schöne und Edle nicht um des Vorteiles, ja selbst nicht um des Ruhmes und der Anerkennung willen in die Welt tritt.«

Der Jude hingegen ... die Definition des Deutschen bestand immer in der Negierung des Jüdischen. Vielleicht gäbe es ohne Juden garnicht den ›Deutschen Geist‹. Der Jude hingegen ... zeige den Völkern Europas, »wo es einen Vorteil gab, welchen jene unerkannt und unausgenutzt ließen«. Die Juden bemächtigten sich dieser Vorteile; sie wurden, könnte man sagen, von der deutschen Innerlichkeit fett. Nahmen auch noch »die deutsche Geistesarbeit« in ihre Hand. Und schufen, »Agitatoren aus einem nicht-deutschen Volksstamme«, mit Hilfe der Presse »diese übersetzte französisch-jüdisch-deutsche Demokratie«. Also sprach der Agitator von 1848, zwanzig Jahre später.

Inzwischen hatte der Sieg über die Franzosen auch seine Zweifel an der deutschen Politik besiegt. Während Burckhardt und Nietzsche voll böser Ahnungen waren, drängte sich Wagner dazu, die Überlegenheit des ›Lieb Vaterland kannst ruhig sein‹ über ›Allons enfants de la patrie‹ (wie er sich ausdrückte) in Töne zu setzen. Er ließ ›unter der Hand‹ nachfragen, ob ein Trauermarsch zur Totenfeier der Gefallenen gefällig sei. Man lehnte es ab, »peinliche Eindrücke noch besonders zu arrangieren«. Darauf schlug er, abermals ›unter der Hand‹, einen volkstümlichen Gesang für »die im preußischen Heere so gut gepflegten Sängercorps« vor. Auch das wurde nicht akzeptiert.

Im übrigen meinte man, im besonderen ein Redakteur der ›Norddeutschen Allgemeinen Zeitung‹: der Musikant habe den

›deutschen Geist‹ nicht gepachtet. Da gab es zum Beispiel noch
Paul de Lagarde, vierzehn Jahre nach Wagner geboren. Er ver-
kündete: »Ich habe schlechterdings keinen Sinn für theoretische
Wahrheit; ich will mein Volk binden und befreien ... Nicht
Humanität zu entwickeln ist die Aufgabe der Geschichte«, da
»Deutschland der Menschheit ist.« Aber wer hörte Lagarde?
Und wahrscheinlich ahnte Wagner noch mehr; er sprach so
manches aus, ohne es zu wissen. Er tadelte, daß sich die Deut-
schen auf ›deutsche Tiefe‹, ›deutschen Ernst‹ und ›deutsche
Treue‹ berufen ... oft ohne Berechtigung. Er sagte: es ist das
Wesen des Geistes, den man in einzelnen hochbegabten Wesen
›Genie‹ nennt, sich auf den weltlichen Vorteil nicht zu verste-
hen.

Krieg Wagner ein Geist? War Wagner ein Deutscher? War
Wagner ein Deutscher Geist?

Der heimliche Kaiser

Das verfluchte Gold

Es war einmal (so begann diese Richard Wotan-Tragödie)
ein Mann, der wollte und wollte auch nicht. Es brachte ihm
keinen Frieden, zu musizieren und zu dichten und zu philosophieren und der Stern eines wachsenden Bundes zu sein. Er
war rastlos auf der Welt; und wollte sie glücklicher machen,
um sein Unglück loszuwerden. Im Jahrhundert St. Simons und
Robert Owens und Karl Marx' gedachte er die kranken Einzelnen zu heilen, indem er die Gesellschaft kurierte: durch ein
Fanal, an dem alle Künste beteiligt waren. Richard Wagner
war ein radikaler Heiland, mit einem ungeheuren Heilsap-
parat.

Das Gold ist schuld, hatte vor vierzig Jahren der arme deutsche Musiker in Paris geklagt. Das Gold ist schuld, hatte der
Agitator von Dresden gepredigt. Das Gold ist schuld, hatte
der Emigrant in Zürich geschrieben. Das Gold ist schuld, kündete nun, hundertvierzehn Instrumente laut, der Reformator
des Bismarck-Reichs; nach einem Vierteljahrhundert beendete
er das zwanzigstündige Musik-Stück ›Der Ring des Nibelungen‹. Philosophen waren gekommen und gegangen, er hatte
ihre Namen auf seine Fahne geschrieben und wieder ausge-
löscht. Eine einzige Wahrheit blieb: das Gold ist schuld; er
konnte es dem bleich-glänzenden Metall ein Leben lang nicht
verzeihn, daß auch er, Richard Wagner, sehnsüchtig nur nach
Liebe, dem härtesten Tyrannen unterworfen war.

Es war einmal (so begann die Wotan-Farce) ein Mann, der
war sehr her hinter dem verachteten Gold: »Solange diese Sau-
welt vorhanden bleibt, macht nur das Geld frei!« Er hatte vor,
das goldene Kalb in einer neuen Kirche mit allem Komfort der
Neuzeit anzuprangern – und das kostet viel Gold. So wurde
der Menschheit, die befreit werden sollte, als nächster Helfer
am Befreiungswerk der Bankier Feustel vorgestellt; dem Hof-
bankier Cohn aus Dessau wurde diese Ehre nicht zuteil. Der
üppig instrumentierte, mit den verzwicktesten Maschinen in
Szene gesetzte Aufruf zu Verzicht und Einfalt wandte sich an

alle, die haben und vielfältig sind. Der Arzt, der die Seelen zu purgieren wähnte, spekulierte auf die »ungeheuer erregte Neugierde des reicheren Publikums«. Und es geschah dem außerordentlichen Mann, daß er erntete, was er nicht gesät zu haben glaubte: die Große Oper, der er ein Leben lang vorgeworfen hatte, sie unterhalte die Gelangweilten und betäube die Unglücklichen. Er war wieder einmal dort, wo er durchaus nicht hinwollte. Er bekämpfte die Zeitgenossen und glorifizierte sie mythisch. Er plante eine neue, gute Welt und verklärte die alte, schlechte mit dem Glanz aller Künste. Der heimliche Kaiser und sein heimliches Reich wurden zur unheimlich tragischen Humoreske. Wer die vergilbten Blätter dieser Historie liest, angeregt von den frischen Farben, die einige Seiten während unseres Lebens erhalten haben, wird mehr als einmal erschüttert lachen.

Tausend rief er auf: dreihundert Taler zu spenden, auf daß die musikalisch-dramatisch-philosophische Feier anheben könne. Es gab Tausend mal Tausend, die den Opferpfennig hätten darbringen können. Auch Adlige, hohe Beamte und Parlamentarier spielten glücklich an der Börse; in der tollen Blüte der tollen Zeit war das Erlöser-Pflänzchen recht anspruchslos. Aber sollten die Herren Strousberg und Bleichröder den Aufruf gegen ihr Gold noch groß finanzieren? Zumal ihnen der zeitgenössische Heiland gerade das Werk präsentierte, in dem gutes ungemünztes Edelmetall unter dem rauschenden Beifall des Orchesters ins Wasser geworfen wird? Der Großindustrielle, der den Bau von Eisenbahnen mit Überlassung von Aktien an die Unternehmer zu bezahlen empfahl, und der jüdische Bankier des Herrn von Bismarck sahen es nicht recht ein. Und die reichen Freunde der Wagner-Opern fragten: wozu eine neue Bühne neben den vielen alten und gar noch an abgelegenem Ort? Man konnte die Fanfaren der Zukunft in München und Weimar hören, in Berlin und Wien. Wozu verteuern und erschweren, was billiger und leichter zu haben ist? Es gab nicht genug Dreihundert-Taler-Spender, die im rechten Glauben waren, nach dem der Patronatsschein ins Himmelreich führt. Der Gründer des Kurorts für erlösungsbedürftige Millionäre hatte begüterte Freunde; einige taten das Ihre. Temperamentvolle Damen halfen, wie sie ihn auf allen Etappen des lockenden Weges gefördert hatten; eine Ministerin in Berlin und eine neapolitanische Principessa in Wien führten manchen Minister und manchen Princeps an die Opferurne. Aber alle miteinander waren immer noch nicht Tausend; nicht ein Drittel davon. Die kleinen Bürger der Stadt sahen schon eher ein, daß etwas geschehen müsse; nur waren sie nicht dreihundert Taler stark und zahlten auch kleinere Summen nicht gern, in alter Abneigung der Idealisten, ihr Ideal zu nähren mit guter Materie. Sie taten sich in Vereinen zusammen: in Mannheim und Berlin, in Wien, Leipzig und München. Hielten Reden, veröffentlichten Pamphlete und Zeitschriften, gaben Konzerte, stellten Delegationen zusammen, planten Lotterien ... und machten ihm auch sonst nicht wenig Kummer. Mehr laut als goldhaltig (viele Karge zusammen sind immer noch nicht ein Mäzen) riefen sie Kämpen auf den Plan, welche Trutz-Vereine gegen den Wagner und seine Bande verlangten. Viel mehr erreichten die Minderbemittelten nicht. 23 946 deutsche Händler mit Büchern, Kunst und Musikalien erhielten Wagner-Listen zur Zeichnung für ihre Kunden. Diese Sammelstätten müssen Schatzkammern werden, befahl der Professor Nietzsche. Und dann gingen sechs Taler ein. Die Mannheimer baten einundachtzig Hof- und Stadttheater um Aufführungen zum besten des Wagner-Werks. Achtundsiebzig Briefe blieben ohne Antwort; drei Höfliche lehnten dankend ab. Die kleinen Bürger öffneten den Mund sehr weit für den neuen Herrn und hielten die Tasche fest zu.

Er sandte eine Petition an Wilhelm, die ihn nicht erreichte und auf dem Amtswege abgelehnt wurde. Er bat Bismarck, dem er ›Deutsche Kunst und Deutsche Politik‹ zusandte, um Hilfe; sie wurde ohne Ablehnung – nicht gewährt. Ludwig fragte zurück, ob ihm mit dem Maximilians-Orden gedient sei. Nach viel freundlichen Nein fiel auch einmal etwas ab und nie genug. Sehnsüchtig nach dem Frieden eines stillen Hauses, einer ländlichen Idylle reiste er dem Golde nach in die verhaßten großen Städte. Er wurde von Militärkapellen lärmend begrüßt, fast wie ein General. Dirigierte in Berlin und Wien, in Hamburg und Köln für Hastige, die er verabscheute. Las dem Feldherrn von Moltke die ›Götter-Dämmerung‹ vor, eine Apotheose der Machtlosigkeit, und brachte manchen Taler heim und nie genug. Er konnte doch nicht zweihundert Konzerte geben! Der Khedive von Ägypten sandte fünfhundert

Pfund Sterling. Der türkische Sultan nahm zehn Patronats-scheine. Frau Betty Schott in Mainz, die Witwe des Verlegers, organisierte ein Komitee und eine Verlosung. Berühmte Maler stifteten Bilder. Nie genug. Der Meister, immer enttäuscht und immer auf der Jagd nach neuer Täuschung, die dann wieder zerging in trüben Reflexionen, machte die immer wieder neue Entdeckung, daß er von den höheren Kreisen zu gut gedacht habe; der reichere Adel hat keine deutsche Seele mehr und vergeudet gutes deutsches Geld an Juden und Jesuiten. So zürnte er und drohte, die offenen Seiten des Festspielhauses mit Brettern zuschlagen zu lassen; sonst nisten sich noch die Eulen ein.

Es war einmal ein deutsches Städtchen von neunzehntausend Seelen, das zierte viele Reize und zwei dazu, sie haben es dem deutschen Meister angetan: es lag im Königtume des Herrn Ludwig und abseits der großen Straßen des Verkehrs, nicht einmal an einem mächtigen Fluß. Des Meisters Schüler stellten dann noch fest, daß man hier auf altheiligem und geweihtem Boden saß. Wotan und seine Untergötter wurden einst an diesem Ort verehrt; er war wie geschaffen als neue Kultstätte. So wurde das winzige Bayreuth des heimlichen Kaisers bescheidene Gegenresidenz gegen das großmächtige Berlin. Der Bürgermeister von Bayrisch-Dornröschen hatte noch nie eine Zeile des Fremden gelesen und nie seine Opern auf der Bühne gesehen, als er in der verschlafenen Stadt erschien, um sie wachzuküssen. Stadtvater Muncker witterte Morgenluft und stiftete den schönsten Platz; schon bewarben sich Baden-Baden und Reichenhall um das Nibelungen-Geschäft. Auch König Ludwig knauserte nicht. Noch immer versagte er dem Einzigen die Gnade einer Audienz; aber für eine prächtige Villa lagen fünfundzwanzigtausend Taler bereit. Das Paradies begann hier zu wachsen, an zwei Stellen zugleich. Jede größere Stadt hätte es leichter gehabt, Musteraufführungen herauszubringen. Er aber wollte mehr: die Gründung einer neuen Menschheit; von allen Träumen der Gründerzeit der teuerste, trotz des geringen Anfangskapitals. Das neue Geschlecht könnte nur unentweihtem Boden entsprießen: die unbefleckte Empfängnis sollte vonstatten gehen in dem oberfränkischen Flecken. Vor zwanzig Jahren hatte der Papst zu Rom verkündet, Maria sei unbefleckt auf die Welt gekommen; nun versprach der Unfehlbare zu Bayreuth die Zeugung von Siegfrieds ohne Befleckung durch den Geist der Zeit. Seine Stadt wurde eine heilige Stätte, ihr Stamm ein heiliges Volk. »Ja, meine Bayreuther, das ist der echte Schlag«, rühmte der neue Mitbürger, der aus einem begeisterten Sachsen ein begeisterter Bayer geworden war. Wenn der Wagner uns zuviel Krach macht, drohte ein ordengeschmückter Sproß dieses echten Schlags, werden wir's ihm schon besorgen. Zweihundert Künstler sind vier Monate in einem Nest beisammen, zweitausend Fremde strömen hinzu – kann es da abgehen ohne Krawall?

Die Fabrikherren sollten auf der Wallfahrt nach Bayreuth den Segen der Stille genießen; bald erkannte man: nur wer Gehörnerven so dick wie Schiffstaue hat, geht aus diesem Lärm heil hervor. Die Plutos aus Berlin sollten an geweihter Stelle einer Anti-Millionen-Kur sich unterziehen ... und neue Industrien schossen aus dem jungfräulichen Boden: der Rheingold-Wein, die Nibelungen-Mütze, der Siegfried-Hut und die Wagner-Krawatte; zieht man an der schwarzseidenen Schnur unter dem Steg, so zeigt der Schlips das Bild des Meisters von Lenbach. Franzosen, Engländer, Russen, Italiener, Norweger, Dänen, Amerikaner, Fürsten, Bankiers, Mimen und Marketender machten aus Bayreuth ein Klein-Berlin. Ein geräuschloser Musiker aus dem fünften Stock einer deutschen Provinzgasse wollte er sein. Und verbreitete Geräusche und Gerüchte bis in die stillsten Winkel des Landes.

Ganz unberührt ist Jungfer Bayreuth auch schon vorher nicht gewesen. Waldige Höhen und fruchtbare Täler voll prangender Wiesen, blühender Gärten und gepflegter Alleen sind angenehmer und bekömmlicher als Schornsteine und dick verrußte Elendsstraßen – aber auch unentweihter? Selbst Cosima, die Fabrikstädte nicht leiden konnte und jede Pflanze für heilig hielt, weil sie nicht aus Eisen war: selbst Cosima machte in den schönen fürstlichen Parks, zwischen Schlössern und Pavillons, die aus schattigem Grün adrett hervorlugten, eine schlimme Entdeckung. Gewiß, die süße Vergangenheit ist noch immer da und kann eine gebildete Dame zu reizenden Träumen verlokken. Dort, in der Eremitage mit dem dunklen Park, den bunte Schäferspiele einst belebten, schrieb des Großen Friedrich spottlustige Schwester saftige Erinnerungen an den preußischen Hof des Soldatenkönigs, ihres Papas. Und dort fuhr ein Gespann das goldstrotzende Komödienhaus hinauf bis zur Brüstung der markgräflichen Loge, Serenissimus stieg aus, dicht neben seinem kleinen Thron, galonierte Hoftrompeter bliesen einen Tusch, von der Bühne herab antworteten schmetternde Fanfaren, und es begann die italienische Musik. Aber die Markgräfin Cosima von Bayreuth, wie man sie zu nennen liebte, fand dicht neben den keuschen Wäldern und der zierlichsten Vergangenheit eine häßliche Gegenwart.

Mit trübem Sinn hatte sie, bei einer Fahrt durchs Industriegebiet, sich gefragt, was der Meister und die Meisterin zu suchen hätten in dieser lauten und rußigen Welt. Aber auch das grüne Bayreuth lag nicht auf dem Mond. Schlechte Regierungen und ein hartes Klima haben auch hier Armut und Elend erzeugt; man ist froh, wenn ein junger Erdenbürger sich beeilt, zu Gott zurückzukehren. Die Wagners stellten dem Übel die alte Diagnose: es wird gesündigt oben und unten; die Arbeiter wollen statt vierzehn nur noch acht Stunden fleißig sein, und die Herren sind töricht genug, mit einem Erlaß anzugehen gegen die Feier des fünfundzwanzigsten Geburtstags vom März Achtundvierzig.

Es gibt auch Hoffnungen. Der Siegesturm für die Gefallenen von Siebzig ist hoch aufgerichtet, eine Aufmunterung für die Zukunft. Und ein Angestellter der mechanischen Spinnerei lädt den Meister zur Taufe des Kindes, das am Tage der Grundsteinlegung des Festspielhauses geboren wurde, eine Bürgschaft, daß der Zukunftsmusik neue Ohren heranwachsen. Der neue Herr und seine Markgräfin unterziehen sich huldvollst den Herrscherpflichten. Loben ihr Reich, wie es schon viele Dynastien vor ihnen taten. Und offenbaren den tiefsten Sinn in der Lage des Festspiel-Baus, nicht weit von der Irren-Anstalt: das neue Haus ist erbaut für alle Verirrten, vom deutschen Geiste Abgeirrten.

Es waren einmal deutsche Sänger – ein Priester wählte sie aus, der singende Mund seines Glaubens zu sein. Sie gingen nicht leicht in sein Netz; der Menschenfischer angelte in einem aufgeregten Meer. Die erste Norne schickte die Partie zurück. Sieglinde erwartete Familiennachwuchs. Siegmund lehnte seine Schwester ab, weil sie zu häßlich sei. Die Wiener Oper forderte viel für den Verleih des Stars. Herr von Hülsen ließ vielleicht die Rhein-Töchter nicht frei. Und der Held höchstselbst besuchte seine Braut und kam erst spät an, mit einem Katarrh. Schließlich waren sie alle beieinander und fanden den seltsamsten alten Herrn: nicht einen eifernden Jeremias, mehr einen pathetischen Piloten. Ein Sänger trug Bedenken, von der Spitze des Riffs herunterzuspringen, eine schöne Aufgabe für Turner. Da kletterte der Dreiundsechzigjährige die hohe Leiter hinauf, erfaßte das Geschiebe, löste es und stürzte sich hinab mit einer Bravour, die frühere Erlöser nur aufbrachten für den Kampf mit dem Satan. Das größte Interesse der Heilsgemeinschaft gilt dem Riesenleib des Wurms, den Siegfried töten sollte: ein mit Haarbüschen besetztes Unding zwischen Eidechse und Stachelschwein. Man hatte einen erprobten Hersteller beweglicher Tiergestalten in England mit dem Auftrag betraut; die deutsche Industrie war noch nicht entwickelt genug, die Maschinen zu liefern, die der Maschinenstürmer brauchte für seinen flammenden Protest gegen alle Fabriken und das ganze Zeitalter der Technik. Das Eisenvieh kam stückweise an: zuerst der Schwanz, nach vielen Telegrammen auch der Kopf; nur der Hals lag unauffindbar auf irgendeiner Station zwischen London und Bayreuth. Und täglich geriet man tiefer in den Automatenspuk. Dem Wotan ging gleich zu Beginn der Speer entzwei, der erst im dritten Akt zerspringen durfte; zu früh hatte sich der Mechanismus ausgelöst. Der Maschinist regierte die Stunde. Der Maschinenmeister war der wichtigste Mann nach dem Bankier. Der moderne Erlöser fuhr mit vielen teuren Apparaten sehr unsicher ins schlichte Paradies. Der Zauberer war abhängig von dem Dämon, den er vertilgen wollte.

Fünf Jahre währte es, das Betteln und Beraten, das Bauen und Probieren; nun ist die Kanzel gefügt, zum guten Teil auf Kredit, er ist nicht groß. Ein Münchner Psychiater stellt die Frage, ob der unglückliche, geistesschwache Greis, den man nur mitleidig anhöre, in der normalen Breite geistiger Gesundheit sich bewege. Erzählt nicht der berühmte Maudsley die Krankengeschichte eines Alten, der von großer Schärfe des Geistets war, gut komponierte, sehr fließend dichtete – und fünfzehn Jahre lang von Irrenhaus zu Irrenhaus sich schleppte? Der rasende Grieche Ajax wähnte sich von einem Gott geschlagen. Der mittelalterliche Christ fühlte, wie Teufel und Hexen ihn ritten. Der sehr aufgeklärte Richard Wagner habe den

Wahn seiner Ära, in der man von Juden, Zeitungsschreibern oder anderen Gespenstern gejagt wird. Tief beklagte der Seelendoktor aus Bayern das furchtbare Geschick, das den großen Mann betroffen habe; vielleicht wird es liebevoller Pflege bei strenger geistiger Diät gelingen, den düsteren Schleier zu heben. Es gibt auch weniger freundliche Feinde. Ein Flugblatt verbreitete unter dem bayrischen Landvolk die Prophezeiung einer ungeheuren Feuersbrunst im Festspiel-Haus. In rasender Schnelle werde die Glut sich ausbreiten. Wo eine Minute zuvor noch sündiger Sang und Klang ertönte, wird es wie das Geschrei der Verdammten in der Hölle gellen. Hunderte werden erdrückt und verbrennen. Der Fuß, der hinschreitet über rauchenden Schutt, tritt auf halbverkohlte Leichen. Ein Ruf des Entsetzens dringt durch die Welt. Selbst jenseits des Weltmeers fließen die Tränen.

Und schon ist Gottes gereckter Zeigefinger deutlich zu erkennen. Sie besaufen sich bei fünfundzwanzig Grad Hitze mit einem schweren Dessertwein und binden einen zugereisten Kapellmeister im Walde fest. Ein Bratschist stirbt am Herzschlag. Soldaten der Garnison werden vom Typhus befallen. Doch der Mann, gegen den sie sich alle wehren – die Psychiater, die Katholiken und die Mikroben, ist begnadet mit dem Glauben ans Unglaublichste. Siegfried ist böse, weil er aus dem schönen Baden-Baden in das öde, kalte Loch Bayreuth mußte. Der Obermaschinist will abreisen, weil er auf dem Programm nicht Bühnenleiter genannt worden ist; jeder will jeden Tag davon, so daß der Meister den Morgen beginnt mit der Frage: wer fährt heute ab? Eine mächtige Marmorplatte, an der Vorderseite des Theaters als monumentaler Theaterzettel errichtet, muß verhängt werden, weil die Sänger der Mannen es nicht verwinden können, nicht auch ihre Namen in Erz begraben zu sehen. Er aber, der noch aus Mimen neue Menschen zu formen sich getraut, erzählt zu guter Letzt den gekränkten Mannen und dem ›Bühnenleiter‹ und den Rheintöchtern, die im Schwimmwagen ängstlich durch die Lüfte schweben: sie alle hätten es nun an sich erfahren, wie das Kunstwerk der Zukunft in Wahrheit die Erlösung sei; es habe sie alle erlöst von den Mühseligkeiten eines niederdrückenden Berufs. Dann begann die mächtigste Show des neunzehnten deutschen Jahrhunderts.

Auf dem grünlichen Grunde des Rheins. Schroffe Riffe ragen in die Höhe. Zwischen zackigen Felsen schwimmen die drei Töchter des Stroms, Wächterinnen des unschuldigen Golds, das hier unten ruht. Sie haschen einander zum Zeitvertreib mit viel Wagala Weia und Haiala Weiala. Der Es-Dur-Akkord klingt auf, hundertsechsunddreißig Takte lang; so unbewegt ruht die göttliche Natur. Wie aber nun aus schwarzen Gründen, von tiefen Fagotten, Bässen und Celli übel beleumdet, der Fürst des dunklen Reiches erscheint, Herr Alberich, der garstige und höckrige Zwerg, geben sich die Rhein-Mädels ganz unprogrammäßig beweglich, fast wie welsche Kokotten. Sie locken den Kerl und entwinden sich ihm und schimpfen ihn einen Lüstling; wäre er schön, würden sie seine Lust Liebe benennen. Da bricht ein zauberhaft strahlendes Licht durch die Wasser: das Rheingold erglänzt; ein Ring, aus ihm gefügt, verleiht Macht über die Welt; doch nur, wer der Minne entsagt, schmiedet den Reif. Herr Alberich entsagt und raubt das Gold, die Welt zu gewinnen; wer Macht hat, denkt er vielleicht, dem kann's auch an Frauen nicht fehlen ... An diesem Gleichnis konnte die andächtige Gemeinde zu Bayreuth die Entstehung des herrschenden Bankiers aus dem Zustand sexueller Not erkennen. Das reine Gold ist ins unreine Leben getreten, weil der Herr Alberich häßlich ist und dennoch ein Mädchen haben möchte. Der stärkste Motor ist der Wille zum Weib, der nicht schlecht ist, wie der ungeratene Schüler Schopenhauers lehrt. Der Wille zur Macht hingegen ist schlecht, meint der ungeratene Verehrer des Generalfeldmarschalls von Moltke, ein verächtlicher Umweg zum Gewinn einer Bettgenossin.

Eigentlich sieht es auch ohne Gold schon schlimm genug auf der Welt aus. Wotan, der oberste Gott, ist ein skandalöses Geschäft eingegangen; er hat seine Schwägerin, die Göttin Freia, den Riesen versprochen, als Preis für den Bau der Burg Walhall. Der schöne Neubau steht fertig da, die Baumeister sind erschienen, die Rechnung zu kassieren ... da will sich der hohe Auftraggeber um den vereinbarten Lohn drücken. Schließlich findet ein Halbgott, dessen Amt es ist, listig zu sein, einen Dreh. Er erzählt Göttern und Riesen die tolle Geschichte vom rheinischen Goldraub; und wirklich lassen die Gläubiger, versessen auf den Rheinschatz, den sie dem Alberich nicht gönnen, vom Mädchen Freia ab. Was ist die Freude an einem schönen Weib gegen den Kummer über den Erfolg des Konkurrenten! Und der große Herr Wotan zahlt gern mit dem Gold, das ihm nicht gehört.

Er reist also ab ins Alberich-Reich, nach Nibelheim, das Gestohlene noch einmal zu stehlen. In Lärm und Qualm, gerade als läge Nibelheim an der Ruhr, läßt der Herr des Goldes, gerade als wäre er Industriekapitän zur Zeit von Karl Marx, Heere von Sklaven für sich schaffen; der Sklavenhalter ist ohne Gesicht, unsichtbar durch eine Tarnkappe: gerade als wäre er eine Aktiengesellschaft. Fürst Wotan übertölpelt den Fabrikanten Alberich, nimmt ihm seine Habe und macht Villa Walhall hypothekenfrei; es war zur Zeit, da deutsche Potentaten noch mächtiger waren als deutsche Fabrikanten. Das Götter-Haus ist aber immer noch belastet: mit einem Vertrag gegen die guten Sitten und zwei Diebstählen. Die Geschichte wird nicht gut enden. Drei sitzen auf dem Arme-Sünder-Bänkchen: die neureichen Krämer, die Alberichs, die nach oben drängen; die altreichen Throninhaber, die Wotans, die das verfluchte Gold einstecken, statt es in den Rhein zu werfen; und unsichtbar neben ihnen ist noch der Sünder Wagner, der einst dem Bülow eine ›Ladung Rheingold‹ sandte, mit den frevelhaften Worten: »Was wollte ich, es wäre gemünzt.« Wo ist der Held, der die Welt erlösen wird von diesen Elenden?

In korinthischen Säulen und sechsteiligen Armleuchtern prangt das Parkett, das in dreißig langgeschweiften Reihen, den Plätzen der Alberichs nebst ihrem wortmächtigen Troß, amphitheatralisch ansteigt zur Fürstenloge: einem Götterberg mit hundert Sitzen. In einer kleinen Galerie oberhalb ist der deutsche Idealismus untergebracht, unbemittelt, aber linientreu. Auch in den Pausen sind die Dreihundert-Taler-Leute geschieden von jenen Überirdischen, die mietefrei wohnen in Walhall. Die Gekrönten sind in Rudeln erschienen, die seltsame Mär zu vernehmen vom Golde, das Pech bringt: ein Kaiser von diesseits und einer von jenseits des Meers, Großfürsten, Prinzen, Großherzöge, ein Altgraf und auch viel jüngere Grafen; dumpfe Böllerschüsse kündeten jede erlauchte Ankunft. Der deutsche Wotan höchstselbst ist da: Wilhelm 1., Kaiser von Deutschland, König von Preußen. Die Chronisten beschreiben ihn als rüstigen und heiteren Heldengreis im einfachen Zivil, der freundlich nach allen Seiten grüßt. Das große W erstrahlt im Kranze der Girlanden: es kann das W. von Wilhelm und das W. von Wagner sein, die schönste Alliteration der deutschen Sprache.

Der Preuße hat sich dem bayrischen Heiligtum nur in kleinen Schritten genähert. Ist nicht Bayreuth König Ludwigs eifersüchtig gehütetes Jagdrevier? Im Vorjahr ist der preußische Kronprinz in Bayreuth gewesen und beachtete das Festspielhaus nicht; wie man die Frau eines eifersüchtigen Gatten sicherheitshalber gar nicht erst anschaut. Sie leben nicht sehr gut miteinander im großen Hause des Reichs, die deutschen Häuptlinge der beiden größten Stämme. Ludwig versäumte es, Wilhelms Ältestem ein Schloß zum Aufenthalt anzubieten. Und der kränkte den Junior-Chef des Deutschen Hauses mit dem lakonischen Satz: Ich werde die Armee inspizieren. So geht es seit Jahren. Wenn zwei Große sich streiten, ist der Kleine zwischen ihnen in Gefahr; Wagner konnte keinen von beiden entbehren. Es war eine holde Fee, die Frau Minister von Schleinitz, die des Kaisers Ohren betört hatte, so daß der greise Held den ›Tristan‹ für ein magnifikantes Werk erklärte und Bayreuth aufnahm ins Reiseprogramm. Und da er auf die beste Souffleuse hörte, intimste Kennerin der Sprache von Bayreuth, beglückwünschte er den Meister zum ›nationalen‹ Werk – das Propaganda machte gegen das Gold. Nicht auch gegen die fünf welschen Milliarden, die der Krieg eingebracht hatte? Der Geehrte ist sehr glücklich über das kaiserliche Attest und zugleich sehr bitter, denkt er an die Schulden, die nicht national sind. Was hat eigentlich die Nation mit seinem Werk zu tun? Der Zuspruch ihrer Fürsten hat sich nicht so feurig erwiesen, daß er annehmen dürfte, sie seien mehr als Abonnenten und erlebten den Anbruch des neuen Reichs anders als die Eröffnung einer Weltausstellung. Die Welt und namentlich Germania wird immer widerwärtiger, Majestät. Das sagte er natürlich dem Wilhelm nicht. Der Ludwig aber hörte es gern.

Ludwig II., König von Bayern, Schirmherr des Meisters, fehlte, als die Kaiser von Deutschland und Brasilien, Großfürsten, Prinzen, Großherzöge, der Altgraf und viel jüngere Grafen sich versammelten. Allerdings ist er immer dabei, wo die Kollegen tratschen: als ausgiebigstes Thema. Ludwig hat sich einen See im Wintergarten des Schlosses geschaffen, tuscheln sie. Ludwig fährt dort in einem Nachen spazieren und holt sich dabei den Schnupfen. Ludwig befiehlt einen Vesuv mit

Eruptionen, um sich nach der Erkältung wieder zu erwärmen. Pikantere Sätze kichern sie einander ins Ohr. Er aber, der Ferne, der sich in der Krone einer einsamen, astreichen Linde Sitz und Tisch hat bereiten lassen, hält die Menschheit im allgemeinen für »eine boshafte, schwunglose, idealbare Spezies«; im besonderen ekelt er sich vor dem elenden deutschen Reich, wie es sich »dank dem nüchternen, ideallosen Preußentum unter jenem märkischen Junker gestaltet hat«. Gehen die Deutschen nicht unfehlbar der Barbarei entgegen? Ihr Weg ist nicht sein Weg. Er hat sich losgerissen von der nüchternen, finster stimmenden Alltagswelt mit ihren politisch-prosaischen Sorgen Er versinkt in den süßen Ton-Fluten.

Wie hat ihn der Meister gelockt zum großen Fest! Welche Niederlage, wenn sein Ludwig nicht käme! Aber was sollte der scheue Jüngling auf dem lärmenden Jahrmarkt? Hatte der Einzige nicht versprochen, keinen deutschen Fürsten zu laden? Der aber hatte die mächtigen Paten bei der Taufe auf Kredit nicht entbehren können. Ludwig war nicht gewillt, »den abgeschmackten fürstlichen Kollegen im Theater die Honneurs« zu machen und »ihr Geschwätz anzuhören«; er war nicht in den Fürsten-Käfig zu sperren, obwohl ihn der Meister gern neben Wilhelm vor dem Triumphwagen gesehen hätte. Der junge Eremit war schon wieder zurück von Bayreuth, als der gehaßte Oberherr dort eintraf; Ludwig hatte nur der Generalprobe beigewohnt. Es war wie immer gewesen. Acht Jahre hatten die Freunde einander nicht gesehen. Der große, unvergleichliche, über Alles Alles teure Freund (wie er in den königlichen Briefen hieß) wartete auf die höchste Gnade; der Ungnädige aber besuchte nicht das Haus, das er dem Meister geschenkt hatte, vor dem das königliche Marmorbild in einem Rosenhag glühte. Liebte er den Wagner nur per Post?

Die Bayreuth-Pilger ziehen ein in dichten Schwärmen. Villa Wahnfried sieht viel Wahn und wenig Frieden. Einige hundert Visitenkarten werden abgegeben. Der Kaiser des heimlichen Reichs erteilt Massenaudienzen, ganz wie der Herr der Seelen zu Rom. Mancher Pilgrim ist verdrossen, weil er nicht genug geehrt worden ist. Der Wagen, in dem Frau Cosima herumfährt, um Unzufriedene zu besänftigen, der sogenannte Wahnfried-Wagen, rollt unablässig durch die Straßen von Bayrisch-Mekka. Die Stätte, an welcher der Deutsche Geist gerade ein legitimes Kind bekommen hat, ist erfüllt mit Gefühlen gekränkter Eitelkeit. Bayreuth ist das Grab der Freundschaft, klagte eine, die in die Mysterien von Fränkisch-Eleusis eingeweiht war.

Am nächsten Abend ging es weiter. Bevor Wotan sein neues Haus mit dem Geld des Herrn Alberich bezahlt hatte, war die Göttin Erda, der Welt weisestes Weib, aufgetaucht und hatte dringend abgeraten. Gottvater hatte die Warnung in den Wind geschlagen; wollte aber doch gern wissen, welche Folgen sein Leichtsinn haben wird. So stieg er der Wahrsagerin nach, machte sie verliebt, im Bett plauderte sie dann alles aus: die Götter werden zugrunde gehen durch das Gesindel des Unterweltlers, des Fabrikanten Alberich; es war nämlich die Zeit, da die Fürsten schon begründete Angst hatten, eines schönen Tages von der Industrie gefressen zu werden, von den Besitzenden oder gar von den Besitzlosen. Anläßlich des sehr seriösen Bettgesprächs machte Wotan der nordischen Kassandra ein Mädchen; es erhielt den Namen Brünnhilde. Auf sie und ihre acht Stiefschwestern, die Ernte ähnlicher Exkursionen, baute der besorgte Herrscher den Plan der Verteidigung. Die Mädels mußten ihm gefallene Helden auf dem Schlachtfelde auflesen und nach Walhall transportieren; aus ihnen bildete er ein stehendes Heer, mit dem die angesagte Revolution niedergeschlagen werden sollte ... Der Junker Bismarck, der dem Wachstum der Sozialisten mit großer Beklemmung zusah, spann einen ähnlichen Faden.

Nun hat es Walvater, der Don Juan, nicht nur mit Ebenbürtigen getrieben, auch (und das ärgert die rangstolze Gattin Fricka am meisten) mit einer Kreatur wie dieser sterblichen Frau; von der wir nichts wissen, als daß sie aus dem Leben schied, nachdem sie dem vornehmen Herrn noch Zwillinge geboren hatte. Die Tochter Sieglinde ist mit einem Herrn Hunding verheiratet; übrigens sehr unglücklich. Ein Fremder kommt in ihr Haus; er ist, in einer Person, der gesuchte Sippenfeind des Manns und der gesuchte Zwillingsbruder der Frau. Frau Hunding bereitet dem Ehetyrannen einen schläfernden Trunk, um Bruder Siegmund zu retten. Winterstürme wichen dem Wonnemond, Bruder und Schwester lieben einander mit Pauken und Trompeten, obwohl es doch streng verboten ist; abgesehn noch vom Ehebruch. Dann läuft das sündige Paar davon. Hunding hinterher.

Die besseren Beziehungen zum germanischen Olymp haben Siegmund und Sieglinde; sie sind die Kinder des Obersten. So gibt er denn auch der Tochter Brünnhilde Order, dem Stiefbruder beizustehen gegen den unsympathischen Hunding. Die gepanzerte Amazone sprengt keß davon, mit Hojotoho und Haiaha, sehr glücklich über den schönen Auftrag. Aber Frau Wotan hat ein Wörtchen mitzureden; sie ist sehr bös auf die Geschwister. Erstens ist sie überhaupt gereizt; ihr Mann denkt immer nur an Abwechslung. Und nun will er auch noch diese frech-frevelnden Bastarde schützen! Wütend kommt sie angerauscht in einem Widder-Gespann; mit goldener Geißel peitscht sie die Tiere. Sie ist der Ehe Hüterin und macht von ihrer Charge Gebrauch; Hunding muß siegen, Siegmund muß fallen. Der lockre Gemahl versucht den Harmlosen zu spielen: was so Schlimmes schuf das Paar, das liebend einte der Lenz? Da stukt ihm die Alte kräftig Bescheid; Gottvater gibt klein bei. Bitter genug kommt es ihn an; aber Gesetz ist Gesetz. Und ohne Gesetz wäre er kein Gott. Selbst ein Fürst muß tun, als ob Gesetze heilig sind, sonst ist es aus mit seiner Göttlichkeit.

Die Walküre Brünnhilde erhält also Gegenorder. Aber das kluge Mädel ist so vertraut mit Papa, daß sie genau weiß: im Grunde wünscht er das Gegenteil von dem, was er befiehlt; er will und will auch nicht – wie sein Schöpfer, der Richard Wagner, der in diesem Gott über den Göttern sein hinreißendstes Selbstporträt schuf, das Privateste und das Essentiellste verbindend. Brünnhilde verteidigt Siegmund gegen Hunding. Eine schwere Subordination! Wo käme man hin, wenn der Untergebene die Befehle des Herrn frei interpretieren dürfte? Der beleidigte Gott greift zornig ein, läßt den Sohn Siegmund töten, verfolgt die ungehorsame Tochter Brünnhilde und benimmt sich auch sonst ganz göttlich, also unmenschlich. Sein Lieblingskind Brünnhilde setzt er aus auf nacktem Fels und senkt sie in tiefen Schlaf, so daß jeder Landstreicher sie auflesen kann. Schließlich erschmeichelt sie doch noch einen schützenden Feuerwall. Schwirrende Arpeggien der geteilten Geigen, sechs Harfen, Glockenspiel und die leisen Stakkatos der kleinen Flöte mischen sich und züngeln lodernd empor; leider pafft der Dampf, elektrisch rot angeleuchtet, gemütlich aus gradlinigen Fugen im Hintergrund und regt sich nicht vom Fleck. Siegmund ist tot. Sieglinde ist geflohen. Sie trägt Wotans Enkel. Er wird Siegfried heißen.

Was dachte die greise deutsche Majestät über das Benehmen des Kollegen in Walhall? Wir wissen es nicht! Aber was hätte sie denken müssen, wenn sie überhaupt nachdachte? Der Wotan ist ein großer Steiger vor dem Herrn. Ist das ein Ruhm für uns? Er läßt sich sogar mit einer Frau minderen Standes ein. Ist das ein Ruhm für uns? Und dann verteidigt er noch seine Bastarde, ihre Inzucht, ihren Ehebruch. Ist das ein Ruhm für uns? Frau Fricka hat tausendmal recht gegen den Lebemann. Der jungfräuliche König von Bayern müßte noch strenger geurteilt haben.

Diese lockere Sexualmoral ist nicht einmal der schlimmste Makel am Kaiser Wotan. Müssen nicht Wilhelm und Ludwig und die andern hohen Herrn erblaßt sein, als ihr Standesgenosse den geheimen Wunsch herausließ, die Sterblichen mögen gegen die Unsterblichen rebellieren? »Ich habe keine Zeit, müde zu sein«, pflegte Wilhelm zu sagen, ein gutes Wort für einen Herrn; da glaubt jeder Untertan, daß er mehr Muße hat als sein Kaiser. Aufreizend aber wirkt der himmlische Imperator mit der Sentenz: »Wo kühn Kräfte sich regen, da rat ich offen zum Krieg.« Das ist Rebellion! Es gibt leider schon zuviel Kräfte, die kühn sich regen: der katholische Böttcher-Gesell, der auf den Reichskanzler schoß, und jeder Sozialist, der das Unterste nach oben zu bringen trachtet. Da sehnt sich die Majestät aus Walhall noch nach einem Anarchisten? Gewiß, Wotan befaßt sich nicht persönlich mit Umtrieben gegen sein Reich und gestattet es auch den Angehörigen nicht; wer aus der Reihe tanzt, wie diese unbotmäßige Prinzessin Brünnhilde, fällt in Ungnade, was seine Fähigkeit als Herrscher beweist. Aber sehr bedenklich ist doch eben die unleugbare, bei einem gekrönten Haupt geradezu perverse Neigung, sich nach Unruhe zu sehnen. Wie bröcklig dieser Damm Wotan ist, der die Fluten der Anarchie eindämmen sollte! Die weiche, von Zärtlichkeit überströmende Musik seines Abschieds von der rebellischen Tochter ist besorgniserregend. Und kokettiert der schwächliche Souverän nicht mit Abdankung, ganz wie der bayrische Ludwig?

Zum Glück dachte wohl nicht einer unter den Herrschaften nach. Kaiser und Großfürsten sind schließlich nicht auf der Welt, Anregungen zu Ende zu denken. Auch fördert die musikalische Riesenschlange das Meditieren nicht. Wer versteht in einer Oper den Text, zumal bei diesem Lärm? »Das Wort steht höher als der Ton«, hat der Meister verkündet; aber der Ton deckte das Wort gnadenlos zu. Und, wo Augen und Ohren übersatt, hat das Gehirn nie Hunger. Es gab sehr viel zu sehen: schwimmende Nixen und einen Regenbogen, olympische Jungfern und einen Drachen, Himmelspferde und ein Monsterfeuerwerk. Es gab sehr viel zu hören; wer empfänglich war, schmolz selig hinweg, als Brünhilde mit schmeichelnder Wehmut Vater Wotan fast betörte. Eine große Ketzerei versank in der Verführung aller Sinne; wer wollte noch denken? Wenn hier Schluß wäre! Aber Wotan wird einen Enkel haben: Siegmund und Sieglindes Sohn, das Kind der Gesetzlosigkeit, einen Anarchisten, gegen den Bakunin recht harmlos ist. Wird er den deutschen Fürsten Furcht einjagen, trotz der ablenkenden Zaubereien des ersten Maschinenmeisters?

Der Kaiser von Brasilien war schon nach dem ›Rheingold‹ abgereist. Nach der ›Walküre‹ fuhr auch der andere, ohne Siegfried erlebt zu haben. Sobald Brünnhilde auf einsamem Fels eingeschlafen war, ging es zur Bahn; am folgenden Mittag wollte der oberste Kriegsherr beim Militär in Babelsberg sein. Er war recht zufrieden mit der musikalischen Parade. Am Vormittag hatte er noch in den geheimnisvollen Schlund geblickt, wo, wie er leutselig zu scherzen beliebte, seine Hofmusiker schwitzen mußten. Vor allem die Bläser hätten ihm einen vortrefflichen Kommentar zum Bühnen-Festspiel geben können. Majestät! Sehen Sie sich um! Wir sind hier unten nur noch Maschinisten, nicht mehr Musikanten. Wir hören hier unten weder Sänger noch Musik und wissen nicht einmal, wenn wir ein Solo blasen. Es ist hier unten nicht anders wie in Nibelheim beim Herrn Alberich. Ihr heutiger Besuch, Majestät, mutet uns wie Wotans Gang in die Unterwelt an. Die Musiker des Orchesters, Leihgaben aus Darmstadt, Karlsruhe, Koburg, Braunschweig, Schwerin, Meiningen und Berlin hätten auch noch berichten können, daß sie nicht einmal Entschädigung erhielten für das Schwitzbad da unten ... und sich lediglich an das schöne Wort des Herrn Alfred Krupp halten mußten: »Der Zweck der Arbeit soll das Gemeinwohl sein, dann bringt Arbeit Segen, dann ist Arbeit Gebet.« Der hohe Gast muß auch ohne aufsässigen Appell gespürt haben, daß es da drunten weder Gebete noch Segen gab. Er versicherte dem Erlöser, daß er ihn, den Kaiser Wilhelm, nie in das unterirdische Verlies gebracht hätte. Der heimliche Kaiser, der das gar nicht beabsichtigt hatte (für die Wilhelms war schließlich die Fürstenloge erbaut), sah weiter als der Hohenzoller: daß mit seinen Gratiskünstlern ganze Staaten zu bauen wären. Die Pharaonen hatten es schon vor ihm gewußt.

Als Held Siegfried endlich auftreten sollte, geschah etwas sehr Unheldisches. Er sagte wegen Heiserkeit ab, obwohl der Diktator von Bayreuth den Tagesbefehl ausgegeben hatte: »Bei mir wird niemand krank.« Der Fall lag insofern noch schwerer, als der Unbotmäßige nicht einmal heiser war, nur verschnupft – infolge des Ukas, der den Sängern verbot, den Lorbeer vor der Rampe zu pflücken. Große Freude herrschte in der Festgemeinde über den Ferientag. Im Gastzimmer des ›Reichs-Adlers‹ brachten Messer und Gabel die Gläser zum Klingen, fröhlich und bedeutungsvoll; im Unterschied zu gewöhnlichen Zechereien rief hier das Schmiede-Motiv den Kellner zum Gast. In den zwei rauchigen Hinter-Stübchen von Angermann und auf den Bänken vor dem Haus saßen langmähnige Blondlinge, das Haar gekämmt à la Liszt, linkische Choristen, Prinzessinnen in vollem Ornat und Kritiker einträchtig beisammen. Und dann ging es schlecht aus.

Eine Verwandlung im ›Rheingold‹ war nicht gelungen, ein Hartnäckiger stellte das stadtbekannte Mißgeschick noch einmal fest. Dunkle Gestalten mit glühenden Augen verhießen blutige Rache; der Bläser eines Nebelhorns rief zwölfmal hintereinander ›Pfui‹ im tiefsten Kontrabaß. Schlimmer noch endete es im Kreise der Philosophen. Vor ihnen standen Fässer; es gab Weißwürste, Geselchtes und kühle Maßkrüge voll Weihen-Stephan. Das Resultat sowohl des Philosophierens als auch der Seidel war das zerbrochene Nasenbein des Professor Leo aus Berlin und der Hinausschmiß des Wiener Kritikers Eduard Hanslick.

Siegfried ist ein rosiger und helläugiger kleiner Bursche. Aus einem wilden Geschlecht, dem nicht heilig ist, was andere verehren: eine Definition germanischen Heldentums, wie es sich im Lande Siegfrieds später auch amtlich durchsetzte. Der Junge hat nicht Land noch Leute geerbt, nicht Haus noch Hof, nicht einmal Vater und Mutter; sein Anzug besteht aus Stoffen, die

wild im Walde wachsen. Er ist nicht in Paris oder Wien groß-
geworden, sondern im Wald, und das merkt man ihm an; er
weiß große Bären mit dem Bastseil zu zähmen und dem Pflege-
vater bange zu machen, wenn das Vieh brummt wie Tuben und
Kontrabässe. Dann geht der herzige Schlingel auf einen eidech-
sigen Drachen los, der Feuer bläst aus den Nüstern, den Schweif
gar schrecklich schwingt und gewaltig brüllt. Für Erwachsene
hat dieser Kinderschreck noch einen Spruch mit tieferer Bedeutung, der zeigt, daß dies hier ein philosophischer Drache ist.
»Ich lieg' und besitze«, brummte das üble Tier; der Kapitalist
wird vom rebellischen Habenichts im tiefsten Herzen getroffen.
Die fürstlichen Kinder in ihrer Bergloge ahnen gewiß davon
nichts, wenn der grausliche Rachen auf und nieder klappt, Baß
und Contrabaß-Tuben machen Musik dazu.

Der junge Mann, der seine Familie nicht kennt, trifft Großpapa Wotan an irgendeinem Felsentor: der Alte trägt einen
langen dunkelblauen Mantel; auf dem Kopf den breitkrempi-
gen Schlapphut, der das eine fehlende Auge verdeckt. Der
Bengel schlägt dem ehrwürdigen Herrn seinen Spazierstock,
einen Speer, entzwei und benimmt sich auch sonst recht flap-
sig – was nicht zu unterstreichen wäre, wenn sich nicht in
Siegfrieds Land dann der Aberglaube durchgesetzt hätte, daß
rassig und ruppig dasselbe ist. Der Bursche schreitet durch die
Flammen, salopp wie ein Heros, und da das Feuer weiß, daß er
der germanische Krieger persönlich ist, tut es ihm nichts. Die
Stieftante Brünnhilde weckt er mit einem Kuß; bei dieser Gelegenheit lernt er das Fürchten, das er nicht kannte, da er nicht
in der Großstadt, sondern nur mit wilden Tieren aufgewach-
sen ist. Die erwachende Jungfrau fragt: »Fürchtest Du, Siegfried, fürchtest Du nicht das wild wütende Weib?« Er fürchtete
es in der Tat (wie später ein Nachfahr): wir sind auf dem
Gipfel der Karriere des reinen, heldischen Toren.

Fünfundzwanzig Jahre hat Richard Wagner sein Vor-Bild
ausgetragen. Achtundvierzig war es schon im Werden und am
Sedantag noch immer nicht ganz fertig. Als der Dresdner Rebell ›Siegfrieds Tod‹ dichtete, las er Feuerbach; als der Herr
von Bayreuth den Trauermarsch schuf, hatte er Schopenhauer
schon einigermaßen hinter sich und delektierte sich am General-
stabswerk über den deutsch-französischen Krieg. Der aufsässige
Flegel Siegfried, außerdem noch ein Befreier von Geblüt, bilde-

te herrlich Sehnsucht und Elend seines Schöpfers ab, der immer derselbe gewesen ist: Achtundvierzig und in den deutschen Tagen nach Gründung des Reichs. Wotan und Siegfried und Richard gehören zur selben Familie; der Apfel fällt nicht weit vom Stamm.

Und dieser Apfel ist nicht ein festes Ding, sondern ein ganzes Spektrum: etwas heidnisch-christlich-buddhistisch-deutschphilosophisch-idealistisch Mordlustiges. Richard Wagner, schwankend zwischen Jesus, Apollo und Siegfried, bevor er ihn zum Träger seiner Vision erkoren hatte, war schon vor Nietzsche antichristlich und zugleich ein Verehrer Jesu. Warf dem Christentum vor: es rechtfertige »eine ehrlose, unnütze und jämmerliche Existenz des Menschen auf Erden«, den es »in einen ekelhaften Kerker eingeschlossen habe«. Fragte aber zugleich, rhetorisch: »ob dieses die Ansicht jenes armen galiläischen Zimmermannssohns ebenfalls gewesen sei, welcher beim Anblick des Elends seiner Mitbrüder ausrief: er sei nicht gekommen, den Frieden in die Welt zu bringen, sondern das Schwert«. Wagner sah den germanischen Schwertträger Jesus gemeinsam mit Siegfried auf dem Wege ins Reich der Liebe. Sie war (schon im dramatischen Entwurf ›Jesus von Nazareth‹) der Gegensatz zum herrschenden Gesetz: »Die Sünde ist solange auf der Welt, wie das Gesetz es ist«; er sehnte sich nach der »ursprünglichen Liebe der Menschen zueinander«. Siegfried stammt auch aus der Familie des Rousseau und des Kant, der aus war auf ein »Reich der Freiheit«, des Marx, der die klassenlose Gesellschaft wollte und des Schiller, der ein »Reich der Schönheit« mit der Seele suchte. Der Rebell von Achtundvierzig wollte sogar Jesus und Apollo verschmelzen, um zu zeigen »daß wir alle gleich Brüder sind«; »Apollo aber würde diesem großen Bund das Siegel der Stärke und Schönheit aufgedrückt haben«. Doch wurde die Stärke dem Wagner ebenso verhängnisvoll wie später dem Nietzsche. Jesus und Apollo wurden überschattet von dem kleinen Strolch Siegfried Schlagetot; einem terroristischen und hämischen Lümmel, der seinen armen Ziehvater quält und mehr Bizeps zeigt als Liebe und Schönheit. Auch war ihm nicht gerade der Untergang eines Heilands beschieden. Mußte er sterben, weil die bösen Neidlinge dem lichten Wesen ein Bein stellten? Fast sieht es so aus. Der grimme Hagen, des Alberich Sproß, ein Kind aus Häßlichkeit und Goldgier, der früh-alte fahle Gesell, Widerspiel des sonnigen Waldmenschen, besorgt ihm den Dolchstoß von hinten. So ist's auf der Vorderbühne. Aber da gibt es noch einen anderen weniger plakatierten Hinweis auf Siegfrieds Untergang; wie eine nichtamtliche, etwas versteckte Version. Weshalb warf Siegfried das unheldische Gold nicht weg? Weil er dasselbe wollte wie Alberich: die Macht – und war es auch nur die Macht über die rheinischen Mädchen? Er bot ihnen den Ring gegen eine kleine Gefälligkeit an. Richard Wagner schrieb sein ganzes Leben in die Geschichte des Siegfried und des Wotan hinein. Der Biograph dieses denkwürdigen Lebens hat nichts zu tun, als sie zu entziffern und aus den Quellen zu belegen.

Übrigens warf dann Brünnhild, recht unmotiviert, den Ring des Nibelungen ins Wasser, worauf ein Großfeuer ausbrach und die ganze schlechte Welt in Rauch aufgehen ließ. Dies Ende wurde bei der Uraufführung nicht recht klar, da Brünnhilde, statt in den Scheiterhaufen zu sprengen, sich in die Seitenkulisse schlich – am Zügel das feurige Götterpferd Grane mit einer an Schläfrigkeit grenzenden Sanftmut, militär-fromm wie ein Lamm und traurig wie ein ausrangiertes Generalspferd hinter der Leiche seines Herrn. Ein Poet soll sich vom Sessel erhoben haben mit zufriedenem Gemüt. Er hielt die bengalischen Weltuntergangsflammen für die ersten Strahlen eines neuen Tags; und es bedurfte erst eines Wagner-Spezialisten, den man eiligst hinzuzog, um den Armen von seinem Irrtum zu heilen. Vielleicht aber war gerade dieser Zuschauer der Rechte; hatte sich doch der Meister gesehnt nach einem Publikum, das »gar nichts von alledem versteht«. Und gewiß erfüllte auch mancher den zweiten Wunsch des Heilers, der Patienten suchte, die nicht einmal wissen, daß die Noten auf fünf Linien geschrieben sind. Die deutschen Herren durften zufrieden sein. Die Flammen verdankten der Pyrotechnik ihr Dasein. Siegfried benimmt sich zwar reichlich degoutant – wer würde den Plebejer zu Hofe laden? Aber sein musikalisch-dramatisch-philosophisches Dasein alarmierte nicht die deutschen Polizisten, nur die deutschen Talmudisten.

Die Restaurateure des Festspielhauses, sowohl der Wirt für Vornehme als auch der andere, der nur das Personal zu bewirten pflegte, gaben sich die Ehre, am Abend der ›Götterdämmerung‹ auf den Plätzen der Gäste Einladungen zu einem

Bankett niederzulegen: Herr Richard Wagner wünsche, mit seinen Gönnern und Patronen eine Rehkeule zu verspeisen; das Gedeck fünf Mark. Nachdem die schlimme Welt im Riesenkrematorium des Weltuntergangfeuers zu Asche geläutert war, erhob sich Herr Davidson, aus dem Stamme Juda, und brachte ein Heil auf den Messias aus. Der trat, im festlichen Frack, aus dem Schatten der Kulissen in die grelle Sonne des Ruhms, dicht vor seine Gemeinde, und sammelte den Lorbeer ein, obwohl er drei Tage zuvor durch Anschlag die Bitte ausgesprochen hatte, weder den Darstellern noch dem Autor böse zu sein, wenn sie den höchsterfreulichen Beifallsbezeugungen nicht durch Hervortreten auf der Bühne dankend entsprächen. Er war gar nicht weich gestimmt, wie es sogar Kaiser nach Siegen zu sein pflegen. In barschem Ton forderte er kurz und bündig neue Opfer. Man hatte erwartet, sehr gelobt zu werden: sowohl für die dreihundert Taler als auch für tausend tägliche Entbehrungen in unkomfortablen Hotels, besonders aber für die Lammsgeduld, mit der sie dem Ansturm der Künste standgehalten hatten. Er aber kannte keinen Dank. Die Rechte des Festspielgasts sind Zahlen und Maulhalten, grollte man ihm nach. Eine hohe adlige Dame schimpfte: wir sind die Nibelungen, Wagner ist unser Alberich – wo hat er den Ring, durch dessen Kraft er uns zwingt, wider Willen gehorsam zu sein, Hunger und Durst zu ertragen in dem elenden Nest? Wotan und Siegfried und mancher Genosse im Heil, der weniger erlöst als beleidigt war, erschienen nicht zum Mahl.

Nachdem die Rehkeule abgenagt war, erläuterte der Meister die Sonderstellung seines Theaters, das keine Vorstellung gäbe »gegen Entrée«; statt ganz ordinärer Theaterbesucher hatte er, wie er vertraulich schrieb, »Zuschauer auf teuer bezahlten Plätzen«. Diesem teuren Zuschauer brachte er nun wichtige Kunde – und unterstrich das Gewicht der Botschaft durch Wiederholung: er, Richard Wagner, meine es wirklich ehrlich. Dann sprach der Reichstagsabgeordnete Duncker – und zwar, wie er hervorhob, als einfacher Laie; ein Titel, der in diesem Kreise das Recht auf ungehemmtes Schwärmen verlieh, dem Manne des Parlaments aber dazu diente, der Nachwelt das Urteil zuzuschieben. Die Kränkung regte den Meister gar fürchterlich auf. »Wer uns kritisiert, den soll der Teufel holen«, hatte er gedroht. Was soll er einem Abgeordneten noch an den Hals wünschen, der ohnedies schon des Teufels ist? Da man aber auf einem Feste war, bedankte man sich schön; Frau Cosima wußte, was sich schickt. Die Herabsetzung der Erlösungs-Oper zum Thema einer Reichstags-Kantine, in der auch die wildesten Gegner friedlich beieinander essen, blieb ein kurzer Zwischenfall, der schnell vergessen wurde. Denn nun setzte eine Witwe aus Italien dem Triumphator den Silberkranz aufs Haupt, er hatte Bänder von grünem Atlas, und die Ministerin aus Berlin reichte den Bekränzten im festlichen Kreise herum. Die Gäste erhoben sich und sahen begeistert auf ihn hinab. Ein magyarischer Graf sprach ihn als Siegfried an, der die vom Feuer des Neids umloderte Drama-Muse wachgeküßt habe. Und schließlich bekannte der Herr Nohl, Professor für Ästhetik, er hielte nichts vom ästhetischen Urteil und viel vom schlichten Gemüt; auch die Volkstümlichkeit fehlte nicht beim Stelldichein der entfesselten Philologen. Hatte nicht Feuerbach, einer der Väter des ›Ring‹, auf dem Demokratenkongreß als Philosoph begrüßt, die Bitte ausgesprochen: »Nennen Sie mich nicht Philosoph, ich bin ein Mensch«? Auch Wagner war ein Mensch. Er schloß den Reigen der Reden ab: »Und nun kein vernünftiges Wort mehr!« Wenn man den Lästerern Glauben schenkte, war auch schon während des zwanzigstündigen Gottesdiensts nicht ein einziges vernünftiges Wort gesprochen worden. Was wollte der Seher auf mächtiger Kanzel eigentlich sagen? Einst hatte er Brünnhilde ausersehen, behelmt und in strahlendem Schmuck der Waffen auf dem Weg nach Walhall, den Siegfried an der Hand, Neugierigen das Rätsel zu lösen:

> »Meines heiligsten Wissens Hort
> Weis ich der Welt nun zu –
> Nicht Gut, nicht Gold,
> Noch göttliche Pracht;
> Nicht Haus, nicht Hof,
> Noch herrischer Prunk;
> Nicht trüber Verträge
> Trügender Bund,
> Nicht heuchelnder Sitte
> Hartes Gesetz:
> Selig in Lust und Leid
> Läßt die Liebe nur sein.«

Diese Auflösung des ellenlangen Rebus war längst verworfen; nur Ludwig, der allerdings Gut und Gold und göttliche Pracht, Haus und Hof und herrischen Prunk im Überfluß hatte, konnte sich nicht trennen von der schönen Weisheit und bat den Komponisten, sie für den königlichen Hausgebrauch zu vertonen. Die Enträtselung, frei nach Schopenhauer, welche jene Vorgängerin dann abgelöst hatte, wußte nichts mehr von ewigen Flitterwochen in Walhall: Brünnhilde fuhr nicht mehr zum Himmel auf, sondern ritt in den Scheiterhaufen – mit einer neuen Bilanz:

> »Führ’ ich nun nicht mehr
> Nach Walhalls Fest,
> Wißt ihr, wohin ich fahre?
> Aus Wunschheim ziehe ich fort,
> Wahnheim fliehe ich auf immer;
> Des ewigen Werdens
> Offene Tore
> Schließ ich hinter mir zu:
> Nach dem wunsch- und wahnlos
> Heiligsten Wahlland,
> Der Weltwanderung Ziel,
> Von Wiedergeburt erlöst,
> Zieht nun die Wissende hin.
> Alles Ewigen
> Seliges Ende,
> Wißt ihr, wo ich’s gewann?
> Trauernde Liebe,
> Tiefstes Leiden
> Schloß die Augen mir auf:
> Enden sah ich die Welt.«

Soviel Grau war nicht angebracht nach dem strahlenden Siege von Sedan. Soviel Buddha paßte nicht zu dem Mann, der sich von den Schriften des Generalstabs und vielleicht noch von der Börsen-Hausse inspirieren ließ. Welcher Deuter gab nun den Scheinwerfer her, das Dunkel zu erhellen? Wieder das junge Deutschland und der wohlgemute Hegeling? Oder von Moltke, Generalfeldmarschall? Das beste war schon, jede amtliche Verlautbarung zu lassen. Freie Bahn dem Wagnerianer. Der brachte es dann auch fertig, schon aus den ersten fünfzehn Worten der ersten Seite eine ganze Philosophie zu spinnen. Dieser trächtige Beginn lautet:

>»Weia, Waga!
Woge Du Welle!
Walle zur Wiege!
Wagala Weia!
Wallala Weiala Weia!
Heiala weia!«

Der Exegese waren keine Grenzen gesetzt.

Abseits der dunklen Wege wirrer Schrift-Ausleger führt eine schlichte Straße zur Wahrheit, mitten durch das Gestrüpp nebliger Mythen: die Musik. Das meinen die Musiker. Aber die klingende Heilslehre ist nicht auseinanderzulegen in eine gute Musik und eine weniger gute Dichtung und eine verschrobene Philosophie. Wer den Spuren des Reformators folgt, ohne auf seine Töne zu hören, geht über tausend echte Zitate in die Irre; wer aber den Musiker ehrt und den Erlöser verwirft, hat schließlich nichts in der Hand als eine Anzahl großer Konzert-Stücke. Wer nicht sieht und denkt, hört hier auch nichts. Man zerstört das Gesamtkunstwerk Wagners, wenn man die Einheit zerstört und die Musik herausbricht.

»Es gibt Momente«, schrieb Beethoven, »wo ich finde, daß die Sprache noch gar nichts ist.« »Das Wort«, schrieb Wagner, »steht höher als der Ton.« Weshalb? Weil es die Dinge beim Namen nennt! Und weil der Mann, der alle häßliche Klarheit so gern zurückgebracht hätte in das gnädige Zwielicht urtümlicher Gesichte, besessen war, das Unglück beim Namen zu nennen: nicht nur mit dem Wort, auch mit dem ganzen Orchester. So stellte er den Klang unter das Regiment des Begriffs und heftete Mensch und Tier und Ding Ton-Suiten an, die ihnen folgten auf Schritt und Tritt, wie Worte und, wie Begriffe, stellvertretend figurierten für Mensch und Tier und Ding. Mit Hilfe von Rhythmus und Tempo, Laut und Leise, Tief und Hoch und der Klang-Färbung seiner Instrumente zeichnete er den Charakter von Göttern, Riesen, Helden und Untermenschen nach: Wotan ist feierlich, Siegfried stürmisch, Hunding trotzig, Freia schwebend-anmutig, prickelnd-hüpfend der Zwerg, tölpelhaft-plump der Riese. Gegenstand und Klang schmelzen zusammen: sehr natürlich, wo ein akustischer Vorgang nachgebildet wird – das Säuseln des Winds in den Blättern; willkürlicher, wo auch der Tarnhelm, das Schwert und ein verzwicktes Abstraktum wie Geschwisterliebe einem Klang zugeordnet wird, wo das Motiv plötzlich gegen Charakter, gegen Handlung steht und Verborgenes ans Licht zieht.

Die Musik wurde ein Reigen von Noten, gefesselt an die Namen Mensch und Tier und Ding. Und schon wuchs die klingende Sprache hinaus über den Begriff, bildete eine Syntax – und zuerst, was hier am wichtigsten war: die Verknüpfung im Zwist, das kontrapunktische Übereinander der Motive. Siegfried liegt auf der Bahre. Sein Ton-Zeichen wird hörbar. Wotans Klang wirft sich ihm entgegen. Dann verschlingen die Noten der Dämmerung die Noten von Walhall. Die Musik spricht mit dem Text um die Wette. Kommentiert ihn. Ergänzt ihn. Ist viel beredter als die Rede. Der Redner regiert den Musiker und zwingt ihn, die fremde Sprache zu sprechen. Bisweilen entwischt auch einmal der geniale Sklave; dann ist Feiertag. Am Alltag aber keucht er hinter dicken, plumpen, mittelalterlich vermummten Vokabeln umständlich her – und ist doch geboren zum Herrn. Auch Richard Wagner litt an der Pest, die auszurotten er gekommen war; er glaubte, in Mythen zu denken, zu fühlen in einem Seelen-Strom, in einer unendlichen Melodie und schuf ein musikalisches Wörterbuch mit den durchlässigsten Worten.

Es war der Wille zum Wort, der seine musikalische Sprache modelte. Viele sahen es nicht und taten ihm unrecht. Offenbach schrieb: »In einer Oper, die kaum dreiviertel Stunden dauert, nur vier Personen auf die Bühne bringen darf und nur ein Orchester von höchstens dreißig Musikern beschäftigt, muß man Ideen haben und Melodie, die unanfechtbar wie Bargeld sind.« Folgt daraus wirklich, daß die Zwanzig-Stunden-Oper einem gigantischen Mangel an Ideen und Melodien ihr Dasein verdankt? Wagner singt alles, was er auf dem Herzen hat und noch etwas mehr, klagten die Opfer im Parkett. Es ist der Meister Meyerbeer gewesen, welcher der Oper die Fettleibigkeit angehext hat, fügten sie boshaft hinzu. Sein Werk ist aber nur mit der Revue schwanger gewesen und deshalb so dick. Das Gesamt-Kunstwerk trug eine Weltweisheit aus. Der ›Ring‹ wurde so lang wie alle Opern Mozarts zusammen und Beethovens ›Fidelio‹ dazu. Weil der Reichtum des Musikers unerschöpflich war? Weil die gewaltige Armut des Musikers diese Riesenhülle brauchte? Weil es sehr lange dauert, bis sich aufgeregte Wesen, die nicht ein noch aus wissen: wie dieser Wotan und dieser Siegfried, ausgesprochen haben! Nicht der musikalische Einfall baute die Szene, sondern die mythisch verkleidete Problematik. Das Wort verführte den Ton, auch dann noch mitzumachen, wenn er erschöpft war. Irgendein witziger Mann meinte einmal, die Riesenoper ziehe sich deshalb so lange hin, weil immer nur Einer den Mund auftue; sängen sie hübsch zusammen, so würden sie schon früher fertig sein. Der Mangel an Mehrstimmigkeit wurde tief beklagt. Aber, pflegt man nicht seit je in Monologen oder Zwiegesprächen zu philosophieren und nicht polyphon? Der Musiker hätte die kompliziertesten Unisonos zustande gebracht. Der Philosoph mußte sie ausschließen.

Es war die Zeit, da Vernünftler ekstatisch wurden, rechnende Bürger Korybanten, und wohldefinierte Motive umschlangen einander im Zwanzig-Stunden-Tanz. Der Meister gab ihm einen Namen und nannte ihn: unendliche Melodie; unendlich ist eine Melodie, die keine ist. Die Sachverständigen waren sehr bös, seit dreißig Jahren, seit den Tagen des ›Holländers‹, daß nur selten einmal das Blümchen Melodie erblühte in dieser Wüste aus Geräuschen. Verhüllt er nicht melodische Armut mit instrumentalem Lärm? Und ist es nicht ebenso dumm, witzelten sie, den unaufhörlichen Krach eine unendliche Melodie zu nennen wie das stehende Gewässer einen unendlichen Tautropfen? Aber diese zerrissenen, unsteten, nie befriedigten Rebellen ließen sich nicht einsperren in geschlossene Formen; der Seelenstrom war mächtig über die Ufer getreten, weil es ein Unwetter gegeben hatte; es war schließlich nicht nur das musikalische Gefüge, das gesprengt worden war. In den Tagen der Städte ohne Wall, der Kutschen ohne Pferde und der Menschen ohne Bindung konnten Wotan und Brünnhilde sich nicht aussingen in Arien. Und die Melodie ohne Ruhe, ohne Ende, diese Un-Melodie, die unendliche, schuf sich die unendliche Kehle. Es wandelte sich der Mund des italienischen Tenors in ein Maul von hundertundvierzehn Instrumenten; hundertundvierzehn Hölzer und Bleche sangen, der Sänger auf der Bühne war nur noch das Accompagnement mit Wort und Gebärde. Die menschliche Stimme wurde ein winziges Nebenbei des Orchesters, nachdem die menschliche Hand ein winziges Nebenbei der Maschine geworden war.

Der kein Meistersinger mehr war, wurde im Bezirke der Töne Vollstrecker des Schicksals, dem er in allen Bezirken entgegenzutreten sich vorgesetzt hatte. Eine unerbittliche, nicht mehr menschliche Stimme wuchs zusammen über hilflosen Menschen, die furchtbar schrien. Bach gefällt mir besser als Wagner, gestand er. Der ernste Scherz wurde noch ernster durch die Begründung: das Nervöse, Sentimentale sei kleinlich gegen Bach. So mag Schiller Goethe beneidet haben. Von dieser Warte aus ist dies Leben zu überschauen, mit einem Blick. Geboren zu Leipzig im Jahre 1813, herangewachsen in einem Erdteil, der die Maschine erfunden hatte – und der Mensch war nur noch ihr kleinstes Rädchen, beheimatet in den hinterwäldlerischen Gauen deutscher Romantik, von denen her die Maschinenwelt sich besonders gespenstisch ausnahm, ein alt-deutsches Barett auf dem Kopf als Schutz vor zu viel täglichem Zug: sehnte sich der Mann, dem es gegeben war, zu singen, was er litt, nach freien, glücklichen Menschen und fand immer nur verkniffene, unglückliche Rechner. So hatte er beschlossen, den matten Geschöpfen Feuer in die Adern zu gießen. Aber auch er, der große Sehnsüchtige, war vom Stamme der kleinen Rechner. Es drängte ihn, sehr wild zu sein. »Was ich niederschreibe, ist eben alles superlativ«, schrieb er seinem Arzt; das aufhellendste Wort des reizbaren Patienten, der schnell fieberte und nie recht krank war, dessen Äußerung so übermäßig war, weil sie viele Nöte zu überschreien hatte. Die Menschheit gerinnt zu Atomen, der musikalische Strom zu Motiven. Da senkt ein Verzweifelter, der den Gang des Verhängnisses aufzuhalten sich erkühnt, gewalttätig das Bewußtsein ins Dunkel: mit einer Sturzflut von Tönen, mit einem Feuerwerk von Bildern, auf daß die häßliche und schlechte Erde, überdröhnt und überblendet, verschwände. Augen und Ohren wurden gefüttert, bis das Gehirn versagte. Mit allen Künsten überdeckte er eine unerträgliche Welt: der Weg eines ohnmächtigen Erlösers, vom ›Rienzi‹ zum ›Parsifal‹ ... eines mächtigen Träumers, vom ›Rienzi‹ zum ›Parsifal‹.

Erst wenige spürten, was er für sie tat. Er hatte mit ›dem nötigen Aufsehen‹ der Premiere gerechnet; die Zeitungsschreiber, die er schon vor fünfundzwanzig Jahren abschaffen wollte, warnten Neugierige. Um so wichtiger war es, noch einmal den König Ludwig nach Bayreuth zu ziehen. Kein Regierender wird mehr zur dritten Serie da sein, mein angebeteter, göttlicher Herr und Freund; vielleicht noch der Prinz eines kleinen Herzogtums, aber ohne Anrecht auf einen Sitz in der Fürstenloge. Ludwig ließ vorsorglich auf dem Götterberg eine Wand errichten zwischen seinem Thron und den anderen Thronen; auch hatten Gendarmen Anweisung, ihn in den Pausen abzusperren, auf daß kein Fürst sich ihm nahe. Dann wagte er sich noch einmal in die Festspiel-Stadt. Die ersten Töne des Vorspiels waren schon erklungen, als sich der Nibelungen-Bankier erhob und ein donnerndes Hoch ausbrachte auf den schüchternen Herrn im sichtbaren Versteck. Das Orchester schmetterte einen Tusch. Tausend Tücher flatterten in der Luft. Der Monarch verbeugte sich. Den Sängern war es verboten, den Dank entgegenzunehmen; dem königlichen Geldgeber nicht. »Oh, Sie verstehen es, die Grundfesten zu erschüttern«, schrieb der Erschütterte, Richard Wagners »ewiges Eigen«. Doch blieb jene Grundfeste, gegen die sich die Predigt vornehmlich gerichtet hatte, unerschüttert: eiserne Riegel hielten das Gold zurück im Tresor.

Er hatte kaum die Erwartung gehegt, die deutschen Fürsten werden im Wettlauf zum Rhein eilen, um die Depots der Discontogesellschaft, der Darmstädter Bank, der Berliner Handelsgesellschaft und der Deutschen Bank in die kalten Fluten zu schütten. Man konnte des Alberich Fluch dezenter entsühnen, in Raten: durch Deckung der Bayreuther Schuld. Hundertfünfzigtausend Mark fehlten, nur ein Körnchen des Goldes, das auf der Erde war. Wer gab es her, zum Festspiel verlockt? Die Wagner-Vereine sind nicht für das Defizit da, sprach Davidson, der Heil-Ausbringer. Der Inhaber des Patronatscheins Nummer 388, Fabrikbesitzer Schmidt, regte bei den Tausend, die es nie auf Tausend brachten, eine Nachzahlung an; eintausendfünfhundertundzehn Mark kamen ein. Und der reiche Herr vom Bayernland, dem Brünnhildes Verzicht auf Gut und Gold und göttliche Pracht so ausnehmend gefallen hatte, war außerstande, nochmals Opfer zu bringen. Betrübt seufzte er: »O diese leidigen pekuniären Angelegenheiten!« Hatte er schon vergessen, daß in dem geliebten Werk nur von leidigen pekuniären Angelegenheiten die Rede gewesen

war, zum Beispiel vom gestohlenen Gold und der Bezahlung
dieser Villa Walhall und dem Angebot Siegfrieds, den Rhein-
Mädels den Gold-Ring zu schenken, falls sie ein bißchen nett
zu ihm wären? Der Einzige drohte, nach Amerika auszuwan-
dern. Sein König war erschrocken und gab zu bedenken, daß
Rosen nicht gedeihen können, »wo die Eigensucht, die Lieb-
losigkeit, der Mammon herrsche«, und fügte noch den guten
Rat hinzu, die pekuniären Sorgen zu verscheuchen. Um den
königlichen Beistand noch wirksamer zu gestalten, rief er be-
schwörend aus: »Mißtrauen Sie dem Deutschen Geist nicht.«
Aber auch der machte auf das Defizit nicht den geringsten Eindruck. Und das war noch nicht das Ende. König Ludwig erließ
ein Gebot, nach dem keine Anfragen betreffs Bayreuth mehr
gestellt werden durften. Das also war die Wirkung der Heilslehre auf den Vorzugsschüler. Frau Cosima zitierte gern einen
indischen Spruch: »Niemand kann die Gedanken eines Königs
wissen, nie und nirgends.«

Was war da von den übrigen Zeitgenossen zu erwarten? Zu-
kunfts-Schnadahüpfl für Richards Trommelfell! Es ergoß sich
ein Vesuv von Dummheit und Bosheit. Eine neue Moral war
der Welt geschenkt worden; und Herr Otto Friese hatte Furcht,
das Gefühl der Damen im Neustädter Frauen-Verein durch
Mitteilung einiger ›Rheingold‹-Proben zu verletzen. Ein neues
Recht auf Erden – und Juristen rechneten ihm nach, daß seine
Menschen gegen alle Verbote des Strafgesetzes sich vergangen
hätten: angefangen mit dem Baden am unerlaubten Ort, dem
Zweikampf ohne Zuziehung von Zeugen und der Tötung
eines Lindwurms ohne Jagdschein. Er hatte eine große Vision
zur Herrschaft bringen wollen, sie zitierten ihn vor ein tau-
sendköpfiges Forum. Er hatte der Welt ein neues Gesicht geben wollen, sie begannen eine Diskussion. Er hatte den Anspruch auf Unfehlbarkeit erhoben, Bannstrahle schleudernd;
sie machten sich mit ihren Witzen breit in der sogenannten
freien Presse. Nachdem er das Judentum in der Musik ange-
prangert hatte, verhöhnten sie das Papsttum in der Musik.

Das Recht auf das freie Wort hat zwei Grund-Gesetze und
beide waren ihm sehr unbequem. Paragraph Eins: der Dummheit sind keine Grenzen gesetzt, sie benahmen sich sehr dumm.
Paragraph Zwei: der Tyrannei durch die Majorität sind keine
Grenzen gesetzt, sie engten ihn sehr ein. Zur Diktatur gehört

die geknebelte Rede – oder: wehe dem Diktator! Er war ein Metternich ohne Polizei, ein Pontifex ohne die Waffe des Großen Banns. Die Enzyklika ›Quanta cura‹ hatte die Gewissensfreiheit »unserer sehr traurigen Epoche« als Freiheit zur Verdammnis gebrandmarkt. Auch der Papst von Bayreuth wollte von dieser Verdammnis erlösen und verbot dem Publikum, Zeitungen zu lesen. Sie aber verschlangen die Majestätsbeleidigungen mit dem seltenen Genuß, den das Spektakel verprügelter Selbstherrscher gibt. Lebten sie nicht von dreihundert Talern fast ein ganzes Jahr? Und ihre entrüsteten Gazetten machten sie noch darauf aufmerksam, daß Martin Luther sein nationales Unternehmen durchgesetzt habe, ohne Bewunderungsaktien zu emittieren. Lessing, Schiller und Goethe befruchteten das geistige Leben ohne Patronatsscheine. Mozart und Weber beanspruchten kein unsichtbares Orchester. Die deutschen Bürger waren sehr bös: die Börse hatte sich als Teufelswerk erwiesen, ein Klempnergeselle hatte auf den Heldenkaiser geschossen, die Sozialisten vermehrten sich. Bayreuth wurde ein Brennpunkt aller Unzufriedenheiten. Es gab herrlich viel zu mäkeln. Das Essen war schlecht, der Wagnerianer unausstehlich, die Oper zu lang und unverständlich, der Meister abscheulich anmaßend und am interessantesten noch jenes Publikum, das nicht erschienen war. Sorgfältig wurde die Abwesenheitsliste zusammengestellt: die Musiker Verdi, Gounod, Rubinstein und Brahms; die Theater-Direktoren Dingelstedt und Laube; die Dichter Gutzkow, Freytag, Heyse, Scheffel, Spielhagen, Auerbach, Wilbrand und Gottfried Keller.

Damals, im Jahr von Bayreuth, schrieb Karl Marx in einem Brief (nicht unverwandt dem Meister in der Mischung aus Bravheit und Titanentum): »Allüberall wird man mit der Frage gequält: Was denken Sie von Wagner? Höchst charakteristisch für diesen neudeutsch-preußischen Reichsmusikanten: er nebst Gattin (der von Bülow sich Getrennthabenden), nebst Hahnrei Bülow, nebst ihrem gemeinschaftlichen Schwiegervater Liszt hausen in Bayreuth alle vier einträchtig zusammen, herzen, küssen und adorieren sich und lassen sich's wohl sein. Bedenkt man nun außerdem, daß Liszt römischer Mönch und Madame Wagner, Cosima mit Vornamen, seine von Madame D'Agoult (Daniel Stern) gewonnene Tochter ist, so kann man kaum einen besseren Operntext für Offenbach ersinnen als diese Familiengruppe mit ihren patriarchalischen Beziehungen. Es ließen sich die Begebenheiten dieser Gruppe — wie die Nibelungen — auch in einer Tetralogie darstellen.« So moralisierten auch viele Kleinbürger, die nicht Karl Marx waren. Wagner war ein Sturmzentrum; es wehte rauh, von vielen Seiten.

Der heimliche Kaiser gab alles verloren. Doch Cosima spendete Trost: »Wie schön ist es, von allen verlassen zu sein.« Gern ließ er sich täuschen: »Oh, es ist der einzig würdige Zustand.« Und dann verließ ihn auch noch der Beste.

Der abtrünnige Page, Professor Nietzsche

Im Mai und Dezember finden die großen Feste des Hauses Wahnfried statt. Im Frühling feiert man die Geburt des jungen Lebens und des jugendlichen Richard Wagner. Am Ende des Jahres begeht man das Fest des Christkinds und der sehr christlichen Cosima. Immer prächtiger entfaltet sich, auf heidnisch und auf christlich, der Wahnfried-Kult; in heidnischer Christlichkeit. An einem Weihnachts- und Cosima-Fest wird ein lebendes Bild gestellt: die Heilige Familie. Mutter Maria, verkörpert von Daniela, der Ältesten, betet den Knaben Jesus an; da Fidi gerade bei einem Tischler lernt und da auch Vater Joseph dies Gewerbe betrieb, sitzt der heilige Junge hobelnd am Schreiner-Tisch. Blandine, Laute spielend, Isolde mit der Viola, Eva als Flötenbläserin schweben, drei musizierende Engel, über Mutter und Kind. Der befreundete Mann, der das fromme Tableau arrangiert hat, malt es, auf Bitten der Wahnfriedler, in lichter Farbe — im Stile eines alten Kirchenblatts. Das feierliche Gemälde wird im großen Saale aufgehängt. Fotografien gehen hinaus in die weite Welt; zum Andenken an die heilige Wagner-Familie.

Auch abgesehen von der Heiligkeit lebt man recht vergnügt miteinander. Auf einer Geflügelausstellung wird der Beschluß gefaßt, den Hühnerhof zu vergrößern. Stolze Hähne ziehen in Wahnfried ein; ein Gockel mit besonders prächtigem Federbusch wird auf den Namen Berlioz getauft. Auch Pfauen, Goldfasane und Tauben gesellen sich zu den heiligen Sieben, wenn auch nicht gerade, wie in alten Legenden, herbeigelockt durch ihre Heiligkeit. Am Morgen frühstückt man vor den Gittern des Tierparks. Und wenn der Tag zu Ende geht, singen die Kinder, auf dem Dache des Stalls: »Oh, wie wohl ist mir am Abend.« Auch am Tage ist ihnen sehr wohl; denn das Leben ist schön. Man reist im Salonwagen; da schreibt der königlich bayrische Gesandte Freiherr von Tautphöus an den Commendatore Bolis. Der gibt chiffrierten Befehl an den Präfekten von Palermo: hohe Herrschaften kommen an und sind vor aller Unbill zu schützen. Sie leben auf einer Insel der Seligen. Der Plafond ihres Himmels ist bedeckt mit den schöngemalten Wappen aller Städte, in denen es Wagner-Vereine gibt.

Der Glanz geht nicht vom Jüngsten aus, wie bei jenem berühmten Geschlecht vor neunzehnhundert Jahren. Die Glorie, die um den Vater ist, strahlt aus auf die Seinen; was zu dem Mann ›mit besonderer Bewandtnis‹ gehört, nimmt teil an seiner Sonderstellung im All. Die Welt ist schlecht, die Menschen sind schlecht. Was aber Natur und Gott in den kleinen Wagners ausgesprochen haben, ist den Eltern, zu ihrer Beseligung, deutlich vernehmbar; Mama Cosima hält es für wundervoll bedeutsam, daß die Kinder »in ihrer ganzen Art wie aus dem Paradiese stammend erscheinen«. Leider sind nicht alle vier Mädels sein eigen. Und es kränkt den Vater sehr, wenn Daniela an die Schwester adressiert: Isolde von Bülow. Bayreuth. Haus Wahnfried. Cosima hält ihm auch diesen Ärger fern. Sie entfremdet dem Hans seine beiden Töchter, zur höheren Ehre des Meisters; und wenn sie der Daniela von Bülow Bericht erstattet über den »keuschen hohen Geist Paps«, so ist Papa Wagner gemeint. Weshalb wehrt Bülow dem Wagner, auch noch Daniela und Isolde zu Wagners zu machen? Der arme Verlassene ist immer noch nicht fertig mit dem andern: nicht mit der Liebe zu ihm und nicht mit der Empörung gegen ihn. Der Verbannte, ausgestoßen aus seiner Heimat, die Liszt, Cosima und Richard heißt, opfert den Ertrag einer Deutschland-Tournee, 40 000 Mark, dem Moloch Festspielhaus. Hüllt die prosaische Historie seines Unglücks mythologisch ein: Wagner ist Dionys, Cosima Ariadne und der betrogene Ehemann heißt Theseus. Aber Theseus geht nicht nach Bayreuth. Nährt im Herzen den alten Groll, übers Grab hinaus.

Der stärkste Glanz liegt nicht auf den Mädels, sondern auf dem Jungen: dem Erben. Nicht nur dem Wotan, auch dem

Wagner »lacht mutig und lustig ein Sohn, hell wie ein Wälsung«. Schon der dreijährige Fidi brachte es fertig, den Vater Erlöser hoffen zu lehren. Der Name, den der Thronfolger erhalten hat, verrät einem jeden, welche Figur nach dem Willen des Alten im Jungen Fleisch geworden ist. Papa freut sich dieses ›penetranten‹ Burschen; wenn man ihn lange ansieht, sieht er einen auch so an. Aber wie der Verehrer germanischen Stolzes und indischer Demut sich nie entscheiden konnte, ob er dem unbekümmerten heidnischen Schlingel oder dem buddhistisch christelnden Asketen die Krone reichen sollte, so schwankt er nun auch in der Entscheidung, welchem Helden, dem helleren oder dem düsteren, sein Fidi nachfolgen soll. Wenn der Kleine nicht gerade penetrant blickt, schaut er den Vater an wie Parsifal den Gral: nämlich ›erstaunt-ahnungsvoll‹; und auch Cosima trägt sich mit der Hoffnung, das Söhnchen werde einmal eine Art von Gralsritter sein. So läßt man ihm vorsorglich zeigen, wie ein erster Verband angelegt und eine Wunde geheilt wird. Siegfried, Bären-Bändiger und Drachen-Töter, wird auch zum Samariter ausgebildet.

Vorläufig allerdings ist Jung-Wotan und der junge Buddha mehr der verhätschelte Sproß eines wohlhabenden und einflußreichen Bürgers voll väterlichen Stolzes. Von Papa hat der Bengel die Mimenkunst geerbt; der kleine Mann kann die Leute herrlich nachmachen. Herr Wagner sieht sich im Sohn neu geboren, die Summe aller Vaterfreuden. Dann wieder wird eine Ähnlichkeit zwischen Fidi und Goethe entdeckt; wenn Gott dem Meister noch ein Jahrzehnt schenkt, wird er den ›Götz‹ des wiedererstandenen deutschen Genius erleben. Der kleine Kerl wächst weder im Walde auf wie Siegfried, noch im keuschen Widerstand gegen die Lockungen blumiger Mädchen wie Parsifal. Sondern in Wahnfried, wo dem verwöhnten Knaben zum zehnten Geburtstag die erste goldene Kette um den kleinen Bauch gehängt wird. Fidi soll »nicht in die Not des gemeinen Gelderwerbs« geraten! Fidi soll ein Mensch werden, »der sich nie in der Nötigung fühlt, zu lügen!« Hierfür ist es aber unerläßlich, meint Schopenhauers Jünger, daß der Junge »dereinst nicht für Geld zu arbeiten habe, denn mit dieser Nötigung beginnt die moderne Sklaverei«. Fidi soll dreißig Jahre nur die Hälfte der Tantiemen aus den ErlösungsOpern verbrauchen; die andere aber zurücklegen, um genug zu haben für den Rest des Lebens. Bravo! rief aus dem Grab der Frankfurter Weise. Der Vater hatte noch eine andere schwere Sorge. Fidi soll nicht Soldat werden und »in einem der elenden Kriege, welche die preußische Politik uns einbringen dürfte, von einer stupiden Kugel getroffen hinsinken«. Wenn nur der König noch leben bliebe. Der würde den Jungen vom Militärdienst befreien. Der Deutsche Geist verhüllte sein Haupt.

Die Quelle des Glanzes, der auf dieser siebenköpfigen Familie liegt, ist in diesem kleinen, beweglichen Herrn mit dem schwarzen Samtbarett auf dem ergrauten Haar. Seht ihn an, den sächsisch sprühenden Funkenherd. Es hält ihn nicht lange auf seinem Sitz. Er schnellt hoch, marschiert auf und ab, kann nur mit Mühe zuhören, wird bald ungeduldig, bricht in Lachen aus, fällt in ernste Gedanken mit scherzhaften Wendungen ein und turnt, halsbrecherisch, zwischen Tiefsinn und Blödsinn ungeniert hin und her. Ja, meine Herrschaften! Ich bin nicht so vornehm wie dieser Liszt oder gar wie der Professor Nietzsche; und eine spaßige Rachsucht lockte ihn, gerade die beiden Noblen zu schockieren durch den derbsten Spaß. Ich kann auch nicht gerecht sein; nur die Nichtse wägen ab. Wir Götter-Söhne sind auf der Welt, um zu diktieren, und nicht, um zu lauschen auf irgendeinen blassen Popanz von Wahrheit und Gerechtigkeit. Wir verstehen alles und beglücken alle mit unserm Rat, der immer schon fast ein Befehl ist. Weilt er im Konservatorium zu Neapel, so macht er dem Direktor Vorhaltungen: die alten italienischen Meister würden vernachlässigt, man solle gefälligst die Tradition der berühmten neapolitanischen Schule besser pflegen. Kommt er in ein süditalienisches Nest, so durchschaut er sofort die Bedürfnisse des Fremdenverkehrs und ordnet die Errichtung eines Hotels. Einem Russen wiederum tut er kund und zu wissen: »Ich wüßte Rußland wohl zu helfen, aber niemand will mich befragen.« Was also soll geschehen, großer Meister? Der Zar höchstselbst zünde Petersburg an, verlege die Residenz nach Odessa und später nach Konstantinopel. Dann erst wird sich zeigen, was in dieser slavischen Rasse steckt. Peter der Große hätte mit den Türken Krieg führen sollen, nicht mit den Schweden ... Der Meister meisterte alle Fragen der Welt.

Die lange, hagere Dame neben ihm, mit der sehr großen Nase und dem sehr weiten Mund sorgt dafür, daß die Weis-

heit des kleinen, agilen und aufgeregten Grauhaarigen sein
Leben überdauert. »Mama wird immer gescheiter«, meint Fidi;
und sie wiederum ist fasziniert von der Gescheitheit Papas. Sie
führt Buch über jedes Wort, das er in guter oder schlechter
Laune, gültig für fünf Minuten oder für ein ganzes Jahr,
hierhin und dorthin geschleudert hat. Sie ist der Über-Ecker-
mann ihres wenig besonnenen Goethe. Dann haust im Hause
Wahnfried auch noch der Herr von Glasenapp. Er untersucht
die Spuren, die der Genius auf seinem Weg über die Erde zurückgelassen hat; und macht sie bei dieser Gelegenheit gleich
wahnfriedlich zurecht. Der Meister, selbst ein großer Wagner-
Biograph, überwacht die Heiligsprechung, die Verwandlung
seiner Vergangenheit in die Legende; sein Nachruhm wohnt
mit ihm unter einem Dach. Der dritte im Bunde ist des Meisters Johannes. Er ist nach Bayreuth übersiedelt, um die ›Sek-
te der Guten‹, wie der Guteste die seinen nennt, mit einer Zeitung zu wappnen. Auch pflegt er zum Geburtstag des Herrn
das Maien-Festspiel zu dichten, ein Potpourri aus den Erlösungs-Opern mit familiärem Einschlag. »Welch ein schöner Tod
wäre das gewesen, wenn ich am Schluß dieser Feier eingeschlum-
mert wäre«, sagt dann der dankbare Meister. Die Gattin, der
Ur-Biograph und Johannes von Wolzogen weben um das heilige Haupt den leuchtenden Kranz.

Aber wie hätten sie den Mann ›mit besonderer Bewandtnis‹
in das helle Licht überirdischer Glorie setzen können, wenn er
nicht selbst die geeigneten Strahlen geliefert hätte. Wenn er
nicht an der Tafel halblaut, gewissermaßen nur für sich, so
daß der Nachbar es gerade noch hören konnte, die Worte ge-
flüstert hätte: »Mein Taktstock wird noch einmal das Zepter
der Zukunft werden, er wird die Zeiten lehren, welchen Weg
sie zu nehmen haben.« Noch weiß die Menschheit nicht, welche
Bewandtnis es mit ihm hat. Ein junger Maler, Auguste Renoir,
zeichnet ihn: das »Embryo eines Engels, als Auster von einem
Epikuräer verschluckt«. Aber wer ist Renoir? Wilhelm I. und
Bismarck schenken ihm keine Aufmerksamkeit. Aber war nicht
auch Marc Aurel blind für das entstehende Christentum? Er,
Richard Wagner, läßt sich nicht beirren durch die Stumpfheit
der Welt. Er weiß, wer er ist: ein Mann »mit besonderer Bewandtnis«. Ihm ist bei jedem Wort, als schriebe er sein Testament. Cosima, der Herr von Glasenapp und Johannes von

Wolzogen hüten das neueste Testament wie die Ritter vom Montsalvat den heiligen Gral.

Es gibt Erlöser mit und ohne Familie. Dieser hier liebt es, die Seinen immer um sich zu haben. Fährt die Frau für wenige Tage fort, so kann er nicht schaffen. Wenn eins der Kinder verreist, hat er keine Ruh. Auch die Freunde sollen hinein in den häuslichen Kreis. Weshalb begeben sie sich nicht alle in die Hut des Patriarchen? Sie müssen einsehen, daß nur in Wahnfried ihr Glück gedeihen kann; außerhalb aber ist die Wüste. Es ist viel Trubel um ihn. Braunschweigs ›Klub der Nibelungen‹ will für die Kegelbahn sein Porträt. Eine Gruppe Wiener Künstler arrangiert Germanen-Züge und wünscht Wagner-Klänge dazu. Junge Musiker Münchens, die Gründer des ›Ordens vom Gral‹, verehren dem obersten Hüter den Samthut der bayrischen Ritter von Montsalvat. In Paris wird er zum membre honoraire de la société des amis du divorce gewählt. Wahnfried ist ein Bienenhaus. Seine Vertreter an den Pulten der Orchester, seine Wächter bei den Proben der Opern, seine Lobredner in den Zeitungen der Welt fliegen ein und fliegen aus. Manchmal kommt auch nur Irgendeiner und fragt: maître, aimez vous Raffael? Er aber braucht vor allem eine Familie – einen sehr großen und sehr treuen Stamm, der um den Alten herumsitzt, seine Befehle entgegennimmt, seinen Weisheiten lauscht, seine Witze belacht und seine Wohltaten dankbar genießt. Er wird auch für die Freunde sorgen, wird sie schützen und pflegen, und fordert nichts als den Verzicht eines Lebens außerhalb Wahnfried. Menschen, die freiwillig von mir wegbleiben, droht er, schwinden mir aus dem Sinn. Malwida, die alte Getreue, hat den Versuch gemacht, eine von Wahnfried zu werden. Sie hält das Klima nicht aus. Aber wie schwer ist es, vom Häuptling fortzukommen. Er zürnt, so daß es fast unmöglich ist, von der Abreise zu sprechen. Wie sie dann fährt, bleibt er zurück in einem Zustand verhaltener Wut. Weshalb weilt sie nicht für immer dort, wo sie hingehört?

Den größten Kummer macht ihm Franz Liszt, den er immer wieder an Bayreuth zu binden sucht. Er mag ihn nicht sehr, hat ihn nie recht gemocht. Dieser Mensch ist »halb Franziskaner, halb Zigeuner«. Der Protestant wehrt sich gegen den Römling, der Bürger gegen den Bohemien, der derbe Sachse gegen den Kavalier aus Ungarn. Auch ist da noch etwas Eifer-

sucht auf den Vater der Cosima im Spiel. Trotzdem schmerzt
es ihn sehr, daß der Franz nicht endgültig einkehrt ins Bayreuther Asyl. Weshalb bin ich nur eine Nummer in Liszts lan-
gem Katalog? Weshalb marschiert der Liszt nicht mit der Wag-
ner-Sippe in Reih und Glied? Gehören wir nicht zusammen?
Sind wir nicht beide Überbleibsel einer untergegangenen Art,
zwei Mammute? Und es schenkt das gütige Geschick, wie so
oft, dem Wagner einen Intriganten, dem die Schuld aufgebürdet werden konnte. Da lebt zu Rom, im häßlich verqualmten
Zimmer eines Hôtel garni, ein verwahrlostes altes Weib, das
Havannazigarren raucht und einer alten Trödel-Jüdin gleicht:
die Fürstin Wittgenstein, Semitin und fromme Katholikin.
Sie hat einst für den ›Ring‹ geschwärmt und dann gefürchtet,
das glänzende Gestirn werde ihren Franz in den Schatten stellen. Israel und Rom mußten sich verbünden, um ihm den besten Freund zu rauben.

Ach, mit Israel und Rom wird der Liszt recht gut fertig;
und wenn er sich auch in den Briefen an seine gestrenge Fürstin »schlavissimo« unterschreibt, so liegt doch mancher Brief
von ihr uneröffnet in seiner Lade. Sie beschimpft ihn als Sta-
tist in Wagner-Feiern; es käme alles darauf an, wo man Sta-
tist sei, antwortet er. Sie verketzert den Herrn von Bayreuth
als Atheisten. Der Wagner bekriegt den lieben Gott nicht mehr
als der liebenswürdige Renan, mit dem Sie doch korrespondie-
ren, liebe Fürstin; nur daß der Romane die Gabe der Nuan-
cierung besitzt, die dem Germanen wenig geläufig ist. Nein,
nicht die Fürstin hält ihn fern. Es gibt sehr viel, was die Freunde eint: nicht nur die gemeinsame Liebe zur Zukunfts-Musik;
auch Liszt ist ein sehr weltlicher Heiliger, ein sehr genußsüch-
tiger Asket, ein sehr lebenslustiger Melancholiker. Aber beide
sind sie gewohnt, Mittelpunkt zu sein; und zwei Mittelpunkte
sprengen den schönsten Kreis. Diesmal haben wir uns gegenseitig gestört, versicherte Wagner dem alten Freund beim Abschied. Dann sahen sie einander nicht mehr.

Gibt es keine jungen Menschen, die man der Familie einver-
leiben kann? Der Freiherr von Stein, aus uralt fränkischem
Geschlecht, ein schlanker Hüne, blondes Haar, kleiner Schnurrbart, große hellblaue Augen, eher ein Soldat als ein junger
Philosoph, bezaubert alle und wird vom Meister sofort annek-
tiert. Aber der junge Mann hat leider einen Vater, und dieser

Herr hat seine eigenen Pläne mit dem Sohn. Da war noch ein anderer. Ebenso jung wie Stein, ebenso bescheiden, ganz so schamhaft errötend vor plumpen Scherzen und von derselben bezaubernd steifen Leidenschaftlichkeit: dunkelbraunes Haar, buschiger Schnurrbart, hohe breite Stirn; die Brille gehört einem Gelehrten, aber nicht die Sorgfalt der Kleidung, die fast militärische Haltung und die helle klare Stimme. Weshalb hat sich diese schönste Hoffnung nicht erfüllt?

Zuerst ist er irgendein junger Mensch gewesen, der mit zwei gleichaltrigen Freunden einen Schüler-Verein ins Leben rief; der Klavierauszug aus dem ›Tristan‹ stürzte die Firma ›Germania‹ in Schulden. Von dieser Musik muß man entzückt sein, schwärmte Fritz. Man muß durchaus nicht! Mama Nietzsche haßte Getöse. Die besten Kenner verwerfen diesen Lärm; und als ein auswärtiger Künstler im Salon der Freges Wagner zu spielen begann, mußte die Dame des Hauses ohnmächtig hinausgetragen werden. Fritz war schon vierundzwanzig und bereits ein strenger Gelehrter, da brachte er es immer noch nicht übers Herz, sich zu dem aufwühlenden Lärm kritisch-kühl zu verhalten. »Jede Faser, jeder Nerv zuckt mir«, bekannte schamhaft der berauschte Philolog. In demselben Jahr, in dem ihn die Universität Basel zum Professor für klassische Philologie ernannte; er hatte noch nicht Zeit gehabt, den Doktor zu machen.

Als der junge Professor Friedrich Nietzsche die erste Nacht in Triebschen verbrachte (ein Pariser Meubleur hatte das einfache Landhaus mit rosa Atlas und Amouretten verschwenderisch ausgestattet), wurde Fidi geboren. Sollte es vielleicht mit diesem jungen Gelehrten eine ›besondere Bewandtnis‹ haben? Es ist nicht weit von Basel zum Paradies bei Luzern. Den Räuberweg entlang, dicht am See, spazieren zwei Paare. An der Seite des Professors wandelt Frau Cosima, in rosa Kaschmir; breite Spitzen fallen hinab zum Saum des Kleids, am Arm hängt der große Florentiner mit einem Kranz von rosa Rosen. Würdig und schwerfällig stelzt Russ hinterdrein, der riesige, kohlschwarze Neufundländer. Dann folgen Elisabeth, Friedrichs Schwester, und der Meister im niederländischen Malerkostüm: schwarzer Sammentrock, schwarze Kniehose aus Atlas, schwarz-seidene Strümpfe; die lichtblaue Krawatte, reich gefältelt, ist von Spitzen umrahmt. Cosima gibt ihrem Ritter Weihnachtsaufträge für Basel: Haushaltssachen und Antiquitäten, Puppen und anderes Spielzeug. Vielleicht ist die Mission, mit der sie den kurzsichtigen Herrn neben sich ehrt, nicht gerade das Rechte für einen Lehrer der klassischen Philologie. Aber sie vergißt den Gelehrten, erinnert sich mehr seiner fünfundzwanzig Jahre; und dann soll er nur ihre Zettel abgeben in den Läden der Stadt. Da kennt sie sehr schlecht die Gründlichkeit des deutschen Professors. Energisch arbeitet sich der junge Mann ein in den neuen Beruf. Der König des Puppentheaters sieht zu bescheiden aus und der Teufel nicht schwarz genug; das Gewand des Weihnachtsengels entspricht so wenig dem Ideal, daß er ihn aus Paris verschreibt. Wie süß ist dann der Dank, wenn Evchen »guter Herr Fressor« sagt, und die ältere Isolde sie belehrt: »Professor, nicht Fressor – er frißt ja niemand«. Auf dem Gabentisch der Frau Wagner liegt ein Privatdruck seiner Antrittsrede »Homer und die klassische Philologie«. Die Meisterin ist ebenso eilig im Urteil wie der Meister und hält mehr von Nietzsches Freund Rohde.

›Der kleine Pastor‹ hieß Fritz in seinen frühen Jahren, weil er schon eh und je so würdig-nachdenklich daherkam. Er hatte den Vater früh verloren. Nun fand der Jüngling im Meister den väterlichen Freund. Und einen Zauberer, der den steifen Gelehrten im schweren Panzer der Wissenschaft zum Fliegen brachte. Wie herrlich, einmal loszukommen vom harten Joch der strengen Methode. Selig phantasierte der befreite Philolog vom vordringlichen Judentum und vom germanischen Lebensernst und von tausend anderen Mysterien, die ›sein Mystagog‹ ihm verriet. Wie kann die nüchterne Wortklauberei, die sich Philologie nennt, bestehen vor der edelsten Blüte des Lebens. Man muß herabsteigen von seinem Katheder, um unter den Ersten zu fechten für eine Bewegung, der die Zukunft gehört. Der stille, bescheidene Forscher wurde plötzlich ein laut leuchtender Bischof der neuen Kirche und brachte auf dem Altar des neuen Gottes viele kleine Opfer dar. Mendelssohns Sohn lud ihn ein zur Fahrt nach Italien und Griechenland. Wie gerne hätte er zugesagt! Aber würde der mißtrauische Meister verstehen, wenn sein Nietzsche mit dem Sohn des zwar verstorbenen, aber immer noch gehaßten Felix durch die Welt reiste? Es gab noch Schwereres zu erdulden im

Dienste des unbequemen Herrn. Der sittsame Pastorensohn litt sehr unter der wilden Ehe der Frau von Bülow mit dem Herrn Wagner; und der wenig feine Sachse reizte noch den tugendhaften jungen Freund durch kräftige sächsische Witze. Aber haben Meister und Meisterin, Wesen mit besonderer Bewandtnis, nicht das Recht der Ausnahme? Tausend kleine Peinlichkeiten gingen unter in dem großen Glück, leben zu dürfen für das erlauchte Paar.

Mein Nietzsche, pflegte der Meister zu sagen. Das Mein war die höchste Würde, die er zu verleihen hatte; wovon er Besitz ergriff, wurde ein Teil seiner Heiligkeit. Der kleine Pastor und angesehene Forscher und geweihte Würdenträger war ihm »ein Bote aus einer besseren und reineren Welt«; außerdem noch eine wertvolle Acquisition der Wagner-Partei. Ein Stern der Zunft, auf den eine mächtige Gelehrtenschaft mit Stolz und Vertrauen sah, bekannte sich zu ihm! »Meine Freunde, die beiden Universitätsprofessoren«, stellte man im Haus Wahnfried den Nietzsche und den Rohde vor; man war durch den Basler Gelehrten in sehr gute Gesellschaft gekommen. Und dieser Nietzsche vermählte nun die ehrwürdige klassische Philologie mit dem noch recht frischen und zweifelhaften Wagner und gab ihm ab von ihrer Würde. Der junge Mann setzte sein Glück aufs Spiel. Mußte sich sagen lassen, daß man ihm ein vielseitigeres Wissen, ein begründeteres Urteil zugetraut hätte. Die ›Nationalzeitung‹ degradierte ihn zum literarischen Lakaien. Der Meister aber dankte überschwenglich, wie stets. Schöneres als Ihr Buch habe ich noch nicht gelesen! Zu Cosima sage ich immer: nach ihr kämen gleich Sie, dann lange kein anderer; Sie beide sind der einzige Gewinn, den mir das Leben gebracht. Cosima, die des Gatten superlativen Stil glänzend imitierte, ernannte den hoffnungsvollen Helfer am Werk zum ›Wagner-Allwissenden‹ über jeder Konkurrenz.

Im Jahre 1869 luden sie den Professor, der ihr Schüler geworden war, für die Sommerferien nach Triebschen. Nietzsche hatte keine Zeit. Der Professor macht sich rar, grollte der Meister. Im Jahre 1870 befremdete ihn das Schweigen des jungen Manns. Im Jahre 1871 wurde dem Säumigen freundschaftlichst mitgeteilt, daß er von nun ab keine Einladung mehr erhalte; so sei er auch der Peinlichkeit einer Absage überhoben. Im Jahre 1872 konnte es der Held des Werkes ›Die Geburt der

Tragödie‹ nicht fassen, daß der Autor nicht sofort zu ihm eilte, seinen gerührten Dank entgegenzunehmen. Bereut der Nietzsche vielleicht schon den Wagner-Hymnus? Wird vielleicht eine Zeit kommen, wo man das schöne Buch in Schutz nehmen muß, gegen seinen Verfasser? Im Jahre 1873 wurde der Rare abermals nach Bayreuth gerufen. Er kam nicht und sandte der Cosima fünf kleine Werke zum Fest. Sie dankte nicht; und verriet dem Ungetreuen später, daß der Meister sehr böse gewesen sei. Es wurde nicht anders mit diesem fremden Freund. Höchst vorsichtig meldete er bereits am Anfang des Winters seinen Entschluß, die Sommerferien auf einem hohen und einsamen Berg zu verbringen. Klingt das nicht wie die vorsorgliche Abwehr einer Einladung? Der Meister lockte von neuem. Nur nicht so abgesondert! Wir können Ihnen etwas sein. Warum verschmähen Sie uns? Die Frau, die sehr empfindlich über der Ehre des Gatten wachte, war stark beunruhigt. Was hält sich dieser Pedant so ängstlich zurück! Auch hier hat Richard mehr Liebe verschwendet als empfangen ... Der Jüngling in Basel trug schwer an der Bürde des Anspruchs von Bayreuth. Woran liegt es eigentlich, daß der Meister immer unzufrieden ist? Kann man ihm tiefer ergeben sein? Wie kann man ihm noch treuer dienen? Nur in einer gewissen, fast sanitarisch zu nennenden Enthaltung von häufigerem Zusammensein muß man sich seine Freiheit wahren.

Womit bringt dieser Nietzsche die Ferien zu, daß er Bayreuth meidet? Welche Sorgen hat dieser Nietzsche, daß er immer wieder abschweift vom Thema Bayreuth? Die große Hoffnung aus Basel wurde eine lange Kette peinlicher Überraschungen. Er las seine Schrift ›Griechische Heiterkeit‹ vor. Was hat sie eigentlich mit dem Gesamtkunstwerk zu tun? Der Getreue spürte die Enttäuschung; artig verknüpfte er die griechische Heiterkeit mit der Wagnerschen Aufgeregtheit. Aber dann wieder, zwei Jahre später, diese ›Philosophie der Griechen‹! Was hat der Thales von Milet mit dem Wagner von Bayreuth zu tun? Der junge Denker war sehr traurig, daß man nichts als wackere Partei-Arbeit von ihm wollte, legte sein Manuskript brav beiseite und metzelte den David Friedrich Strauß und sein Bierbank-Evangelium nieder, zu Wahnfrieds höherer Ehre. Aber immer wieder fiel der unsichere Kantonist in die Eigenwilligkeit zurück. Da kam der große Aufsatz ›Vom Nutzen und Nachteil der Historie für das Leben‹ an. Vielleicht ein Thema für Philologen – aber war Nietzsche nicht vor allem Erster Offizier des Wagner-Bataillons? Seine Seitensprünge waren schon fast Fahnenflucht. Cosima, die sich in allen Künsten und Wissenschaften zu Hause fühlte, ganz wie der Gatte, beanstandete die Form der Arbeit, die nicht frei sei von Affektion der römischen und griechischen Klassizität. Der durchgefallene Lehrbub aber, für den Frau Meisterin keine Deutsche war, dachte: wenn die Französin durchaus den deutschen Stil zu verbessern wünscht, möge sie beim Meister beginnen. Wer kennt die lange, schmerzensreiche Geschichte der tausend kleinen, heimlichen Revolten? Noch aber siegte die große Fügsamkeit. Ich bitte Sie, schrieb die Leuchte von Basel an den Oberherrn in Bayreuth: »Nehmen Sie mich nur als Schüler, womöglich mit der Feder in der Hand und dem Hefte vor sich, dazu als Schüler· mit einem sehr langsamen und gar nicht versatilen Ingenium.« Bitter klagte der langsame Schüler sich an, er könne seinem Meister nur so wenig sein. Fleißig übte der langsame Schüler das Schreiben ad majorem dei gloriam und verstümmelte, dem grausamen Herrscher zu Liebe, die große Betrachtung, die dem Schopenhauer gewidmet war.

Im Münster zu Basel hatte er Brahms' Triumphlied gehört und einen starken Eindruck empfangen. So nahm er die Partitur mit auf die Fahrt nach Bayreuth; und legte sie auf den Flügel im großen Saale von Wahnfried nieder. Wenn der Meister herunterkam, starrte das rote Ding ihn höhnisch an: sieh mal, hier ist auch einer, der was Gutes machen kann. Was Gutes? Das ist doch nur Händel, Mendelssohn und Schumann in Leder gewickelt! Der empfindsame Gast aus Basel wurde sehr rot und schaute den Unbeherrschten, Inhaber eines Monopols für moderne Musik, mit bescheidener Würde an. Ach, der Wagner gäbe gern Hunderttausend, wenn er so eine schöne Haltung hätte wie dieser Nietzsche: immer vornehm, immer würdig. Der vornehme Würdige ließ nur dem Notizbuch die Ehre widerfahren, Zeuge der Antwort zu sein, die hinter dem Erröten im Versteck geblieben war: »Der Tyrann läßt keine andere Individualität gelten als die Seinige und die seiner Vertrauten.« Auch notierte der stille Gast, daß in der Musik des Juden Brahms mehr deutsches Blut fließe als in der Musik des deutschen Geistes zu Bayreuth. »Wir haben alle unseren Nagewurm«, klagte der zweifelnde Jüngling. Niemand ahnte, daß sein Nagewurm Richard Wagner hieß. Dann sahen sie einander zwei Jahre nicht. Bis zu den Tagen der Spiele in Bayreuth.

Nietzsche war sehr unzufrieden mit der großen Festschrift, die er verfaßt hatte. Er hat keinen festen Standpunkt gewinnen können – wie sollte er da den andern Gläubigen Halt gewähren? Wieviel Böden dieser flackernde Hymnus hat! Auf einem steht der leidenschaftliche Herold. Auf einem andern steht ein Mann, der unablässig Bilder und Lobsprüche rankt um eine gefährliche Einsicht, die auf so liebenswürdige Weise dem Leser streng verborgen bleibt. Wird der Meister das furchtbare Geheimnis hinter den vielen bunten Hüllen entdecken? Und wird er dem armen Freund, der sich nicht geschont hat, sein Mitleid schenken und schweigen? Der Glaube an die deutsche Freiheit und den Richard Wagner, ihren Apostel, gab dem Nietzsche Mut. Kuragiert und zaghaft zugleich beichtete er: Dein Sohn Fritz konnte den Mund nicht halten. Der Beichtvater zu Bayreuth hatte am Vorabend der Festwochen noch weniger Zeit als sonst für die Skrupel eines sehr peniblen Herzens. Er las die Schrift nicht, freute sich des Weihrauchs, den sie ausströmte, und telegraphierte: »Ihr Buch ist ungeheuer – wo haben Sie nur die Erfahrung von mir her?« Der Stern seines Lebens gestattet ihm also, ihn auf Nietzsche-Art zu verstehn. Das Triumphlied von Brahms und die Geständnisse auf vielen heimlichen Zetteln waren vergessen. Der Weg nach Bayreuth war frei. »Ein allgemeines Bad der Seelen« war dort bereitet. Auch Nietzsche wollte gesunden und trat die Wallfahrt an.

Er saß dann bei Malwida im Garten, trank Milch, erhielt Kenntnis von König Ludwigs Freude am Hymnus des Basler Professors, hörte Proben – und sehnte sich weit weg. Allen Einladungen sagte er ab, auch den Wagners. Den langen Kunst-Abenden sah er mit Bangen entgegen. Er nahm sich zusammen; denn auch er gehörte dazu. Am Tage vor dem Beginn reiste der treuste Freund ab. Nicht lange hielt es ihn außerhalb. Er mußte dabei sein, wenn der Hohn auf seinen Jubel in Szene ging. »Ihr findet vorbereitete und geweihte Zuschauer«, hatte er versprochen. Nun fand er Marienbads dicke Weiber, auf allzuhochgewölbtem Busen lag der köstlichste Schmuck zur Schau. »In Bayreuth ist auch der Zuschauer anschauenswert«, stand in der Festschrift. Wie prophetisch! Doch anders, als der Prophet es gemeint. Ging nicht jeder seinem Pläsier nach – und verbunden waren sie nur in einer Ton-Flut, die durch ihre geheime Sinnlichkeit alle kirre machte? Und dann noch diese ›Herren Brüder in Wagner‹. Bei Tisch saß ein besonders schönes Exemplar neben ihm. Das vergaß zu essen, weil ihm, wie es schamhaft gestand, bei den Worten ›urtiefer Weisheit‹ des Herrn Professor Raum und Zeit verschwand.

Er hat seinen Platz im Theater Verwandten gegeben und ist zu Haus geblieben. Lärmend zieht man zum Festspiel. Wagen rasseln eilig vorbei. Dann wird es still. Leere Equipagen kehren langsam zurück. Die erste gute Stunde, die er hier hat. Sie wundern sich, daß er nicht gern von seiner Festschrift reden hört? Die Leute sollen doch die alten Geschichten lassen. Sind sie nicht erst fünf Wochen alt? Diese Wochen sind Jahre. Sein lauter Päan mit dem Titel ›Richard Wagner in Bayreuth‹ ist doch nur ein Trunk des Vergessens gewesen, den er gebraut; nun hat ihn die Wirklichkeit geweckt, nie wieder wird er dies Spektakel vergessen. Bisher gelang ihm immer noch, kraft seiner ungestümen Liebe zum Meister und einer doppelten Buchführung, loszukommen von seinem Wissen. Er ist Denker von Geburt, er kann den Einsichten nicht wehren und zeichnete auch die unbequemen getreulich auf. Aber die große Liebe deckte die bösen geheimen Sätze gnädig zu: von der ›Geburt der Tragödie‹ bis zum Festgesang; Abgründe, von den blühendsten Phantasien überwachsen. Nun verhagelt der Bayreuther Himmel schonungslos die ganze Pracht. Ein unglücklicher, zum Sehen erweckter Liebhaber, schaut sehr wach in die schreckliche Kluft, die er seit Jahren abgemalt hat in vielen heimlichen Notizen.

Da ist zum Beispiel zu lesen, zwischen glühenden Liebeserklärungen: »Es ist ein Glück, daß Wagner nicht auf einer höheren Stelle, als Edelmann geboren ist und nicht auf die politische Sphäre verfiel.« Friedrich Nietzsche lehnte eine Zwangsherrschaft ab, die er fünf Jahre lang hatte erdulden müssen. Aber sänftigt nicht den harten Druck die süßeste Musik? »Ich habe oft unsinnigerweise gezweifelt«, notierte der heimliche Rebell, »ob Wagner musikalische Begabung habe.« Schopenhauer hatte mehr als gezweifelt; ihm war die Monstre-Oper keine Musik. »Wagner hat kein rechtes Vertrauen zur Musik«, erkannte der Schopenhauerianer in Basel. Ihm fehlt das Zierliche und Anmutige, die reine Schönheit, der Widerglanz einer völlig gleichschwebenden Seele; und er zeichnet den deutschen Geist nach seinem Bild, einem unmäßig aufgeregten Wesen. Aber man reize nicht den armen Patienten und mache ihn nicht noch grimmiger, hatte der besorgte Freund hinzugefügt.

Das ist einst eine gute Vornahme gewesen. Wie aber kann man jetzt noch verschweigen, was an den Bayreuther Tag gekommen ist? Voll Ekel wendet er sich ab von dieser Wotan- und Nibelungen-Sippschaft: »wilden Tieren mit Anwandlungen eines sublimierten Zart- und Tier-Sinns«. Das ›ideale Monstrum‹ schrumpft ein. Der trauernde Hinterbliebene heißt Friedrich Nietzsche. Er ist der große Besiegte der Festspiele von Bayreuth. Stumm und düster assistiert er dem Begräbnis, das die andern einen Geburtstag nennen, weil die Festspielleitung es so will. Um ihn liegt eine breite Zone von lastendem Schweigen. Die Gegenwart des Meisters geniert ihn sehr; der lebhafte Wagner spricht seinem Nietzsche munter zu und lobt ihn dick und laut. Weshalb ist der Freund so still? Der alte Seelenbändiger attackiert das Herz des schwierigen Herolds mit sächsischer Gemütlichkeit.

In Sorrent sucht der müde Triumphator die Unkosten des Siegs zu vergessen. Fünf Minuten entfernt wohnt der kränkliche Nietzsche; er will in der Sonne des Südens von der Erkrankung an Wagner genesen. Sie sind sehr freundlich miteinander und sprechen kein Wort über das Bad der Seelen, dem sie entronnen sind. Dann kommt der letzte Abend. Sanft färbt sich der Himmel in einem milden Grau und Rot. Sie wandern die Küste entlang, zur Höhe hinauf und blicken hinab auf Buchten und Inseln. Der Alte spricht vom ›Parsifal‹. Mit Genuß kostet er die großen christlichen Szenen der Reue und Demut aus. Dem Jungen fällt ein Satz des frömmelnden Atheisten ein: die Deutschen wollen jetzt nichts von heidnischen Göttern und Helden wissen, sie haben mehr Appetit auf Christliches. Fließt aus dieser unreinen Quelle die Oper der Reinheit? Der Meister schwärmt biblisch. Der abgefallene Jünger schweigt pythagoräisch – und formt in Gedanken böse Sätze vor, vielleicht diesen: »Die Schauspielerei gegen sich flößt mir Ekel ein; entdecke ich so etwas, so gelten mir alle Leistungen nichts.« Der letzte Sonnenstrahl gleitet mit mattem, zittrigem Lächeln über das Meer. Abschiedsstimmung, sagt der Meister. Eine blaue Dunkelheit wächst aus allen Ecken über der bunten Erde zusammen. Sie verstummen, lieber Freund? O liebster Meister! »Ich will den Menschen die Ruhe wiedergeben, ohne welche keine Kultur werden und bestehen kann. Ebenso die Schlichtheit.« Das sagt er nicht. Das schweigt er nur in die aufblühende Nacht hinein. Und der alte Zauberer merkt nicht, daß die größte Freundschaft, die ihm beschert gewesen ist, verlosch. Was diesem Abend noch folgt, ist nur noch ihr Leichengeruch.

Wagner sendet »seinem treuen Freunde« das Weihefestspiel ›Parsifal‹. Die Widmung trägt die lustige Unterschrift ›Ober-Kirchenrat‹. Dem Empfänger der Botschaft von der Erlangung des Heils durch den Kuß eines wilden Weibs ist gar nicht lustig zumut. Er mag »hysterische Frauenzimmer« wie diese Kundry nicht; er mag überhaupt nicht den süßlichen Weihrauchgeruch. Das also ist das Ende des germanischen Prometheus? Hilflos und zerbrochen sinkt er nieder am Kreuz? Die Tochter des Franziskaners ist schuld; die anbetenden Weiber haben schon die stärksten Männer zerstört. Nietzsches Ausweg aus der großen Illusion ist der Rückzug in eine kleinere, die ihm doch noch erlaubt, den Meister des ›Tristan‹ zu retten. Er will nicht wissen, daß der Wagner nicht ein von Cosima geschorener Simson ist, sondern der, welcher er immer gewesen: ein unruhiger Bürger, dem alle pompösen Requisiten der Weltgeschichte: die heidnischen, die buddhistischen und die christlichen, dazu dienten, das häßliche Jahrhundert kräftig zu schminken.

Als Gegengabe für den ›Parsifal‹ kommt aus Basel das Aphorismen-Buch ›Menschliches, Allzumenschliches‹ in Bayreuth an. Der entlaufene Schüler, der sich nicht trennen kann, hat eine brave Widmung hineingeschrieben:

>»Doch eh wir in die Welt es schicken,
Mög' Meisters Treuaug' segnend blicken,
Und daß ihm folge fürderhin
Die kluge Gunst der Meisterin.«

Auf welche Stücke fiel zuerst Treuaugs Blick? Auf die Beschwerde über den schwierigen Umgang mit Meistern? Oder auf das Lob der Untreue? Meisters Treuaug' blickte gar nicht segnend. Er war sehr empört über »die Saturnalien der Wissenschaft«, die »auf dem Altare der Skepsis« das Genie schlachtet. Und die Gunst der Meisterin ist verscherzt. Herr Professor Friedrich Nietzsche, irgendeiner von diesem akademischen Gelichter, ein pedantischer Geck, der sich, zum Gelächter der Wahnfriedler, sogar mit Tonstücken vorwagte: dieser Wagner-Schriftsteller ohne Wagner wird vom Papst zu Bayreuth mit dem großen Bann belegt. Zuerst hielt man es für diplomatischer, diese Kleinigkeit zu übersehen. Meister und Meisterin verkündeten der Welt, sie hätten das unerfreuliche Buch gar nicht erst geprüft; vielleicht wird der Arme einst es ihnen danken. Aber dann fand Malwida im Teufelswerke wunderschöne Gedanken; und auch andere Getreue waren entzückt. Man mußte sich also zur Wehr setzen, um die Schäflein beisammen zu halten.

Jüdisches Gift hat dieses bösartige Gewächs hervorgebracht. Der Doktor Rée ist schuld. Die Welt hält ihn zwar für Nietzsches Schüler, in Wahrheit aber ist er der Herr; im Kleinen hat man hier das Verhältnis Judäa–Germania. Leider kennt Malwida den Doktor Rée recht gut als braven, harmlosen Menschen. So wird noch eine andere Erklärung des Abfalls in die Welt gesetzt, nach dem Muster jenes Münchener Psychiaters, welcher einst der Sorge um die geistige Gesundheit des Meisters lauten Ausdruck verlieh. Eine Katastrophe ist eingetreten; die Aperçus des armen Nietzsche offenbaren die Zerrüttung seines Gehirns. Es gibt noch einen dritten und vierten Ausweg. Friedrich Nietzsche ist nicht von Adel; die Herren von Stein und von Wolzogen sind aus anderem Holz. Und außerdem ist der Plebejer noch Slawe. Der Fremdstämmige, Prolet, Geisteskranke und Judenknecht wird von der Parteiliste gestrichen; Herr von Wolzogen rückt einen Platz herauf. Zwar kann sich Cosima nicht verhehlen, daß der Johannes kein geborener Schriftsteller ist und dem Nietzsche als Stilist unterlegen; aber die Hoffnung bleibt, daß der Brave zu aller Bravheit auch noch das Schreiben erlernt. Einst teilte der Meister dem liebsten Jünger, Friedrich Nietzsche, mit, es sind erst fünf Jahre her: Ich »schwöre Ihnen zu Gott«, daß ich Sie »für den Einzigen halte, der weiß, was ich will«. Nun schämt er sich, von jenem Nichts gepriesen worden zu sein. Seine Spuren werden getilgt. Seine Briefe werden verbrannt.

Zur selben Zeit schreibt der Verfemte einem Intimen: »Mir ist es sehr lieb und erwünscht, daß einer meiner Freunde Wagner'n Gutes und Freundliches erweist: denn ich bin immer weniger imstande, ihm (so wie er nun einmal ist – ein alter unveränderlicher Mann) Freude zu machen.« Das war Nietzsches schönster Sieg.

Ein hoher Würdenträger der mächtigen Kirche Bayreuth, der Bischof Friedrich Nietzsche, hat sein Ornat abgelegt, ist vom Kothurn der Metaphysik herabgestiegen und zieht, ein glücklicher Landstreicher, durch die Straßen des Südens. Die erste Freiheit hatte ihm der Meister beschert; damals entsprang ein junger Philolog der Zucht seiner sehr strengen Wissenschaft. Blind rannte er in das Zuchthaus des herrischen Parteimanns; auch bekam ihm »die nervenerschütternde Musik« sehr schlecht. Nun ist er zum zweiten Mal glücklich entkommen; tausend freche, kleine Gedanken umtollen ihn unter dem blausten Himmel. Die Vivisektion seiner unglücklichen Liebe, die nicht sterben will, sollte ihm viele Schmerzen bereiten und das große Glück ungeahnter Erkenntnisse.

Nietzsche verlor Wagner nie, ließ sich aber von dem lautesten Wagnerianer, Richard Wagner, in die Irre führen. Denn über die Ursprünge seiner eigenen Musik kann nur sie Auskunft geben, nicht das Leben des Musikanten, das allerdings auch Wahrheiten preisgab, die keine Musik überfluten kann. Nietzsche schaltete die schöne Wahrheit der unschönen gleich – und verlor dennoch Wagner nie ganz, weil er wohl die halbe Ungerechtigkeit ahnte, wenn er auch verwarf, was er immer noch liebte. Wagner aber, mehr als dreißig Jahre älter und vielleicht deshalb in viel ungünstigerer Lage, sah nie mehr als den begehrten und verlorenen Wagner-Propagandisten Nietzsche.

Der Wagner-Enkel Wieland spricht heute von den »ressentiment-geladenen Gedanken des großen vom Schicksal gesetzten Feindes Nietzsche«. Man kann dies mysteriöse ›Schicksal‹ schon etwas deutlicher beim Namen nennen. Als Siegfried und Parsifal ihrem Schöpfer begegneten, in Friedrich Nietzsche, sah der Herr von Triebschen und Bayreuth nur einen Diener, der erst sehr brauchbar zu sein schien, dann lässig wurde und schließlich weglief. Und ganz zuletzt wurde er noch maßlos: wie Richard Wagner. Das Schicksal, das sie schied, war nicht so mysteriös.

Humanität für Schmetterlinge

Als Judith Gautier, der reizende Jünger mit den tiefschwarzen Augen und dem leuchtenden Lächeln, wie sie Rémy de Gourmont geschildert hat, den Meister in Triebschen besuchte, ging ihr der Atem aus. Sie überblickte die Jahrhunderte, sah Homer und Aischylos und Shakespeare neben ihm – und wählte Richard Wagner. Sechs Jahre später, während der Festspiele in Bayreuth, waren seine Worte nicht mehr ferne Sterne, sondern sehr nahe und heiße Glut. Die Sterne hatten sie entzückt. Die Glut verzehrte sie nicht. Ließ sie den alten Herrn in Liebe entbrennen, ohne den Brand zu löschen? Er schwelt in der Erinnerung an den berückendsten Rausch, den höchsten Stolz seines Daseins. Cosima ›befriedet und behütet‹ sein Haus. Judith ist des Lebens betörender Überfluß. »Oh, Sie warme, süße Seele! Welche Inspirationen fände ich in Ihren Armen!« Er bedürfe dieser Inspiration zur Vertonung des ›Parsifal‹, des Helden der Keuschheit.

Sie nährt die Musik zum Weihefestspiel nicht mit Kuß und Umarmung. Auch ihre Schreiben scheinen nicht sehr heiß zu sein. Man nennt sie den ›Walter Scott des Orients‹, sie bringt seine Parsifal-Etymologie in Ordnung. Er etymologisiert: Parsi gleich rein, fal gleich töricht. Sie korrigiert: der Vorbestimmte. Er gibt sich nicht zufrieden: »Vielleicht gibt es noch einen arabischen Dialekt, in dem der Name etwas anderes bedeutet.« Er hat noch wichtigere Anfragen. Sie ist, auch aus der Entfernung, die Fee, welche die strengen Stunden auf dem heiligen Berge Montsalvat angenehm mildert. Er hat für die »guten Vormittage mit Parsifal« eine wunderschöne, ganz unerhörte Chaiselongue-Decke nötig, die Judith getauft werden soll: nichts Stilvolles, lieber etwas Einschmeichelndes. Am besten aus dem Seidenstoff Lampas, Grund gelber Satin, so blaß wie möglich, bestreut mit Gewinden von Blütenrosen, das Muster nicht zu groß; denn es ist nicht für Vorhänge. Gibt es kein Gelb, dann bitte ein sehr lichtes Blau, eventuell sogar mit weißem Grund; und wenn nicht Lampas, dann eben Pompadour. Er ist vernarrt in eine gewisse Farbe, die nicht mehr zu finden ist; was man anbietet, ist nur Chamois, Fleischfarbe. Ach, wäre es die Farbe ihres Fleisches; dann hätte er gleich das Rosa, das er sucht. Um sie zu stärken für den Einkauf,

legt er dem Auftrag ein Blatt Musik bei, die Abendmahls-
worte aus dem ›Parsifal‹: »Nehmet hin meinen Leib, nehmet
hin mein Blut, auf daß ihr mein gedenket!«

Er hält noch immer nichts von der ›sanguinischen Nation‹,
deren konventionelle Sprache, wie er der französischen Dichterin und Übersetzerin Judith versichert, unfähig ist, den ›Parsifal‹ wiederzugeben; die naiven Dinge sind, sogar dem Sinne
nach, Franzosen unbekannt. Aber Frankreich ist groß – in
seinen Essenzen. Die Badewanne befindet sich unter dem Ar-
beitsraum; es ist angenehm, wenn wohlriechende Düfte auf-
steigen und die Geburt der Entsagungsmusik schmeichelnd fördern. Deshalb, liebe Judith, hauen Sie über die Stränge, senden
Sie Parfümerien »in reichem Schwall«; »denn wir leben in
einer von allen Grazien verlassenen Wüstenei«, nämlich in Bayreuth. Senden Sie auch Iris-Milch und White-Rose-Puder und
White Rose-Parfüms von Atkinson. Übrigens ist die Bengal-
Rose von Rimmel noch besser. Ihr Dutzend Parfüm-Sachets
habe ich zwischen die Wäsche gelegt; so verschaffe ich mir eine
enge Beziehung zu Ihnen, »sobald ich mich ans Klavier setze,
um die Musik zum ›Parsifal‹ zu komponieren.« Achten Sie
auch darauf, daß die Gold-Crèmes recht rosenhaltig sind, »weil
ich nicht leicht rieche«. Gab es ein ähnliches ›Weil‹ für den ›Parsifal‹? Mußte das Abendmahl, Maria Magdalenas Fußwaschung
des Heilands und der Karfreitag auf die Bühne, weil der Wü-
stenwanderer Richard Wagner ›nicht leicht‹ glaubte?

Judith ist nicht die einzige Fee, die ihre Gaben in die
heilige Wiege legt. Und auch die andere Gabe ist welscher
Herkunft. Die schöne, schicke Pariserin nährt den keuschen
Jüngling Parsifal mit der Erinnerung an Umarmung und Kuß
und den verführerischsten Düften aus Paris. Graf Gobineau,
der den germanischen Göttern leidenschaftlich anhängt, lehrt
den christlichen Parsifal, der mit aller Kreatur leidet, daß es
Gleichheit der Menschen nicht gibt und nicht geben kann und
nicht geben soll. Der Graf liebt das Evangelium der Armen
und Unterdrückten nicht. Auf die Herren kommt es an. Die
Rassen sind nicht gleich an Kraft, Schönheit und Geist; die
Ungleichheit ist ewig. Auf dem tiefsten Niveau leben die
Schwarzen. Der Charakter von Tierheit, der sich in der Form
ihres Beckens ausprägt, zeichnet ihr Schicksal vor; sie sollen
geistig nie den engsten Kreis durchbrechen. Zwar ist dieser

Neger mit der schmalen, schiefen Stirn nicht nur ein Stück Vieh; in der mittleren Partie des Schädels zeigt er Anzeichen gewaltiger Kräfte. Aber gerade dies stürmische Begehren ist das auffallendste Merkmal des niederen Rangs. Sein Sinnliches findet sich mit dem Widerwärtigsten ab; es gibt kein ekelhaftes Aas, das nicht würdig befunden würde, in seinem Magen zu versinken. Mit dem Gelben ist es schon besser; der tötet, nur um zu töten. Seine Wünsche beschränken sich darauf, so bequem wie möglich zu leben; der Wille zur Mittelmäßigkeit herrscht vor.

Die Krone der Schöpfung ist nicht der Mensch, sondern der weiße Mensch. Jede Zivilisation – die indische, die ägyptische, die assyrisch-jüdische, die griechische, die romanische und germanische – ist eine Schöpfung des weißen Manns. Eine Geschichte haben nur die weißen Völker. Der Weiße allein besitzt Energie, Liebe zur Freiheit, Abneigung gegen jedes Mandarinentum und vor allem eine Ehre: unbekannt Gelben und Schwarzen. Einst hatten die Weißen das Monopol an Schönheit, Intelligenz und Kraft; hätten die Rassen sich nicht vermischt, die Führung wäre immer bei den schönsten unter den weißen Stämmen geblieben. Der Abstieg begann mit dem Durcheinander. Deshalb gehört heute der Vorrang unter den Weißen den Unvermischten, den Ariern. Keine Zivilisation in Europa, die nicht den Ariern entstammt; wo sich das arische Blut erschöpfte, trat der Stillstand ein. Und das ist nun das Geheimnis der Menschheitsgeschichte, das dem Grafen aus den Jahrtausenden entgegenleuchtet: die großen Repräsentanten der Arier sind die Germanen. Hier ist der Mann alles, das Volk fast nichts; auch wohnte der Germane nie gerne in Städten und schätzte die Städter nur gering.

Gibt es einen Mann, der größeren Anspruch auf den Namen des Ariers hat als Richard Wagner, der Herrscher über dem Volk, der alte Feind qualmiger Städte? »Gott, daß ich den einzigen originellen Schriftsteller so spät kennenlernte.« Es ist noch nicht zu spät. Zunächst wird der originelle Schriftsteller in das Bild der Heiligen Familie hineinkomponiert; dort prangt nun der kluge, schöne Graukopf mit den milden Augen als Säulenknauf. Auch dringt er in die Werke des Meisters ein. Der schwärmte einst mit Feuerbach und mit Christus, mit Schopenhauer und mit Buddha für den ewigen Menschen;

jetzt, da Parsifal die leidende Menschheit erlöst, macht sein Schöpfer ›Rassenmusik‹ à la Gobineau. Und erzählt voll Glück dem ›einzigen Contemporain‹ vom Alarich und Theoderich, welche die ganze Römerwelt für eine ›Bagage‹ hielten. Woher kommt das leise Lächeln des philosophierenden Weltmanns Gobineau, der in Griechenland, Persien, Brasilien und Schweden französischer Gesandter gewesen ist? Wenn sich der Sachse bei einem Vortrag von Schnadahüpfln vor Vergnügen auf die Schenkel klopft, wendet der soignierte Graf sich degoutiert ab: »C'est affreux, puérile.« Er hat das Schicksal seiner wissenschaftlichen Märchen nicht erlebt. Ein Wagner-Zögling übersetzte die Rassen-Musik ins Teutonische. Und nur im Lande Richard Wagners und des christlichen Weihefestspiels ›Parsifal‹ wuchsen die Phantasien eines welschen Kavaliers zur plebejischen Wirklichkeit auf. Affreux! Puérile!

Auch im Reiche Bismarcks und König Ludwigs ist die rassische Weisheit noch nicht Staatsprinzip. Ein Jude wird das arisch-evangelische Weihefestspiel dirigieren. Kapellmeister Levi führt den heiligen Augustinus als Reiselektüre mit sich und trägt schwer an seiner Rasse. Es ist für den Sohn des Gießener Rabbiners nicht leicht, nächster Helfer eines Mannes zu sein, der verkündet: »Wenn unsere Kultur zugrunde geht, ist es gar kein Schaden; wenn sie aber durch die Juden zugrunde geht, ist es eine Schmach.« Levi läßt den Kopf hängen. Zuzeiten muntert ihn der arische Meister auf: wenn die Katholiken vornehmer zu sein glauben als die jüngeren Protestanten, dann sind gewiß die Juden die Allervornehmsten. Auch spricht er ihm immer wieder seine Anerkennung aus, daß er den Namen Levi behielt und sich nicht hinter einem Löwen versteckte – als Löwenstein oder Löwenfeld, Löwenberg oder Löwental, Löwenstern oder Löwenherz. Aber das ist nur ein kleiner Trost, wenn man Levi heißt, à la suite des großen Judenfressers. Eines Tages kommt Levi, der als Gast im Hause Wahnfried weilt, nicht zur Zeit zum Tisch. Sie kommen zehn Minuten zu spät, kanzelt der Patriarch ihn ab. Unpünktlichkeit kommt gleich hinter Untreue; wer andere auf sich warten läßt, ist Egoist. Zur Strafe wird dem Sünder ein anonymer Brief aus München gereicht; man fordert Wagner auf, das Weihefestspiel rein zu halten und nicht einem Juden zu überlassen, auch wenn Frau Cosima den Fremdling liebe. Levi kann nicht fassen, daß man diesen Brief nicht schweigend zerriß; er fährt ohne Abschied ab. Ein Telegramm läuft ihm nach und fordert ihn zur Rückkehr auf. Weshalb ist der Levi immer so düster? Ist die finstere Miene des Untertanen nicht eine Kränkung des Herrschers, der seine schützende Hand über ihn hält? »Ich denke, mein Lieber, von Menschen wie mir so freundschaftlich aufgenommen zu werden, das sollte genügen, um heiter zu sein.« Levi heitert sich trotz des Befehls nicht auf: »Ich wünschte Ihnen nicht, fünf Minuten in Ihrem Leben ein Jude zu sein.« Der Levi berichtet vom Dome zu Bamberg, und wie sich sein Herz so katholisch sehnt. Der Meister trägt sich mit dem Gedanken, den Juden taufen zu lassen und dann mit ihm das Abendmahl zu nehmen; Gobineaus Schüler ist noch nicht tief genug eingedrungen in das Geheimnis des Lebens der Rasse.

Als Richard Wagner so treu zu seinem Freunde hielt, war bereits einiges geschehen, was der Freund wohl nicht ahnte. Der Meister hatte der Intendanz des Münchener Hoftheaters, das ihm sein Orchester gratis zur Verfügung stellte, mitgeteilt, er könne den Dirigenten Levi nicht gebrauchen. Ludwig hatte antworten lassen: entweder das Orchester mit seinem Kapellmeister oder niemand. So kam es, daß der arische Ehrenmann dem jüdischen Freunde die deutsche Treue hielt. Dem törichten König aber verabfolgte er eine Lektion in Rassenkunde. Der Bayer hatte vor fünfzehn Jahren dem Rabbiner zu Fürth erklärt: auch ich werde die Emanzipation der Juden fördern, nach dem Vorbild meines seligen Vaters. Fünfzehn Jahre hatten nicht genügt, den König aufzuklären; und jetzt redete er noch seinem Einzigen zu, keinen Unterschied zu machen zwischen Christen und Juden bei der Aufführung des ›großen heiligen Werks‹. Nichts, meinte der Fürst, sei widerlicher als solch ein Streit; die Menschen seien im Grunde Brüder, trotz konfessioneller Unterschiede. »Mein holder, herrlicher, stets neu mir aufgehender Königs-Stern!« Diesen Juden fehlt die Grundlage einer christlichen Erziehung. Ich habe meine Geduld ungemein zu üben gehabt; und »wenn von Humanität gegen die Juden die Rede ist, darf ich getrost Anspruch auf Lob erheben«. Aber sie sind nicht mehr loszuwerden. Ich muß mir »die Energie der jüdischen Protektion« gefallen lassen; der Theaterdirektor Angelo Neumann zum Beispiel hält sich für be-

rufen, meine Anerkennung durchzusetzen in der ganzen Welt –
so wunderlich mir dabei zumute ist.

Als im Garten von Wahnfried der Theaterdirektor Angelo
Neumann gemeldet hatte, in Breslau seien in den ersten dreieinhalb Stunden des Vorverkaufs einundvierzigtausend Mark
eingegangen, hatte der Arier Richard Wagner nicht die geringste Anstrengung gemacht, sich gegen »die Energie der jüdischen
Protektion« zu wehren. Vielmehr war Folgendes geschehen.
Den Arm um die Schultern des Juden legend, sagte der deutsche Meister mit freundlichem Lächeln: »Es gehört nicht allein
unbeugsame Kraft und Energie« dazu, »sondern auch Gott-
vertrauen. Nun denn: Sie haben das, und es möge der Himmel Ihnen und allen, die sich Ihnen anschließen, seinen Schutz
verleihen.« Einundvierzigtausend Mark hatten ihm die Augen
geöffnet über den »semitischen Ernst«. Dann aber hatte er sie
wohl wieder geschlossen und schrieb dem König: ich, der ich
»mit mehreren dieser Leute freundlich-mitleidvoll und teil-
nehmend verkehre, konnte dies doch nur auf die Erklärung
hin ermöglichen, daß ich die jüdische Rasse für den geborenen
Feind der reinen Menschheit und alles Elend in ihr halte:
daß namentlich wir Deutsche an ihnen zugrunde gehen werden,
ist gewiß«.

Der Jude Levi wurde der beste ›Parsifal‹-Dirigent, nach
dem Urteil des Hauses Wahnfried. Des Meisters Oberhofkla-
vierspieler, der Treueste der Treuen, war der Jude Joseph
Rubinstein. Der leidenschaftlichste und erfolgreichste Veran-
stalter von Wagner-Tournées in Europa war der Jude Angelo
Neumann. Wunderlich genug! Seltsam! rief der Meister aus.
Friedrich Nietzsche ging dieser Seltsamkeit nach und fand:
Wagners Musik hat eine »furchtbare Wildheit, das Zerknirschte,
Vernichtete, den Freudenschauer, die Plötzlichkeit, kurz die
Eigenschaften, welche den Semiten innewohnt: – Ich glaube,
semitische Rassen kommen der Wagnerischen Kunst verständ-
nisvoller entgegen als die arischen ... Sollte Wagner ein Semite
sein?« Sollte Wagner ein Semite sein?

Die Taube des Glaubens an die Erlösung durch Mitleid erreichte den Musikanten mit der zweiten Botschaft: sei um die
Menschen nur besorgt, soweit sie von Deiner Rasse sind und
Dir dienen. Als das Theater am Schottenring in Wien abbrannte
und viele hundert Opfer zu beklagen waren, blieb der große

Mitleidige von Bayreuth kühl: »Wenn soundsoviele von dieser Gesellschaft umkommen, während sie einer Offenbachschen Operette beiwohnen, worin sich auch nicht ein einziger Zug von moralischer Größe zeigt – das läßt mich gleichgültig, das berührt mich kaum. Die Menschen sind zu schlecht, als daß es einem besonders nahe gehen könnte, wenn sie in Massen untergehn.« Unter den Toten des Theaterbrandes waren sehr viel Schlechte: vierhundertsechzehn Stammesgenossen des Komponisten Offenbach.

Die Taube des Glaubens brachte auch einen Rat: werde Mitglied des Tierschutzvereins! Diese Betätigung seines Mitleids gefiel ihm ausnehmend gut. Denn »das Verhältnis zu den Tieren ist so einfach; so leicht wird es uns, gegen sie gut zu sein, während das Verhältnis zu den Menschen so kompliziert und schwierig ist«. Also kämpfte er in den Jahren, in denen das christliche Bühnenweihfestspiel wuchs, nicht für die Menschen: gegen den Rassenwahn, der sich auftat, gegen den »germanischen Unteroffiziersdunst«, der ihn anwiderte, sondern gegen das Aufspießen der Schmetterlinge und das Zertreten der Ameisen. Daß Käfer von Eidechsen gefressen werden, bekümmerte ihn sehr. Wenn aber dann die Freunde, in eifriger Nachfolge des Franziskus von Bayreuth, auf Fleischspeisen verzichteten, war er sehr bös; und erzählte gern die Geschichte von dem Mann, der am Sonntag nicht mit der Eisenbahn fuhr, um dem Personal den Feiertag zu lassen. Glaubt nur nicht, daß der Einzelne durch Enthaltung von der Sündhaftigkeit des allgemeinen Zustands sich freimachen kann! Generationen von Utopisten folgten ihm.

Sein großes Mitleid mündete ein in den Kampf gegen die Vivisektion. Ein Herr von Weber, Afrikareisender und Diamantengräber, Verfasser der Schrift ›Die Folterkammern der Wissenschaft‹, war der Rufer im Streit. Wagner was ausersehen, mit seinem Namen dem Einfluß des Herrn Professor Helmholtz entgegenzuwirken. Es war höchste Zeit, den Grausamkeiten der wissenschaftlichen Tierfolter, einer »Roheit der vorwiegend jüdischen Ärzte«, Einhalt zu tun. Mit Leidenschaft stürmte der Protektor aller Vier- bis Tausendfüßler in die Schlacht. Den Herrn Vivisektoren sollte man Furcht einjagen, recht gemeine Lebensfurcht. Ein Volk mit Prügeln und Knütteln müßten sie vor sich sehn. Und der Staat hätte dafür zu sorgen, daß bei jeder physiologischen Konferenz ein gehörig instruierter Gendarm assistiert. Viele Herzen flogen dem Heiland der Tiere zu. Aus Elbing kam ein Buch ›Schopenhauer über die Tiere‹. Der Tierschutzverein in Straubing bei München dankte dem wackeren Mann. Die Leipziger versicherten dem »gottgesandten Kämpen für alles Gute, Wahre, Schöne«: er sei das Bollwerk, an dem die Bestrebungen der rohen Schergen, welche Wissenschaftlichkeit vorschützten, schmählich zerschellen würden. Wien freute sich, daß er in einer Stadt, in der seine Werke so viele Verehrer haben, nun auch als Stern der Liebe aufgegangen sei. Einem Göttinger Arzt wurde die Assistentenstellung am Physiologischen Institut angeboten. Der Mann war sehr begierig, in die tiefsten Geheimnisse des Lebens mit dem Messer einzudringen. Aber sollte er mitansehen, wie unschuldige Kreaturen stöhnten unter der forschenden Hand? Er überließ es dem großen Schirmherrn der Tiere, den Konflikt zu lösen. Auch die konservative Partei war gegen die Sektion bei lebendigem Leib. Fünfundzwanzig Generäle, achtundachtzig Stabsoffiziere und zweihundertsiebenundfünfzig weniger Feine bekundeten mit einer Eingabe, daß sie den furchtbaren Tod der armen unschuldigen Wesen nicht mehr ertragen könnten. Aber konnte man in diesem Deutschland hoffen? In welchem der Berliner Kongreß, dem Bismarck präsidierte, mit der Sicherstellung der Juden in Rumänien eröffnet worden war – und das große Diner hatte der Herr von Bleichröder gegeben? In welchem die Hauptperson bei den Festlichkeiten zur Vollendung des Kölner Doms der Bankier Oppenheimer war?

In diesem Land kann sich der Kaiser nicht sattsehen an dem Ballett ›Flick und Flock‹, das sie nun schon fünfhundert Mal gegeben haben. Der Kanzler, ein Student auf der Mensur und dazu ein trivialer Geschäftsmann, hält burschikose Reden und hat Angst nur vor der Presse. Und das Volk wird niedergehalten mit Zeitungsverboten, Ausnahmegesetzen und zehn Jahren Zuchthaus für eine Beleidigung Seiner Majestät. So feiern sie Kaisers Geburtstag, mit Illumination und Belagerungszustand. Man findet auch noch Gute. Zum Beispiel den Scharfrichter Scheller, den die Hinrichtung des reumütigen Raubmörders Holleber so angriff, daß er auf dem Rückweg seinen Gasthof nicht fand. Auch den Hofprediger Stöcker, der den

Kreuzzug gegen die Juden arrangierte; vor allem den großen Politiker Konstantin Frantz, der aus dem »Deutschen Reich jüdischer Nation« ein christliches Imperium machen möchte: von der Mündung der Schelde bis ans Schwarze Meer, von Genf bis zum Peipus-See. Wie leicht wäre Deutschland zu helfen! Seine Seele könnte gesunden, wenn ein Bußtag eingesetzt würde, an dem die ganze Nation in sich ginge — und ein tüchtiger, seelenvoller Industrieller stiftete den Frieden zwischen Deutschen und Deutschen. Wie weit ist man noch entfernt von diesem aller-christlichsten Imperium. Ludwig II. legt sich, nach dem Vorbild des Sonnenkönigs, einen Hirschpark an — sollte auch der Geliebte unter die Tierquäler gegangen sein? Die Kronprinzessin wohnt den verbrecherischen Experimenten des Herrn Dubois-Reymond bei. Und das Gutachten des Professors Virchow unterstützt die Mörder, so daß die Petition zum Schutz der Tiere gar nicht erst vors Plenum kommt. Parsifal von Bayreuth verhüllt zornig sein Haupt: »Mit der Welt mag ich nichts zu tun haben, höchstens schleudern wir unsere Bullen hinein, durch die ›Bayreuther Blätter‹«. In seinem Zorn vergißt er die Mitstreiter und hält sich für den einzigen Deutschen »inmitten dieser stumpfsinnigen Bevölkerung, die man die Deutschen nennt«. Nur wenige Zeitgenossen erkannten den Mann »mit besonderer Bewandtnis«. Friedrich Nietzsche zum Beispiel schrieb ganz ahnungslos auf: »Wer wollte Wagner auf den Gipfel seiner Eitelkeit folgen, den er immer dort erreicht, wenn er vom deutschen Wesen redet; übrigens der Gipfel seiner Unklugheit: denn wenn Friedrichs des Großen Gerechtigkeit, Goethes Vornehmheit und Neidlosigkeit, Beethovens edle Resignation, Bachs Innenleben, wenn Schaffen ohne Rücksicht auf Glanz und Erfolg, ohne Neid die eigentlichen deutschen Eigenschaften sind, sollte Wagner nicht fast beweisen wollen, daß er kein Deutscher sei?«
Der einzige Deutsche aber war über die Niederlage der Tierfreunde so entrüstet, daß er am liebsten aus dem Reich ausgetreten wäre. Was soll seine Kunst unter diesen rohen und schlaffen Menschen? Er wäre imstande, Sozialist zu werden. Doch hätte ihm auch dies nichts genützt; denn die Sozialisten waren so roh, sich zunächst einmal für die Menschen zu interessieren. Mit diesen Wesen aber hatte der Schöpfer des ›Parsifal‹ nicht viel im Sinn. Wie lästig sie sind! »So boshaft, daß es

schwer ist, die erhabene Lehre des Christentums auf sie anzu-
wenden.« Da liefen Wahnfrieds Hunde dem Fidi nach aufs
Eis. Pflichtgemäß jagte sie der Aufseher von der Bahn. Der
Meister, sehr erzürnt, wandte sich an den Hofgärtner. Der
Hofgärtner, der mit dem unbequemen Anwohner schon einmal
zusammengeraten war, gab die Beschwerde weiter an den
Obersthofmarschallstab in München. Der Obersthofmarschall
Graf Malsen entließ den Wärter, weil er den Freund des Kö-
nigs belästigt hatte. Man sieht doch, daß man für die Leute
kein Schund ist, stellte der heimliche Kaiser befriedigt fest.
Und verband voll Mitleid den Zweig eines Strauchs, der aus
Unachtsamkeit geknickt worden war.

Die Stätte des Mitleidkults am Roten Main ist eine sehr un-
germanische Siedlung geworden. Der Rauch einer Porzellan-
Fabrik steigt senkrecht zum Himmel empor. Wie eine Lerche.
»Die eine singt, die andere stinkt«, dichtet der Meister. Das
Bühnenweihefestspiel soll auch Bayreuth reinigen vom undeut-
schen Rauch. Man kommt zur zweiten Olympiade schon auf
dem neuen Bahnhof an: aus Amerika und Rußland, England,
Frankreich und Belgien, auch aus Deutschland. Die städtischen
Gebäude haben geflaggt, auf bayrisch und in den Farben des
Reichs. Die Gaststätten haben sich mit frischem Tannengrün
geschmückt. Die Kellnerin bei Angermann heißt Kundry –
wie jenes unselige Weib, das dann zum Schluß doch noch erlöst wird. Anbeter in Uniform und Zivil umschwärmen die
Blumenmädchen, die der spröde Parsifal nicht erhört. Die ›Gesellschaft zur Fröhlichkeit‹ bietet den Gästen die Töchter des
Landes in hellen Gewändern und bunten Schleifen dar, außerdem noch Spatenbräu, Gounod und Wagner auf Blasinstru-
menten.

Er ist nicht gut gelaunt. Zwar wird er nicht mehr für jedes
zu kurze Bett und zu harte Beefsteak verurteilt. Aber diesmal
ist alles viel prosaischer als vor sechs Jahren. Kein Kaiser! Kein
König! Menzel, Lenbach, Makart und Anton von Werner
sind nicht wiedergekommen. An ihrer Stelle Zeitungsschreiber
(sechs allein berichten nach Amerika) und Notizensammler in
Hülle und Fülle. Damals kamen nur Patrone, feine Leute;
jetzt sind die Besucher schon zufrieden mit einem Schoppen
Bier und einer Wurst. Auch die Fränkischen benehmen sich
recht unfestlich. Im Hotel zur Sonne gibt es nicht ein Stück

gutes Fleisch, das Gedeck zu sieben Mark. Und die Ruhe-
bänke vor dem Festspielhaus sind von gemütlichen Weibern,
den Strickstrumpf im Schoß, mit Beschlag belegt. Herr Gott,
wenn der König käme und das sähe! Selbst die eigene Garde
ist zum Weinen; die Wagnerianer sind so dumm, man kann
Wände mit ihnen einrennen. Ein Mädchen bettelt den Meister
an. Weshalb arbeitet dein Vater nicht? Er sitzt. Ach, wir sind
unmoralisch, an das Schöne zu denken in einer Welt, wo einem
solches begegnet. Montag und Donnerstag, halb acht Uhr
abends ist in Wahnfried eine glänzende Gesellschaft versammelt, zweihundert Menschen. Die lange Reihe von Wagen hält
vor der Freitreppe, zwischen dem Haus und dem Bosquet, in
dessen Mitte die Büste des Königs prangt. Die Herren tragen
Orden, die Damen auserlesene Gewänder; Cosima zeigt ein
Renaissance-Juwel voll Smaragden, am unteren Ende schwebt
die Gralstaube mit einer Perle im Schnabel. Das Unzulängliche,
hier ward's Ereignis – zitiert der Meister, frei nach Goethe,
im Kreise der Seinen. Öffentlich sagt er: »So klatschen Sie
doch nicht!« Dann, etwas später: »So klatschen Sie doch!«
Schließlich: »Sie haben zu spät geklatscht.« Es war damals
noch kein Zug im deutschen Volk.
Zweihundert Personen am Montag und zweihundert am
Donnerstag verdecken nicht alle, welche nicht da sind. Catulle
Mendès, der alte Freund, geht am Hause Wahnfried vorbei.
Man war Wagners Freund, bis er gegen das belagerte und besiegte Paris diese »niederträchtige und blödsinnige Hanswurstia-
de« schrieb; man ist es nicht mehr – und bleibt sein glühender Apostel. Man streckt ihm die Hände, die Beifall klatschen,
nicht mehr hin zum herzlichen Gruß. Hans von Bülow, der
sich wieder verheiratet hat, ist immer noch ein Jünger, wie
einst; aber man kann nicht zwei Herren dienen – und sein
Herr heißt jetzt Johannes Brahms. Mendès ist zu entbehren,
auch Bülow, auch Nietzsche – unentbehrlich ist nur der große
liebesmächtige Fürst. Ein Vorbau ist vor seiner Loge errichtet
worden, für die besondere Anfahrt. Auch bedarf es keiner
Beleuchtungsdämpfung mehr, um ihn beim Platznehmen den
Augen der Untertanen zu entziehen. Weshalb kommt er nicht?
Ach, sie sind alle gleich; Ludwig ist auch nicht besser als
Wilhelm und Bismarck. Wie war es, als der Einzige seinem
allerhuldvollsten und geliebtesten Freund vorm Jahr das Vor-

spiel zum ›Parsifal‹ dirigierte? Dacapo, befahl der Herrscher. Als ob die heilige Musik irgendeine Programmnummer wäre, beliebig oft wiederholbar. Nach dem Dacapo hatte Majestät noch das ›Lohengrin‹-Vorspiel verlangt. Welche Entweihung. Und doch: was ist Bayreuth ohne ihn? Der Meister verfaßt die zärtlichsten Briefe. Cosima ist sehr eifersüchtig. Der Meister harrt seines Herrn in Hangen und Bangen. Weshalb kommt er nicht? Der König ist krank, meldet der Sekretär. Mein angebeteter Herr und Freund! »Was sind ›Parsifal‹ und alle Gralswunder, was vermögen sie gegen das Wissen von diesem Leide, dem ich ferne bleiben muß.« Den Gottesdienst von Bayreuth zelebriert ein blasphemischer Höfling mit Klängen, welche die kindlichste Frömmigkeit ihm eingegeben hatte. Einige Feinhörige witterten die Teufelsmesse. Ein Zeitgenosse erinnerte sich an Heinrich Heine, der einmal das Antlitz einer fromm gewordenen Schönen einem Palimpsest verglich: durch die würdigen Schnörkel der Mönchs-Schrift blinken die Liebesschäkereien eines Faun.

Bei der einen Szene ist der fromme Faun immer in seiner Loge. Klingsors Zaubergarten ist in üppiger Pracht und voll von kleinen blühenden Geschöpfen, die den jungfräulichen Parsifal gewinnen wollen. Der As-Dur-Satz beginnt im Tempo eines langsamen Walzers, sehr melodiös und schlicht harmonisiert. »Komm, o holder Knabe!«, locken die süßen Mädel. Dreißig Stimmen sind in Gruppen geteilt, sie wechseln miteinander ab, klingen dann wieder zusammen und schicken auch einmal kleine Solos vor.

> »Kannst Du uns nicht lieben und minnen,
> Wir welken und sterben dahinnen.«

Aus der Loge des alten Zauberers tönt ein glückseliges Bravo, feuriges Händeklatschen. Die Wagnerianer zischen pflichtgemäß, denn der entweihende Beifall ist streng verboten.

> »An Deinen Busen nimm mich!
> Die Stirn laß mich Dir kühlen!
> Laß mich die Wange Dir fühlen!
> Den Mund laß mich Dir küssen!«

Viele holde Wesen geben sich Mühe, den anmutigen Jungen zu verlocken. Wenn die Szene aus ist, hat der erlauchte Zuschauer nur noch wenig Interesse. Dann folgt das ›Nervöse‹, das vielleicht beim Schaffen erhebt, beim Anhören aber auf die Nerven geht. Das wilde Weib Kundry sucht den keuschen Parsifal zu verführen: mit einem Kuß, der fünfundvierzig Sekunden dauert. Zauberer Klingsor erscheint. Ein Glissando der Harfen malt das Schwirren seines Speers. Feierlich mild bringen Trompeten und Holzbläser den Gral. Es schwillt auf zum mächtigen Fortissimo und bricht grell ab. Das Zauberschloß versinkt. Die Noten des Schloßherrn stürzen hastigverstört in die Tiefe. Der Meister hat inzwischen einen halben Hering gegessen und ist heimgefahren.

Katholiken und Vegetarier und Antiwagnerianer und Arier nebst anderen Parteigenossen griffen resolut zum Wort. Die Frommen nahmen Anstoß an dem blondgelockten Dulder im langen schlichten Gewand – oder meinten: »Das können wir besser.« Hier irrten sie aber; denn sie haben keine Blumenmädchen, und ihr Karfreitag hat nicht diese kosende, wiegende Melodie. Die Fleischlosen schrieben den Namen des Bühnenweihfestspiels auf die Fahne ihrer Gruppe: »Der Kern der Parsifal-Dichtung Richard Wagners ist nur den Vegetariern völlig zugänglich und verständlich!« Hier irrte aber Bernhard Förster, Elisabeth Nietzsches Mann; denn da der Meister selbst strenger Anti-Vegetarier war, muß mindestens Einem außerhalb ihrer Schar das Werk völlig zugänglich und verständlich gewesen sein. Die Gegner stellten belustigt fest, daß diesmal nicht jede Figur ihren musikalischen Paß im Orchester abzugeben brauchte, der Gurnemanz zum Beispiel besitze kein Motiv. Die Anhänger erbauten sich am elektrischen Glühlämpchen von Siemens im roten Kelch der Grals-Schale und am Motor im Tabernakel; was sind alle Wunder des Wunderwerks gegen den unsichtbaren Draht, der das Licht mit seiner Quelle verband. Und wie arisch der ›Parsifal‹ ist; denn die Lehre des Evangeliums ist ein Produkt arischen Geistes – und Jesus, seiner Herkunft nach, nicht Jude, sondern Galiläer, nicht Semit, sondern Gottes Sohn.

Es gab keine Einigkeit: nicht über den Mann, nicht über die Dichtung, nicht über die Musik, nicht über die Aufführung und nicht einmal über die Aufnahme. Das Publikum war zu Tränen gerührt und sehr gelangweilt. Der Beifall war stürmisch und matt. Die Aufführung war ein Muster für alle Zeiten und phantasielos. Die Musik bewies die Jugendlichkeit des Schöpfers und seine Greisenhaftigkeit. Die Dichtung war der schönste Gottesdienst und ein Frevel. Und der Mann, der den Zauber und die Verwirrung in die Welt gesetzt hatte, war ein heimlicher Kaiser und ein Sektierer, Vereinsmeier, Reklameheld und Ränkeschmied. Den sachlichsten Bericht gab ein Herr, der nicht dabei gewesen war. Er rief verzweifelt nach dem Arzt, der endlich einmal »die unerhörte Quacksalberei an den Pranger stellt, mit der bis jetzt, unter den herrlichsten Namen, die Menschheit ihre Seelenkrankheiten zu behandeln gewöhnt ist«; und vergaß nie die große Lockung des großen Quacksalbers. Denn der Rattenfänger zu Bayreuth spielte so süß auf, daß noch die grimmigsten Gegner vergaßen, wohin er sie lockte – und folgten ihm, glücklich wie die Kinder. Auch Friedrich Nietzsche war unter ihnen.

Palermo hat das beste Klima; er hat sich dort sehr wohlgefühlt im letzten Jahr. Aber Venedig ist die schönste Stadt; bunt und melancholisch. Sie schmeichelt dem müden Wanderer mit dem freundlichsten Himmel, der lustigsten Straße und matt glänzenden Farben; auch regt sie ihn an, indem sie ihn in erhabene Dunkelheiten zieht. Aber dieser Vagant kommt auch im Paradies nicht zur Ruhe. Während die Gondel langsam den Kanal durchzieht, schaut er böse auf die breiten, stolzen Paläste: »Das ist Eigentum! Der Grund alles Verderbens.« Vor dem mächtigen Palazzo Vendramin steigt er aus; der Herzog della Gracia erbte ihn von seiner Mutter, der Herzogin von Berry. Im prächtigen Schloß der Bourbonen bewohnt die Heilige Familie achtzehn Räume. Das Raucheckchen hat schöne goldgepreßte venezianische Ledertapeten. Im kleinen gelbseidenen Salon wird der Tee genommen. Das Arbeitszimmer des Meisters ist in eine blaue Grotte verwandelt worden. Eine italienische Gesellschaftsdame für Isolde und Eva, eine Kammerfrau, eine Köchin, ein Diener, der alte Portier und zwei Gondolieri bilden die Dienerschaft. »Mit siebzig Jahren richte ich mich sibirisch ein«, hatte er einst gelobt. Nun ist er siebzig – und im Palazzo Vendramin geht es gar nicht sibirisch zu.

Der Blutdruck ist hoch, der Unterleib träg, ein Unsichtbarer packt ihn an der Brust und drückt grob zu. Er wehrt sich nach Kräften. Hundertmal in seinem Leben hat er gefragt:

wie lange wird der Trödel noch dauern? Er hängt an diesem Trödel und möchte schändlich lange leben, fünfzehn Jahre übers natürliche Alter. Es war im Traum. Er lag im Sarg und wurde durch den Garten von Wahnfried getragen. Die Bäume der Allee waren schon hoch und stark und gaben einen dicken Schatten. Er wird sehr alt werden. Achtzig oder gar sechsundneunzig. Er macht wenig Besuche und empfängt nur selten; dann naht der Kleine, im schwarzen, gesteppten Atlasjäckchen über der weißen Weste, am Arm der langen Gattin, hinter ihnen die Kinder; ein Fürst mit seinem Gefolge. In Gesellschaft gibt sich der Herrscher aus Leipzig sehr leutselig. Ein Maler wird ihm vorgestellt. »Nun, Maler gibt es genug hier«, scherzt der Maestro. Dem österreichischen Konsul gönnt er den Satz: »Wenn ich wichtige Geschäfte habe, werde ich mich an Sie wenden.« Auf der Straße sieht man dem alten freundlichen Herrn im hellbraunen Paletot und grauen Hut neugierig nach. »Man sagt, er sei mehr als ein König«, flüstern sie. Er läßt sich auf einer Bank unter den Arkaden des Dogenpalastes nieder. Den prächtigen Platz liebt er sehr. Nur die strenge Regelmäßigkeit der Prokuratien ist ihm nicht angenehm. Mehr Phantasie! Mehr Glanz! Wie soll man sonst das nüchternste Jahrhundert ertragen?

Zwei Reihen gewaltiger Erzkandelaber gießen ein Meer von Licht aus. Dom und Palast schwimmen wie Zauberinseln im Glanz. Prinz Karneval reitet um San Marco herum. Zwanzigtausend sind heute hier versammelt. Der lustige Trauerzug wendet sich zur Piazzetta; der glänzende Herr wird verbrannt, unter venetianischen Klängen. Ist nicht die Oper des Zwanzigjährigen schon ein Preislied auf ihn gewesen? Vom Uhrturm schlägt es Mitternacht. Dreihundertundfünfzig Gasflammen erlöschen. Aschermittwoch! Ist nicht die Oper des Siebzigjährigen eine Feier des gekreuzigten Fleisches? Welch herrliche Szenen! Eben noch strahlte eine Feerie in tausend satten Farben, einen Nu danach schluckt die schwarze Nacht alle Köstlichkeiten in den unendlichen Schlund. Diese Kontraste sind die Würze des faden Lebens. Harmonie kann nicht sein, so muß der Zwist betäubt und verklärt werden in theatralischen Heftigkeiten. Ein Leben lang hat er Karneval und Aschermittwoch laut und lärmend gegeneinander gesetzt. Wie hätten sie gut in diesen Maskenzug hineingepaßt; seine Acht, auf der

Grenze zwischen Tag und Nacht, zwischen Lust und Ekel, zugleich Dschingis Khans des Begehrens und freundlich-milde Toren: Rienzi, der Holländer, Tannhäuser, Lohengrin, Tristan, Hans Sachs, Wotan und Parsifal. Der Meister hatte einmal vorgeschlagen, man solle den Shakespeare lesen, um alle hungrigen Mächte des Lebens zu zitieren; und im Anschluß dann das Abendmahl nehmen. Er war immer Dramatiker, aus Kummer über die verlorene Idylle. Friedrich Nietzsche wirft ihm vor, daß er nicht in der großen Heiterkeit lebt. Aber hat nicht auch die ›Fröhliche Wissenschaft‹ den Aschermittwoch im Herzen? Wäre der Meister herabgestiegen von seinem Thron, dann hätte er sich wiedererkannt in dieser heftigen, gar nicht heiteren, dramatisch wagnerischen Fröhlichkeit des nächsten Freundes. »Reformator ist Wagner nicht«, hatte Nietzsche schon in den Jahren der Freundschaft geschrieben; »denn bis jetzt ist alles beim alten geblieben.« Änderte der andere Reformator, der strengere Zwillingsbruder, die Welt?

Ruhelos wandert er auf und ab in der blauen Grotte des Palazzo Vendramin. Weshalb verfallen die menschlichen Rassen, während die tierischen Geschlechter sich in großer Reinheit forterhalten? Weil der unschuldige Mensch sich zum fleischfressenden Raubtier entwickelt hat, lehrt der französische Forscher Antoine Gleizès. Weil die Rassen sich vermischt haben, lehrt Gobineau. Weil die Tiere keine Konventionsheiraten machen, berechnet auf Eigentum und Besitz, lehrt Richard Wagner. Der Abfall von der natürlichen Nahrung und die Vermischung von Helden mit ehemaligen Menschenfressern, welche handelskundige Geschäftsführer geworden sind, mag viel verdorben haben. Der Hauptschuldige ist das bleiche Herz mit dem matten, lieblosen Schlag. Das letzte Wort des großen Rebellen. Er setzt sich an den Schreibtisch. Sucht immer noch den Quell der Erlösung im feuchtglänzenden Frauenauge. Da wird er, mitten im alten Spiel, gepackt und schroff beiseite gestellt. Ein bleigrauer Schleier deckt Venedig zu. Der Alte ächzt und stöhnt und kämpft. Ermattet sitzt er auf einem kleinen Bänkchen, an Cosimas Schulter gelehnt. Ein hartes Schweres fällt auf den Boden. »Meine Uhr!«

Schwarzgedeckte Gondeln gleiten über den besonnten Kanal. Zwischen Lorbeer und Palmen ruht der prächtige, bronzene Sarkophag, mit einem Kruzifix bedeckt und von vier

Löwenköpfen flankiert. Eine zweite Barke trägt die Reliquien. Auf den Bahnhöfen fährt der Zug mit dem Totenwagen und dem Salon der Cosima in ein schwarzes Meer aus Reden, Musik und Kränzen. In München salutieren sie mit gesenkten Fackeln, unter den Klängen von ›Siegfrieds Tod‹. Dann ist er wieder in seiner Residenz. Die Gaslaternen sind mit Krepp umflort. Die Flämmchen brennen Tag und Nacht. Zwischen hohen Masten sind breite Florstreifen gespannt, mit den Titeln der Erlösungs-Opern. Ein Band ist weiß und ohne Schrift: er ist gestorben, ohne erschöpft zu sein. Vor dem Leichenwagen schreitet die protestantische Geistlichkeit einher; vielleicht auch jener Gottesmann, der in der Eschenallee des Hofgartens den Meister ermahnt hatte, nicht mehr Unsittlichkeiten zu vertonen. Der Dekan spricht die Einsegnungsworte, nur als Christ zum abgeschiedenen Bruder. Die Gemeinde des Verstorbenen ist sehr empört. Schließlich ist der Herr Kasselmann nicht der Bruder des heimlichen Kaisers. »Das protestantische Himmelreich wird schrecklich langweilig sein«, hatte der Mann im Sarg prophezeit. Es begann sehr kärglich. In keiner Wagner-Oper wäre soviel Nüchternheit möglich gewesen. Cosima, die sich hatte protestantisch taufen lassen, um mit ihm zusammen verbrannt zu werden, lebte noch siebenundvierzig Jahre. König Ludwig, der oft den allerhöchsten Willen kundgetan hatte, der letzte Tag seines Einzigen solle auch der Todestag des Freundes sein, schickte seine Herren und einen Palmenkranz mit weißblauer Atlasschleife. Friedrich Nietzsche las in der Zeitung, Wagner habe im Sterben das Buch eines neuen Philosophen in der Hand gehabt. An der ›Fröhlichen Wissenschaft‹ gestorben? Der größte Jünger war befreit von der schwersten Bürde: dem geliebtesten Feind, der ihm nahe gewesen war wie kein Freund.

Einer aber folgte ihm nach in den Tod: der Jude Joseph Rubinstein, der sich gesehnt hatte, durch den Deutschen Geist erlöst zu werden.

Von Bayreuth nach Nürnberg

»Wagnerisch, auf der Stufe der Verhunzung, ist das Gan-
ze, man hat es längst bemerkt und kennt die gutbegrün-
dete, wenn auch wieder ein bißchen unerlaubte Verehrung,
die der politische Wundermann dem künstlerischen Bezau-
berer Europas widmet, welchen noch Gottfried Keller ›Fri-
seur und Charlatan‹ nannte.«

Thomas Mann ›Bruder Hitler‹ 1939

Die Gattung hat neben vielen recht kommunen Spielarten auch
eine sehr rare hervorgebracht: den großen Mann. Soviel man
weiß, ging es diesem Erlesenen nie gut. Er laborierte an kom-
plizierten Leiden: Einsamkeit, Melancholie und dem Schmerz,
die Menschen nicht retten zu können. Auch wurde der große
Mann von den weniger großen in der Regel verbannt oder in
der Heimat ausgehungert oder auf humanere Weise gequält –
und erst nach dem Tode gefeiert. Dann allerdings beschäftigte
der tote Löwe die Phantasie der zurückgebliebenen Fliegen
enorm. Stammte er von den Göttern? Oder vom Teufel? Oder
war die Schilddrüse da im Spiel? Und: hat er mehr Glück
in die Welt gebracht oder mehr Unglück? Was würde man
sehen ohne die Augen der großen Maler? Was hören ohne
die großen Musikanten? Aber sie rauben auch den Kleinen
noch ihr bißchen Kraft. Zwingen ihnen Ohren und Gehirne
auf, bis sie kein eigenes Leben mehr haben. Vielleicht hätte
mancher schlichte Mann einen eigenen Gedanken im Kopf und
ein eigenes Wort im Mund, wenn Platon ihm nicht alles vor-
gedacht und Goethe alles vorgedichtet hätte.

Neben den großen Männern gibt es auch noch die mächtigen:
Kaiser und Großgrundbesitzer, Generäle, Ordinarien und Bankiers. Die Mächtigen sind dichter gesät als die Großen und
nur selten einsam; denn die Macht lockt die Machtlosen an
und hat stets ihr Publikum. Auch enden die irdischeren Götter
nur ausnahmsweise einmal auf dem Scheiterhaufen; in der Regel im Ehrengrab, auf Kosten der Nation. Überhaupt pflegen
sie, im Gegensatz zu den Großen, mehr zu kosten als einzu-
bringen; und fahren sie wirklich einmal ins Exil, so nehmen
sie Perlen mit oder den Segen der Heimat, in Gold. Die Mächtigen gehen eher auf und eher unter als die anderen, die nur

groß sind; Nero hat die Zeitgenossen bewegt, Seneca mehr die zweitausend Jahre nach ihm. So hätten die Großen und die Mächtigen nur wenig miteinander zu tun, wenn nicht die Mächtigen auch noch mächtig genug wären, groß zu erscheinen. Infolgedessen gibt es außer den großen Männern, die nur groß sind, auch noch große Männer, die nur mächtig sind. So wurde der Kult des Genies das neue Ritual, das die uralte Feier der Macht verjüngte.

Im neunzehnten Jahrhundert waren die Priester der Macht in großer Verwirrung. Zwar legte einer von ihnen, Ludwig von Haller, in dem berühmten Werk »Restauration der Staatswissenschaft oder Theorie des natürlich-geselligen Zustands, der Chimäre des künstlich-bürgerlichen entgegengesetzt« noch einmal das alte Evangelium der Gewalt neu auf: »Das also ist ewige, unabänderliche Ordnung Gottes, daß der Mächtigere herrsche, herrschen müsse und herrschen werde.« Aber der Glaube an den Gott, der die Macht einsetzt, war erschüttert und mit ihm der Glaube an seine Stellvertreter auf Erden. Sie tauchten unter in die Nacht, die Vergangenheit heißt: zuerst die Bourbonen und Metternich. Selbst Habsburg und Hohenzollern wurden ganz menschlich. Wer von Gottes Gnaden ist, braucht kein Genie zu sein. Mit Gott aber verflüchtigt sich auch seine Gnade. Der Zuschuß, der die Macht des Mächtigen weiht, mußte von woanders herkommen als vom Himmel hoch.

In diesem Moment trat der Geniekult als Retter auf den Plan. Mächtig war er emporgeschossen. Die Überfüllung der Städte und die Vermassung des Städters hatte die Sehnsucht nach dem großen Einzelnen geweckt. Die stärkste Gebärde des Widerwillens gegen das Zeitalter der gesichtslosen Masse fand Nietzsche; ihm war eine ganze Kultur gerade gut genug, einen großen Mann hervorzubringen. Monotheismus und Monarchismus hatten ihre Auferstehung im Kult der großen Männer: Jesus und Wilhelm wurden Genies. Die Monarchen selbst, ihres Gottesgnadentums nicht mehr recht sicher, erhöhten das Ansehen des illegitimen Nachfolgers Genie, da nichts übrig blieb, als sich wenigstens diesen bescheidenen Glanz zu sichern. Wilhelm II. stellte den jüdischen Propheten, den christlichen Erlöser, den deutschen Kaiser und die großen Männer in eine heilige Front; dem Christus und dem Goethe, dem Kant und dem hochseligen Vater war die Weisheit in gleicher Weise offenbart worden. Götter, Kaiser und Genies verschmolzen in eine einzige Transzendenz und beschenkten einander mit ihren Attributen. Die Großen wurden Maler von Gottes Gnaden oder Kaiser im Reiche der Poesie und ernteten cäsarische Ehren; als der Zug mit dem toten Richard Wagner an einem jungen Grafen vorbeifuhr, salutierte der Mann wie ein junger Offizier vor der Leiche seines Königs. Und die Monarchen wurden groß. In einer Zeit, in der selbst der Preuße nur noch auf dem Umweg über das Parlament sein Geoffenbartes in die Praxis umsetzen durfte, wurde der von Gott und den Theologen verlassene, konstitutionelle Souverän auf Genie renoviert. Wer sich jetzt vor irgendeinem Autokraten nicht beugte, war ein armseliger Barbar; denn einen »traurigeren Beweis von seiner Kleinheit kann niemand geben als Unglauben an große Menschen«. Also hatte es Carlyle gesagt.

Die künstliche Aufbauschung der Kluft zwischen Mensch und Mensch, Stamm und Stamm, Nation und Nation, Rasse und Rasse ist die Ursünde: Quelle allen Götzendienstes. Der Geniekult ist seine geistigste und deshalb gefährlichste Variante. Viele tausend Professoren arbeiteten daran, die Entfernung zwischen Goethe und seinem Volk zu verbreitern. Eine besondere Rasse und eine besondere Moral wurde für die Halbgötter erfunden. Am tollsten trieb es die Gemeinde von Bayreuth, in Nachfolge ihres Meisters. Cosima lehrte die Deutschen, »den Abstand empfinden, welcher den großen Menschen vom Volke trennt«. Und der gelehrige Chamberlain assistierte mit der Bemerkung: die Distanz zwischen Wagner und dem wackersten seiner Freunde sei ebenso groß wie zwischen Sonne und Planeten. Da der große Mensch aus Leipzig sehr viel Allzumenschliches über diese Erde hatte schleppen müssen, dekretierte die Witwe: »In den großen Menschen ist die Schlechtigkeit der Welt vertilgt.« Die Geschlechter, die man in diesem Geiste erzog, waren trefflich präpariert.

Wer gelernt hat, die Menschheit in geistige Rassen zu zerlegen, wird keine Mühe haben, zu begreifen, daß auch die physischen durch hohe Wälle getrennt sind. Wer sich einmal vor dem König Klassiker niedergeworfen hat wie ein Kuli, wird heute vor dem Genie auf den Knien rutschen und morgen vor dem glänzenden Knecht; denn im Knien liegt die Pest – und kein Edler hat die Kraft, den Sklaven zu adeln. Wer mit Michelet lehrt: »L'homme de génie est plus peuple que le peuple lui-même« trägt dem demagogischen Cäsarismus seinen Krönungsmantel nach. Als ein mehr ideologisch als politisch begabtes Volk gelernt hatte, den Abstand zu mythologisieren zwischen sich und den Geistesheroen – war es reif für die geistlosen Rohen. Und seine Professoren der Theologie und Philosophie hätten nicht mit solchem Erfolg die Göttlichkeit von Wesen ohne mythologische Abstammung und ohne Tradition lehren können, wenn nicht die Anbetung von unansehnlicheren Geschöpfen wie Dichtern und Denkern so gut einexerziert worden wäre.

Als Richard Wagner starb, wurde in allen Ländern seine Sprache verstanden und sein Antlitz verehrt. Er war von Statur klein und ohne Feinheit; auch hatte er herzzerbrechend gesächselt. Aber die Mirakel seiner Bühne, diese betörende Musik, die feenhafte Inszenierung seines Lebens, der lärmende Enthusiasmus seines Gefolges und der blühende Legendenkranz, der ihn bedeutungsvoll rahmte, hatten aus dem niedrigen und etwas derben Sachsen die sagenhafteste Figur der europäischen Romantik gemacht: einen energischen Grübler mit phantasievoll-kokettem Barett. Die Wagnerei wuchs enorm. Jüdische Damen setzten den Walkürenschrei ›Hoitoho‹ an die Spitze ihres Briefpapiers. Ein Leipziger verlangte: die ganze deutsche Welt innerhalb und außerhalb der schwarz-weiß-roten Pfähle hat sich mit Wagner-Theatern zu bedecken. Sieben Monumente wurden projektiert – Liszt fand es geradezu homerisch; einer der Cyklopen, die am Wagner-Ruhm bauten, war der Kommerzienrat Leichner, Fabrikant von Schminke. Sechzig fränkische Bauernfamilien, die aus Hoboken im Staat New York nach Kansas zogen, beschlossen, die neue Siedlung Richardsdorf zu nennen. Alle diese Ehren konnten nicht einmal Wagnerianer zurückhalten, in einem offenen Brief dem Herrn Gottfried Zwinkerlein, Vorsitzenden eines Richard Wagner-Vereins, ihrer Unzufriedenheit mit diesem Ruhm Ausdruck zu geben. Was wissen Millionen Minderbegüterte von Wagner? Die Isolde und die Eva fordern zu hohes Spielhonorar, als daß man dem kleinen Bürger eine gute Aufführung zeigen könnte. Und die zehn Bände? Kosten sechzig Mark. Soviel kann nicht einmal eine deutsche Klavierlehrerin aufwenden, geschweige denn das Schulmeisterlein Wuz. Die Nation aber, soweit sie Geld hat, liest alles: Fortschrittliches, Rückschrittliches und Zwischenschrittliches, Staats-, Geld- und Kunstvereinsreptilien-Blätter – drei Kubikmeter Lesefrüchte, die Gesammelten Werke des Meisters sind auch dabei.

Diese Nation ist nicht einmal gegen Wagner, lieber Herr Zwinkerlein; wir werden in der nächsten Generalversammlung die Bildung eines Fonds zur künstlichen Züchtung von Gegnern beantragen müssen, damit jene Genossen, die auf Abwehr des bösen Feindes abgerichtet sind, nicht verhungern. Wir haben eine Reihe von Jahren umsonst gearbeitet. Warum? Probieren Sie es doch einmal, dem Herrn Walfischsohn gut zuzureden, er möchte sich in Fräulein Schulze verlieben. Ja, wenn wir Politiker wären! Dann könnten wir den Deutschen, die in diesem Fach vorzüglich bewandert sind, vielleicht ein Gefühl aufschwatzen, das sie natürlich längst gehegt haben ... In einer Schmollecke des Reiches lag die Hauptstadt des geheimen toten Kaisers und nahm übel, daß er immer noch geheim und Deutschland immer noch nicht in Bayreuth aufgegangen war. Die unzufriedenen Jünger murrten: unsere Deutschen verdienen nicht einmal das, was sie haben, geschweige denn das, was sie nicht haben. Bismarck hatte mehr Zulauf. Es ist schwer, einen Künstler ebenso ernst zu nehmen wie einen Kanzler. Was war Wahnfried gegen die Reichskanzlei? Zunächst sah es so aus, als sei es dem Weihefestspiel-Ort von den germanischen Nornen bestimmt, das beste Stück der Fremdenindustrie zu werden. Die Deutschen blieben aus, die Ausländer strömten herbei. Ihnen zu Ehren wurden fremdsprachige Stars engagiert; es gab einen ›Lohengrin‹, in dem nur König und Heerrufer Deutsche waren, und Elsa von Brabant wurde zum ›Triumph des Auslands‹ ernannt. Dennoch ist Bayreuth nur für Deutschland ernsthaft von Bedeutung geworden; nicht als europäische Kunst-Stätte, sondern als denkwürdigste Episode im Leben jenes deutschen Geistes, der bis 1933 ziemlich unterirdisch hauste. Es gab eine lange Reihe von toten Großen Männern mit lebendem Anhang. Zum Beispiel den Goethe, mit zahllosen Goethe-Bünden und der Goethe-Gesellschaft. Dann war da noch der Kant, mit einem gewaltigen Gefolge von Kant-Schulen und Kant-Vereinen. Die Wagnerianer unterschieden sich von ihnen sehr. Sie waren, nicht einmal dem Festprogramm nach, Verkünder des freien deutschen Bürgers; sie waren schon offen antihuman. Auch bildeten sie nicht, wie andere deutsche Gesellschaften im Namen von Künstlern und Philosophen, Assoziationen unabhängiger Einzelner. Verschworene eines Meisters waren sie. Mit einer Kultstätte. Mit einer Orthodoxie, die Abweichungen nicht zuließ. Mit einem lebenden Oberhaupt, Cosima, als letzter Instanz. Die Kantianer stritten miteinander, sprachen sich gegenseitig das Recht zu existieren ab und entwickelten sehr lebendig die Lehre ihres Lehrers. Die Wagnerianer waren ein autoritärer Stamm, mit einer Frau Häuptling an der Spitze. Sie ähnelten Rom und (dem späteren) Moskau.

Auch in ihrem Lager gab es Streit. Die dei minores, die der Höchste zurückgelassen hatte, vertrugen sich nicht. Die noch Kleineren entzweiten sich über die Frage, ob der ›Tannhäuser‹ Bayreuth gehöre oder nicht. Sogar Verräter waren unter ihnen. Sie schlugen sich an die Brust und legten öffentlich das Reuebekenntnis ab: Wir Wagnerianer sprechen immer von dem Versöhnenden unserer Kunst und erregen allerorts Unfrieden; schelten das politische Parteiwesen und wühlen im geheimen wie die ärgsten Maulwürfe. Da veranstaltete das vorzügliche Orchester ein Konzert. Beethovens Achte, mustergültig aufgeführt, ging wirkungslos vorüber. Kaum aber war der letzte Takt des Karfreitagszaubers verklungen, entstand im Saal ein Heulen und Johlen, als gälte es, den seligen Meyerbeer noch im Grabe zu Wagner zu bekehren. Legen wir so Zeugnis ab von der Heiligkeit des Weihefestspiels? Was würde man sagen, wenn es einem Wahnsinnigen einfallen möchte, in der Kirche, unmittelbar nach der heiligen Handlung, zu applaudieren? Es gab auch in diesem strengen Reich noch Kritik. Aber hier thronte eine Macht, die befahl, dem fränkischen Treibhaus jeden Wind fernzuhalten. Der einzige echte Erbe, Hans von Bülow, wurde nicht eingesetzt in sein Amt. Er erkannte den kanonisierten Wagner nicht an; und die immer hochgestimmte Witwe konnte an ihrem ersten Mann die »Herzlosigkeit des Witzelns« nicht ertragen. Es gab Jünger, die bereit waren, sich »von Bülow malträtieren zu lassen«, wenn er sich nur an ihre Spitze stellte; selbst seine Liebe zu Brahms schreckte sie nicht mehr, seitdem der Gehaßte auf dem Grabe ihres Meisters einen Kranz niedergelegt hatte. Frau Wagner aber fand noch immer, daß Friedrich der Große, obwohl er falsche Quinten geschrieben hatte, musikalischer gewesen war als dieser Johannes Brahms. Und Wolzogen dichtete unentwegt:

> »Was auch die Welt zerspaltet und zerstreut
> Das große Werk der Einheit heißt Bayreuth.«

Die Einheit Bayreuths hieß: Cosima.

Sie ließ ihr langes blondes Haar scheren und legte es dem Toten auf die Brust. Die Dinge, die er zuletzt berührt hatte, wurden Reliquien; sie war in ihrem Kult erzogen worden. Den Schlüssel des Sargs mit dem Deckel aus Glas trägt sie am Hals. Seine Memoiren ›Mein Leben‹, die er ihr diktiert hatte, verschwinden; sie waren einige Jahre vor seinem Tod als Privatdruck erschienen. Nun wurden sie bis auf wenige Exemplare vernichtet; obwohl sie bereits eine Gemeinschaftsarbeit gewesen sind. Die erste Seite zeigt die eng miteinander verschlungenen Initialen RCW, Symbol der doppelten Autorschaft. Erst 1911 wurde ›Mein Leben‹ der Öffentlichkeit zugänglich gemacht: mit vierzehn Auslassungen und Umstellungen, auch Wagners Verhältnis zu Cosima betreffend. Dieser Eingriff, nach der Tradition solcher Erben, ist erst im Jahre 1963 gutgemacht worden, in der unzensurierten Neu-Auflage, die Martin Gregor-Dellin herausgab.

Als Kind wollte Cosima Journalistin werden oder Papst. Nun war sie angelangt. Die Journalistin inspirierte die ›Bayreuther Blätter‹. Und Päpstin Cosima, die Witwenhaube auf dem Kopf, die Gestalt in ein faltenlos herabfallendes schwarzes Gewand gehüllt, zelebrierte den Kult an Richard Wagners Altar. Als sein Todestag sich jährte, wünschte sie das Abendmahl zu nehmen... unter den Klängen der Abendmahl-Chöre im ›Parsifal‹.

»Bayreuth haben die Frauen gemacht«: so rechtfertigte sie, daß dem Heiligen die Heilige folgte. Eine deutsche Fürstin nannte sie die hohe Königin. Ihr Bankier redete sie ›die Edle‹ an. Die Kinder durften ihren Namen nicht auf Postkarten setzen; auch ihr Name war geheiligt. Sie ließ sich mit Friedrich dem Großen vergleichen und dem alten Zieten. Am liebsten ähnelte sie dem Sokrates; ganz sokratisch erinnerte sie an eine Herberge in Wien, die ›Zum goldenen Toleranzl‹ hieß. Doch war sie nicht sicher, welche Rolle ihr auf Erden zugedacht war. Lieber noch als den Weisen machte sie den Ordensritter: »Wir stehen hier wie die Schildwachen auf dem Posten, es ist Nacht um uns, einzig von Gott kommt uns der Schutz!« Der Wagner-Soldat solle sich, wie der Spartaner vor dem Opfertod, das Haar schmücken; denn Bayreuth war, nach dem Spruch der obersten Bayreutherin, ein Werk der Exaltation.

Sie herrschte von Wagners Gnaden. »Kraft der Bedeutung des Namens, den ich trage«, stand auf ihrem Zepter. Der Tote war ein Numen geworden. Sie sagte nicht mehr: »Mein Mann hat dies gesagt«, einen Mann kann jede kleine Bürgersfrau gehabt haben. Sie verkündete: »Das wurde gesagt.« Du sollst seinen Namen nicht unnütz im Munde führen; auch die Kinder wagten es nicht, in Gegenwart der Mutter. Schon zu seinen Lebzeiten war alles geschehen, um für ewige Zeiten das allein gültige Bild zu prägen, im Geiste des Evangeliums von Bayreuth. Leider gab es viele Zeitgenossen, aus den ersten Tagen wie aus den letzten, die ihn gut gekannt hatten. Da galt es, die Legende zu schützen vor der Wirklichkeit. Zunächst wurde sein letzter Arzt verwarnt: wenn er etwas zu sagen hätte, möge er seinen Bericht versiegelt nach Wahnfried schicken. Sehr gefährlich waren die Besitzer von Briefen. Man kaufte sie zu hohen Preisen – um sie zu vernichten? Um sie vor dem Druck richtigzustellen. Cosima wurde der Archetyp jener Erben, die es vor ihr schon gegeben hatte: die Enkel Goethes zum Beispiel, die Erben Heines. Nach ihr gab es noch viele erbende Witwen, Schwestern und Töchter, auch Söhne, die ihr glichen.

Die Witwe hatte noch eine andere Quelle ihrer Autorität: den objektivierten Wagner, das Imperium Bayreuth. Wie der Souverän die Nation zu zitieren pflegt und der Fabrikbesitzer das Werk und der Professor den objektiven Geist, damit niemand auf den Gedanken kommt, daß auch sie selbst eigensüchtige und sterbliche Menschen sind, voll von sündigen Wünschen und Irrtümern, so predigte die Herrin von Bayreuth: »In Bayreuth darf man nur dienen.« An dieser Heilsstätte ertönte »die Stimme Gottes«; dies war »die einzige Stätte in der Welt, wo sie zu vernehmen« war. Darf man sich auflehnen gegen Gottes Wort? Kapellmeister Levi hatte endlich genug und wollte den Judenfeinden weichen; doch war er unentbehrlich als ›Parsifal‹-Dirigent. Also erdröhnte die Stimme: Levi hat nicht das Recht, die Dinge zu ändern. Sie offenbarte der großen Sängerin, die sich weigerte, eine kleine Rolle zu übernehmen »Es gibt in Bayreuth keine ersten und zweiten Partien«, da »jede Note uns gleich heilig und teuer ist«. In dieser Theokratie war die demokratische Unsitte abgeschafft, daß Minister demissionieren, wenn sie genug haben von ihrem Herrn. Leider war nicht alles, wie es sein sollte. Auch hier gab es Kreaturen, die sich im Hochsommer kühles Bier ins verdeckte Orchester bringen ließen. Kein Frevel wurde schwerer bestraft als die Profanierung des Heiligtums.

So gut ausgestattet, hätte sie die sehr feierliche Hüterin eines sehr schönen Reliquienschreins werden können, wenn sie nicht auch noch den Ehrgeiz gehabt hätte, auf dem Thron von Bayreuth dem Meister zu folgen als Meisterin. Wenige Tage nach seinem Tod verbreitete ein Getreuer die traurige Mär: Frau Wagner ist abgeschieden für uns. Das Leben hat für sie aufgehört. Sie wird nicht einmal mehr einen Brief lesen. Da ihr sehnlichster Wunsch, mit ihm zu sterben, nicht in Erfüllung gegangen ist, wird sie als Nonne weiterleben. Sie aber stellte ihr Kloster mittenhinein ins Festspielhaus. In einem kleinen Verschlag wohnte die trauernde Witwe unsichtbar den Proben bei und sandte dem Leiter des Orchesters ihre Befehle zu, auf vielen hundert Zetteln. »Nicht geradewegs zu schnell, aber nahe daran!« drohte sie. »Nicht geheimnisvoll genug, etwas platt!« grollte sie. »Verklärter!« trieb sie an. Bisweilen war sie sogar zufrieden, weil eine Phrase mit »Ehrerbietung« gespielt worden war. Eines Tages kam der unsichtbare Befehlshaber aus seinem Versteck heraus und trat vor allem Theatervolk die Herrschaft an: über Kapellmeister und Orchester, Spielleiter und Sänger. Regelte die Tempi. Gab die Vortragsart an. Und spielte jedem seine Rolle vor, ganz wie der Meister es einst getan. Ich bin Siebzig, hatte er im letzten Jahr seines Lebens geklagt, und habe nicht einen einzigen Menschen, der in meinem Sinn dem Sänger und Dirigenten und Regisseur und Maschinisten und Kostümier Bescheid sagen kann. Zwanzig Jahre lang hat er Cosima – nicht entdeckt. Weshalb nicht? »Da diente ich«, pflegte die Meisterin artig zu sagen.

Einige Zeitgenossen hatten eine andere Antwort. Der junge Kapellmeister Weingartner fand die musikalische Bildung der Frau Wagner ›äußerst mäßig‹; doch sie sei begabt mit einem scharfen Verstand, der sie befähigte, schwungvoll über die Tonkunst zu sprechen und dem Laien eine große Meinung von ihren Fähigkeiten beizubringen. In Bayreuth durfte man nur dienen, damit die Autokratin ›Zum goldenen Toleranzl‹ regieren konnte; auch noch über Richard Wagner, der unter dem Rasen sehr duldsam geworden war. Hatte er nicht die Münchner Aufführung der ›Meistersinger‹ als vollendet anerkannt? Aber: wie wäre sie Meisterin, wenn sie ein Vorbild kopierte! So drückte sie dem Werk den ›Bayreuther Stempel‹ auf; die Prägung verriet eine sehr dezente Dame, die für Schicklichkeit war und Derbes nicht goutierte. Die Nürnbergerinnen gossen nicht mehr Wasser auf ihre Raufbolde herab – oder nur noch symbolisch. Und als dann Levi erkrankte, wurde der ›Parsifal‹, einst vom Meister einstudiert, ›christlich‹ gedämpft. Frische Zeitmaße waren verpönt. Die Meisterin sorgte für die Einbalsamierung des Meisters, das war ihr Meisterwerk.

Felix Weingartner hat der Nachwelt die vier Gebote Bayreuths übermittelt:

Was von Wahnfried kommt, hat Dir als unfehlbar zu gelten. Wenn Du auch gelegentlich anderer Meinung sein solltest, so darfst Du diese Meinung doch nie aussprechen.

Wer nicht nach obigen Geboten handelt, ist unnachsichtlich zu verfolgen, herunterzureißen, totzuschweigen, und Du darfst keine Gemeinschaft mit ihm haben.

Siegfried Wagner ist ein großer Dirigent, Regisseur, Dichter und Komponist. Du hast ihn überall als solchen zu erklären und dahin zu wirken, daß auch andere ihn dafür halten . . .

Und Lili Lehmann porträtierte Cosima in dem Satz: »Viele Wege führen nach Rom, nach dem heutigen Bayreuth nur ein einziger: sklavische Unterwerfung.« Man unterwarf sich. Bayreuth war eine Macht. Sänger und Maschinisten, schöne Frauen und freie unfreie Schriftsteller ließen sich von der Bayreuther Woge tragen. Idealisten, die am leeren Himmel litten, entdeckten hier ihre Göttin.

Der lauteste Entdecker hieß Houston Stuart Chamberlain. Als Engländer geboren, als Franzose erzogen, wurde er der große Herold eines wahnfriedschen Deutschland. Der Meister hatte es seltsam gefunden, daß Juden ihm die Welt unterwarfen. Der Meisterin kam es eigentümlich vor, daß ein Engländer es war, der sich in den deutschen Kampf gegen Rom und Juda und

Luther stürzte, gegen alle Feinde Wahnfrieds, für das Recht des Stärkeren. Chamberlain war stolz, der heidnischen Rasse anzugehören; ihre Tugend erkannte er in der ständigen Bereitschaft, jeden Mann niederzuschlagen, der im Wege steht. Er verdachte es den Semito-Wallachen schwer, daß sie die Angelsachsen ›Ausländer‹ nannten. Erhaben über dem Gewimmel der Gemeinen, trug er die Schleppe der reinrassigen Kaiserin. Am letzten Tage des Säkulums flüsterte er ihr zu: »Wir ahnen, was Sie unserem Jahrhundert waren.«

Sie waren tüchtige Soldaten der Dynastie Wahnfried: die Glasenapp und Wolzogen, der eine Chamberlain allen voran. Niemand aber erkannte der Herrin wahre Meisterschaft. »Mein Reich ist nicht von dieser Welt«, hatte der Meister verkündet. »Macht und Besitz sind kein Leben. Leben ist Geist«, verkündete die Meisterin. »How much money do they make out of it?«, fragten die Engländer ihren Chamberlain. Er, der nach Wahnfried-Weise Geld für schmutzig hielt und den Hauptnutzen von Phonograph, Telefon und Elektrisch-Licht im Hinweis auf die Unzulänglichkeit aller Materie erblickte, war sehr empört. Inzwischen saß die Edle mit ihrem Bankier, um den sie mancher Staat beneiden durfte, vor der Festspielbilanz; und weinte vor Glück, als sich zeigte, daß jede unnütze Ausgabe vermieden worden war. »Gott ist mit dem reinen Herzen«, jubelte sie und stimmte an das alte fromme Lied »Nun danket alle Gott, mit Herzen, Mund und Händen«. Ihr Finanzminister focht für die Heilige Familie mit heiliger Inbrunst und großem Geschick. Als ein Areopag von sieben bayrischen Exzellenzen die Wagner-Verträge für null und nichtig erklären wollte, da König Ludwig zur Zeit des Abschlusses geistig umnachtet gewesen sei, antwortete Cosimas Schatzmeister dem Grafen Crailsheim: auch seine Bestallung als königlicher Beamter sei dann null und nichtig. Zehn Jahre nach dem Tode des verschwenderischen Meisters war eine Million auf dem Konto, neben dem ansehnlichen Festspielfonds. Das Unternehmen wurde hart bedrängt; die Witwe konkurrierte alle Nebenbuhler nieder. In Worms wollte ein Enthusiast das Deutsche Volkstheater ins Leben rufen. Das Passionsspiel zu Oberammergau wurde sogar von Freunden mit dem Weihefestspiel verglichen. Nietzsches Schwester machte den Bruder zum Stern eines konkurrierenden Bunds. Und Worms, Oberammergau und Zarathustra waren keine so gefährlichen Rivalen wie die deutschen Theater, die Wagner spielten; die, wie München, ihren Wagner ausspielten gegen Bayreuth. Die königlich bayrische Intendanz traute der Wagner-Oper zu, fünfzigtausend Fremde zu Festspielen in die Stadt an der Isar zu ziehen. Also trat München gegen Bayreuth in den Ring. Cosima wollte ›Lohengrin‹ geben, mit Kostümen aus dem zehnten Jahrhundert; München hatte denselben Plan. Unlauterer Wettbewerb! erdröhnte ihre Stimme: das zehnte Jahrhundert ist Bayreuths geistiges Eigentum, da der ›Lohengrin‹ bisher nur im dreizehnten angesiedelt worden war. Ein Gelehrter berät uns historisch, schallte es aus der Hauptstadt zurück; und unser Mann hat das zehnte Jahrhundert erwählt. München ging stramm ins Zeug. Nach dem Muster Bayreuth, zur Pflege der Werke des Meisters, wurde das Prinzregenten-Theater erbaut. Wahnfried schlug zurück und versagte der ›Komödien-Scheune‹ die Werke. München ließ trübe Nachrichten durchsickern, über den baufälligen Fachwerkbau zu Bayreuth. Wahnfried lehnte es ab, einer königlichen Studienkommission das verdeckte Orchester zu zeigen. Hätten die Wagner nicht stolz sein sollen, daß man in München nach dem Plane des Meisters bauen wollte? Ach, es kam auf nichts an als auf die Niederschlagung des härtesten Wettbewerbers. Und Cosima war sehr ungnädig, daß der Levi gerade in diesen Tagen starb; konnte ihm nun nicht mehr nachtragen, daß er den neuen Feind nicht rechtzeitig signalisiert hatte.

Es war kein leichtes Geschäft. Viele Bühnen sollten Wagner spielen ... und zurückbleiben hinter Bayreuth. Wer wäre sonst aus Amerika und Siam in das kleine deutsche Nest gepilgert? Es gab wenigstens ein Wagner-Produkt, für welches Bayreuth das Monopol sich vorbehalten hatte: ›Parsifal‹. Erst die Hälfte der Schutzfrist war vorbei, da dachte sie schon mit Sorge daran, was einmal werden sollte ohne die Hauptattraktion. Sie wünschte, diese größte Gefahr vor ihrem Tod zu besiegen, um dem geliebten Dauphin die Zukunft zu sichern. So flehte sie den Kaiser, den Kanzler und die Minister um eine Lex specialis an; Liberale und Sozialdemokraten, Mommsen und der Professor Liszt, brachten das Cosima-Gesetz zu Fall. »Es sieht nicht hübsch in Deutschland aus«, jammerte die gekränkte Witwe; auch der Meister pflegte die Heimat zu schelten, wenn sie ihn nicht mit Privilegien versah. Und Cosima war überzeugt, daß »alle

Helden für ein erbärmliches Geschlecht gelebt haben und gestorben sind«.

Außerhalb Deutschlands sah es noch schlimmer aus. Am schlimmsten in den Vereinigten Staaten, wo der große Frevel geschah: der ›Gralsraub‹. Dort drüben gab es, wie es in der Wahnfried-Sprache hieß, einen mittelmäßigen jüdisch-ungarischen Schauspieler, einst Patentinhaber von ingeniösen Manschettenknöpfen und Klappstuhl-Verleih-Gesellschafter der C. C. C., Conrieds Chairs Company, später auch Importeur deutscher Künstler und deutscher Stücke, Harvard Ehrendoktor und Ritter diverser deutscher Orden. In seiner Eigenschaft als Direktor des Aktienunternehmens Metropolitan Operahouse in New York beging er vor den Augen der Welt das Sakrileg: er führte den ›Parsifal‹ auf. Wie erreicht man nur das Ohr des Mister Theodore Roosevelt? Da der Weg zum amerikanischen Präsidenten nicht so schnell zu finden war, trösteten sich die Getreuen mit frommen Meditationen. Wenn die Heiligkeit des Werks »durch die Berührung gemeiner unreiner Hände entweiht ist, so bleibt auch das Werk selbst wirkungslos; und das wird die gerechte Strafe sein, daß das Geschäft ausbleiben wird«. Cosima aber setzte vorsichtshalber irdischere Mittel ins Spiel. Ihr Kapellmeister Mottl, der von dem Patentinhaber ingeniöser Manschettenknöpfe und Ehrendoktor der Harvard-Universität nach Amerika engagiert worden war, soll die Künstler aufhetzen gegen ihren Direktor. Lieber Mottl! Können Sie die Mitwirkenden nicht bereden, sich heiser zu stellen? Als das Monopol in Gefahr war, zeigte es sich, daß Frau Cosima noch mehr war als Sokrates und ein Ordensritter: ein zäher Verwalter der Firma.

Die Bruderschaft um Wahnfried erinnerte sich gern an den alten Mythos vom Sonnengott, der sterbend seine Macht der Mondgöttin hinterläßt. Die treue Gattin bewachte sein Reich, bis das Sönnlein groß genug sein wird, das Erbe anzutreten. In weniger mythologischen Familien erzählte man die Geschichte etwas hausbackener: Mama führt Papas Geschäft weiter, bis der Junge soweit ist, die Firma zu übernehmen. Luna hatte eine gute Strecke zu wandern, bis sie der neuen Sonne, die Fidi hieß, den Nebel aus der Bahn geräumt hatte. Die blinde Welt erkannte nicht sofort den Erben; denn die Geschichte der Familie Wahnfried war sehr verzwickt. Mutter Cosima war französische, dann preußische Katholikin; und zur Zeit, als ihr zweiter Mann starb, bayrische Protestantin. Vater Richard ist Sachse gewesen, ließ sich in der Schweiz trauen und starb als Bayer. Fidi wurde geboren nach der Scheidung von Bülow und vor der Ehe mit Wagner. Es gab viel Scherereien, ehe die Gerichte überzeugt waren, daß er der junge Sonnengott ist. Als er zum Jüngling heranwuchs, seufzte die Mutter: »Wenn er mir nur militärfrei wird!« »Stumm vorbeimarschierende Soldaten« nährten ihre Liebe zum Vaterland sehr; aber den Sohn hatte sie doch lieber zuhaus. Als dann auch diese Gefahr glücklich abgewendet war, gab es wieder eine ›einzige Sorge‹: »daß er zu gut und zu groß ist.« Auf der Fahrt von Hongkong nach Kanton kam ihm die Erleuchtung: ich bin nicht zum Architekten geboren, sondern zum Musikanten. Die Mutter war sehr glücklich. Wie schön, daß er nun nicht »Schlösser für Bankiers baut und Bahnhöfe für hastig-tolle Tagediebe und Theater für italienischen Schund und deutsche Schande«. Bayreuths gut eingespielter Propaganda-Apparat wartete schon auf sein erstes Werk.

Von den vier Geboten des Hauses Wahnfried war eins dem Thronerben gewidmet, Nummer drei:

Siegfried Wagner ist ein großer Dirigent, Regisseur, Dichter und Komponist. Du hast ihn überall als solchen zu erklären und dahin zu wirken, daß auch andere ihn dafür halten.

Die Treue der Getreuen wurde vornehmlich danach bewertet, wie sie das Knie des Vasallen beugten vor dem ›enfant héros‹. Auch wie sie Siegfrieds Nebenbuhler schlechtmachten, zum Beispiel den Mahler und den Richard Strauss. »Ich bin jetzt Mode«, hatte der ungeweihte Strauss zu dem geweihten Sohn gesagt, »komponiere drauf los, lasse mich zahlen und will mich in sieben Jahren zurückziehen. Alles sonst ist mir gleich.« Und Soeiner will sich messen mit Jung-Siegfried? Einer der Trabanten fand in der ›Salome‹ nichts als nichtigen Unfug, mit Unzucht vermählt. Schwiegersohn Thode schmähte die ›Domestica‹. Und um das Maß voll zu machen, hatte der Richard Strauss noch Nietzsches ›Zarathustra‹ vertont.

Es gab viel zu tun im Dienst der alten Mondgöttin und ihres Jungen. Da mußte mancher über die Klinge springen. Unerklärlich, daß sogar der liebe Mottl versagte – sollte es mit seiner Rasse nicht stimmen? Der arme Siegfried muß nun erfahren, was es heißt, Jemand zu sein. Nur wenige Intime waren allen Ansprüchen der Mutter gewachsen. Ganz großartig zelebrierte der einzige Chamberlain am Altare des jungen Gotts. Manchmal hörte der Sohn des englischen Admirals einen Flügelschlag: Wotans Rabe, der nach Walhall auffliegt. Manchmal erkannte er die Vorsehung persönlich. Manchmal sah er in Fidi den Tristan der Worte: »Zu welchem Los erkoren – ich damals wohl geboren?« Und erkannte auch das ›drachentötende Wotanskind‹ wieder. Die glückliche Mutter vertraute dem englischen Höfling an, daß die Schwestern ihren Bruder die Beauté des Hauses nennen. Alle Wahnfriedler waren eins in der Erkenntnis, daß Fidi »der Welt zum unermeßbar großen Segen« lebt. Doch, wie sie nun einmal war, merkte dies runde, platte Ding von diesem Segen nichts. Bayreuth war einst gegründet worden als Asyl für den heimatlosen Deutschen Geist. Die Zweite der Dynastie war zu schwach, um ihrem Imperium einen Impuls zu geben, den schon der heimliche Kaiser seinem Reich schuldig geblieben war. Die Stärkung des Erben war ihr innerpolitisches Ziel. Die auswärtige Politik war gerichtet auf eine enge Allianz mit dem mächtigsten Fürsten des Deutschen Reichs. Drei Jahre nach dem Tode des Meisters war sein Ludwig in den Fluten des Starnberger Sees versunken. Niemand wußte, wie die Katastrophe eingetreten war. Die Witwe aber sah hell die letzten Minuten ihres Königs. Freiwillig ist er in den Tod gegangen, nachdem er erkannt hatte, daß seine Herrschaft nicht zu halten war; und mit großen Schritten, die Meisterin spielte die Szene nach – und übte sie dann einer Isolde ein. Drei große Augenblicke gab es in seinem Leben, rief sie ihm nach ins Grab: die Berufung Richard Wagners, der Anschluß an Preußen und das heroische Ende. Die Berufung hatte er schwer büßen müssen. Die preußische Oberherrschaft hatte er nie verwunden. Der Heldentod war die Erfindung einer Seele, die schon 1945 ahnte.

Zwei Jahre später hielt sie auch dem alten Wilhelm die Totenrede. Auch sein Sterben war ihr ganz vertraut; er war am Gram um den kranken Sohn zugrunde gegangen. Wenn man ihm auch nicht viel zu verdanken hatte: weder sein Reichstag noch seine Hochschule für Musik hatten vom Ableben des Meisters Kenntnis genommen, so wurde dem Helden von anno Siebzig dennoch das ›Gepräge der Genialität‹ und eine Trauerfeier zuerkannt; sie bestand in der Lektüre von Luthers Schrift: »Ob die Krieger in den seligen Stand kommen können!« Im selben Jahr starb noch der Sohn, Kaiser Friedrich. Der Liberale wäre wohl kaum ein Herold Bayreuths geworden; immerhin ist er ein Hohenzoller gewesen und zudem sehr unglücklich. So wurde er in der Trauerrede eines Breslauer Professors mit wahnfriedschem Dialekt ein anderer Gralskönig, Amfortas II., obwohl nicht recht einzusehen ist, was der Kehlkopfkrebs mit der sündigen, von Kundry stammenden Wunde des Herrschers aus dem ›Parsifal‹ zu tun gehabt hat. Dann zog ein neuer Stern am Himmel auf: stramm und turbulent und prächtig, wie ein Geschöpf aus einer Ehe des Eisernen Kanzlers mit dem unruhig-glitzernden Musikanten: Wilhelm, der Zweite.

Im Casino von Kronprinz Wilhelms Regiment hatte es den Major von Krosigk und einige andere Offiziere gegeben, die für den Meister schwärmten. Als der Thron des Gönners von Bayreuth durch Ludwigs Tod freigeworden war, hatte der romantische Prinz sich erboten, ihn zu besteigen. Zwei Tage, nachdem er Kaiser von Deutschland geworden war, ging ein neues Schreiben nach Wahnfried ab. Dort herrschte große Freude über den jungen Protektor; nur saß man im Gehege des Prinzregenten Luitpold etwas geniert. Der alte Herr war dem Abenteurer, der den Neffen verführt hatte, nie sehr grün gewesen. Als er aber hörte, der Anfänger in Berlin wünsche auch noch Kaiser von Fränkisch-Bayreuth zu werden, nahm der Wittelsbacher die Verteidigung des Hauses Wahnfried auf. Wilhelm II. besuchte Bayreuth nicht mehr; wahrscheinlich machte ein bayrischer Siegfried dem Preußen keinen Spaß.

Dennoch bewahrte er dem Meister und der Familie sein kaiserliches Wohlwollen. Er war in der Wagnerei recht stark. Ungehalten fragte er den Sänger des Wotan, weshalb er das Schwert nicht hebe in der letzten Szene des ›Rheingold‹. Weil ich es in Bayreuth nicht gemacht habe, antwortete Herr Betz. Sie haben damals das Schwert gezückt, befahl Majestät. Wotan erkundigte sich bei seinem Dirigenten. »Fraili, hostes tho«, bestätigte der bayrische Mann. Auf den Kaiser hatte das zum Himmel gereckte Eisen einen unauslöschlichen Eindruck gemacht ... Ludwig ist schwermütig gewesen und Großvater Wilhelm etwas erhaben. Wieviel zutraulicher der lebhafte Enkel ist. Man sitzt gemütlich im Halbkreis herum. Offenherzig und mit Temperament bespricht der Herrscher die ernsten

Fragen des Augenblicks. Sein Blick nagelt den Untertanen fest. Seine Hand unterstreicht jedes Wort, als ob es nur aus großen Lettern bestände. »Das meint Chamberlain auch«, diese Wendung kehrt immer wieder; auch Kaiser Wilhelm hat den Bestseller der Zeit, ›Die Grundlagen des XIX. Jahrhunderts‹, in der Hand gehabt. Bisweilen flicht er unbefangen einen Scherz in die rauhe Predigt ein. Dann lacht das Auditorium schallend, in untertäniger Dankbarkeit. Das mißfällt dem Herrscher nicht. Frau von Bülow, die Gattin des Reichskanzlers, plaudert über Vivisektion. Frau Cosima mischt sich ein. Adolf von Harnack, der Leibtheologe, meint: die Tiere haben keine Seele. Wilhelm findet, die beiden Damen haben keine wissenschaftlichen Köpfe. Nach Mitternacht springt er auf und kommandiert: »Frau Wagner müßte schon längst zu Bett sein.« Und Frau Wagner hat einen Traum. Der Kaiser hat sich zum Essen angesagt. Ein Besuch hält sie auf. Der hohe Gast fährt vor – niemand ist zum Empfang bereit.

Frau Wagner war sehr glücklich über den großartigen Schirmherrn in Berlin. Der Alte, sein Großpapa, ist ein schlichter Mensch gewesen, gottesfürchtig, graden Sinns und wahrhaftig: ein Kaiser zum Anbeten. Der Junge ist mehr: eine »pulsierende Ader«, ein »Zeichen des Himmels inmitten großer Drangsal«, ein Kaiser zum Hoffen. Und ein Genie! Er bestellt eine griechische Vase. Vier Abteilungen des Museums arbeiten fieberhaft. Mit dem Blick des Adlers entdeckt er die drei besten Stücke. Und dann seine herrliche Depesche an Krüger, den Ober-Buren. Kleinheit und Kopfhängerei hören da auf: »Es ist auf einmal wieder gemütlich in dieser ungemütlichen Welt.« Wie verwandt der Kaiser ihr ist. Vielleicht nicht ganz so fürstengläubig wie die Enkelin des Pagen der Marie Antoinette; sie kann sich »die Welt nur streng gegliedert mit Oben und Unten« vorstellen. Aber mancher forsche Ausspruch von ihr ist echtester Wilhelm. Etwa, wenn sie die Anweisung zum ›Tannhäuser‹ gibt: »Wir müssen etwas kolossal Antikes in der ersten Szene zustande bringen, um für den zweiten Teil die ganze Seele des Mittelalters vor uns zu haben.« Oder, wenn sie mit zarter Damenhand ein paar Erdteile in den Mülleimer wirft: »Unser Abendland ist platt und verschrumpft.« Die Unsoliden ziehen einander an: Wilhelm, der sich mit Chamberlain, dem andern großen Dilettanten, beim Fürsten

Eulenburg in Liebenberg glänzend unterhält, und Cosima, die stolz bekennt: »Ich bin so gar nicht für die Solidität gemacht.«

Da auch Wilhelm mehr forsch als zuverlässig war, mußten die Bayreuther etwas in Sorge sein. Hat Majestät wirklich geäußert: »Wagners Musik ist mir zu geräuschvoll?« Es könnte schon sein; bisweilen hörte man vor Wagner den Wilhelm nicht. Gewiß ist, daß Majestät Hebbels ›Nibelungen‹ dem ›Ring‹ vorzieht. An den ›Meistersingern‹ aber hielt er in alter Waffenbrüderschaft fest; und Prinzeß Theo wußte zu erzählen, er habe an offener Tafel sehr schön über Bayreuth gesprochen. Das Klima war angenehm. Aber eben doch nicht ganz so berückend, wie man es erträumt hatte. Ach, wenn der alte Zauberer noch gelebt hätte. Er hätte mit Wilhelm nicht geweint wie mit Ludwig. Er hätte mit Wilhelm nicht in hochgelegenen Einsamkeiten den Bruderkuß getauscht. Um so lustiger wäre es gewesen auf den Fahrten nach Spitzbergen. Er hätte dem Kaiser mehr bieten können als der Professor Harnack und der Hofprediger Stöcker: der einfältige, glaubensfeste Mann mit dem gelinden Köhlerglauben an eine Bekehrung der Juden. Nur der Meister hätte die Farben so mischen können, daß das Gottesgnadentum noch einmal aufleuchtet. Auch hätte er die kräftigsten sächsischen Zoten erzählt, der preußische Dragoner hätte seinem Wagner schallend auf die Schenkel geklatscht. Zweistimmig hätten sie gerasselt, zum Wohle des deutschen Volks: Wilhelm mit dem Säbel, der Meister mit Manifesten an die deutsche Nation. In einem Riesenfeuerwerk wäre die deutsche Mythologisiererei zum deutschen Himmel emporgelodert, unter der Regie dieser glänzendsten Feuerwerker des Zweiten Reichs. Cosima war nur sein farbloses Echo. Ihre Romantik war älteren Datums und schon ein bißchen ranzig. »Ein Segelschiff hat Seele, ein Dampfschiff hat keine«, sagte sie. Solche altertümlichen Sprüche hatte schon die Mutter in Bellagio gemacht, zur Zeit, da die Tochter geboren wurde. Cosima hatte nicht das Zeug, die große Partnerin Wilhelms II. zu werden.

Doch blieb sie nicht unempfänglich für die Reize des bunten wilhelminischen Herbsts. Der Meister war auf Preußens Hauptstadt nie gut zu sprechen gewesen; Cosima lernte die ›Zauberstadt‹ lieben. Ihr Motto hieß: »Man so tun.« Ihre Lebhaftigkeit war, wie die Frau Professor Helmholtz erkannte, die Hast

ins Leere. Ihr Zentral-Hôtel pries seine künstlerisch reno-
vierten Rokoko-Säle an, die »den oberen Zehntausend einen
für den Mann von Welt ideal ausgestatteten Aufenthalt« bö-
ten; die zierlichen goldenen Sessel kosteten, laut öffentlicher
Anzeige, 145 Mark pro Stück. Und die besseren Berliner ließen, wie sie sagten, ihre Kinder nur noch kulturhistorisch zum
Abendmahl gehen. Einst hatte die Vorleserin einer Kronprinzessin, dann die Gattin des Hausministers die Wagners am
preußischen Hofe vertreten; jetzt stand Kaiserin Augustas
Schatull-Verwalter auf diesem Posten, der Freiherr Bodo von
Knesebeck, nebenbei noch Präsident des Roten Kreuzes. Die
Meisterin verkehrte in den gebildeten Zirkeln um Wilhelm
mit Helmholtz und Mommsen, Dilthey und Virchow. Am
hundertsten Geburtstag der Berliner Universität erhielt sie von
der Philosophischen Fakultät den Ehrendoktor, weil sie sich
um das Vaterland und die Musen hochverdient gemacht habe.
Dieses Berlin war »das Würdigste in Deutschland«. Sobald
man aber die Augen von der schönen Fassade mit den herrlichen Karyatiden Wilhelm und Augusta, Hofprediger Stök-
ker und Fürst Eulenburg weiterwandern ließ zum bürgerlichen
Hinterhaus, war doch alles sehr häßlich. Wenn sie auch den
Fidi vom Militär losgeeist hatte, so war sie doch als gute
Deutsche fest im Glauben, daß die Ehre nur mit der Waffe
verteidigt werden kann. Und als im Reichstag die Frage des
Zweikampfes zur Debatte stand, war sie in großer Sorge, daß
mit der Aufhebung des Duells »die jüdische Auffassung der
Dinge« alles beherrschen werde.

Dem Haus Wahnfried bekam der Krieg von 1914 nicht. Der
Kommandant von Nürnberg, hellsichtig gemacht durch die große Zeit, entdeckte die Sternwarte, die das Bayreuther Haus
des Engländers Chamberlain krönte. Was konnte sie anders
sein als ein Observatorium der Spionage? Cosimas Schwiegersohn, der mächtigste unter den Aposteln, der den Samen
des pangermanischen Gedankens (eine Kreuzung aus engli-
schem Mut, englischer Kraft, englischer Zähigkeit und dem
Deutschen Geist) ausgesät hatte, sollte des Landes verwiesen
werden. Da trommelte der Sohn eines englischen Admirals so
eifrig für den deutschen Krieg, daß seine Familie ihn verstieß,
die Heimat kassierte sein Vermögen – und Wilhelm ii. heftete
ihm das Eiserne Kreuz an.

Aber Chamberlains Bayreuth, Deutschlands beste Stube, mußte seine Türen schließen, weil Amerikaner, Engländer und Franzosen, bisher Gäste des Deutschen Geistes, nun Verräter und Erbfeinde geworden waren. Der Meister wanderte nicht, wie Nietzsche, in den Tornistern der Feldgrauen an die Front. Der Stifter Bayreuths ist zwar ein zweiter Luther gewesen — nur wußte das deutsche Volk nichts davon.

Wie wäre er zurückgekehrt, an der Spitze eines siegreichen Heers? Nach dem verlorenen Krieg waren die Republikaner zu froh, den kaiserlichen Pathetiker loszusein, als daß sie ein Bedürfnis nach Renovierung der germanischen Heiligen und ihres Musikanten gespürt hätten. Am Ende von vier Jahren Romantik in Granatentrichtern war man mehr für den leiseren und heiteren Mozart; ganz und gar nicht für aufgeregte Walküren und antisemitische Pamphlete. Nach einem Menschenalter Feuerzauber, der mit der Hohenzollerndämmerung geendet hatte, sehnte man sich nach etwas Kühlerem. Wärme ist gut; aber der Platz an der Sonne ist etwas zu heiß gewesen. In dem gemäßigten Klima gedieh wiederum Bayreuth nicht recht. Wagner wäre sehr böse gewesen, hätte er des Sattlers Reich erlebt.

Die Hälfte seiner Lebenszeit war schon um, als sich die Temperatur wieder langsam erhitzte und Bayreuth von neuem die Pforten auftat. Für ein neues Geschlecht. In dem schwarz-rot-goldenen Staat, der weniger eine Republik war als eine geköpfte Monarchie, lebte eine Gruppe von Menschen, die man die trauernden Hinterbliebenen hätte nennen können; sie legten den Witwenschleier nach dem Mann in Doorn nicht ab. Man konnte für seine Auferstehung nichts tun; denn mächtigere Herrn als die deutschen Demokraten bewachten das Grab der Hohenzollernkrone. So suchten die Verwaisten Ersatz und schleppten viele tote Götter aus Walhall herbei. Da Frau Cosima, wenn auch über achtzig, immer noch lebte, hielt man Bayreuth für besonders jung. Deutschlands trauernde Mannen betraten das fränkische Heiligtum, rochen verzückt in alte Schubladen hinein, sahen mit Rührung den Enkeln des Meisters zu, die auf dem Teich von Wahnfried ihre Schiffchen schwimmen ließen, kauften in den Handlungen für heilige Geräte den Gralskelch und lasen immer wieder die Schriften gegen Händler, Sozialisten und Juden. Vielleicht auch verschmolz in glücklichen Stunden der Verbannte in Doorn und der Tote in Wahnfried zu einem Gesicht: der Meister erhielt den aufgezwirbelten Bart und Wilhelm die Wagnerkappe. Dann schwamm ›Lohengrin‹ auf einem Spreekahn heran – und des Reiches Herolde bliesen: »Nothung! Nothung! Weidliches Schwert!«

Damals geschah es, daß ein Abgesandter des vornehmsten liberalen Blatts der Deutschen Republik in Bayreuth erschien und auf dem Grabe seines Meisters einen Kranz mit schwarz-weiß-roter Schleife fand. Dieser Republikaner war ein so eifriger Sohn seiner Demokratie, daß er den Schwarz-Weiß-Roten nichts gönnte: nicht einmal den Aufenthalt an der Gruft des Deutschen Geistes. Der Frankfurter, leidenschaftlich freisinnig, wurde sehr beredt im Zorn gegen den schwarz-weiß-roten Kranz. Wer hat bereits achtundvierzig für die Republik gekämpft? Der große Liberale Richard Wagner! Wer hat in den ›Meistersingern‹ den freien deutschen Bürger besungen? Der große bürgerliche Meistersinger Richard Wagner! Es fand nun eine (imaginäre) Wahlkampagne statt zwischen Deutschnationalen und der fortschrittlichen Deutschen Staatspartei, auf der beide Seiten mit dem Plakate kämpften: wählt Richard Wagner! Sie waren seinem Haß gleich nah.

Als er so einsam schlief unter seinem Volk, an einem Osternachmittag, trat ein Verehrer an das Lager, auf dem die zweiundneunzigjährige Witwe im weißen Vlies gebettet lag. Frau Pate, sagte ihr letzter Page: wenn man diese Hand sieht und sich eine Wiege aus Ebenholz mit einer Einlage von Elfenbein daneben denkt, so glaubt man, bei einer fürstlichen Wöchnerin zu sein. Lächelnd schlug die Greisin die Augen nieder und offenbarte dem Knappen ihren letzten Wunsch. Sie wollte verbrannt werden. Aber nicht auf die moderne Art, durch Einschiebung in einen Ofen. Man spare nicht am Holz und streue ihre Asche aus über die Rosensträucher auf seinem Grab. Dann fiel auch dieser zähe Ast ab. Der deutsche Baum aber belaubte sich mit einem Grün, das man selbst in Deutschland noch nicht gesehen hatte. Trotz der vielen Freiheitskriege.

In jenem Jahr 1930, in dem die Witwe starb, war ein seltsames Geschlecht emporgewachsen. Es lächelte traumhaft wie Rienzi, war glänzend angezogen wie Lohengrin, stolzierte frech einher wie Jung-Siegfried, raufte herum wie die Mitbürger des Hans Sachs und trug bei festlichen Anlässen eine Heiligkeit zur Schau wie Parsifal persönlich. Man rächte den toten Meister am ebenso toten Meyerbeer. Unterdrückte die Katholischen. Brachte Wotan zu Ehren. Und Nürnberg wurde, wie der Wagner es einst empfohlen hatte, die festliche Hauptstadt des Heiligen Reichs. Nach seinem Tod hatte der Deutsche Geist noch fünfzig Jahre gebraucht, um die kleine Strecke von Bayreuth nach Nürnberg zurückzulegen.

Die Marmorplatte im Rasen der Villa Wahnfried tat sich auf. Der heimliche Kaiser entstieg seiner Gruft. Und sah sein Volk frei von ›Besser-wissenden und Verständigen‹, wie Cosima befohlen hatte. Cosima war tot. Siegfried war tot. Isolde war tot. Eva, die Jüngste, war am Leben. Sie verkündete den Deutschen ihren von Gott gesandten Retter, den Erben Ludwigs und Wilhelms: Lohengrin, den Dritten.

Ludwig Marcuse
im Diogenes Verlag